Fundamente
|der Mathematik|

Rheinland-Pfalz

Gymnasium • Klasse 9

Herausgegeben von
Dr. Andreas Pallack

Vorwort 4

1 Lineare Funktionen (Wiederholung aus Klasse 8) 5
Dein Fundament 6
1.1 Funktionen 8
1.2 Proportionale Funktionen 11
1.3 Steigung 16
1.4 Lineare Funktionen 20
1.5 Geraden durch zwei Punkte 26
1.6 Nullstellen 28
Streifzug Stückweise lineare Funktionen 33
1.7 Vermischte Aufgaben 34
Prüfe dein neues Fundament 36
Zusammenfassung 38

2 Lineare Gleichungssysteme 39
Dein Fundament 40
2.1 Lineare Gleichungen mit zwei Variablen 42
2.2 Lineare Gleichungssysteme 46
2.3 Lineare Gleichungssysteme rechnerisch lösen 50
2.4 Additionsverfahren 55
2.5 Sonderfälle beim rechnerischen Lösen 58
Streifzug Lineare Gleichungssysteme mit drei Gleichungen
und der Gauß-Algorithmus 60
2.6 Vermischte Aufgaben 62
Prüfe dein neues Fundament 64
Zusammenfassung 66

3 Ähnlichkeit 67
Dein Fundament 68
3.1 Ähnliche Figuren 70
3.2 Zentrische Streckungen 74
3.3 Bruchgleichungen 78
3.4 Ähnlichkeitssätze bei Dreiecken 80
3.5 1. und 2. Strahlensatz 83
3.6 Umkehrung der Strahlensätze 89
3.7 Vermischte Aufgaben 91
Prüfe dein neues Fundament 92
Zusammenfassung 94

4 Quadratwurzeln – Reelle Zahlen 95
Dein Fundament 96
4.1 Quadrieren und Wurzelziehen 98
4.2 Quadratische Gleichungen der Form $x^2 = a$ 102
4.3 Rechnen mit Quadratwurzeln 104
4.4 Intervallschachtelung 108
4.5 Rationale und irrationale Zahlen 110
Streifzug: Beweis, dass $\sqrt{2}$ keine rationale Zahl ist 112
4.6 Vermischte Aufgaben 113
Prüfe dein neues Fundament 114
Zusammenfassung 116

Inhaltsverzeichnis

5	**Satzgruppe des Pythagoras**	**117**
	Dein Fundament	118
5.1	Satz des Pythagoras	120
5.2	Längen berechnen in Figuren und Körpern	124
5.3	Umkehrung des Satzes des Pythagoras	128
5.4	Höhen- und Kathetensatz	132
5.5	Vermischte Aufgaben	138
	Prüfe dein neues Fundament	140
	Zusammenfassung	142
6	**Quadratische Funktionen und Gleichungen**	**143**
	Dein Fundament	144
6.1	Normalparabel	146
6.2	Strecken der Normalparabel	149
6.3	Verschieben der Normalparabel in y-Richtung	153
6.4	Verschieben der Normalparabel in x-Richtung	156
6.5	Scheitelpunktform	159
6.6	Allgemeine Form	164
6.7	Quadratische Funktionen anwenden	168
6.8	Einfache quadratische Gleichungen	172
6.9	Der Satz vom Nullprodukt	176
6.10	Lösungsformeln für quadratische Gleichungen	179
6.11	Schnittpunkte von Graphen	184
	Streifzug: Optimierungsprobleme	188
6.12	Wurzelfunktionen	190
	Streifzug Wurzelgleichungen	194
6.13	Vermischte Aufgaben	196
	Prüfe dein neues Fundament	198
	Zusammenfassung	200
7	**Mehrstufige Zufallsexperimente**	**201**
	Dein Fundament	202
7.1	Baumdiagramme	204
7.2	Wahrscheinlichkeiten bei Baumdiagrammen	206
7.3	Sinnvoller Umgang mit Baumdiagrammen	212
7.4	Simulation von Zufallsexperimenten	216
	Streifzug: Abgedreht	220
7.5	Vermischte Aufgaben	222
	Prüfe dein neues Fundament	224
	Zusammenfassung	226
8	**Komplexe Aufgaben**	**227**
9	**Methoden**	**231**
10	**Anhang**	**235**
	Lösungen	236
	Stichwortverzeichnis	253
	Bildnachweis	255
	Impressum	256

Das Kapitel 7 „Mehrstufige Zufallsversuche" wird – erweitert um das Thema Vierfeldertafeln – auch in Band 10 angeboten. Es kann je nach Schulcurriculum in Klasse 9 oder 10 unterrichtet werden.

Bauplan zu „Fundamente der Mathematik"

Aktivieren

Dein Fundament:
Mit der Doppelseite „Dein Fundament" kannst du Themen wiederholen zur Vorbereitung auf das neue Kapitel.

Die Lösungen zu diesen Aufgaben findest du im Anhang.

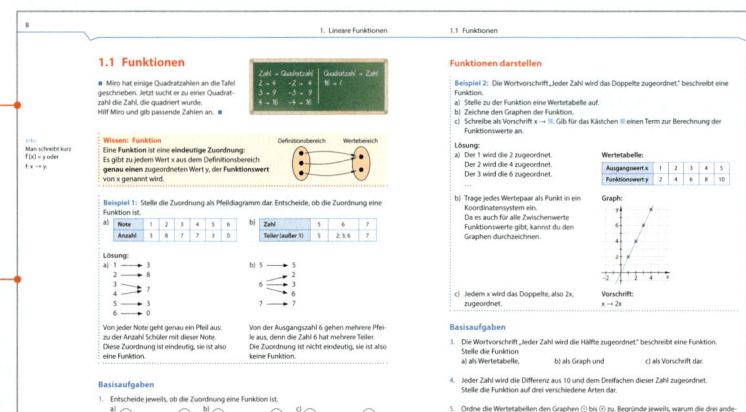

Aufbauen

Einstiegsaufgaben:
Jedes Unterkapitel beginnt mit einer Aufgabe, die dich in das neue Thema hineinführt.

Basisaufgaben:
In den Basisaufgaben kannst du dein neu erworbenes Wissen und Können sofort ausprobieren.

Beispiele:
Die Lösungen von Beispielaufgaben werden dir Schritt für Schritt erklärt.

Weiterführende Aufgaben:
In anspruchsvolleren Aufgaben kannst du dein Wissen festigen. Etwas schwierigere Aufgaben sind mit einem Kreis ● gekennzeichnet.

 Stolperstelle:
Bei diesen Aufgaben sollst du typische Fehler erkennen.

Ausblick:
Die letzte Aufgabe in der Lerneinheit ist die schwierigste.

`DGS` Geometrie mit dem Computer
`TK` Tabellenkalkulation

Sichern

Prüfe dein neues Fundament:
Hier kannst du dein Wissen selbstständig überprüfen, auch in Vorbereitung auf Tests und Klassenarbeiten.

Die Lösungen zu diesen Aufgaben findest du im Anhang.

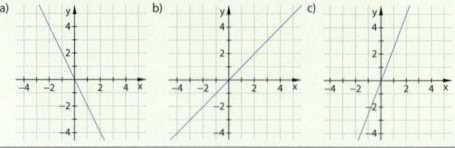

1. Lineare Funktionen

Mit Funktionen lässt sich beispielsweise bestimmen, wie steil der Weg ist oder wann man am Ziel ankommt.

Nach diesem Kapitel kannst du …
- Funktionen als spezielle Zuordnungen erkennen,
- lineare Funktionen unterschiedlich darstellen,
- die Steigung linearer Funktionen angeben und anwenden,
- Nullstellen linearer Funktionen berechnen,
- Funktionsgleichungen aufstellen,
- Sachsituationen mithilfe von Funktionen bearbeiten.

Dein Fundament

1. Lineare Funktionen

Lösungen ↗ S. 236

Lösen von Gleichungen

1. Gib alle in Klammern stehenden Zahlen an, die Lösung der Gleichung sind.
   a) $3x - 3 = -2$; $\left(-3; \frac{1}{3}; 3; -\frac{1}{3}\right)$
   b) $-\frac{2}{x} = 4$; $\left(-8; -2; -\frac{1}{2}; \frac{1}{2}; 2\right)$
   c) $x(x - 3) = 0$; $(1; -1; 0; -3; 3)$
   d) $|x - 2| = 3$; $(-1; 0; 1; 2; 5)$

2. Löse die Gleichung.
   a) $3(x + 2) = -7$
   b) $2x - 4 = -6x + 12$
   c) $0{,}5x - 2 = 0$
   d) $3 - x = x - 6$

3. Anja und ihr Bruder Paul sind zusammen 18 Jahre alt. Paul ist halb so alt wie Anja. Ermittle das Alter der beiden Geschwister.

4. Gib alle Zahlen an, die die jeweilige Bedingung erfüllen.
   a) Addiert man zum Dreifachen der Zahl die Zahl 6, so erhält man 15.
   b) Vermindert man das Fünffache der Zahl um das Doppelte der Zahl, so erhält man das Vierfache der Zahl.
   c) Die Hälfte der Zahl und ein Viertel der Zahl ergeben 9.
   d) Vermindert man das Vierfache der Zahl um das Fünffache der Zahl, so erhält man die zur betreffenden Zahl entgegengesetzte Zahl.

Zuordnungen

5. Das Säulendiagramm stellt eine Zuordnung dar.
   a) Schreibe die zugeordneten Größen in der Form *Ausgangsgröße → zugeordnete Größe*.
   b) Lies ab: In welchem Monat scheint die Sonne am längsten, in welchem am kürzesten?
   c) Stelle die Zuordnung in einer Wertetabelle dar.

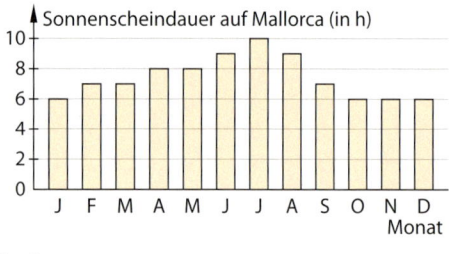

6. Eine Messstation hat die Temperaturen an einem Tag aufgezeichnet.
   a) Lies ab: Wann war die Temperatur am höchsten, wann am niedrigsten? Wie viel Grad wurden dann jeweils gemessen?
   b) Erstelle eine Wertetabelle.

7. Zeichne einen Graphen zur Zuordnung *Monat → Wassertemperatur auf Kreta*.

Monat	1	2	3	4	5	6	7	8	9	10	11	12
Temp. (in °C)	19	18	18	18	19	20	21	22	23	23	21	20

8. Familie Blum will in ihrem Ferienhaus Thermofenster einbauen. Um die Fenster zu transportieren, mietet Familie Blum für einen Tag einen Kleintransporter. Der Preis beträgt 39 € (einschließlich einer Fahrstrecke von 150 km). Jeder Zusatzkilometer kostet 23 ct. Ermittle den Mietpreis, wenn die Fahrstrecke 163 km beträgt.

Dein Fundament

Proportionale und antiproportionale Zuordnungen

Lösungen ↗ S. 236

9. Prüfe, ob die Tabelle zu einer proportionalen oder antiproportionalen Zuordnung gehören kann. Wenn ja, zeichne den Graphen.

a)
x	1	2	7	9
y	0,7	1,4	4,9	6,3

b)
x	4,5	5	9	15
y	10	9	5	3

c)
x	10	7	5	3
y	22	15,4	11	4,4

10. a) Ergänze die Tabelle im Heft so, dass eine proportionale Zuordnung entsteht.
    b) Stelle die Zuordnung in einem Koordinatensystem dar.

x	1	2	3	6	7	8
y		4		12		

11. Übertrage die Tabelle in dein Heft und ergänze sie
    a) zu einer proportionalen Zuordnung,
    b) zu einer antiproportionalen Zuordnung.

x	5			12
y		9	8	6

12. Welche der Zuordnungen sind proportional, welche antiproportional? Begründe.
    a) *Alter eines Kindes → Gewicht des Kindes*   b) *Fahrstrecke → Taxirechnung*
    c) *Seitenlänge eines Quadrats → Umfang*   d) *Arbeitszeit → Anzahl Arbeiter*
    e) *Anzahl der Nachhilfestunden → Lohn*   f) *Geschwindigkeit → Tunneldurchfahrtszeit*

13. Paula und Anne machen gemeinsam eine Radtour. Wenn sie täglich 32 € ausgeben, reicht ihr gespartes Geld 14 Tage. Sie wollen aber 16 Tage unterwegs sein.
    Berechne: Wie viel Geld dürfen sie täglich ausgeben?

14. Die Tabelle gibt die Länge a und die Breite b von flächengleichen Rechtecken an.

Länge a	1 m	2 m	3 m		8 m		
Breite b		18 m	12 m	9 m		3,6 m	2 m

a) Übertrage die Tabelle in dein Heft und vervollständige sie.
b) Gib den Flächeninhalt A der betrachteten Rechtecke an.
c) Ermittle die Länge eines flächengleichen Rechtecks, das 15 m breit ist.
d) Gib die Seitenlänge eines flächengleichen Quadrats an.
e) Zeichne den Graphen der Zuordnung *Länge a → Breite b*.

Vermischtes

15. Gib an, welche Zahl man – falls überhaupt möglich – für a einsetzen muss, damit die Gleichung $a \cdot x - 3 = 0$ die angegebene Lösung hat.
    a) $x = 1$ b) $x = -1$ c) $x = \frac{1}{2}$ d) $x = 9$ e) $x = -3$ f) $x = 0$

16. Wasser mit einer Temperatur von 20 °C wird in einem Becherglas erhitzt. Nach 3 Minuten ist die Temperatur des Wassers um 30 Grad gestiegen. Gib an, welche Temperatur das Wasser (bei gleichmäßigem Erhitzen) nach 6 Minuten hat (nach 9 Minuten hat).

17. Entscheide, in welchem Quadranten bzw. auf welcher Achse eines Koordinatensystems folgende Punkte liegen: $A(3|4)$; $B(-3|2,5)$; $C(0|4)$; $D(\frac{1}{4}|-4)$; $E(3|0)$; $F(-3,2|-4,3)$.

1. Lineare Funktionen

1.1 Funktionen

■ Miro hat einige Quadratzahlen an die Tafel geschrieben. Jetzt sucht er zu einer Quadratzahl die Zahl, die quadriert wurde.
Hilf Miro und gib passende Zahlen an. ■

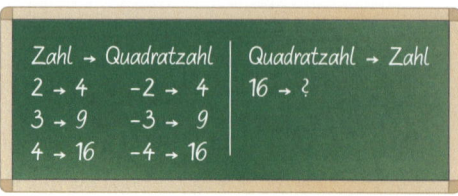

Info:
Man schreibt kurz
$f(x) = y$ oder
$f: x \rightarrow y$.

Wissen: Funktion
Eine **Funktion** ist eine **eindeutige Zuordnung**:
Es gibt zu jedem Wert x aus dem Definitionsbereich **genau einen** zugeordneten Wert y, der **Funktionswert** von x genannt wird.

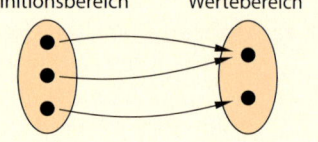

Beispiel 1: Stelle die Zuordnung als Pfeildiagramm dar. Entscheide, ob die Zuordnung eine Funktion ist.

a)
Note	1	2	3	4	5	6
Anzahl	3	8	7	7	3	0

b)
Zahl	5	6	7
Teiler (außer 1)	5	2; 3; 6	7

Lösung:

a)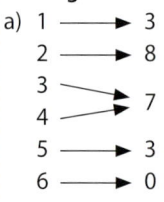

b)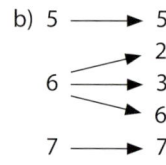

Von jeder Note geht genau ein Pfeil aus: zu der Anzahl Schüler mit dieser Note. Diese Zuordnung ist eindeutig, sie ist also eine Funktion.

Von der Ausgangszahl 6 gehen mehrere Pfeile aus, denn die Zahl 6 hat mehrere Teiler. Die Zuordnung ist nicht eindeutig, sie ist also keine Funktion.

Basisaufgaben

1. Entscheide jeweils, ob die Zuordnung eine Funktion ist.

   a) 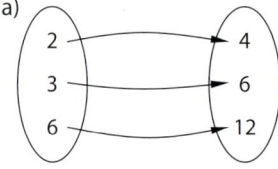 b) 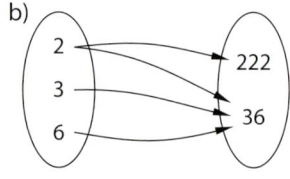 c)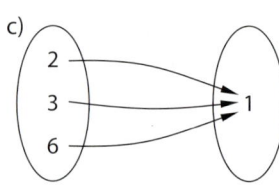

   d) Jedem Mitglied der Fußballmannschaft wird seine Schuhgröße zugeordnet.
   e) Jeder Schülerin wird ihre Augenfarbe zugeordnet.
   f) Jeder Haarfarbe werden die Schüler der 8a zugeordnet.
   g) *Zeit für das Befüllen eines Wasserbeckens → Höhe des Wasserstandes im Becken*

2. Prüfe, ob die Zuordnung eine Funktion ist. Begründe deine Entscheidung.
   a) *Person → Körpergröße*
   b) *Handymodell → Person*
   c) *Jahreszahl → Anzahl der Regentage*
   d) *Höhe des Taschengeldes → Person*
   e) *Parkdauer → Parkgebühr*
   f) *Schuhgröße → Körpergröße*
   g) *Zahl → Quadratzahl*
   h) *natürliche Zahl → Quersumme*

1.1 Funktionen

Funktionen darstellen

Beispiel 2: Die Wortvorschrift „Jeder Zahl wird das Doppelte zugeordnet." beschreibt eine Funktion.
a) Stelle zu der Funktion eine Wertetabelle auf.
b) Zeichne den Graphen der Funktion.
c) Schreibe als Vorschrift x → ■. Gib für das Kästchen ■ einen Term zur Berechnung der Funktionswerte an.

Lösung:
a) Der 1 wird die 2 zugeordnet.
Der 2 wird die 4 zugeordnet.
Der 3 wird die 6 zugeordnet.
…

Wertetabelle:

Ausgangswert x	1	2	3	4	5
Funktionswert y	2	4	6	8	10

b) Trage jedes Wertepaar als Punkt in ein Koordinatensystem ein.
Da es auch für alle Zwischenwerte Funktionswerte gibt, kannst du den Graphen durchzeichnen.

Graph:

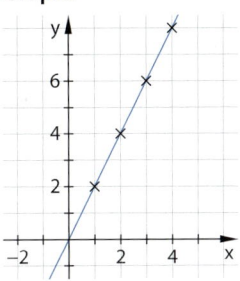

c) Jedem x wird das Doppelte, also 2x, zugeordnet.

Vorschrift:
x → 2x

Basisaufgaben

3. Die Wortvorschrift „Jeder Zahl wird die Hälfte zugeordnet." beschreibt eine Funktion. Stelle die Funktion
   a) als Wertetabelle,   b) als Graph und   c) als Vorschrift dar.

4. Jeder Zahl wird die Differenz aus 10 und dem Dreifachen dieser Zahl zugeordnet. Stelle die Funktion auf drei verschiedene Arten dar.

5. Ordne die Wertetabellen den Graphen ① bis ④ zu. Begründe jeweils, warum die drei anderen nicht passen können.

Brenndauer einer Kerze

Zeit (in h)	2	4	6	8
Kerzenhöhe (in cm)	8	6	4	2

Gesamtgewicht eines Lkw

Ladung (in t)	2	4	6	8
Gewicht (in t)	12	14	16	18

Fallstrecke eines Fallschirmspringers

Zeit (in s)	1	2	3	4
Fallstrecke (in m)	5	20	45	80

Käsepreis

Käse (in g)	50	100	150	200
Preis (in €)	1,25	2,50	3,75	5

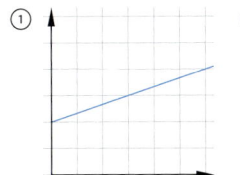
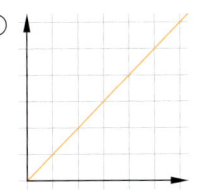
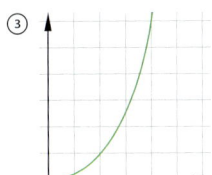

Tipp:
Spielt „Stille Post": Eine Funktion wird von Schüler zu Schüler „weitergegeben", aber immer in einer anderen Darstellung.

Weiterführende Aufgaben

6. a) Welche Vorschrift passt zu welchem Wertepaar? Ordne zu.

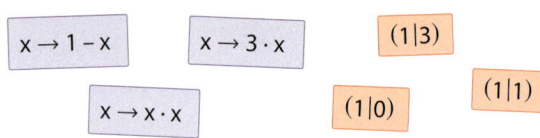
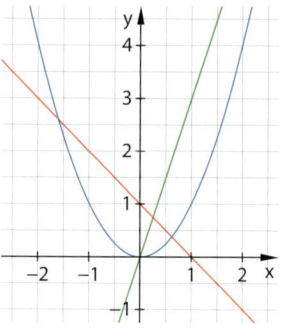

b) Begründe, welcher Graph im Bild rechts zu welcher Vorschrift aus Aufgabenteil a) passt.

7. Elias, Dennis und Jonathan sollen eine Audiodatei herunterladen. Elias' Downloadgeschwindigkeit wurde während des Downloads gedrosselt, Dennis hatte zweimal eine schlechte Verbindung und Jonathans Verbindung war gegen Ende am besten.

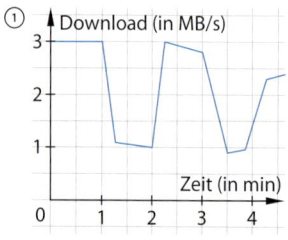
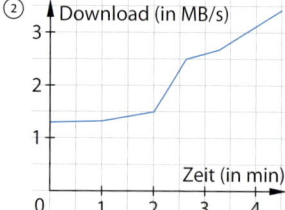
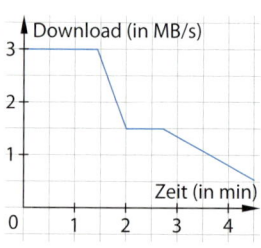

a) Ordne die Graphen den Downloads von Elias, Dennis und Jonathan zu und begründe deine Wahl.
b) Erstelle jeweils eine Wertetabelle für x = 0 bis x = 4 in 0,5er-Schritten.

8. Bei welchen Kurven handelt es sich um Funktionsgraphen? Begründe deine Antwort.

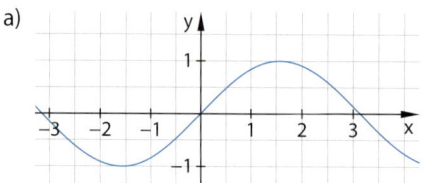
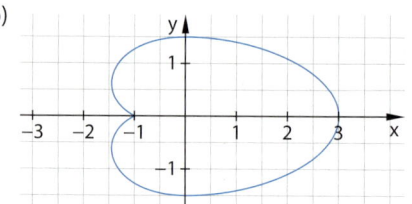

9. Überprüfe und begründe, ob die Zuordnung und ihre Umkehrung Funktionen sind.
a) Uhrzeit → Ampelfarbe   und   Ampelfarbe → Uhrzeit
b) Person → Alter   und   Alter → Person
c) Überlege dir weitere Beispiele und stelle sie in der Gruppe vor.

10. **Stolperstelle:** Begründe, wo der Denkfehler liegt.
Julian sagt: „Die Zuordnung Person → Geburtstag ist keine Funktion, da es mehrere Personen geben kann, die an einem Tag Geburtstag haben."

11. **Ausblick:** Finde die Regelmäßigkeit in der Tabelle. Gib eine Gleichung an, mit der du weitere Wertepaare der Funktion berechnen kannst. Zeichne den Graphen der Funktion.

a)
x	−2	−1	0	1	2
y	−6	−3	0	3	6

b)
x	−4	−2	0	2	4
y	−5	−1	3	7	11

c)
x	−8	−4	0	4	8
y	3,5	3,5	3,5	3,5	3,5

d)
x	−6	−3	0	3	6
y	−5	−3	−1	1	3

1.2 Proportionale Funktionen

■ Bei welchem Sonderpreis bekommt man „mehr für sein Geld"? Berechne den Preis pro Liter. ■

Proportionalitätsfaktor

Die Zuordnungen *Äpfel (in kg) → Preis (in €)* ist proportional, denn:
Verdoppelt sich der Ausgangswert, so verdoppelt sich auch der Preis.

> **Wissen: Quotientengleichheit und Proportionalitätsfaktor**
> Bei einer proportionalen Zuordnung sind alle Wertepaare (x|y) **quotientengleich**.
> Dividiert man y durch x, so ergibt sich immer dieselbe Zahl, der **Proportionalitätsfaktor m**.

Beispiel 1: Prüfe mit den Angaben der Tabelle, ob die Zuordnung proportional ist.
Gib gegebenenfalls den Proportionalitätsfaktor an.

a) *Menge Käse (in kg) → Preis (in €)*

Menge	2	4	5	7
Preis	21,00	42,00	52,50	73,50

b) *Fahrchips für die Achterbahn → Preis (in €)*

Menge	1	2	5	8
Preis	5	8	11	14

Lösung:

a) Prüfe, ob sich beim Schluss auf den Grundpreis (Preis pro kg) immer derselbe Wert ergibt. Dies ist hier der Fall. Es wurden immer 10,50 € pro kg berechnet. Die Zuordnung ist daher proportional.

Der Wert 10,50 € pro kg ergibt sich immer aus dem Quotienten $\frac{Preis}{Menge}$.

Der Proportionalitätsfaktor ist 10,5.

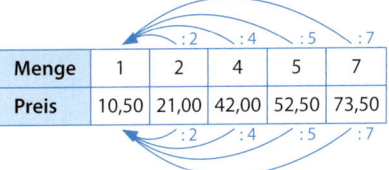

$10{,}5 = \frac{21}{2} = \frac{42}{4} = \frac{52{,}5}{5} = \frac{73{,}5}{7}$

b) Prüfe, ob der Quotient $\frac{Preis}{Anzahl\ der\ Fahrchips}$ immer gleich ist. Da die Quotienten der ersten beiden Wertepaare nicht gleich sind, ist die Zuordnung nicht proportional.

$\frac{5}{1} = 5$, aber $\frac{8}{2} = 4$

Basisaufgaben

1. Prüfe, ob die Zuordnung proportional ist. Gib ggf. den Proportionalitätsfaktor an.

a) *Streusalz (in kg) → Preis (in €)*

Menge	5	8	15	30
Preis	5,50	8,80	16,50	33,00

b) *Länge der Taxifahrt (in km) → Preis (in €)*

Strecke	2	5	8	15
Preis	6,00	10,50	15,00	25,50

2. Ergänze die Tabelle so, dass Proportionalität vorliegt. Gib den Proportionalitätsfaktor an.

a)

x	2	3	5	7	10
y		12			

b)

x	1		6	7	
y		24	36		60

3. 6 Müsliriegel wiegen zusammen 150 g.
   a) Stelle eine Wertetabelle für 1, 2, 3, 4, 5 Müsliriegel auf.
   b) Gib den Proportionalitätsfaktor der Zuordnung *Anzahl Müsliriegel → Gewicht (in g)* an.
   c) Berechne das Gewicht von 8 Müsliriegeln (von 10, von 15 Müsliriegeln).

Funktionsgleichung und Graph

Bezeichnet man in Beispiel 1 a) das Käsegewicht mit x und den Preis mit y, so gilt $\frac{y}{x} = 10{,}5$, also y = 10,5 · x. Mit der Gleichung y = 10,5 · x kann man den Preis y zu jeder Menge x berechnen. Diese Zuordnung ist eindeutig und damit eine Funktion. Zum Beispiel kann diese Funktion von der Software einer Supermarktkasse genutzt werden, um den Preis der Ware zu berechnen. Allgemein gilt: **Jede proportionale Zuordnung ist eine Funktion**.

> **Wissen: Funktionsgleichung einer proportionalen Funktion**
> Die **Funktionsgleichung** einer proportionalen Funktion hat die Form **y = m · x**.
> **m** ist der Proportionalitätsfaktor.

Beispiel 2: Funktionsgleichung aufstellen

Ein Planschbecken im Garten wird mit dem Gartenschlauch neu befüllt. Nach 4 Minuten beträgt der Wasserstand 6 cm. Ermittle eine Funktionsgleichung zur Situation.

Lösung:

Lege die Bedeutung der Variablen x und y fest.

Variablen x und y: x: Zeit (in min)   y: Wasserstand (in cm)

Den Proportionalitätsfaktor lässt sich aus dem Wertepaar (4 min|6 cm) bestimmen. Berechne den Quotienten $\frac{\text{Wasserstand}}{\text{Zeit}}$.

Proportionalitätsfaktor: $\frac{y}{x} = \frac{6}{4} = 1{,}5$
(1,5 cm pro min)

Setze den Proportionalitätsfaktor m = 1,5 in die allgemeine Form y = m · x ein.

Funktionsgleichung: y = 1,5 · x

Beispiel 3: Graph zeichnen

Erstelle zur Funktionsgleichung y = 1,5 · x aus Beispiel 2 eine Wertetabelle und zeichne den Graphen der Funktion.

Lösung:

Berechne einige Wertepaare. Setze dazu einige x-Werte in y = 1,5 · x ein.

Funktionsgleichung: y = 1,5 · x
Wertepaar: x = 6   y = 1,5 · 6 = 9

Stelle alle Wertepaare in einer Tabelle zusammen.

x	0	1	2	4	6
y	0	1,5	3	6	9

Zum Zeichnen genügt es, wenn du den Punkt mit den Koordinaten (6|9) einzeichnest, denn der Graph geht durch den Ursprung (0|0).

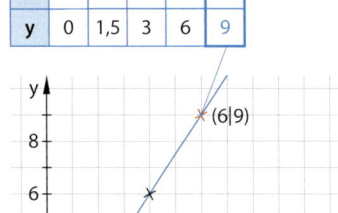

> **Wissen: Graph einer proportionalen Funktion**
> Der Graph einer proportionalen Funktion ist eine **Gerade**, die **durch den Ursprung** geht.

1.2 Proportionale Funktionen

Basisaufgaben

4. Ermittle eine Funktionsgleichung zu der Situation.
   a) Fünf Meter Rollrasen kosten 35 €.
   b) Ein Kanuverleih berechnet für 3 Stunden 24 €.
   c) Auf dem Markt kosten 1,5 kg Äpfel 4,50 €.
   d) Auf der Autobahn reichen 50 Liter Diesel für 625 km.

5. Ergänze die y-Werte in der Wertetabelle. Setze dafür die x-Werte in die Gleichung ein.
   a) $y = 1{,}2x$

x	1	2	3	5	10	20
y						

   b) $y = \frac{1}{4}x$

x	1	2	4	8	10	16
y						

   Hinweis zu 5a:
   Statt $y = 1{,}2 \cdot x$ kann man auch kürzer schreiben $y = 1{,}2x$.

6. Erstelle eine Wertetabelle und zeichne den Graphen der Funktion.
   a) $y = 3x$
   b) $y = 0{,}5x$
   c) $y = 1{,}6x$
   d) $y = -0{,}4x$

TK **DGS** 7. Wertetabellen kannst du z. B. auch mit einer Tabellenkalkulation oder einer Geometriesoftware erstellen. Probiere es aus und erstelle eine Wertetabelle für die Funktionsgleichung.
   a) $y = 5x$
   b) $y = 9{,}81x$
   c) $y = \frac{5}{6}x$
   d) $y = \pi x$

8. Der abgebildete Graph beschreibt den Wasserzulauf in einen Pool.
   Bestimme aus einem Wertepaar des Graphen den Proportionalitätsfaktor.
   Gib die Funktionsgleichung an.

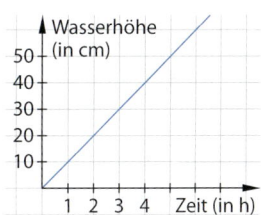

9. a) Begründe anhand der Funktionsgleichung $y = m \cdot x$, warum der Punkt $(0|0)$ immer zum Graphen einer proportionalen Funktion gehört.
   b) Als Hausaufgabe sollte der Graph zur Gleichung $y = 0{,}4x$ gezeichnet werden.
      Vergleiche die drei Schülerlösungen. Nennen jeweils Vor- und Nachteile der Lösungen.

   Lara   Klemens   Torge

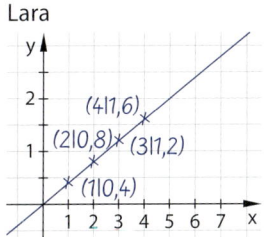 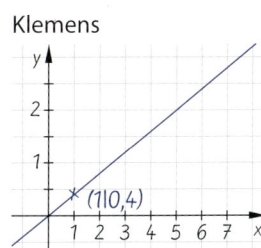 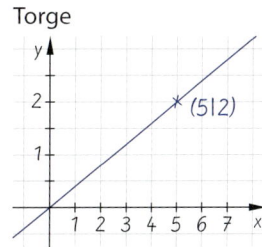

10. Bestimme die Gleichung einer proportionalen Funktion, deren Graph durch den Punkt $A(x|y)$ verläuft.
    a) $A(1|1)$
    b) $A(1|-3)$
    c) $A(3|2)$
    d) $A(100|-25)$

Hinweis zu 10:
Hier findest du die Lösungen.

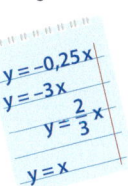

Punktprobe

Beispiel 4: Prüfe rechnerisch, ob der Punkt auf der Geraden liegt, die zur Funktionsgleichung y = 4 · x gehört.

a) A(2|8) b) B(4|1) c) C(−4,5|−18)

Lösung:
Setze den x-Wert und den y-Wert des Punktes in der Funktionsgleichung y = 4 · x ein. Falls sich eine wahre Aussage ergibt, liegt der Punkt auf der Geraden.

a) (2|8) liegt auf der Geraden, denn:
8 = 4 · 2
8 = 8   wahr

b) (4|1) liegt nicht auf der Geraden, denn:
1 = 4 · 4
1 = 16   falsch

c) (−4,5|−18) liegt auf der Geraden, denn:
−18 = 4 · (−4,5)
−18 = −18   wahr

Hinweis zu b):
Auch in der grafischen Darstellung siehst du, dass (4|1) nicht auf der Geraden liegt.

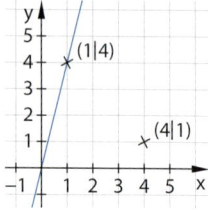

Basisaufgaben

11. Prüfe rechnerisch, ob die Punkte auf der Geraden liegen.
a) Gerade mit y = 2x   A(4|2); B(2|4); C(7,5|10); D(−0,4|−0,8)
b) Gerade mit y = −3x   A(2|6); B(4|−12); C(−2|2); D(2,4|7,2)
c) Gerade mit y = $\frac{1}{4}$x   A(4|1); B(−2|−2); C(3|$\frac{1}{12}$); D(5|1$\frac{1}{4}$)

12. Ordne die Wertepaare den passenden Funktionsgleichungen zu.

y = −2,5x   y = 5x   (3|−7,5)   (2|20)   (4|−10)   (1|5)   (2|$\frac{4}{5}$)

y = 10x   y = $\frac{2}{5}$x   (−4|−20)   ($\frac{4}{5}$|8)   (5|2)   (−2|−10)   (5|25)

13. Überprüfe, ob die Punkte auf dem Graphen einer einzigen proportionalen Funktion liegen.
a) A(1|3); B(3|9); C(−2|−6)
b) A(3|5); B(−6|−10); C(−10|−30)
c) A(3|−15); B(1|−5); C(−5|−25)
d) A(0,5|0,02); B(−2,4|−0,096); C(−4|−0,15)

14. Haben alle Kunden den korrekten Preis bezahlt, wenn der Kilopreis für Birnen 4 € beträgt? Überprüfe mit dem Taschenrechner.

0,765 kg Birnen (lose)   3,06 €

0,475 kg Birnen (lose)   1,90 €

0,505 kg Birnen (lose)   2,20 €

Weiterführende Aufgaben

15. Denise legt seit Anfang des Jahres an jedem Sonntag 4 € in ihre Spardose. Mit der Funktion y = 4x lässt sich berechnen, wie viel Denise bereits gespart hat.
a) Welche Bedeutung haben die Werte von x und y hier? Erläutere.
b) Berechne den Funktionswert für x = 2 (x = 5; x = 52). Erläutere, was der Wert aussagt.
c) Bestimme die Anzahl der Wochenenden, die Denise mindestens sparen muss, um mehr als 50 € in der Spardose zu haben.
d) Erläutere, was die Funktionswerte von x = −3 und x = 2,5 bedeuten. Lege fest, welche x-Werte in diesem Zusammenhang sinnvoll sind.
e) Ist es sinnvoll, beim Graphen dieser Funktion die Punkte zu einer Geraden zu verbinden? Begründe deine Antwort.

1.2 Proportionale Funktionen

16. Die Wertetabelle gehört zu einer proportionalen Funktion. Ergänze die fehlenden Werte.

a)
x	−3	−2	−1	0	1	2
y					3	

b)
x	−3	−1			2	5
y	−15		0	1		

17. Stefanie behauptet, dass man eine Punktprobe auch ohne Rechnung machen kann. Hat sie recht? Begründe an einem Beispiel.

18. Stolperstelle: In einem Süßigkeitenladen kann man sich selbst eine Tüte mit Leckereien zusammenstellen. Pro 50 g bezahlt man 2,50 €. Berechne den Preis für 125 g Süßigkeiten. Erkläre die Lösungsansätze der Schüler. Korrigiere gegebenenfalls den Lösungsweg.

Benjamin:
Wertetabelle:

Menge (in g)	50	100	150
Preis (in €)	2,5	5	7,5

Proportionalitätsfaktor: $\frac{100}{5} = 20$

Gleichung: $y = 20x$
Rechnung: $20 \cdot 125 = 250$
Lösung: $x = 125, y = 250$

Lena:
Gleichung: $y = 50x$

Rechnung: $50 \cdot 125 = 625$

125 g kosten 625 €.

Paul:
50 g sind 2,50 €.
100 g sind 5,00 €.

25 g sind 2,50 € : 2 = 1,25 €.

125 g kosten also
5,00 € + 1,25 € = 6,25 €.

19. Eine Klepshydra ist eine antike Wasseruhr. Aus dem oberen Behälter fließt Wasser in den unteren. Der untere Behälter ist 28 cm hoch und so geformt, dass der Wasserstand proportional zur verstrichenen Zeit ist.
   a) Der Wasserstand nimmt in 3 Minuten um 1 cm zu. Gib eine Funktionsgleichung zur Zuordnung *Zeit (min) → Wasserstand (in cm)* an.
   b) Berechne die Funktionswerte für die x-Werte 0; 1 und 9 und erkläre ihre Bedeutung.
   c) Bestimme die Zeitspanne, in der sich die Höhe des Wasserstands um 4 cm verändert.
   d) Berechne die längste Zeitdauer, die sich mit der Klepshydra abmessen lässt.

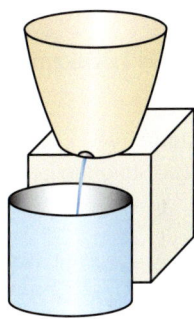

20. Ausblick:
   a) Trage zu jedem Experiment die Ergebnisse in eine Wertetabelle ein. Markiere zu jedem Wertepaar einen Punkt in einem Koordinatensystem.
   b) Prüfe: Kann man den Vorgang jeweils mit einer proportionalen Funktion beschreiben?

> **Experiment 1:**
> Bohre in eine Plastikflasche ein kleines Loch, sodass der Inhalt in einem feinen Strahl austreten kann.
> Fange die Flüssigkeit in einem Messbecher auf und miss mit einer Stoppuhr, nach wie vielen Sekunden 100 mℓ 200 mℓ, 300 mℓ ... Flüssigkeit ausgelaufen sind.

> **Experiment 2:**
> Schneide ein Gummiband auseinander und befestige an einer Seite eine Plastiktüte. Wenn du jetzt 1-€-Münzen in die Tüte legst, so ändert sich die Länge des Gummibandes. Befestige das Gummiband an der Wand (Nagel, Stecknadel) und miss die Längenänderung bei 2, 4, 6 ... Münzen.

1.3 Steigung

- Vergleiche die beiden Treppen.
Welche der beiden Treppen ist steiler?
Begründe deine Antwort. ■

 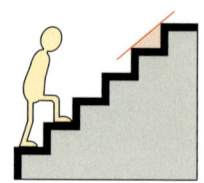

Der **Proportionalitätsfaktor m** einer proportionalen Funktion bestimmt die Änderung der Funktionswerte bei zunehmenden x-Werten. Werden die Funktionswerte immer größer oder immer kleiner? Nehmen die Funktionswerte schnell oder langsam zu?
Im Zusammenhang mit einem Graphen spricht man aber nicht vom Proportionalitätsfaktor, sondern von der **Steigung m**.

Hinweis:
Die Steigung kann positiv und negativ sein.

> **Wissen: Steigung**
> Der Graph einer proportionalen Funktion mit $y = m \cdot x$ ist eine Gerade, die die **Steigung m** hat.
>
> Die Steigung gibt die **Änderung des y-Wertes** an, wenn der x-Wert **um 1** zunimmt.
>
> Die Steigung lässt sich mit einem **Steigungsdreieck** darstellen.

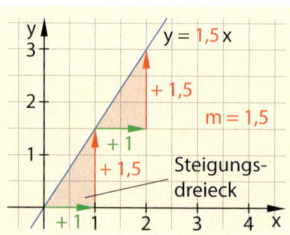

Von der Funktionsgleichung zum Graphen

Beispiel 1: Zeichne den Graphen zur Funktionsgleichung, indem du die Steigung abträgst.
a) $y = 2x$ b) $y = -0{,}5x$ c) $y = \frac{2}{3}x$

Lösung:
a) Die Steigung ist $m = 2$.
b) Die Steigung ist $m = -0{,}5$.
c) Zeichne für $m = \frac{2}{3}$ das Steigungsdreieck größer.

Erinnere dich:
Der Graph einer proportionalen Funktion ist eine Gerade, die durch den Ursprung (0|0) geht (Ursprungsgerade).

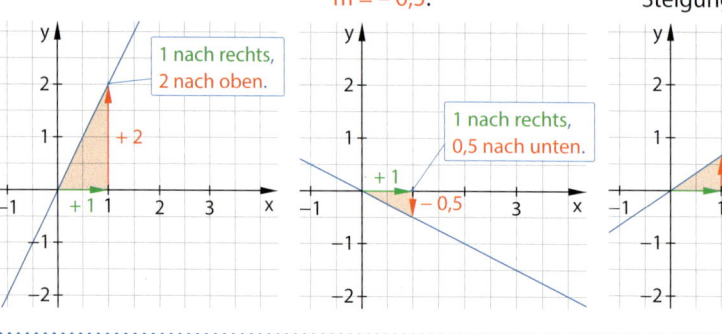

Basisaufgaben

1. Zeichne den Graphen zur Funktionsgleichung, indem du die Steigung abträgst.
   a) $y = 3x$ b) $y = -2x$ c) $y = -1{,}5x$ d) $y = 4x$

2. Zeichne den Funktionsgraphen. Wähle ein geeignetes größeres Steigungsdreieck.
   a) $y = \frac{3}{4}x$ b) $y = -\frac{2}{5}x$ c) $y = 1\frac{1}{3}x$ d) $y = -\frac{1}{4}x$

3. Zeichne eine Ursprungsgerade mit der angegebenen Steigung.
   a) $m = 2{,}5$ b) $m = -0{,}75$ c) $m = \frac{1}{3}$ d) $m = 0{,}4$
   e) $m = 0{,}25$ f) $m = -\frac{1}{6}$ g) $m = -1{,}2$ h) $m = 1\frac{1}{5}$

1.3 Steigung

Vom Graphen zur Funktionsgleichung

Beispiel 2: Stelle eine Funktionsgleichung zum Graphen der proportionalen Funktion auf.

a) 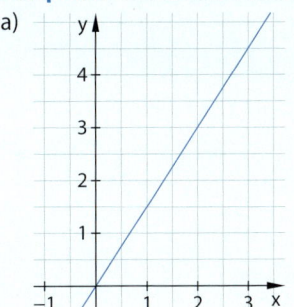   b) 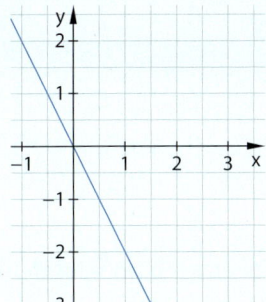   c)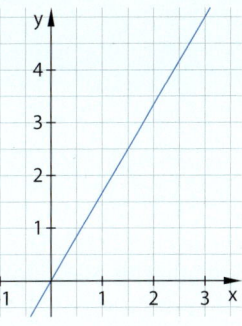

Lösung:

a) Lies die Steigung ab.

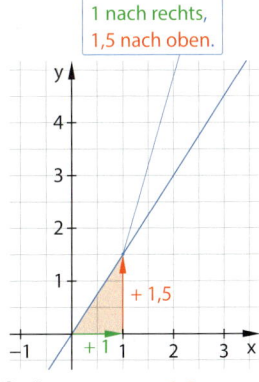

Steigung: $m = 1{,}5$

Gleichung: $y = 1{,}5 \cdot x$

b) Lies die Steigung ab.

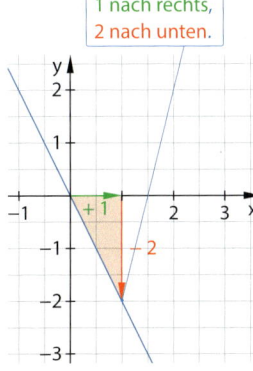

Steigung: $m = -2$

Gleichung: $y = -2 \cdot x$

c) Lies an einem größeren Steigungsdreieck ab.

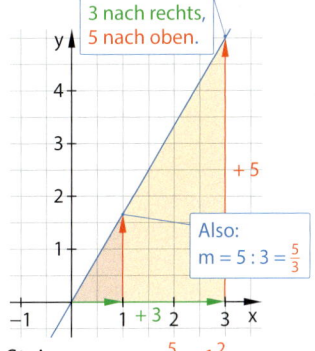

Also: $m = 5 : 3 = \frac{5}{3}$

Steigung: $m = \frac{5}{3} = 1\frac{2}{3}$

Gleichung: $y = 1\frac{2}{3} \cdot x$

Basisaufgaben

4. Bestimme die Steigung des Graphen der proportionalen Funktion.

a) 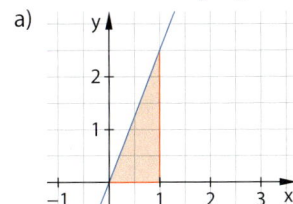   b) 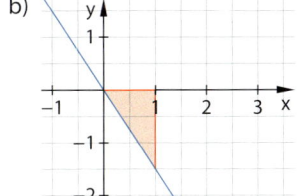   c)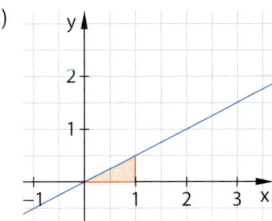

5. Stelle zur Geraden eine Funktionsgleichung auf.

a) 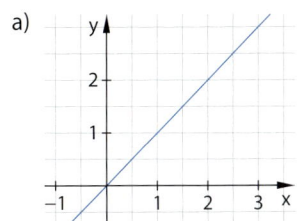   b) 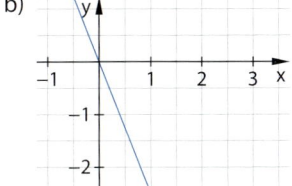   c)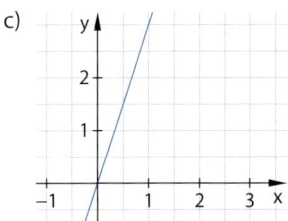

6. Übertrage die Zeichnung ins Heft. Zeichne ein Steigungsdreieck ein und bestimme zum Graphen eine Funktionsgleichung.

a)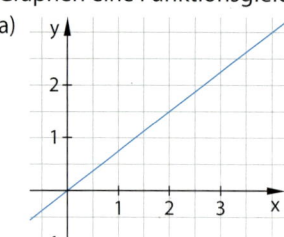
b)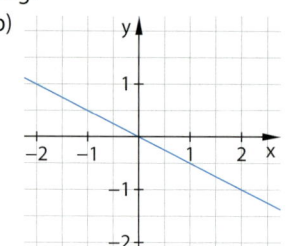
c)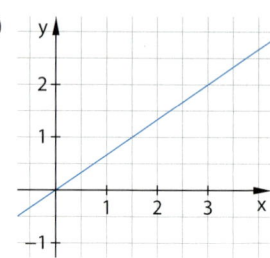

7. Bestimme die Steigung des Graphen der proportionalen Funktion.

a)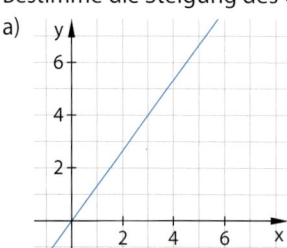
b)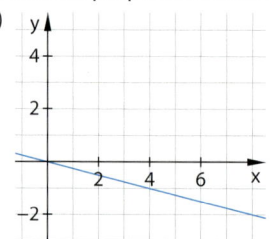
c)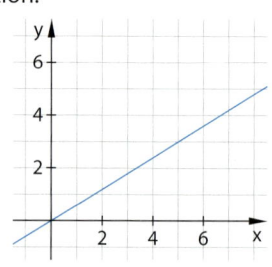

8. Bestimme die Steigungen der Graphen der proportionalen Funktionen. Beschreibe, wie sich der Graph bei unterschiedlichem Anstieg m ändert. Überlege, welche Fälle du unterscheidest.

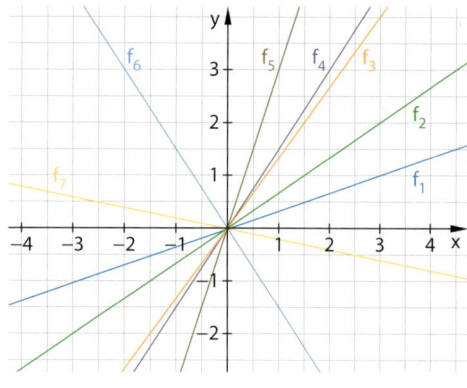

Weiterführende Aufgaben

9. Bei großem Anstieg m muss man beim Zeichnen die Einteilung der y-Achse ändern. Welcher Schüler hat den Graphen zu $y = 40x$ richtig gezeichnet? Begründe.

Arvid: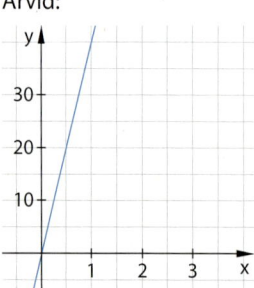
Björn: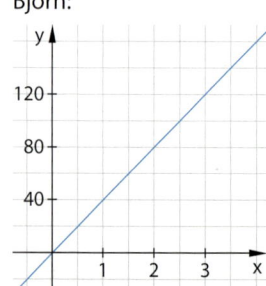
Christian: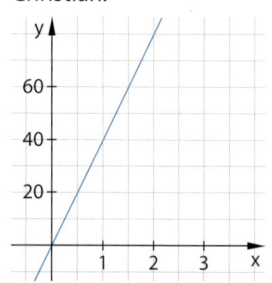

10. Zeichne den Graphen zur Funktionsgleichung. Teile die y-Achse geeignet ein.
    a) $y = 20x$ b) $y = 50x$ c) $y = -12x$ d) $y = 0{,}02x$

1.3 Steigung

11. Ordne alle Karten den Fällen ① m > 0 und ② m < 0 zu. Begründe, warum die Karte jeweils passt.

- Die „Treppe" geht nach oben.
- je mehr, desto mehr
- Die „Treppe" geht nach unten.
- steigend
- fallend
- je mehr, desto weniger

12. Der Punkt A (1|2) liegt auf dem Graphen einer proportionalen Funktion mit der Steigung m = 2. Berechne weitere Koordinaten, wenn x die Werte 2, 3 oder –1 annimmt.

13. **Stolperstelle:** Finde die Fehler, erkläre sie und korrigiere die Funktionsgleichungen.

a)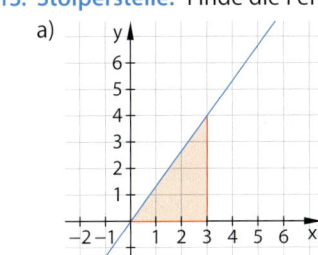
   y = 4x

b)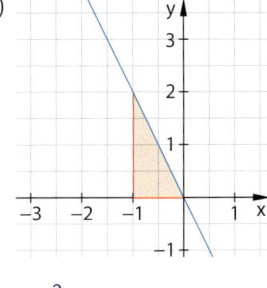
   y = 2x

c)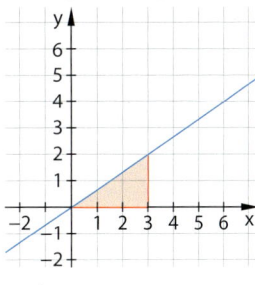
   $y = \frac{3}{2}x$

14. Die Graphen der Funktionen ①, ② und ③ geben die Richtung eines Stundenzeigers an. Ordne jeweils die passende Tageszeit zu und begründe deine Entscheidung.

① $y = \frac{5}{3}x$ ② $y = -\frac{3}{5}x$ ③ y = 0,5x

- ein Uhr
- kurz nach acht
- kurz nach zwei
- vier Uhr

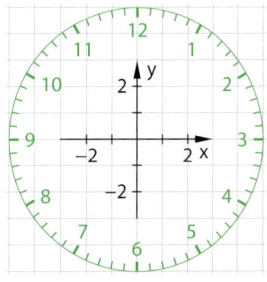

15. Das Bild rechts zeigt die Funktionen mit der Gleichung y = m · x für die Werte m = –5 bis m = 5 in 0,1-Schritten.
    a) Zeichne selbst die Geraden für m = 0; 1; 2; 3; 4; 5.
    b) In einigen Bereichen im Bild rechts liegen die Geraden dichter beieinander als in anderen Bereichen. Erkläre, wie es hierzu kommt.

16. **Ausblick:** Bei Straßen wird die Steigung in Prozent angegeben. 24 % Steigung bedeutet: Auf 100 m waagerechte Wegstrecke steigt die Straße in der Höhe um 24 m.
    a) Berechne, um wie viele Meter in der Höhe eine Straße mit 24 % Steigung auf 50 m (10 m; 1 m) waagerechter Wegstrecke ansteigt.
    b) Wie hängen Prozentangaben, Anstieg je m und Steigung zusammen? Erkläre.
    c) Stelle eine Funktionsgleichung auf, die eine Straße mit 24 % Steigung (15 %; 7 % Steigung) beschreibt.
    d) Tien behauptet: „Eine Straße mit 100 % Steigung ist ja eine senkrechte Wand." Begründe, dass Tien nicht recht hat.

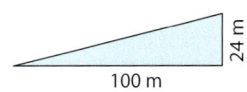

1.4 Lineare Funktionen

■ In einer Wakeboardanlage kostet eine Zeitkarte 15 € pro Stunde. Für die Ausrüstung (Board, Neoprenanzug, Schwimmweste) kommen noch einmal pauschal 20 € hinzu. Berechne den Preis für 4 Stunden Fahrzeit inkl. Ausrüstung. Prüfe, ob sich der Preis bei 8 Stunden verdoppelt. ■

Funktionsgleichung aufstellen

Es gibt Situationen, bei denen sich eine Größe proportional ändert, aber ein fester Wert wie eine Grundgebühr oder ein Anfangsbestand zusätzlich berücksichtigt werden muss.

Beispiel 1: Ermittle zur Situation eine Funktionsgleichung und zeichne den Graphen.
a) Im Citytarif einer Autovermietung werden für einen Transporter 2,50 € pro Kilometer berechnet. Hinzu kommt eine Grundgebühr von 5 €. Betrachte die Gesamtkosten.
b) Ein voller Wasserkanister fasst 20 ℓ Wasser. Bei geöffnetem Hahn fließen 4 ℓ pro Minute ab. Betrachte die Wassermenge im Kanister.

Lösung:

a) Pro Kilometer werden 2,50 € berechnet. Dieser Zusammenhang ist proportional (2,5 · x). Addiere die 5 € Grundgebühr, um die Gesamtkosten zu erhalten.

x: Strecke (in km)
y: Gesamtkosten (in €)

$y = 2,5 \cdot x + 5$

x	0	1	2	3	4
y	5	7,5	10	12,5	15

Zeichne den Graphen mithilfe einer Wertetabelle.

Hinweis: Es genügt, wenn du zwei Wertepaare einzeichnest und verbindest. Je weiter die Punkte auseinander liegen, desto genauer wird die Zeichnung.

b) Pro Minute fließen 4 ℓ ab. Dieser Zusammenhang ist proportional (4 · x). Das abgeflossene Wasser zieht man von der Anfangsmenge 20 ℓ Wasser ab.

x: Zeit (in min)
y: Restmenge Wasser (in ℓ)

$y = 20 - 4 \cdot x$
(oder $y = -4 \cdot x + 20$)

x	0	1	2	3	4	5
y	20	16	12	8	4	0

Zeichne den Graphen mithilfe einer Wertetabelle.

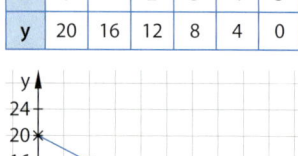

Die lineare Funktion mit der Gleichung y = 0,5x + 3 unterscheidet sich von der proportionalen Funktion y = 0,5x nur durch die Zahl 3, die zu jedem Wert der proportionalen Funktion addiert wird.

Der Graph zu y = 0,5x + 3 entsteht durch Verschiebung des Graphen der proportionalen Funktion um 3 nach oben.

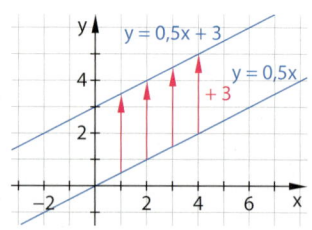

1.4 Lineare Funktionen

> **Wissen: Lineare Funktionen**
> Die Funktionsgleichung einer **linearen Funktion** hat die Form
> $y = m \cdot x + n$.
>
> Der zugehörige Graph ist eine Gerade mit der Steigung m, die die y-Achse im Punkt $(0|n)$ schneidet. n wird als **y-Achsenabschnitt** bezeichnet.

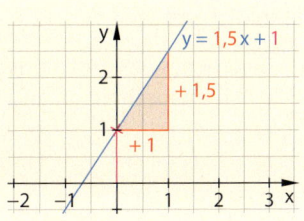

Basisaufgaben

1. Der Mietpreis eines Ferienhauses an der Ostsee setzt sich zusammen aus der Miete von 60 € pro Übernachtung und der Endreinigung von einmalig 40 €.
   a) Erläutere, welcher Zusammenhang proportional ist und welche Größe den festen Wert darstellt.
   b) Berechne die Gesamtkosten für 7 Übernachtungen.
   c) Ermittle eine allgemeine Funktionsgleichung für x Übernachtungen.

2. Ein Fallschirmspringer sinkt nach dem Öffnen des Fallschirms gleichmäßig zu Boden. Betrachte den Zusammenhang *Zeit nach dem Öffnen → Höhe des Fallschirmspringers*.
   a) Entscheide, welche Funktionsgleichung den Sachzusammenhang beschreiben könnte. Begründe deine Auswahl.

   ① $y = 5x + 1500$ ② $y = 1500x - 5$ ③ $y = 1500 - 5x$ ④ $y = 1500 + 5x$

   b) Beschreibe die Bedeutung der Steigung und des y-Achsenabschnitts in diesem Zusammenhang.

3. Ermittle zur Situation eine Funktionsgleichung und zeichne den Graphen.
   a) Ein Kanuverleih verleiht Canadierboote zu 5 € pro Stunde. Für Schwimmwesten kommen pauschal 8 € Leihgebühr hinzu. Betrachte die Gesamtkosten.
   b) In einem Heizungskeller steht das Wasser 25 cm hoch. Mit einer Wasserpumpe wird Wasser gleichmäßig abgepumpt. Pro Stunde sinkt das Wasser um 2 cm. Betrachte den Wasserstand.
   c) Eine Kerze ist anfangs 15 cm hoch. Beim Brennen nimmt die Höhe um 15 mm pro Stunde ab. Betrachte die Höhe der Kerze.

Von der Funktionsgleichung zum Graphen

> **Beispiel 2:** Zeichne den Graphen der Funktion mit der Funktionsgleichung $y = -1{,}5x + 4$.
>
> **Lösung:**
> Da der y-Achsenabschnitt $n = 4$ ist, verläuft der Graph durch den Punkt mit den Koordinaten $(0|4)$.
>
> Zeichne von dort ein Steigungsdreieck ein: 1 nach rechts und 1,5 nach unten oder 2 nach rechts und 3 nach unten.
>
> Zeichne die Gerade durch den Punkt $(0|4)$ und durch den unteren Eckpunkt des Steigungsdreiecks.

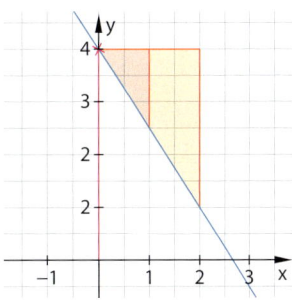

Hinweis:
Du kannst den Graphen auch mithilfe von zwei Punkten zeichnen wie im Beispiel 1.

Basisaufgaben

4. Gegeben ist die Funktionsgleichung einer linearen Funktion. Gib die Steigung und den y-Achsenabschnitt an und zeichne den Graphen.
   a) $y = 4x - 1$
   b) $y = -2x + 5$
   c) $y = -3x + 3$
   d) $y = x + 1{,}5$
   e) $y = 2x - 1$
   f) $y = 3x - 2{,}5$
   g) $y = 2{,}5x - 3{,}5$
   h) $y = 6{,}8 - x$

5. Zeichne den Graphen zur Funktionsgleichung. Wähle ein geeignetes Steigungsdreieck.
   a) $y = \frac{1}{3}x + 2$
   b) $y = \frac{3}{5}x - 2$
   c) $y = -\frac{1}{3}x - 2$
   d) $y = -\frac{5}{6}x + 2{,}5$

6. Zeichne die Graphen zu jedem Aufgabenteil in ein gemeinsames Koordinatensystem. Erkläre die Bedeutung der Werte von m und n.
   a) $y = -1{,}5x + n$ für $n = 0; 1; 2; 3$
   b) $y = mx + 1$ für $m = 0{,}5; 1; 1{,}5; 2$
   c) $y = 2x + n$ für $n = -4; -3; -2; -1$
   d) $y = mx + 8$ für $m = -1; -2; -3; -4$

7. Zeichne die Gerade mit der Steigung m und dem y-Achsenabschnitt n.
   a) $m = 3{,}5; n = -3$
   b) $m = \frac{3}{4}; n = 2$
   c) $m = 0{,}25; n = 0{,}5$
   d) $m = 0{,}3; n = 0{,}7$

8. Stelle dir vor, du möchtest das Foto nachzeichnen und verwendest ein Koordinatensystem. Der Verlauf der beiden Drahtseile kann durch Graphen linearer Funktionen beschrieben werden.
   Erläutere, was man über ihre y-Achsenabschnitte und ihre Steigungen sagen kann.

Vom Graphen zur Funktionsgleichung

Beispiel 3: Stelle zu der Geraden eine Funktionsgleichung mithilfe eines Steigungsdreiecks und des y-Achsenabschnitts auf.

a) 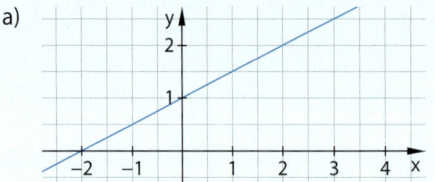   b)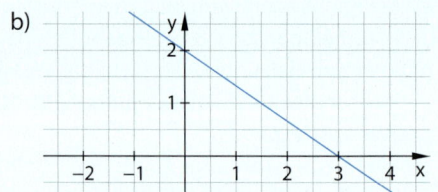

Lösung:
Lies den y-Achsenabschnitt an der Stelle $x = 0$ ab.

Bestimme die Steigung mithilfe eines geeigneten Steigungsdreiecks.

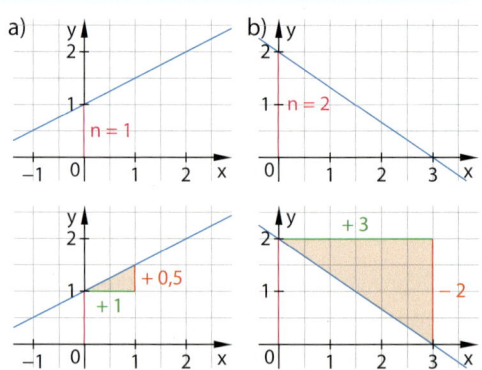

Setze n und m dann in die allgemeine Form $y = mx + n$ ein.

$y = 0{,}5x + 1$ $y = -\frac{2}{3}x + 2$

1.4 Lineare Funktionen

Basisaufgaben

9. Lies am Steigungsdreieck die Steigung und an der y-Achse den y-Achsenabschnitt ab. Stelle damit die Funktionsgleichung zur Geraden auf.

Hinweis zu 9:
Hier findest du die Steigungen und die y-Achsenabschnitte.

a)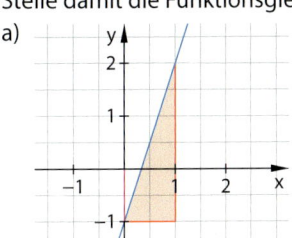
b)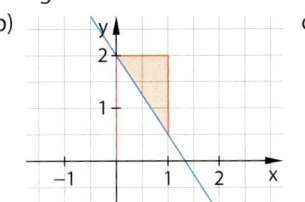
c)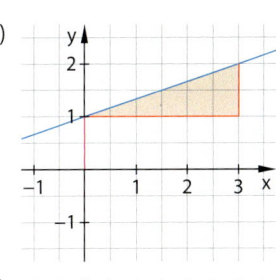

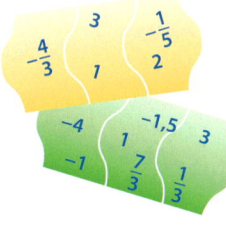

d)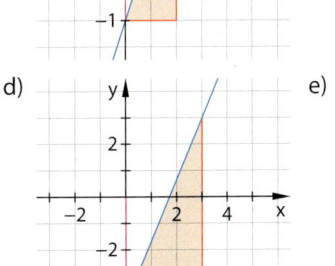
e)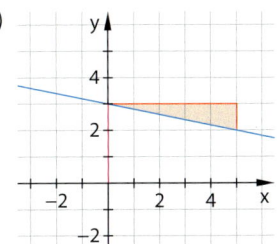
f)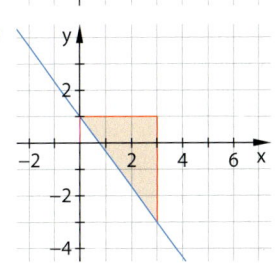

10. Stelle zu der Geraden eine Funktionsgleichung auf.

a)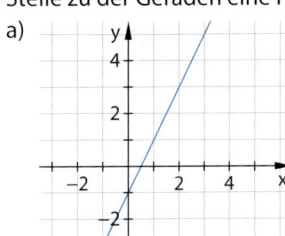
b)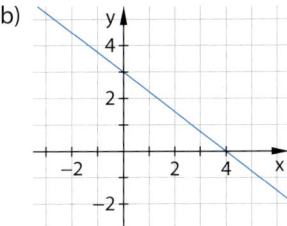
c)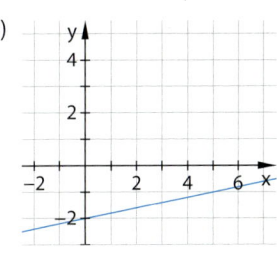

11. Zeichne die beiden Punkte in ein Koordinatensystem und verbinde sie durch eine Gerade. Stelle damit die Funktionsgleichung der Geraden auf.

a) $A(1|0)$, $B(3|1)$
b) $C(0|-2)$, $D(4|-4)$
c) $E(1|2)$, $F(-1|-2)$
d) $P(-3|5)$, $Q(2|-3)$
e) $R(1|-2,5)$, $S(3,5|3,75)$
f) $U\left(-\frac{1}{2}\Big|\frac{1}{2}\right)$, $V\left(3\frac{1}{2}\Big|0\right)$

12. a) Welche der Funktionsgleichungen gehört zu welchem Graphen? Ordne zu.

$y = -25x + 85$ $y = -40x + 280$ $y = -5x + 600$

①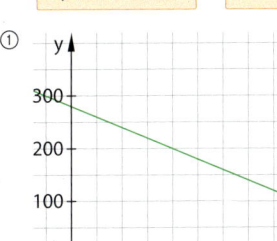
②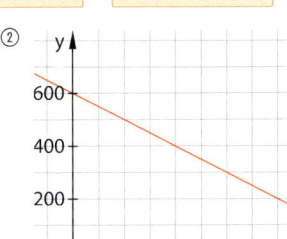
③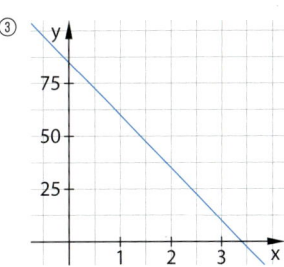

b) Welcher Graph hat die größte Steigung? Begründe.

13. Wähle eine geeignete Einteilung der y-Achse und zeichne den Graphen zur Gleichung.

a) $y = -10x + 80$
b) $y = 50x - 200$
c) $y = -7,5x + 1500$
d) $y = 0,2x + 2$

Weiterführende Aufgaben

14. Beschreibe die besondere Lage der Geraden. Stelle jeweils eine Funktionsgleichung auf. Beschreibe Gemeinsamkeiten und Unterschiede bei den Funktionsgleichungen.

a)

b)
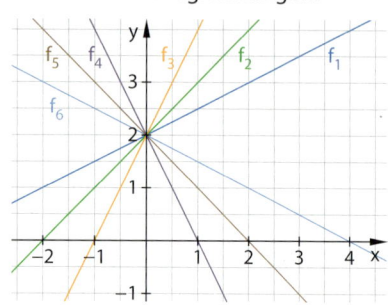

15. Zeichne den Graphen der linearen Funktion g.
Zeichne ebenfalls den verschobenen Graphen der Funktion f.
Gib für f eine Funktionsgleichung an.
a) $g: x \rightarrow 2x$ f ist gegenüber g um 3 Einheiten nach oben verschoben.
b) $g: x \rightarrow 1{,}5x$ f ist gegenüber g um 6 Einheiten nach unten verschoben.
c) $g: x \rightarrow -3x + 2$ f ist gegenüber g um 1 Einheit nach oben verschoben.

16. Alexander behauptet: „Lineare Funktionen sind doch genau dasselbe wie proportionale Funktionen." Hat er recht? Begründe deine Meinung.

17. Stolperstelle: In den Hausaufgaben sollte David jeweils die Funktionsgleichung einer linearen Funktion finden. Überprüfe seine Lösungen und korrigiere sie.

a)   b)   c)   d)

$y = -0{,}5 + 2x$ $y = x + 1$ $y = \frac{1}{4}x + 1{,}5$ $y = 4x - 2{,}5$

18. Der Lehrer schreibt die Funktionsgleichung $y = 2$ an die Tafel.
a) Diskutiert die Kommentare der Schülerinnen und Schüler.

Anna: Kevin: Lisa: Torsten:

„y = 2 ist keine Funktion, da kommt rechts kein x vor."

„Der Graph von y = 2 geht durch x = 2."

„Ich zeichne:"
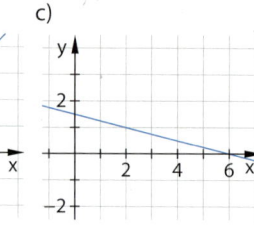

„Ich kann y = 2 doch als y = 0 · x + 2 schreiben."

b) Zeichne den Graphen zu $y = 2$ und gib die Steigung an.

Beispiel zu 19:
P(2|0) liegt nicht auf der Geraden, denn:
$0 = 4 \cdot 2 - 6{,}5$
$0 = 1{,}5$ falsch

19. Punktprobe: Prüfe, ob der Punkt auf der Geraden zur Funktionsgleichung $y = 4x - 6{,}5$ liegt.
a) A(4|9,5)   b) B(10|34)   c) C(1,5|0,5)   d) $D(-\frac{3}{4}|-9{,}5)$

20. Prüfe, ob die drei Punkte A(2|3), B(3|$\frac{8}{3}$) und C(5|1) auf derselben Geraden liegen.

1.4 Lineare Funktionen

21. Stelle die Funktionsgleichung der linearen Funktion auf, die durch den Punkt A verläuft und die vorgegebene Steigung hat. Berechne dafür den y-Achsenabschnitt n.

Beispiel: A(2|3), Steigung m = 5

Setze x = 2 und y = 3 in y = 5x + n ein:
3 = 5 · 2 + n, also −7 = n.
Funktionsgleichung: y = 5x − 7

a) A(1|−3); m = −1
b) A(4|0); m = 0,5
c) A(3|1); m = −0,5
d) A(−1,5|−1); m = 1,2
e) A(1|−1); m = −0,75
f) A(1|−1); m = 0,5

22. Stelle die Gleichung der linearen Funktion auf, die zu der Wertetabelle gehört.

a)
x	−3	−2	−1	0	1	2
y	−2	−1,5	−1	−0,5	0	0,5

b)
x	−3	−2	−1	0	1	2
y	1,25	1	0,75	0,5	0,25	0

23. Die Wertetabelle gehört zu einer linearen Funktion. Ergänze die fehlenden Werte.

a)
x	−3	−2	−1	0	1	2
y	6			−3		−9

b)
x	−3	−1	0		2	5
y	−15	−7		1		17

24. Zur Gerade f passt die Funktionsgleichung y = −2x + 4. Gib die Gleichung zur Geraden g an,
a) die gegenüber f um 4 Einheiten nach unten verschoben ist,
b) die parallel zu f ist und durch den Punkt A(−3|5) verläuft,
c) die die y-Achse an der gleichen Stelle wie f schneidet und durch den Punkt B(4|0) verläuft,
d) die entsteht, wenn f an der y-Achse gespiegelt wird.

25. a) Das Dreieck ABC ist im Koordinatensystem durch die Punkte A(2|2), B(−4|1) und C(0|−2) gegeben. Bestimme die Gleichungen der Geraden, die das Dreieck begrenzen.
b) Arbeitet in Gruppen. Einer denkt sich eine einfache Figur aus Dreiecken aus, die anderen stellen die Gleichungen der begrenzenden Geraden auf.

26. Ein Mobilfunkanbieter verlangt für einen Mobilfunkvertrag mit SMS-Flatrate eine monatliche Grundgebühr von 10 € und 5 ct pro Gesprächsminute in jedes Netz.
a) Stelle eine Funktionsgleichung auf, mit der die monatlichen Kosten berechnet werden können.
b) Stelle eine Kostentabelle auf, in der die monatlichen Kosten für 40, 80 und 150 Gesprächsminuten enthalten sind.
c) Für den Preis von 26 € wird eine „All-net-Flat" angeboten. Ab wie vielen Gesprächsminuten lohnt sich dieses Angebot?

27. Die Seilbahn „Unterstell" in Südtirol befördert Wanderer zum Meraner Höhenweg. Bestimme eine lineare Funktion, die eine Fahrt hinauf beschreibt, und eine Funktion, die eine Fahrt hinab beschreibt. Dabei soll x die Minuten seit Fahrtbeginn und y die Höhe in Metern beschreiben.

Höhe Bergstation	1282 m
Höhenunterschied zwischen den Stationen	774,62 m
Länge der schrägen Fahrstrecke	1304,89 m
Fahrgeschwindigkeit	6 Meter pro Sekunde

28. Ausblick: Zeichne den Graphen der linearen Funktion und die dazu senkrechte Gerade durch den Punkt A. Bestimme die zugehörige Funktionsgleichung. Was fällt dir auf?
a) y = 2x; A(0|0)
b) y = $\frac{1}{3}$x + 2; A(0|2)
c) y = −$\frac{1}{2}$x + 3; A(1|2,5)

1.5 Geraden durch zwei Punkte

■ Beim steilsten Teilstück eines Geländelaufs geht es von 120 m hoch auf 270 m.
Die Steigung beträgt dort 50 m pro km.
Wie kann man diesen Wert aus den Angaben berechnen? Begründe.
Berechne weitere Steigungen der Strecke. ■

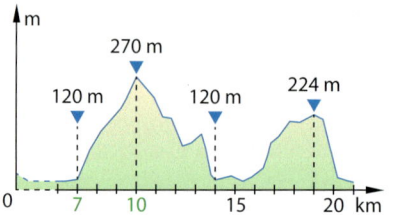

Steigung zwischen zwei Punkten bestimmen

Beispiel 1: Bestimme die Steigung der Geraden durch die Punkte A(1|2) und B(3|3)
a) zeichnerisch,   b) rechnerisch.

Lösung:
a) Verbinde A und B und ergänze ein Steigungsdreieck. Lies nun ab.

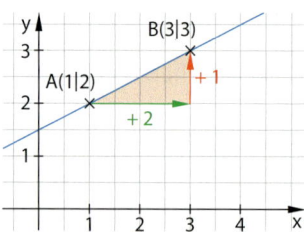

Die Steigung ist $m = \frac{1}{2} = 0{,}5$.

b) Die Längen „nach rechts" und „nach oben" kannst du auch berechnen.

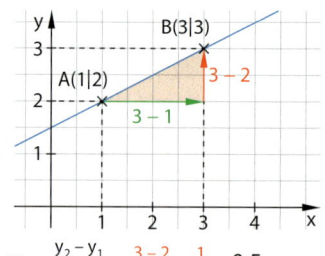

$m = \frac{y_2 - y_1}{x_2 - x_1} = \frac{3 - 2}{3 - 1} = \frac{1}{2} = 0{,}5$

Zwei Punkte genügen: Wenn zwei Punkte bekannt sind, die auf einer Geraden liegen, so kann man ohne zu zeichnen die Steigung dieser Geraden berechnen.

Wissen: Berechnen der Steigung
Die Steigung m einer Geraden lässt sich aus jedem beliebig großen Steigungsdreieck berechnen.
m ist der Quotient aus der Änderung der y-Werte und der Änderung der x-Werte.
$m = \frac{y_2 - y_1}{x_2 - x_1}$

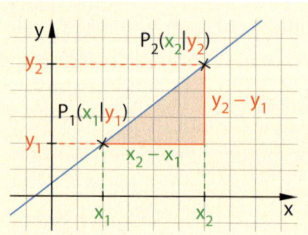

Basisaufgaben

Hinweis zu 1:
Hier findest du die Lösungen.

−1
3   −0,75
  2

1. Berechne die Steigung der Gerade durch die beiden Punkte.
   a) A(1|5); B(4|14)   b) A(1|10); B(7|4)   c) P(−1|5,5); Q(1|9,5)   d) P_1(0|−3); P_2(4|−6)

2. Gegeben sind die Punkte A(2|12), B(10|6) und C(18|0).
   a) Berechne die Steigung der Gerade durch A und B (der Gerade durch B und C).
   b) Was kannst du über die Lage der drei Punkte aussagen? Prüfe zeichnerisch.

3. Annie und Laurent berechnen die Steigung der Gerade durch P(7|3) und Q(2|1).
   Annie rechnet $m = \frac{1-3}{2-7} = \ldots$ Laurent rechnet $m = \frac{3-1}{7-2} = \ldots$
   a) Setze beide Rechnungen fort. Erläutere Unterschiede in den Rechnungen.
   b) Erkläre, warum beide Fälle zum selben Ergebnis führen.

1.5 Geraden durch zwei Punkte

Funktionsgleichung aus zwei Punkten bestimmen

Beispiel 2: Die Punkte A (1|4) und B (5|−4) liegen auf einer Geraden. Bestimme zu dieser Geraden rechnerisch eine Funktionsgleichung.

Lösung:
1. Berechne die Steigung m.
   Setze m in y = m · x + n ein.

   $m = \frac{y_2 - y_1}{x_2 - x_1} = \frac{-4 - 4}{5 - 1} = \frac{-8}{4} = -2$

   $y = -2 \cdot x + n$

2. Berechne den y-Achsenabschnitt n, indem du den x- und den y-Wert von einem der Punkte in die Gleichung einsetzt und nach n auflöst.

   $y = -2 \cdot x + n \quad | x = 1, y = 4$ von A (1|4)
   $4 = -2 \cdot 1 + n \quad$ einsetzen
   $4 = -2 + n \quad | + 2$
   $6 = n$

   Setze n in y = m · x + n ein.

   $y = -2 \cdot x + 6$

Basisaufgaben

4. Berechne die Steigung und den y-Achsenabschnitt zur Geraden, auf der die beiden Punkte liegen. Gib auch die Funktionsgleichung der zugehörigen Funktion an.
   a) A(−4|1); B(4|5) b) A(−2|1); B(−4|2) c) P(−2|5,5); Q(0|−1,5) d) P_1(0,5|−1,5); P_2(2,5|0)

5. a) Ermittle die Steigung der Geraden auf zwei unterschiedlichen Wegen:
      – mithilfe eines Steigungsdreiecks,
      – rechnerisch aus den Koordinaten von zwei Punkten.
   b) Stelle die Funktionsgleichungen zu den Geraden auf.

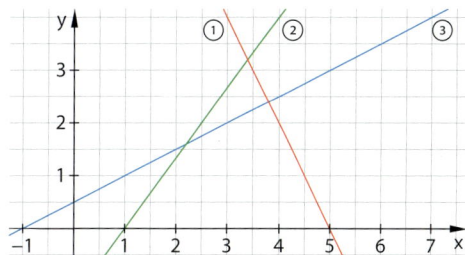

Weiterführende Aufgaben

6. Eine Königsetappe des Radrennsports ist die Bergetappe nach Alpe-d'Huez.
   a) Berechne den steilsten Anstieg (die steilste Abfahrt) der Etappe.
   b) Berechne die durchschnittliche Steigung der Etappe. Vergleiche mit den Ergebnissen aus a). Erläutere.

Hinweis zu 6: Gib die Steigung in $\frac{m}{km}$ (Meter pro Kilometer) an.

7. **Stolperstelle:** Es soll die Steigung der Geraden durch die Punkte A(−2|5) und B(3|9) berechnet werden.
   Nur eine Lösung kann stimmen. Erläutere die Fehler in den beiden anderen Rechnungen.

   Lara: $m = \frac{9-5}{3-2} = \frac{4}{1} = 4$ Simon: $m = \frac{-2-3}{5-9} = \frac{-5}{-4} = 1\frac{1}{4}$ Lasse: $m = \frac{9-5}{3-(-2)} = \frac{4}{5}$

8. **Ausblick:** Gegeben sind zwei beliebige, aber fest gewählte Punkte A(x_1|y_1) und B(x_2|y_2). Stelle die Funktionsgleichung der linearen Funktion auf, deren Graph durch diese Punkte verläuft. Verwende die Formel für die Steigung und berechne den y-Achsenabschnitt.

1.6 Nullstellen

■ Bei einem Onlinehändler kostet jedes T-Shirt 12 €. Hinzu kommen 2 € Versandkosten.
Kai und Lilli haben eine Gleichung für die Gesamtkosten beim Kauf von x T-Shirts aufgestellt. Zudem haben sie den Preis für 2, 3 und 4 T-Shirts berechnet. Beschreibe Vorteile und Nachteile der Darstellungen. ■

Kai: $y = 12 \cdot x + 2$
$y = 26, y = 38, y = 50$
Lilli: $f(x) = 12 \cdot x + 2$
$f(2) = 26, f(3) = 38, f(4) = 50$

Funktionen ordnen jedem x-Wert genau einen y-Wert zu. Sie funktionieren wie Maschinen: Gibt man einen x-Wert in eine Funktion hinein, so kommt genau ein y-Wert wieder heraus. In der f(x)-Schreibweise von Funktionen sieht man immer den Namen der Funktion und die eingesetzten x-Werte.

> **Wissen: Darstellung einer Funktion in der f(x)-Schreibweise**
> Eine Funktion wird durch ihren Namen und ihre Funktionsgleichung eindeutig beschrieben.
>
> | f | $f(x) = 2x + 1$ | $P(x\|f(x))$ |
> |---|---|---|
> | Name der Funktion | Funktionsgleichung | Punkt auf dem Graphen |

Funktionswerte und Stellen bestimmen

Beispiel 1: Die Funktion g hat die Funktionsgleichung $g(x) = 4 \cdot x - 5$.
a) Berechne den Funktionswert für $x = 2$.
b) Berechne den x-Wert, an dem g den Funktionswert 7 hat.

Lösung:

a) Setze in die Gleichung $g(x) = 4 \cdot x - 5$ für x den Wert 2 ein. Berechne dann den Funktionswert $g(2)$.

$g(x) = 4 \cdot x - 5$
$g(2) = 4 \cdot 2 - 5 = 3$

b) Der Funktionswert $g(x)$ soll 7 sein. Schreibe als Gleichung und löse nach x auf.

$g(x) = 4 \cdot x - 5 = 7$
$4 \cdot x - 5 = 7$
$x = 3$

Hinweis:
x-Werte werden auch als Stellen bezeichnet. Man schreibt dann z. B. „Berechne die Stelle, an der g den Funktionswert 7 hat".

Basisaufgaben

1. Schreibe in der f(x)-Schreibweise.
   a) $y = 7x - 2$
   b) $y = \frac{1}{2} + 3x$
   c) $y + x = -2$
   d) $y = 5$

2. Berechne die Funktionswerte.
   a) für $f(x) = 3x$ $f(2); f(5); f(0)$
   b) für $g(x) = x - 2$ $g(7); g(-1); g(20)$
   c) für $h(x) = -2,5x$ $h(0); h(3); h(-2)$
   d) für $k(x) = \frac{1}{2}x + 1$ $k(10); k(-3); k(\frac{1}{5})$

3. Ordne jeder Funktionsgleichung passende Funktionswerte zu.

   $f(x) = 5x$ $f(x) = -\frac{1}{4}x$ $f(x) = x + 10$ $f(11) = 1$ $f(8) = -2$

   $f(x) = 1$ $f(x) = -\frac{11}{2}x + \frac{9}{2}$ $f(x) = 3x - 4$ $f(-8) = 2$ $f(-2) = -3$

   $f(x) = 2,5x + 2$ $f(-1) = 10$ $f(0,5) = 2,5$ $f(0) = -4$

1.6 Nullstellen

4. Ergänze jeweils die Wertetabelle für die Funktion f mit der angegebenen Gleichung.

a) f(x) = 3x + 2

x	1	2	–1		
f(x)	5			17	–7

b) f(x) = 2x – 5

x	1	2	–1		
f(x)	–3			11	–11

c) f(x) = 0,5x – 2,6

x	1,5		–2,4		
y		–4,6		–0,6	–1,35

d) $y = -\frac{1}{2}x + \frac{3}{4}$

x	2	$-\frac{1}{2}$			$\frac{2}{5}$
y			$\frac{1}{4}$	$-\frac{5}{4}$	

5. Berechne den x-Wert, für den die Funktion f mit f(x) = 4x – 9 den Funktionswert hat.
   a) f(x) = 1   b) f(x) = 11   c) f(x) = 9   d) f(x) = –1
   e) f(x) = –13 f) f(x) = –27   g) $f(x) = \frac{1}{3}$

6. Der Punkt P liegt auf dem Graphen einer linearen Funktion f. Zeichne den Graphen ab und beschrifte ihn anschließend mit den folgenden vier Begriffen und Bezeichnungen.

 x 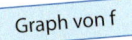 Graph von f   f(x) = y P(x|f(x))

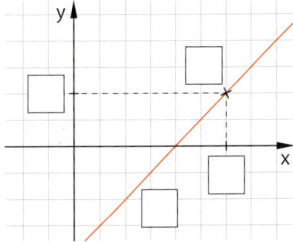

Nullstellen ermitteln

Ein Bauer verfüttert täglich 1,5 kg Kraftfutter an seine Hühner. Er berechnet, wie viele Tage das Futter bei einem Vorrat von 90 kg reicht.

x: Zeit in Tagen
f(x) = 90 kg – 1,5 kg · x

f(60) = 90 kg – 1,5 kg · 60
f(60) = 0 kg

Bei vielen Vorgängen interessiert es, wann ein linear verlaufender Prozess den Funktionswert Null annimmt.
Beispiel:
Wie lange dauert der Download, wenn die Downloadgeschwindigkeit konstant bleibt?
Um diese Fragen zu beantworten, muss man die Stelle x bestimmen, an der f(x) = 15 – 1,5x den Wert 0 annimmt. Dieses ist die x-Koordinate des Schnittpunkts des Graphen mit der x-Achse.

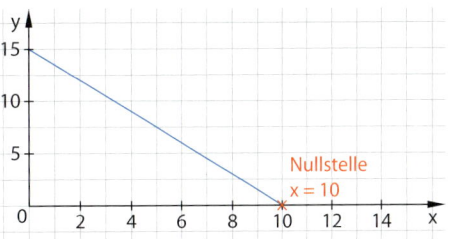

> **Wissen: Nullstelle**
> Eine Stelle x, an der eine Funktion f den Funktionswert 0 hat, heißt **Nullstelle**.
> Es gilt: f(x) = 0.

Um die Nullstelle einer linearen Funktion f zu ermitteln, kann man den Graphen der Funktion zeichnen und näherungsweise die Stelle x ablesen, an der der Graph die x-Achse schneidet. Man kann die Nullstelle auch berechnen, in dem man die Gleichung f(x) = 0 nach x auflöst.

Beispiel 2: Ermittle die Nullstelle der Funktion f mit $f(x) = -\frac{4}{5}x + 3$
a) grafisch, b) rechnerisch.

Lösung:
a) Zeichne den Graphen der Funktion.

Lies näherungsweise die x-Koordinate des Punktes ab, an dem die Gerade die x-Achse schneidet.

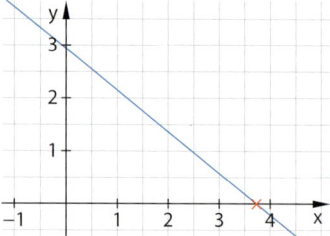

Die Nullstelle ist x ≈ 3,8.

b) Die Nullstelle lässt sich exakt mit der Gleichung f(x) = 0 berechnen. Schreibe anstelle von f(x) den Funktionsterm $-\frac{4}{5}x + 3$. Löse dann die Gleichung nach x.

$-\frac{4}{5}x + 3 = 0 \quad |-3$

$-\frac{4}{5}x = -3 \quad |:\left(-\frac{4}{5}\right)$

$x = -3 \cdot \left(-\frac{5}{4}\right) = \frac{3 \cdot 5}{4} = \frac{15}{4} = 3{,}75$

Die Nullstelle ist x = 3,75.

Setze zur Probe 3,75 ein. **Probe:** $f(3{,}75) = -\frac{4}{5} \cdot 3{,}75 + 3 = 0$ (wahr)

Basisaufgaben

7. Zeichne den Graphen der Funktion mit der gegebenen Gleichung in dein Heft. Ermittle (falls möglich) einen Näherungswert für die Nullstelle der Funktion durch Ablesen am Graphen. Bestimme anschließend rechnerisch einen exakten Wert. Führe eine Probe durch.
   a) f(x) = 2x − 4 b) $f(x) = -\frac{1}{2}x + 5$ c) f(x) = 0,4x + 2,4

8. Prüfe, ob die angegebene Zahl die Nullstelle der Funktion mit der angegebenen Gleichung ist.
   a) f(x) = 3x − 9; x = 3 b) f(x) = 2x + 7; x = 3,5 c) g(z) = −z + 1; z = −1

9. Bestimme die Nullstelle der Funktion mit der gegebenen Gleichung sowohl grafisch als auch rechnerisch.
   a) f(x) = −2x + 6 b) $f(x) = \frac{1}{4}x - 1{,}5$ c) $f(x) = \frac{5}{3}x + 2$

10. Berechne die Nullstelle der Funktion mit der gegebenen Gleichung. Überprüfe deine Lösung durch eine Probe.
    a) f(x) = 5x − 15 b) f(x) = 0,6x + 3 c) f(x) = −0,15x + 2,7
    d) $g(x) = \frac{3}{5}x - 2{,}4$ e) $g(z) = -7\frac{1}{3}z + 10$ f) x(t) = −5t

11. Ein Feuerlöschwagen enthält 3500 Liter Wasser. Pro Minute werden 175 Liter Wasser verspritzt. Stelle eine Funktionsgleichung zur Beschreibung des Wasservorrats in Abhängigkeit von der Zeit auf. Ermittle damit, wie lange der Vorrat reicht.

1.6 Nullstellen

Zu einem beliebigen y-Wert die Stelle x bestimmen

Beispiel 3: An welcher Stelle hat die Funktion f mit f(x) = −2x + 1 den Wert 5? Ermittle die Lösung
a) grafisch,
b) rechnerisch.

Lösung:
a) Zeichne den Graphen der Funktion f mit f(x) = −2x + 1.

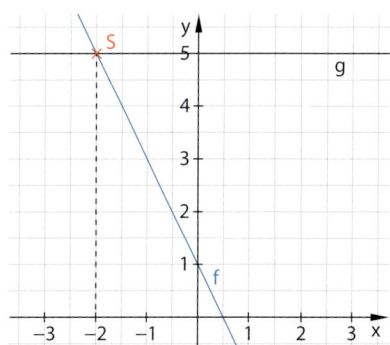

Zeichne den Graphen von g mit g(x) = 5, also eine Parallele zur x-Achse durch den Punkt (0|5).

Im Schnittpunkt S der beiden Graphen nimmt f den Wert 5 an. Lies näherungsweise die zugehörige Stelle x ab.

Lösung: x ≈ −2

b) Setze, um die Lösung zu berechnen, den Funktionsterm −2x + 1 gleich 5. Löse dann die Gleichung, um die exakte Lösung zu erhalten.

$$-2x + 1 = 5 \quad | -1$$
$$-2x = 4 \quad | :(-2)$$
$$x = -2$$

Lösung: x = −2

Setze zur Probe −2 in den Funktionsterm ein.

Probe: −2 · (−2) + 1 = 4 + 1 = 5

Basisaufgaben

12. Ermittle grafisch und rechnerisch die Stelle x, an der die Funktion f
a) mit der Gleichung f(x) = 3x − 2 den Funktionswert 3 hat;
b) mit der Gleichung f(x) = −2 · x + 7 den Funktionswert 9 hat.

13. Eine Kerze ist 12 cm lang und brennt gleichmäßig ab. Nach 6 Minuten Brenndauer hat sie noch eine Länge von 9 cm. Nach welcher Brenndauer ist die Kerze noch 2 cm lang?

Weiterführende Aufgaben

14. Bestimme zu jeder Funktion den x-Wert, der zu dem vorgegebenen Funktionswert a gehört. Finde Regelmäßigkeiten und erkläre sie.
a) a = 0; f(x) = 2x + 1; g(x) = 2x + 2; h(x) = 2x + 3; k(x) = 2x + 4
b) a = 7; f(x) = 2x + 1; g(x) = 2x + 2; h(x) = 2x + 3; k(x) = 2x + 4
c) a = 0; f(x) = x − 12; g(x) = 2x − 12; h(x) = 3x − 12; k(x) = 4x − 12

15. Stolperstelle: Luca, Mia und Sophie sollten Nullstellen bestimmen. Finde die Fehler und korrigiere sie.

Luca:
f(x) = 5x + 6 = 0 |−6
       5x = −6 |−5
        x = −11

Mia:
f(x) = −0,5x + 5 = 0 |−5
       −0,5x = −5 |:0,5
            x = −10

Sophie:
f(x) = −3x + 19 = 7 |−19
       −3x = −12 |:(−3)
         x = 4
Punkt des Graphen von f: P(7|4)

16. Gib die Anzahl der Nullstellen der Funktion mit der gegebenen Gleichung an.
   a) $f(x) = 2$
   b) $g(x) = 0$
   c) $h(x) = -\frac{1}{100}x + 100$

17. Berechne die Steigung m oder den y-Achsenabschnitt n so, dass f die vorgegebene Nullstelle hat.
   a) $f(x) = mx + 3$;   Nullstelle $x = 1{,}5$
   b) $f(x) = 2x + n$;   Nullstelle $x = -2{,}5$
   c) $f(x) = mx + 40$;   Nullstelle $x = 8$
   d) $f(x) = -\frac{6}{5}x + n$;   Nullstelle $x = 4$
   e) $f(x) = 0{,}3x + n$;   Nullstelle $x = \frac{10}{3}$
   f) $f(x) = mx$;   Nullstelle $x = 0$

18. Wahr oder falsch? Begründe.
   a) Die Nullstelle einer Funktion ist der Schnittpunkt des Graphen mit der x-Achse.
   b) Die Nullstelle einer linearen Funktion ist die Zahl 0.
   c) Jede Funktion hat mindestens eine Nullstelle.

Hinweis zu 19:
Hier findest du die Lösungen.

19. Berechne die Stelle x, an der die Funktion den gegebenen Funktionswert annimmt.
   a) $f(x) = 3x - 2$; $a = 4$
   b) $f(x) = \frac{1}{4}x - 1$; $a = 1\frac{1}{2}$
   c) $f(x) = -\frac{2}{3}x + 5$; $a = 2$
   d) $f(x) = 5x + 2$; $a = 12$
   e) $f(x) = -2x + 3$; $a = -3$
   f) $f(x) = 1{,}25x + 9$; $a = 5{,}875$
   g) $f(x) = -15x + 21$; $a = 18$
   h) $f(x) = -x$; $a = -23$
   i) $f(x) = -1{,}3x + 50$; $a = -4{,}6$

20. Stelle die Gleichung der linearen Funktion f so auf, dass die Bedingungen erfüllt sind.
   a) f hat die Steigung $m = 2$ und die Nullstelle $x = -3$.
   b) f hat die Nullstelle $x = 4$ und den y-Achsenabschnitt $n = -3$.
   c) Der Graph von f schneidet die Achsen in den Punkten $A(-4\,|\,0)$ und $B(0\,|\,5)$.

21. Eine Boeing 747 verbraucht während der Start- und Landephase ca. 3600 Liter Kerosin. Pro Flugstunde werden weitere 14 000 Liter Kerosin verbraucht.
   a) Gib eine Funktionsgleichung an, mit der man den Kerosinverbrauch für den Flug einer Boeing 747 berechnen kann.
   b) Berechne den Verbrauch für einen $2\frac{1}{2}$-stündigen Flug (für einen 8-stündigen Flug).
   c) Der Tank einer Boeing 747 fasst 198 000 Liter Kerosin. Berechne, wie lange man damit fliegen kann, wenn zur Sicherheit 20 000 Liter Reserve im Tank bleiben müssen.

22. Ein Fallschirmspringer sinkt nach dem Öffnen des Fallschirms jede Sekunde um 5 m. Er befindet sich 12 s nach dem sich der Fallschirm geöffnet hat in einer Höhe von 400 m über dem Landeplatz.
   a) Berechne wie hoch über dem Landeplatz der Fallschirmspringer beim Öffnen des Fallschirms war.
   b) Ermittle eine Gleichung der Funktion, die den Zusammenhang zwischen der Zeit nach Öffnung des Fallschirms und der Höhe über dem Landeplatz beschreibt.
   c) Stelle die Funktion aus b) grafisch dar.
   d) Ermittle grafisch und rechnerisch die Zeit, die der Fallschirmspringer vom Öffnen des Fallschirms bis zur Landung braucht.

23. Ausblick: Betrachte die Funktionen mit dem Parameter a. a ist eine rationale Zahl ungleich Null. Beurteile, ob die Eigenschaften ① und ② gelten.
   ① Wird x um 1 verringert, so verringert sich auch y um 1.
   ② Wird x halbiert, sie halbiert sich auch y.
   a) $y = a \cdot x$
   b) $y = a \cdot x + a$
   c) $y = a \cdot x^2$

Streifzug

1. Lineare Funktionen

Stückweise lineare Funktionen

■ Laura und Jule haben den rechts abgebildeten Graphen gezeichnet. Ermittle zu einzelnen Abschnitten des Graphen passende Funktionsgleichungen. ■

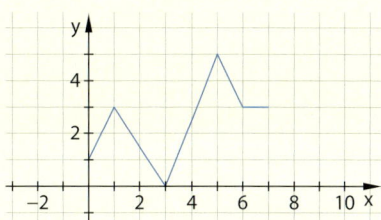

Manchmal besteht ein Graph aus mehreren Strecken. Dann bestimmt man für jeden Abschnitt eine Funktionsgleichung und setzt diese zusammen. Eine solche Funktion heißt **stückweise lineare Funktion**, weil sie durch verschiedene lineare Funktionen beschrieben werden.

> **Wissen: Stückweise lineare Funktion und Betragsfunktion**
> Eine Funktion, die aus linearen Funktionen zusammengesetzt ist, heißt **stückweise lineare Funktion**.
>
> Ein wichtiges Beispiel ist die **Betragsfunktion** $b(x) = |x|$:
> $$b(x) = |x| = \begin{cases} -x & \text{für } x < 0 \\ x & \text{für } x \geq 0 \end{cases}$$

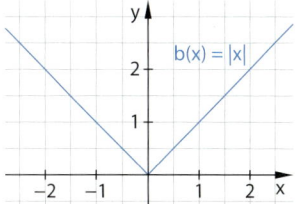

Aufgaben

1. Beschreibe die Funktion f mit Worten. Zeichne anschließend den Graphen.
$$f(x) = \begin{cases} 2 & \text{für } 0 \leq x \leq 1 \\ 4 & \text{für } 1 < x \leq 6 \\ 6 & \text{für } 2 < x \leq 3 \end{cases}$$

2. Ermittle eine Funktionsgleichung zu dem Graphen.
   a) 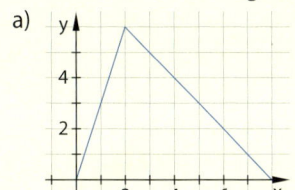 b) 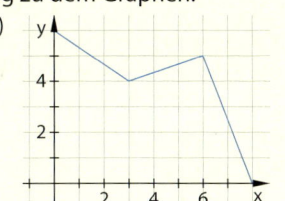 c)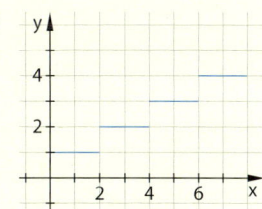

3. Zeichne den Graphen. Überlege zuerst, welchen Bereich des Koordinatensystems du wählst.
   a) $f(x) = |5x|$ b) $g(x) = \left|-\frac{1}{3}x\right|$ c) $h(x) = |-x - 5|$ d) $i(x) = \left|\frac{1}{4}x + 8\right|$

4. **Forschungsauftrag:** Mithilfe der Graphen stückweise linearer Funktionen kann man am Bildschirm Gegenstände modellieren.
   a) Suche dir einen Gegenstand aus, den du modellieren möchtest (z. B. einen Turm, einen Stuhl, ein Haus …).
   b) Zeichne passende Graphen in ein geeignetes Koordinatensystem.
   c) Ermittle die Funktionsgleichungen.
   d) Erstelle damit ein Bild am Bildschirm.

1.7 Vermischte Aufgaben

1. Übertrage die Tabelle in dein Heft und ergänze die Felder.

Sachverhalt	Bei einem Taxiunternehmen kostet die Anfahrt 2,50 €. Jeder gefahrene Kilometer kostet 30 ct.			
Wertetabelle			x: 3, 4, 6 / y: 6,5, 7, 8	
Funktionsgleichung				$y = -3x + 6$
Graph		(siehe Zeichnung)		
Nullstelle				

2. Entscheide, ob die Aussage wahr oder falsch ist. Begründe deine Antwort.
   a) Bei einer Funktion wird jedem y-Wert genau ein x-Wert zugeordnet.
   b) Zu jeder Zuordnung lässt sich eine Funktionsgleichung aufstellen.
   c) Zum Zeichnen einer proportionalen Funktion genügen zwei Wertepaare.
   d) Der Punkt P(0|1) liegt auf den Graphen aller proportionalen Funktionen.
   e) Den y-Achsenabschnitt einer linearen Funktion kann man an der Gleichung ablesen.

3. Ein Mobilfunkanbieter hat zwei verschiedene Tarife. Tarif A hat eine Grundgebühr von 10 € pro Monat, jede Gesprächsminute kostet 6 ct. Tarif B hat keine Grundgebühr, dafür kostet jede Gesprächsminute 15 ct. SMS sind bei beiden Tarifen gratis.
   a) Stelle für beide Tarife eine Funktionsgleichung für die Zuordnung
      Anzahl telefonierter Minuten → monatlicher Preis (in €) auf.
   b) Anna telefoniert durchschnittlich 250 Minuten pro Monat und schreibt 100 SMS. Welchen Tarif würdest du ihr empfehlen?
   c) Ermittle mithilfe einer Zeichnung der Graphen (in einem Koordinatensystem), bei wie vielen Gesprächsminuten pro Monat der Tarif A günstiger ist als der Tarif B.

4. Sinterröhrchen sind Tropfsteine, die durch Ablagerung aus kalkhaltigem Wasser entstehen. In einer Höhle wachsen sie 15 mm in 100 Jahren. Es gibt zwei Formen: Stalaktiten hängen von der Decke herab, Stalagmiten wachsen vom Boden hoch.
   a) Ermittle: Wann werden zwei Sinterröhrchen sich berühren, wenn der Abstand zwischen Boden und Decke an dieser Stelle 1 m beträgt?
   b) Ermittle: Wann war ein heute 11 cm langes Sinterröhrchen 2 cm lang?
   c) Ermittle: Wie lang ist ein neues Sinterröhrchen nach 12 Jahren (nach 120 Jahren, 1200 Jahren)?

1.7 Vermischte Aufgaben

5. a) Stelle eine Funktionsgleichung einer linearen Funktion auf, deren Graph durch die Punkte A und B verläuft.
   ① A(2|4); B(−3|−12) ② A(8,2|2,4); B(9,2|5,6)
   b) Gib an, wie die Graphen aus a) zueinander liegen. Gib ihre Steigungen an.

6. Gegeben ist die Funktionsgleichung y = 5x + 7.
   a) Überprüfe, ob die folgenden Punkte auf dem Graphen der Funktion liegen.
   A(1|2); B(0|7); C(12|67); D(−4,5|−14,5)
   b) Bestimme die fehlenden Koordinaten, sodass die Punkte E(2,5|■); F(■|−3); G(20|■); H(■|52) auf dem Graphen der Funktion liegen.
   c) Erkläre die rechnerische Lösung von b).

7. Bei Infusionen im Krankenhaus nimmt die Menge der Lösung in der Infusionsflasche gleichmäßig ab.
   a) In einer Infusionsflasche sind zu Beginn 0,5 ℓ Lösung, nach 20 min sind es noch 0,4 ℓ. Stelle eine Funktionsgleichung der Zuordnung *Zeit (in Stunden) → Inhalt der Infusionsflasche (in Liter)* auf und zeichne den Funktionsgraphen.
   b) Bei einer anderen Infusion sind nach 30 min noch 0,7 ℓ und nach 90 min noch 0,1 ℓ Lösung in der Flasche. Ermittle, wie lange es dauert, bis die Flasche leer ist.

8. Ein aufblasbarer Swimmingpool wird mit einem Gartenschlauch befüllt. Der Pool fasst 1200 Liter Wasser. Aus dem Schlauch kommen 9 Liter Wasser pro Minute.
   a) Stelle eine Funktionsgleichung auf, mit der sich die Füllmenge des Pools berechnen lässt.
   b) Berechne, wie viel Liter Wasser sich nach 10 min im Pool befinden (nach 20 min; 30 min; 60 min).
   c) Berechne, nach welcher Zeit sich 225 ℓ Wasser im Pool befinden (450 ℓ; 1000 ℓ; 3500 ℓ).
   d) Ermittle den Zeitpunkt, zu dem der Pool überläuft.

9. Familie Kreuzer möchte am Mittelmeer Urlaub machen. Jeder Tag im Hotel kostet 80 €. Hinzu kommen 620 € für Hin- und Rückflug.
   a) Erstelle eine Funktionsgleichung der Zuordnung *Anzahl der Tage → Reisekosten (in €)*.
   b) Berechne, wie teuer die Reise ist, wenn die Familie acht Tage im Hotel bleibt (zwei Wochen).
   c) Berechne, wie viele Tage die Familie für insgesamt 1500 € verreisen kann (für 2000 €).

10. Familie Johanssen fährt in den Urlaub nach Südtirol. Die Fahrstrecke (Autobahn) ist 831 km lang. Der durchschnittliche Benzinverbrauch ihres Wagens beträgt 6,4 ℓ pro 100 km.

    Stelle eine Funktionsgleichung auf, die die Zuordnung *Gefahrene Kilometer → Verbrauchte Benzinmenge (in ℓ)* beschreibt.

    Die Tankfüllung kann ungefähr durch die Funktionsgleichung y = −6,4x + 50 beschrieben werden. Erkläre die Bedeutung von x und y. Berechne, nach wie vielen Kilometern sich noch 30 ℓ im Tank befinden.

    Auf der Landstraße verbraucht der Wagen durchschnittlich nur 5,9 ℓ pro 100 km. Wie viele Kilometer dürfte der Weg über die Landstraßen höchstens länger sein als die Autobahn-Route, damit insgesamt weniger Benzin verbraucht wird?

    Nach 125 km sind noch 42 ℓ im Tank, nach 250 km sind es noch 34 ℓ. Berechne mithilfe einer geeigneten Funktionsgleichung, wie weit man mit dieser Tankfüllung bei konstantem Verbrauch noch fahren kann. Beschreibe die Schwächen einer solchen Prognose.

Prüfe dein neues Fundament

1. Lineare Funktionen

Lösungen
↗ S. 237

1. Prüfe, ob die Zuordnung eine Funktion ist.
   a) *Sprunghöhe beim Hochsprung → Schüler, die diese Höhe gesprungen sind*
   b) *Anzahl Eiskugeln → Preis*

2. Stelle für die Funktion eine Wertetabelle für x = −2 bis x = 4 auf und zeichne den Funktionsgraphen.
   a) $y = 1{,}5x + 1$ b) $y = -2x + 1$ c) $y = 0{,}5x - 1$

3. Ermittle die Steigung und stelle eine Funktionsgleichung zum Graphen auf.
   a) 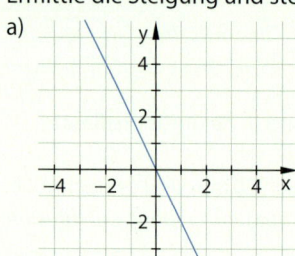 b) 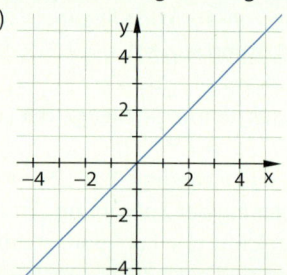 c)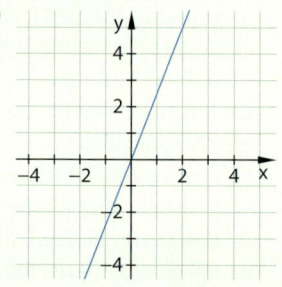

4. Zeichne den Graphen der proportionalen Funktion mit der angegebenen Funktionsgleichung.
   a) $y = 4x$ b) $y = 2x$ c) $y = 0{,}4x$ d) $y = -\frac{1}{3}x$ e) $y = -x$

5. Drei unterschiedliche Autos haben auf der Autobahn folgenden durchschnittlichen Benzinverbrauch:
   – 7 Liter Benzin auf 100 km,
   – 8 Liter Benzin auf 100 km,
   – 9 Liter Benzin auf 100 km.
   Die Tabelle und der Graph stellen jeweils den Benzinverbrauch eines dieser Autos dar.

Strecke (in km)	Verbrauch (in ℓ)
50	4,0
80	6,4
200	16,0
250	20,0
300	24,0
360	28,8

   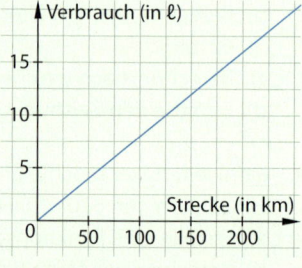

   a) Gib an, zu welchem Auto die Tabelle passt. Begründe deine Antwort.
   b) Gib an, zu welchem Auto der Graph passt. Begründe deine Antwort.

6. Zeichne den Graphen der Funktion mit der angegebenen Funktionsgleichung.
   a) $y = 2x - 3$ b) $y = -\frac{1}{2}x + 2$ c) $y = -3x + 9$ d) $y = \frac{1}{4}x + \frac{1}{2}$

7. Stelle eine passende Funktionsgleichung zum Graphen auf.
   a) 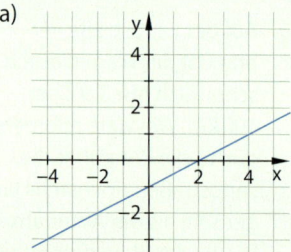 b) 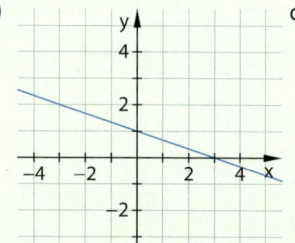 c)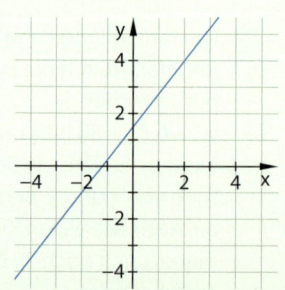

8. Stelle eine Funktionsgleichung zur Geraden auf, auf der die Punkte A und B liegen.
   a) A(−6|0); B(2|4)   b) A(−6|−4); B(6|1)   c) A(−3|7); B(3|−9)   d) A(0|−23); B(−10|3)

Prüfe dein neues Fundament

9. Ermittle sowohl grafisch als auch rechnerisch die Nullstelle der Funktion.
   a) $f(x) = \frac{1}{3}x - 1{,}5$
   b) $f(x) = \frac{5}{3}x + 5$
   c) $f(x) = 0{,}875x - 3{,}5$
   d) $f(x) = \frac{1}{6}x + \frac{1}{3}$

   Lösungen ↗ S. 237

10. Ermittle sowohl grafisch als auch rechnerisch die Stelle, an der die Funktion f den angegebenen Funktionswert annimmt.
    a) $f(x) = 2x + 1$; Funktionswert = 7
    b) $f(x) = -\frac{1}{5}x - 1$; Funktionswert = −2
    c) $f(x) = 2{,}5x + 2{,}5$; Funktionswert = −2,5
    d) $f(x) = 0{,}75x - 1\frac{1}{2}$; Funktionswert = 3

11. Beim Fotoanbieter A kostet ein Abzug 12 Cent zzgl. 2,95 € Versandkosten.
    Beim Anbieter B kostet ein Abzug 17 Cent ohne Versandkosten.
    Stelle in Abhängigkeit von der Anzahl der Fotos dar, welcher Anbieter der günstigere ist.

12. Die Funktionsgleichung $f(x) = -200x + 12\,000$ beschreibt die sich verringernde Flughöhe (in m) eines Passagierjets im Landeanflug auf einen Flughafen, wobei x die vergangenen Minuten seit Beginn des Sinkfluges angibt.
    a) Berechne die Nullstelle der Funktion. Interpretiere das Ergebnis.
    b) Ermittle: Wie viele Minuten vor der Landung befindet sich das Flugzeug in 1000 m Höhe?

13. Berechne die x-Koordinate des Schnittpunkts des Graphen mit der x-Achse für die Funktion mit der Funktionsgleichung $y = \frac{99}{100}x + \frac{100}{99}$.

Wiederholungsaufgaben

1. Runde die Zahl auf die angegebene Stelle.
   a) Hundertstel: 43,856
   b) Zehntel: 108,025
   c) Tausendstel: 4,789 789

2. Birgit findet im Atlas eine Karte mit dem Maßstab 1 : 2 500 000. Dieser Maßstab bedeutet, dass 1 cm auf der Karte 2 500 000 cm in der Wirklichkeit entspricht.
   Birgit misst auf der Karte den Abstand zwischen Frankfurt und München. Er beträgt 12 cm.
   Berechne mithilfe des Maßstabs, wie weit Frankfurt von München in der Wirklichkeit entfernt ist (Luftlinie). Gib dein Ergebnis in Kilometern an.

3. Zeichne in ein Koordinatensystem die Punkte A(0|0), B(8|0) und C(4|3). Zeichne das Dreieck ABC. Berechne seinen Flächeninhalt und ermittle seinen Umfang.

4. Berechne.
   a) $\frac{5}{6} + \frac{3}{5}$
   b) $\frac{5}{6} - \frac{3}{5}$
   c) $\frac{5}{6} \cdot \frac{3}{5}$
   d) $\frac{5}{6} : \frac{3}{5}$

5. Fasse den Term $3 \cdot x + 7 \cdot y - 4 + 3 \cdot y - 2 \cdot x + 2$ zusammen und vereinfache.

6. In einer Schülergruppe wurden die folgenden Größen gemessen (in cm):

| 160 | 176 | 157 | 183 | 176 | 161 | 176 | 177 | 178 | 176 |

   Gib zu diesen Daten die Kennwerte arithmetisches Mittel, Maximum, Minimum, Spannweite und Median an.

7. Löse die Gleichung.
   a) $-2x = -8$
   b) $3x = -4$
   c) $\frac{1}{2}x = \frac{1}{3}$
   d) $4x + 1 = -7$

Zusammenfassung

1. Lineare Funktionen

Funktion

Eine **Funktion** ist eine **eindeutige Zuordnung**.
Bei einer Funktion wird jedem x-Wert (Argument) genau ein **Funktionswert** (y-Wert) zugeordnet. Man schreibt: f(x) = y.

Die Zuordnung
Zahl x → Quadratzahl von x
ist eine eindeutige Zuordnung, also eine Funktion. Durch diese Funktion wird der Zahl 4 eindeutig die Zahl 16 zugeordnet.

Darstellungen von Funktionen

Funktionen lassen sich darstellen durch
- eine Wortvorschrift,
- eine Funktionsgleichung,
- eine Wertetabelle,
- einen Funktionsgraphen im Koordinatensystem,
- ein Pfeildiagramm.

Jeder Zahl wird ihr Betrag zugeordnet.
y = |x|

x	−3	−1,2	0	3
y	3	1,2	0	3

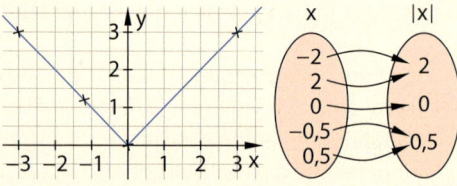

Lineare Funktionen

Funktionen mit Gleichungen der Form
y = m · x + n nennt man **lineare Funktionen**. Der Graph hat die **Steigung m** und schneidet die y-Achse im Punkt (0|n). Der Wert **n** wird deshalb auch **y-Achsenabschnitt** genannt. Die Steigung ist das Verhältnis der Änderung der Funktionswerte zur Änderung der x-Werte.

Den Graphen einer linearen Funktion kann man zum Beispiel mithilfe des y-Achsenabschnitts n und der Steigung m zeichnen.

Sind zwei Punkte $P_1(x_1|y_1)$ und $P_2(x_2|y_2)$ auf dem Graphen einer linearen Funktion gegeben, so kann man die Steigung m wie folgt ermitteln: $m = \frac{y_2 - y_1}{x_2 - x_1}$.

Zeichnen des Graphen zu $y = \frac{3}{4}x - 2$:

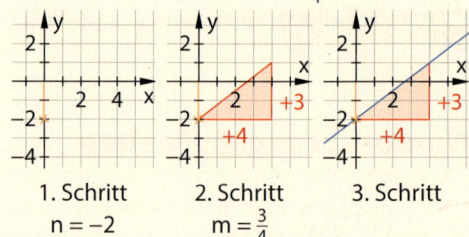

1. Schritt
n = −2

2. Schritt
$m = \frac{3}{4}$

3. Schritt

Aufstellen einer Funktionsgleichung:
Wenn $P_1(2|5)$ und $P_2(4|9)$ zwei Punkte einer linearen Funktion sind, gilt:
$m = \frac{9-5}{4-2} = 2$
P_1 liegt auf dem Graphen, also gilt
5 = 2 · 2 + n und damit n = 1.
Funktionsgleichung: y = 2x + 1

Nullstellen einer Funktion

Einen x-Wert einer Funktion, für den der zugehörige Funktionswert 0 ist, nennt man **Nullstelle**.
Im Koordinatensystem kann man die Nullstelle am Schnittpunkt des Funktionsgraphen mit der x-Achse ablesen.

Exakt lassen sich Nullstellen einer Funktion f durch Lösen der Gleichung f(x) = 0 berechnen.

f(x) = −2x + 2

Nullstelle: x = 1

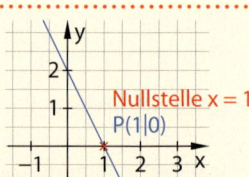

f(x) = −2x + 2 = 0 | −2
−2x = −2 | : (−2)
x = 1

2. Lineare Gleichungssysteme

Wie bei Waagschalen bleiben die Seiten einer Gleichung im Gleichgewicht, wenn man auf beiden Seiten gleich viel hinzufügt oder entfernt.

Nach diesem Kapitel kannst du …
- Gleichungen mit zwei Variablen lösen,
- lineare Gleichungssysteme zeichnerisch und rechnerisch lösen.

Dein Fundament

2. Lineare Gleichungssysteme

Lösungen ↗ S. 239

Termwerte ermitteln

1. Berechne den Wert des Terms für a = −2.
   a) a − 7
   b) 2a + 1,7
   c) 3 − (4 + a)
   d) $\frac{6a}{3} - 4$
   e) $3 \cdot \frac{8}{a}$
   f) a − 3 · a
   g) −4a + a
   h) $a^2 - a$

2. Überprüfe ohne Taschenrechner. Korrigiere, falls erforderlich.
   a) 4 + 5 · 7 = 63
   b) −2 · (3 − 18) = −30
   c) $\frac{5 + 135}{5} = 136$
   d) 2 − (17 + 19) = 4

3. Gib – falls möglich – mindestens eine Zahl an, die man für die Variable einsetzen kann, sodass der Wert des Terms größer als null (kleiner als null, gleich null) ist.
   a) x + 3
   b) a − 4
   c) −4a
   d) x^2

4. Berechne mit einem Taschenrechner. Gib zunächst einen Überschlag an.
   a) −4,73 − 5,24 : 2,2
   b) $-\frac{123}{-23{,}47 - 18{,}93}$
   c) $\frac{2{,}73 - 5{,}98}{2{,}42}$
   d) 17,7 : (3,72 + 6,78)

5. Setze für x die Zahl 1,5 ein und berechne y. Verdopple den Wert von x und berechne erneut.
   a) y = 3x
   b) $y = \frac{3}{x}$
   c) y = x · x
   d) y = −2x − 2

Gleichungen lösen – Formeln umstellen

6. Löse die Gleichung.
   a) 3x + 5 = 20
   b) 2x + 1 = x + 2
   c) 3x − 4 = 2x + 4
   d) 3(x + 4) = 2x + 6
   e) $\frac{x}{2} = \frac{3}{4}$
   f) 5(x + 3) = −3x − 1
   g) −2(x + 4) = 2x − 8
   h) $-\frac{1}{2}(2x - 8) = 2(x + 2)$

7. Stelle die Formel nach der in Klammern stehenden Variablen um.
   a) A = a · b   [b]
   b) u = 4a   [a]
   c) $A = \frac{c \cdot h_c}{2}$ [h_c]
   d) α + β + γ = 180°   [γ]
   e) u = 2a + b   [a]
   f) V = G · h   [G]
   g) y = k · x   [k]
   h) $y = k \cdot \frac{1}{x}$ [x]

8. Stelle die Gleichung einmal nach x und einmal nach y um.
   a) x + y = 7
   b) −2x = 6y
   c) −x + y + 3 = 0
   d) 3(x + y) = 18

9. Frau Friedrich, Frau Blum und Herr Müller haben im Lotto gemeinsam 21 000 € gewonnen. Sie beschließen aufgrund des unterschiedlichen Einsatzes den Gewinn wie folgt gerecht aufzuteilen:
Frau Friedrich bekommt doppelt so viel Geld wie Frau Blum und Herr Müller bekommt halb so viel Geld wie Frau Blum. Berechne, wie viel Geld jeder erhält.

10. Aus einem Märchen: „Ein Kaufmann hatte vier Söhne. Er vererbte dem ersten Sohn $\frac{1}{4}$, dem zweiten $\frac{1}{5}$, dem dritten Sohn $\frac{1}{6}$ seines Vermögens. Der vierte Sohn erhielt die noch verbleibenden 92 Gulden. Wie groß war das Vermögen des Kaufmanns?"

Lineare Funktionen

Lösungen ↗ S. 239

11. Stelle die Graphen der Funktionen mit den Funktionsgleichungen $f(x) = x + 2$ und $g(x) = 0{,}5x + 3$ in einem Koordinatensystem dar.

12. Welcher Graph gehört zu welcher Funktionsgleichung? Begründe.

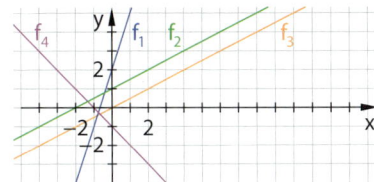

① $y = 0{,}5x$
② $y = 3x + 2$
③ $y = 0{,}5x + 1$
④ $y = -x - 1$

13. Zeichne den Graphen zu der linearen Funktion mit der angegebenen Steigung m und dem y-Achsenabschnitt n.
    a) $m = 1; n = 2$ b) $m = -2; n = 5$ c) $m = 3; n = 0{,}5$ d) $m = \frac{4}{5}; n = -1{,}75$

14. Benenne jeweils die Gemeinsamkeiten und die Unterschiede der vier Graphen. Stelle anschließend Funktionsgleichungen für jeden Graphen auf.

a) 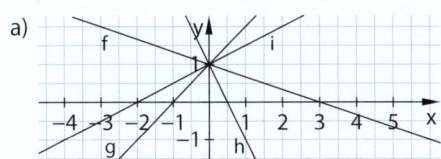   b)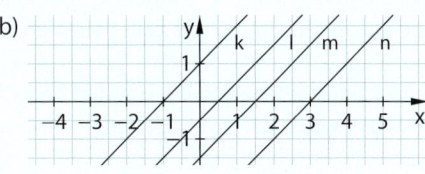

15. Eine 9 cm lange Kerze brennt gleichmäßig ab. Nach 40 Minuten ist sie noch 7 cm lang.
    a) Gib an, welche der Gleichungen den Zusammenhang zwischen Brennzeit x (in min) und der Länge der Kerze y (in cm) beschreiben.
    ① $y = 9 - \frac{1}{40}x$ ② $y = 9 - 20x$ ③ $y = 9 - \frac{1}{20}x$ ④ $y = -0{,}05x + 9$
    b) Ermittle, nach wie vielen Minuten die Kerze vollständig abgebrannt ist.

16. Übertrage die Tabelle in dein Heft und vervollständige sie.

x	−1	0	1	2	3
y = x + 1		1			

x	−1	0	1	2	3
y = 2x − 1			1		

Vermischtes

17. Überprüfe. Korrigiere, falls erforderlich.
    a) $2x + 3 = 5x + 2 \mid -3$
       $2x = 5x + 2$
    b) $3x = 6x + 9 \mid :3$
       $x = 2x + 9$
    c) $5x + 2 = 2x - 3 \mid -2x$
       $3x + 2 = -3$
    d) $x + 4 = 3 \mid -4$
       $x = -1$

18. Die Kantenlänge eines Würfels wird verdoppelt. Gib an, wie sich sein Oberflächeninhalt ändert.

19. Herr und Frau Blum fuhren von ihrer Wohnung mit dem Taxi zum Bahnhof. Herr Blum bezahlte für die Taxifahrt um 5:30 Uhr 20,70 €.
    a) Gib an, wie viele Kilometer Herr Blum mit dem Taxi fuhr.
    b) Gib an, wie viel Frau Blum um 8:00 Uhr zahlte.

TAXI Von A nach B	
Grundpreis	2,50 €
Unter 10 km Tagtarif 06:00 - 22:00 Uhr	1,50 €
Unter 10 km Nachttarif 22:00 - 06:00 Uhr	1,60 €
Über 10 km Tagtarif 06:00 - 22:00 Uhr	1,40 €
Über 10 km Nachttarif 22:00 - 06:00 Uhr	1,50 €

2.1 Lineare Gleichungen mit zwei Variablen

■ Die C-Jugend eines Fußballvereins plant eine Wochenendfahrt. Im Hostel gibt es 3-Bett- und 4-Bett-Zimmer.
Welche Zimmer müssen für die 28 Jungen gebucht werden, wenn kein Bett leer bleiben soll? Gib alle Möglichkeiten an. ■

„Das Doppelte einer Zahl, vermindert um eine andere Zahl, ergibt 6." Diesen Sachverhalt kann man mit der Gleichung $2x - y = 6$ beschreiben.
Eine Lösung dieser Gleichung besteht aus zwei Zahlen, einer Zahl für x und einer Zahl für y. Ein solches Paar (x|y) ist zum Beispiel $x = 4$ und $y = 2$, kurz (4|2), denn $2 \cdot 4 - 2 = 6$. Es gibt noch viele weitere Paare, die die Gleichung $2x - y = 6$ erfüllen, z. B. (1,5|−3) und (100|194).

> **Wissen: Lineare Gleichungen mit zwei Variablen**
> Jede lineare Gleichung mit zwei Variablen kann in diese Form gebracht werden:
> $$a \cdot x + b \cdot y = c$$
> x und y sind die Variablen. a, b, c sind beliebige rationale Zahlen mit $a \neq 0$ und $b \neq 0$.
> **Lösungen** einer solchen Gleichung sind immer Wertepaare (x|y).

Beispiel 1: Ein Kanuverleiher hat nur 2 Kanumodelle: Kanus für zwei Personen und Kanus für fünf Personen. Eine Gruppe von 18 Personen will Kanus ausleihen.
a) Notiere eine passende lineare Gleichung und gib die Bedeutung der Variablen an.
b) Gib alle Lösungen der Gleichung an, wenn kein Platz im Kanu frei bleiben soll.

Lösung:

a) Die Variablen x und y stehen für die Anzahl der Kanus mit 5 bzw. 2 Plätzen.

Die Anzahl aller Plätze soll 18 sein.

x: Anzahl der Kanus mit 5 Plätzen
y: Anzahl der Kanus mit 2 Plätzen

$5 \cdot x + 2 \cdot y = 18$

b) Löse $5x + 2y = 18$ nach y auf und setze nacheinander Werte für x ein.
Für die Anzahl der Kanus mit 5 Plätzen sind die Werte 0, 1, 2, 3 sinnvoll.
Bei vier dieser Kanus sind es bereits $4 \cdot 5 = 20$ Plätze. Das sind zu viele.
Berechne mithilfe der Gleichung die zugehörigen y-Werte.

$5x + 2y = 18 \quad | -5x$
$2y = 18 - 5x \quad | :2$
$y = 9 - 2,5x$

x	0	1	2	3
y	9	6,5	4	1,5

Nur für $x = 0$ und $x = 2$ ergeben sich sinnvolle Wertepaare: (0|9) und (2|4).

Lösungen:
0 Kanus mit 5 Plätzen und 9 Kanus mit 2 Plätzen oder
2 Kanus mit 5 Plätzen und 4 Kanus mit 2 Plätzen.

Die Lösung kannst du auch als Lösungsmenge schreiben.

$L = \{(0|9); (2|4)\}$

2.1 Lineare Gleichungen mit zwei Variablen

Basisaufgaben

1. Eine Packung Kekse kostet 1,50 €, eine Packung Chips 1,00 €. Gesucht ist, wie viele Packungen Kekse und Chips man für 6 € kaufen kann.
   a) Notiere eine passende lineare Gleichung und gib die Bedeutung aller in ihr vorkommenden Variablen an.
   b) Gib alle Lösungen der Gleichung an.

2. Prüfe, ob das Wertepaar eine Lösung der Gleichung $4x - 3y = 6$ ist.
   a) $(3|2)$ b) $(-3|-2)$ c) $(1,8|0,4)$ d) $(0,5|-1,5)$
   e) $(-1|\frac{2}{3})$ f) $(12|14)$ g) $(\frac{3}{4}|-1)$ h) $(0|2)$

3. Eva bezahlt ihren Einkauf von 9,50 € nur mit 50-Cent-Münzen und 2-Euro-Münzen.
   a) Beschreibe den Sachverhalt mit einer linearen Gleichung mit zwei Variablen.
   b) Mit wie vielen 50-Cent-Münzen und mit wie viele 2-Euro-Münzen könnte Eva ihren Einkauf bezahlt haben? Gib alle Möglichkeiten an. Vergleiche die Lösungen mit deinem Sitznachbarn.

4. a) Ordne zu: Welche Gleichung gehört zu welchem Sachverhalt? Erläutere, welche Bedeutung dabei die Variablen x und y haben.

$x - y = 8$	Die Quersumme einer zweistelligen Zahl ist 8.	$2x + 2y = 8$
Ein Rechteck hat einen Umfang von 8 cm.	$x + y = 8$	Die Differenz zweier dreistelliger Zahlen beträgt 8.

   b) Gib zu jedem Sachverhalt aus a) zwei mögliche Lösungen an.

5. Beschreibe den Sachverhalt durch eine lineare Gleichung mit zwei Variablen und gib jeweils zwei mögliche Lösungen an.
   a) Katrin und Eileen sind zusammen 45 Jahre alt.
   b) Das arithmetische Mittel zweier Zahlen ist 6.
   c) Eine kleine Jugendherberge verfügt über 60 Betten in Zweibettzimmern und Vierbettzimmern.
   d) Ein gleichschenkliges Dreieck hat einen Umfang von 50 cm.
   e) Anna und Hanna sind zusammen 2,43 m groß.

   Hinweis zu 5:
   Bei Sachverhalten mit Größen kann man in der Rechnung zur Vereinfachung einheitliche Maßeinheiten weglassen.

6. Löse die Gleichung nach y auf. Setze dann einen Wert für x ein und berechne den Wert für y. Berechne auf diese Weise drei Lösungspaare.
   a) $8x + 2y = 6$ b) $-12x + 6y = -15$ c) $11 - y = -0,9x$ d) $\frac{1}{6} - \frac{1}{3}x = -\frac{1}{2}y$

7. Betrachte die drei Sachverhalte:
   ① Die Summe aus einer Zahl und dem Doppelten einer zweiten Zahl ergibt 12.
   ② Victor hat diesen Monat 33 € für Indoor-Klettern ausgegeben. Bei Klettermax kostet der Eintritt 6 €, bei Bouldercamp 7 €.
   ③ Kay hat noch 35 Cent Kleingeld, und zwar 5-Cent- und 10 Cent-Münzen.
   a) Beschreibe jede Situation durch eine Gleichung und gib eine Lösung an.
   b) Ordne jeder Situation die richtige Aussage zu.

Es sind auch negative Werte als Lösung möglich.	Es gibt genau eine Lösung.	Es gibt mehrere Lösungen.

   c) Erfinde jeweils einen neuen Sachverhalt, sodass die Aussage erfüllt ist.

Lineare Gleichungen grafisch lösen

Wenn man die Gleichung 4x + 2y = 16 nach y auflöst, erhält man die Gleichung y = –2x + 8. Diese Gleichung kann man als Funktionsgleichung auffassen. Der Graph dieser Funktion ist eine Gerade. Auf dieser Geraden liegen alle Lösungen der linearen Gleichung 4x + 2y = 16, zum Beispiel x = 1 und y = 6 oder x = 3 und y = 2.

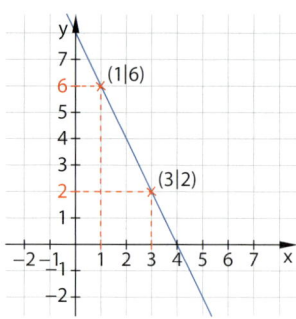

Hinweis:
Nicht jeder Punkt auf der Geraden muss auch eine Lösung des Sachverhalts sein.

> **Wissen: Lineare Gleichungen grafisch lösen**
> Jede lineare Gleichung kann durch eine Gerade im Koordinatensystem grafisch dargestellt werden. Alle Lösungen dieser Gleichung liegen auf der Geraden.

Beispiel 2: Gegeben ist die lineare Gleichung 8x + 4y = 12.
a) Zeichne in ein Koordinatensystem die Gerade, auf der die Lösungen der Gleichung liegen.
b) Lies an deiner Zeichnung drei Lösungen ab.

Lösung:
a) Löse die Gleichung nach y auf.

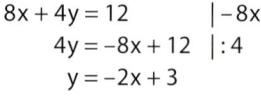

y = –2x + 3 kannst du als Funktionsgleichung auffassen. Zeichne mithilfe der Steigung m = –2 und des y-Achsenabschnitts c = 3 die zugehörige Gerade in ein Koordinatensystem.

b) Jedes Wertepaar kann am Graphen abgelesen werden.
Zum Wert x = 0,5 gehört y = 2;
zum Wert x = 1 gehört y = 1;
zum Wert x = 0 gehört y = 3.

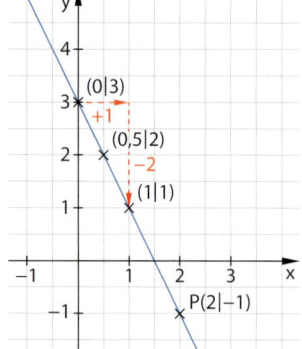

Lösungen sind z. B. (0,5|2), (1|1) und (0|3).

Basisaufgaben

8. Zeichne in ein Koordinatensystem die Gerade, auf der die Lösungen der linearen Gleichung liegen. Lies aus der Zeichnung drei Lösungen der Gleichung ab.
   a) 2x + y = 5   b) –x + y = 4   c) y – 4 = 2x   d) –4x = 1,5 + y

9. Zeichne in ein Koordinatensystem eine Gerade, auf der die Lösungen der linearen Gleichung liegen. Lies aus der Zeichnung drei Lösungen ab. Lass deinen Nachbarn deine Lösung anhand seiner Zeichnung überprüfen.
   a) 4x + 2y = 16   b) 2y – 4x = 8   c) 3y – 6x = –9   d) 4x + 3y = 2

2.1 Lineare Gleichungen mit zwei Variablen

10. Auf den abgebildeten Geraden liegen die Lösungen der linearen Gleichungen:
    ① $x - y = 1$
    ② $4x + 2y = 6$
    ③ $-3x + y = -3$
    a) Welche lineare Gleichung passt zu welcher Geraden? Begründe.
    b) Lies ab: Zu welcher Gleichung gehört die Lösung (1|0)?
    c) Lies ab: Zu welcher Gleichung gehört die Lösung (1|1)?

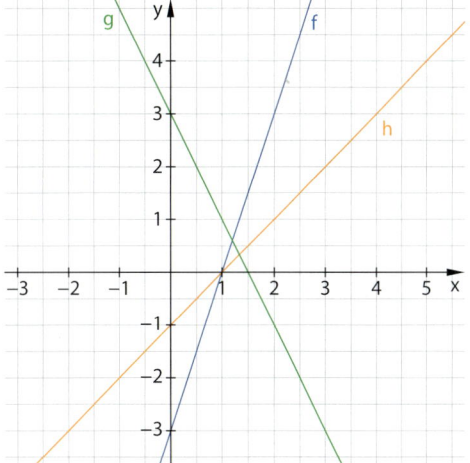

11. Zeichne in ein Koordinatensystem eine Gerade, auf der die Lösungen der linearen Gleichung liegen, und vervollständige die Lösungen im Heft.
    a) $x + y = 5$ Lösungen: (3|■); (0|■); (■|−0,5)
    b) $-3x + y = 4$ Lösungen: (0|■); (■|0); ($\frac{1}{3}$|■)
    c) $2x + 3y = 21$ Lösungen: (■|0); (0|■); (44|■)

Weiterführende Aufgaben

12. **Stolperstelle:** Leon sollte als Hausaufgabe folgende Aufgabe lösen:
    Ein Heft kostet 1,99 €, ein Stift 1,82 €. Wie viele Hefte und Stifte wurden bei einem Gesamtpreis von 4,72 € gekauft?
    Leon schreibt auf: $1,99 h + 1,82 s = 4,72$ €; dann ist $h = 1$ und $s = 1,5$.
    Beurteile Leons Lösung.

13. Ordne jeder Gleichung die passenden Lösungen zu.

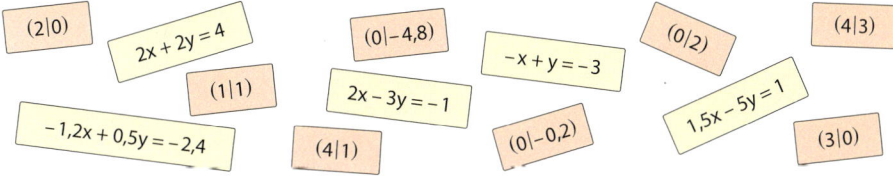

14. Die folgende Aufgabe stammt von Leonhard Euler, einem bedeutenden Schweizer Mathematiker des 18. Jahrhunderts. „Ein Amtmann kauft Pferde und Ochsen für insgesamt 1770 Taler. Er zahlt für ein Pferd 31 Taler, für einen Ochsen aber 21 Taler. Wie viele Pferde und wie viele Ochsen können es gewesen sein?"
    Löse die Aufgabe.

Leonhard Euler (1707–1783)

15. **Ausblick:** Beim letzten Fußballspiel von Mainz 05 gegen den Freiburger SC waren alle 16 700 Stehplätze verkauft. Auf zehn Prozent der Plätze standen Dauerkarteninhaber, mit den anderen verdiente der Verein an diesem Spieltag 222 905 €. Der Normalpreis für eine Stehplatzkarte beträgt 15,50 €, für eine ermäßigte Karte sind 13,50 € zu zahlen.
    a) Ermittle grafisch, wie viele normale und wie viele ermäßigte Karten verkauft wurden.
    b) Gib an, wie viel mehr der Verein verdient hätte, wenn nur Karten zum Normalpreis verkauft worden wären.

2.2 Lineare Gleichungssysteme

■ Corinna möchte ihrer Freundin eine Segway-Tour schenken. Sie überlegt, welches Angebot günstiger ist.
Rechne den Gesamtpreis für 2 Stunden aus. Welches Angebot ist bei 3 Stunden (bei einer Stunde) günstiger? ■

Angebot 1
Grundgebühr: 35 €
Pro Stunde: 15 €

Angebot 2
Grundgebühr: 40 €
Pro Stunde: 12,50 €

Wissen: Lineares Gleichungssystem
Sollen zwei lineare Gleichungen mit zwei Variablen gleichzeitig erfüllt sein, spricht man von einem **linearen Gleichungssystem**.
Zur Kennzeichnung, dass beide Gleichungen zusammengehören, schreibt man:
$$\left| \begin{array}{l} a \cdot x + b \cdot y = c \\ d \cdot x + e \cdot y = f \end{array} \right| \quad \text{für rationale Zahlen a, b, c, d, e, f.}$$
Eine Lösung eines Gleichungssystems ist ein Wertepaar $(x|y)$, das Lösung beider Gleichungen ist.

Beispiel 1: Vater und Sohn sind zusammen 64 Jahre alt. Der Altersunterschied beträgt 22 Jahre. Stelle ein passendes Gleichungssystem mit zwei Gleichungen auf und finde durch Probieren eine Lösung.

Lösung:

Führe Variablen ein und stelle dann ein Gleichungssystem auf.	x: Alter des Vaters in Jahren y: Alter des Sohnes in Jahren
Die erste Gleichung beschreibt das Gesamtalter.	$x + y = 64$
Die zweite Gleichung beschreibt den Altersunterschied.	$x - y = 22$ Gleichungssystem: $\left| \begin{array}{l} x + y = 64 \\ x - y = 22 \end{array} \right|$
Finde durch Probieren die Lösung.	Der Vater ist 43 Jahre, der Sohn 21 Jahre alt.

Basisaufgaben

1. Mutter und Tochter sind zusammen 50 Jahre alt. Der Altersunterschied beträgt 15 Jahre. Gib ein passendes Gleichungssystem mit zwei Gleichungen an und finde durch Probieren eine Lösung.

2. Überprüfe durch Einsetzen jeweils die angegebene Lösung.

   a) $\left| \begin{array}{l} x + 2y = 7 \\ 2x + 2y = 8 \end{array} \right|$
   Lösung: (1|3)

   b) $\left| \begin{array}{l} x - 4y = 0 \\ y = 0{,}5x - 1 \end{array} \right|$
   Lösung: (4|1)

   c) $\left| \begin{array}{l} 2a + 5b = 11 \\ -2a + 3b = 5 \end{array} \right|$
   Lösung: (0,5|2)

   d) $\left| \begin{array}{l} \frac{3}{4}x + \frac{1}{4}y = 5 \\ \frac{7}{11}x - \frac{2}{3}y = -\frac{4}{33} \end{array} \right|$
   Lösung: (4|8)

3. Die eine Seite eines Rechtecks ist 2,8 cm länger als die andere. Der Umfang des Rechtecks beträgt 22 cm. Stelle ein passendes lineares Gleichungssystem auf. Finde eine Lösung.

2.2 Lineare Gleichungssysteme

Lineare Gleichungssysteme grafisch lösen

Die Gleichungen in einem linearen Gleichungssystem kann man auch als Funktionsgleichungen auffassen.

$\begin{vmatrix} -2x + y = 1 \\ x + y = 4 \end{vmatrix}$ umgestellt: $\begin{vmatrix} y = 2x + 1 \\ y = -x + 4 \end{vmatrix}$

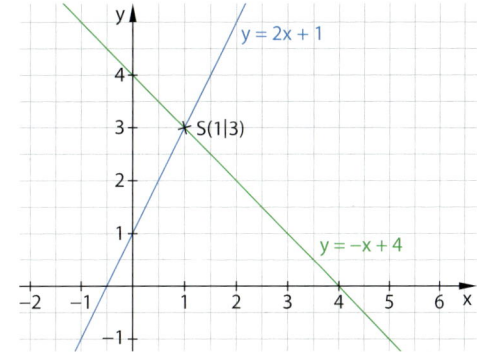

Die Graphen dieser Funktionen sind Geraden. Alle gemeinsamen Punkte dieser Geraden bilden die Lösungsmenge.

Hier gehört nur der Schnittpunkt S(1|3) zur Lösungsmenge. Man schreibt: L = {(1|3)}.

Wissen: Grafisches Lösen linearer Gleichungssysteme
Jede Lösung eines linearen Gleichungssystems entspricht einem gemeinsamen Punkt aller zugehörigen Geraden. Es kann drei Fälle geben. Das lineare Gleichungssystem hat …

… **genau eine Lösung**, wenn die Geraden sich schneiden.

… **keine Lösung**, wenn die Geraden zueinander parallel verlaufen.

… **unendlich viele Lösungen**, wenn die Geraden identisch sind.

Beispiel 2: Löse das lineare Gleichungssystem grafisch.

a) $\begin{vmatrix} -x + y = 1 \\ 2x + y = 4 \end{vmatrix}$
b) $\begin{vmatrix} -x + y = 2 \\ x - y = 0 \end{vmatrix}$
c) $\begin{vmatrix} -2x + y = 0 \\ -4x + 2y = 0 \end{vmatrix}$

Lösung:
Löse beide Gleichungen nach y auf. Zeichne dann beide Geraden und lies die Lösungen ab.

a) Nach y auflösen:
$\begin{vmatrix} y = x + 1 \\ y = -2x + 4 \end{vmatrix}$
Geraden zeichnen:

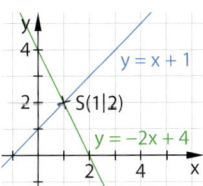

Die Geraden schneiden sich. Der Schnittpunkt entspricht der einzigen Lösung.
L = {(1|2)}

b) Nach y auflösen:
$\begin{vmatrix} y = x + 2 \\ y = x \end{vmatrix}$
Geraden zeichnen:

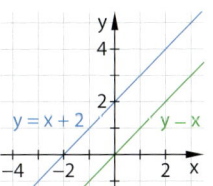

Die Geraden verlaufen parallel zueinander. Es gibt keine Lösung.
L = { }

c) Nach y auflösen:
$\begin{vmatrix} y = 2x \\ y = 2x \end{vmatrix}$
Geraden zeichnen:

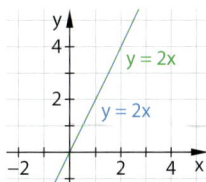

Die Geraden sind identisch. Alle Punkte der Geraden sind Lösungen.
L = {(x|y) | y = 2x}

Basisaufgaben

4. Löse das lineare Gleichungssystem grafisch. Gib die Lösungsmenge an.

a) $\begin{vmatrix} y = x - 1 \\ y = -3x + 3 \end{vmatrix}$
b) $\begin{vmatrix} y = -x + 7 \\ y = 3x - 3 \end{vmatrix}$
c) $\begin{vmatrix} 1{,}5x + y = 5{,}5 \\ 2x + y = 2 \end{vmatrix}$
d) $\begin{vmatrix} 1 = \frac{1}{2} - y \\ 3 = x - y \end{vmatrix}$

Hinweis zu 5:
Überprüfe die Lösung, indem du in **beide Gleichungen** für x und y den Lösungswert einsetzt. Ergeben sich bei beiden Gleichungen wahre Aussagen wie 7 = 7, dann ist die Lösung richtig.

5. Überprüfe die angegebene Lösung und korrigiere, wenn nötig.
   a) $\begin{vmatrix} y = 2x - 1 \\ y = -3x + 4 \end{vmatrix}$
      L = {(1|0)}
   b) $\begin{vmatrix} y = -x + 2 \\ y = -3x - 4 \end{vmatrix}$
      L = {(-3|5)}
   c) $\begin{vmatrix} -3x + y = 5{,}5 \\ -2x + y = 3{,}5 \end{vmatrix}$
      L = {(-2|-1)}
   d) $\begin{vmatrix} 1{,}5 = \frac{1}{2}x - y \\ 3{,}5 = x - y \end{vmatrix}$
      L = {(4|0,5)}

6. Löse das lineare Gleichungssystem grafisch. Alle Lösungen sind ganzzahlig.
   a) $\begin{vmatrix} 3x + y = 7 \\ 2x + 2y = 6 \end{vmatrix}$
   b) $\begin{vmatrix} -5y = 15 - 10x \\ 3y - 3x = 0 \end{vmatrix}$
   c) $\begin{vmatrix} 8x + 4y = 0 \\ 6y = 3x - 30 \end{vmatrix}$
   d) $\begin{vmatrix} -4x + 8y = -24 \\ -7x - 28y = 126 \end{vmatrix}$

7. Entscheide, welche Koordinatenachse du für jede Variable verwendest. Zeichne ein Koordinatensystem mit geeigneter Einteilung. Löse das lineare Gleichungssystem grafisch. Überprüfe dein Ergebnis durch eine Probe.
   a) $\begin{vmatrix} s = 120t \\ s = 85t + 30 \end{vmatrix}$
   b) $\begin{vmatrix} s = 30t + 15 \\ s = 100t + 10 \end{vmatrix}$
   c) $\begin{vmatrix} 3a + 2b = 2 \\ 2a + 3b = 5{,}5 \end{vmatrix}$
   d) $\begin{vmatrix} 2p - q = -\frac{1}{4} \\ -p - 2q = 2 \end{vmatrix}$

Hinweis zu 8:
Hier findest du die Gleichungen:
2x – 5y = 4
x + y = 4
– 4x + 3y = 6
y = –1,5x – 2
y – x = 0
3x + 2y = 4

8. Stelle ein lineares Gleichungssystem mit zwei Variablen auf, das zu der Zeichnung passt. Gib auch die Lösungsmenge an.

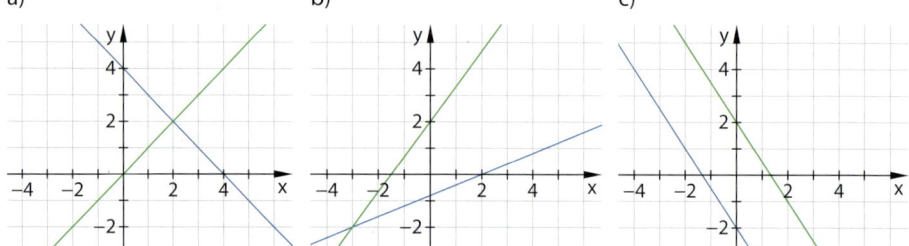

a)   b)   c)

9. Löse das Gleichungssystem grafisch und begründe dann, dass es sich bei der Lösung nur um eine Näherungslösung handelt.
   $\begin{vmatrix} x + y = 3 \\ -0{,}3x + y = 1{,}5 \end{vmatrix}$

10. Gib zur Gleichung 3x + y = 4 eine zweite Gleichung mit zwei Variablen an, sodass das lineare Gleichungssystem folgende Lösung hat.
    a) L = {(1|1)}
    b) L = {(2|-2)}
    c) L = { }
    d) L = {(x|y) | y = -3x + 4}

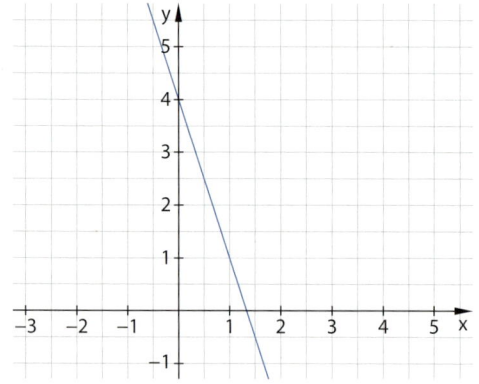

11. a) Forme die Gleichungen nach y um und bestimme grafisch eine Lösung.
    ① $\begin{vmatrix} 6x - 3y = 0 \\ 10x + 2y = 12 \end{vmatrix}$
    ② $\begin{vmatrix} 4x - 4y = 4 \\ 2x + y = 0{,}8 \end{vmatrix}$
    ③ $\begin{vmatrix} 10x + 5y = 15 \\ 8x + 4y = 16 \end{vmatrix}$
    ④ $\begin{vmatrix} 24x + 3y = 1{,}5 \\ 72x + 9y = 4{,}5 \end{vmatrix}$

    b) Hättest du bereits nach dem Umformen nach y entscheiden können, ob die Gleichungssysteme ① bis ④ eine, keine oder unendlich viele Lösungen haben? Begründe deine Antwort.

Weiterführende Aufgaben

12. Stolperstelle: Jonas sollte das folgende lineare Gleichungssystem lösen:
$$\begin{vmatrix} 0{,}4x - 2y = 1 \\ x - 5y = 1{,}5 \end{vmatrix}$$
Er zeichnet die Geraden und gibt als Lösung (0|−0,3) an. Beurteile seine Lösung.

13. Ein Parallelogramm hat einen Umfang von 26 cm. Die eine Seite ist 3 cm länger als die andere. Ermittle, wie lang die Seiten des Parallelogramms sind.

14. a) Stelle die Kosten für jedes Angebot als Gerade dar und ermittle, ab welcher Aufenthaltsdauer sich die Dauergästekarte lohnt.
b) Das Schwimmbad will eine Tageskarte einführen, die sich ab 6 Stunden Aufenthalt lohnen soll. Gib eine Möglichkeit für einen Tagespreis an.

> Nie wieder zu viel bezahlen! Minutengenaue Abrechnung mit unserer Geldkarte: 4 € pro Stunde.

> Dauergästekarte: Minutengenaue Abrechnung, 3 € pro Stunde zuzüglich 4 € Gebühr für die Benutzung der Duschen.

15. Sara möchte für ihr Smartphone einen neuen Vertrag abschließen. Sie erhält dafür drei verschiedene Angebote. Bei allen Angeboten ist eine Telefon-Flatrate inklusive, das angebotene Datenvolumen ist jedoch unterschiedlich.

> **Smarttalk**
> 2 GB pro Monat inklusive, jedes weitere MB 1 Cent.
> 9,99 € pro Monat.

> **Telcell**
> 4 GB inklusive, jedes weitere MB 2 Cent.
> 15 € pro Monat.

> **Clearphone**
> 15 GB pro Monat inklusive.
> 29,99 € pro Monat.

a) Stelle die monatlichen Kosten in Abhängigkeit von der verbrauchten Datenmenge als Gerade dar.
b) Lies ab, ab welchem Datenvolumen sich welcher Tarif lohnt.

16. Ausblick: Der Break-even-point ist erreicht, wenn die Einnahmen und die Ausgaben eines Unternehmens gleich hoch sind. Nach Überschreiten des Break-even-points macht das Unternehmen Gewinn.
Zeichne für die Situation je eine Gerade für Einnahmen und Ausgaben und lies den Break-even-point ab.
a) Anschaffungspreis für die Fahrzeugflotte: 30 000 000 €; Kosten für Wartung und Reinigung: 25 000 € pro Tag; Mieteinnahmen pro Tag 100 000 €
b) Kosten für Redaktion und Satz: 30 000 €; Druckkosten: 1 € pro Stück; Verkaufspreis: 2,50 € pro Stück

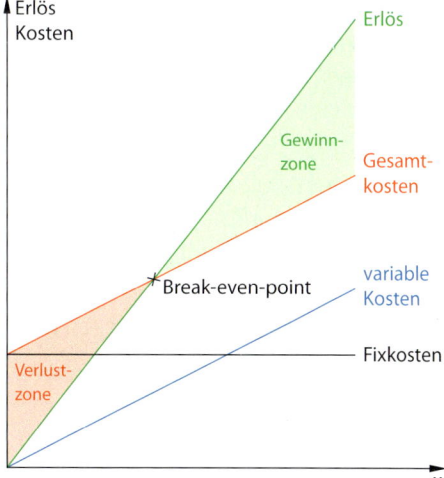

2.3 Lineare Gleichungssysteme rechnerisch lösen

■ In jedem Kästchen befindet sich die gleiche Anzahl von Münzen, ebenso in jedem Säckchen. Beide Gleichungen sollen erfüllt sein.
Ermittle, wie viele Münzen in einem Kästchen, wie viele in einem Säckchen sind. ■

Es gibt lineare Gleichungssysteme, die man nicht exakt grafisch lösen kann, zum Beispiel:
$\begin{vmatrix} y = 2{,}5x + 1 \\ y = -\frac{3}{4}x + 3 \end{vmatrix}$, $L = \{(\approx 0{,}60 \mid \approx 2{,}55)\}$

Man kann aber die Koordinaten des Schnittpunkts der zugehörigen Geraden berechnen. Es gibt dafür verschiedene Verfahren.

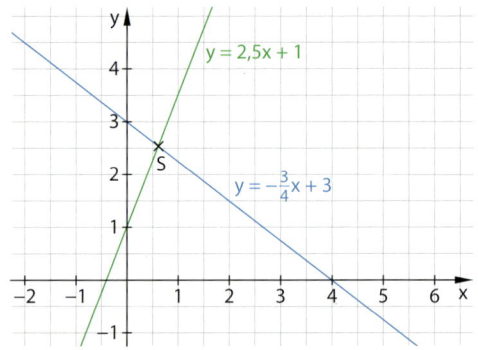

Gleichsetzungsverfahren

> **Wissen: Gleichsetzungsverfahren**
> ① Beide Gleichungen werden nach der gleichen Variablen aufgelöst.
> ② Die Terme auf den anderen Seiten der beiden Gleichungen werden gleichgesetzt.
>   So erhält man den ersten Wert der Lösung.
> ③ Der Lösungswert aus ② wird in eine der ursprünglichen Gleichungen eingesetzt.
>   So erhält man den zweiten Wert der Lösung.

Beispiel 1: Löse das lineare Gleichungssystem mit dem Gleichsetzungsverfahren.
$\begin{vmatrix} 3x + y = 5 \\ 2x + y = 4 \end{vmatrix}$

Lösung:

① In dieser Aufgabe löst du beide Gleichungen am besten nach y auf.
In anderen Aufgaben kann es leichter sein, wenn du nach x auflöst.

$\begin{vmatrix} 3x + y = 5 \\ 2x + y = 4 \end{vmatrix}$ $\begin{vmatrix} -3x \\ -2x \end{vmatrix}$
$\begin{vmatrix} y = 5 - 3x \\ y = 4 - 2x \end{vmatrix}$

② Nun setzt du die Terme auf den rechten Seiten $5 - 3x$ und $4 - 2x$ gleich. Aus der neuen Gleichung kannst du den Wert für x berechnen.

Gleichsetzen:
$5 - 3x = 4 - 2x \quad |+3x$
$\qquad 5 = 4 + x \quad |-4$
$\qquad 1 = x$

③ Setze $x = 1$ in irgendeine Gleichung aus ① ein und berechne den Wert für y.

$x = 1$ einsetzen:
$y = 5 - 3x$
$y = 5 - 3 \cdot 1 = 2$

Die Lösung ist das Wertepaar (1 | 2).
$L = \{(1 \mid 2)\}$

Hinweis:
Du kannst die Gleichungen nach x oder nach y auflösen.

Hinweis:
Wähle bei ③ die umgestellte Gleichung, mit der sich der Wert für y leichter berechnen lässt.

2.3 Lineare Gleichungssysteme rechnerisch lösen

Basisaufgaben

1. Löse das lineare Gleichungssystem mit dem Gleichsetzungsverfahren.

   a) $\begin{vmatrix} y = 10x - 4 \\ y = 15x + 6 \end{vmatrix}$
   b) $\begin{vmatrix} y = 2x - 5 \\ y = x + 6 \end{vmatrix}$
   c) $\begin{vmatrix} a = 4b - 1 \\ a = 3b + 6 \end{vmatrix}$
   d) $\begin{vmatrix} 6y = x - 7 \\ 6y = 6x + 6 \end{vmatrix}$

   Tipp zu 1d:
   Wenn in beiden Gleichungen auf einer der beiden Seiten derselbe Term steht, kannst du die Terme auf den anderen Seiten gleichsetzen:
   $\begin{vmatrix} 6y = \ldots \\ 6y = \ldots \end{vmatrix}$

2. Löse mit dem Gleichsetzungsverfahren.

   a) $\begin{vmatrix} x + y = 10 \\ x - y = 0 \end{vmatrix}$
   b) $\begin{vmatrix} 8p = 4q - 1 \\ 4p = -4p + 2q \end{vmatrix}$
   c) $\begin{vmatrix} y = 3x + 7 \\ 6x - 2 = y \end{vmatrix}$
   d) $\begin{vmatrix} 9x = 5 + y \\ 9x = 4 + y \end{vmatrix}$

3. Berechne die Lösung mit dem Gleichsetzungsverfahren. Führe eine Probe durch.

   a) $\begin{vmatrix} 5y + 1 = 2x - 2 \\ 5y + 1 = -4x + 22 \end{vmatrix}$
   b) $\begin{vmatrix} 15a + b = 6 \\ 16a + b = 6b + a \end{vmatrix}$
   c) $\begin{vmatrix} 14x - y = 6 \\ -16x + y = 4 \end{vmatrix}$
   d) $\begin{vmatrix} -4y + 2x = 6 \\ 2y = 2x - 6 \end{vmatrix}$

   e) $\begin{vmatrix} a - 6b = 14 \\ 6a + 4b = 24 \end{vmatrix}$
   f) $\begin{vmatrix} 3u - 2v = 2v - 4 \\ 3u - 3v = 2 \end{vmatrix}$
   g) $\begin{vmatrix} -9{,}5s + t = s - t \\ s - t = 5 - 9{,}5s \end{vmatrix}$
   h) $\begin{vmatrix} \frac{1}{2}a - 2 = \frac{1}{9}b + 2 \\ \frac{2}{5}a + 1 = \frac{1}{9}b + 4 \end{vmatrix}$

4. Bestimme das Gewicht der einzelnen Gegenstände oder Tiere.

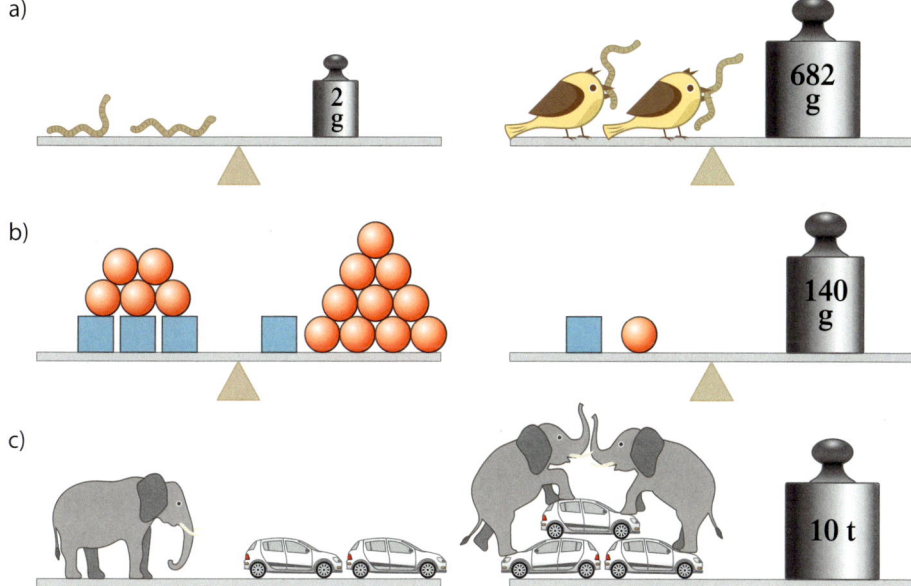

5. Finde die Fehler und löse die Gleichungssysteme anschließend korrekt.

   a) Gleichungssystem:
   $\begin{vmatrix} 16 - x = 6y \\ y - 0{,}5x = 2 \end{vmatrix}$

   Auflösen nach x: $x = 6y - 16$ und $x = 2 + 0{,}5y$
   Gleichsetzen: $6y - 16 = 2 + 0{,}5y$
   $6{,}5y = 18$
   $y = \frac{36}{13}$
   $x = \frac{8}{13}$

   b) Gleichungssystem:
   $\begin{vmatrix} 10x + 2y = 80 \\ 3x + y = 26 \end{vmatrix}$

   Auflösen nach y: $y = 40 - 10x$ und $y = 26 - 3x$
   Gleichsetzen: $40 - 10x = 26 - 3x$
   $-13x = -14$
   $x = \frac{14}{13}$
   $y = 22\frac{10}{13}$

Einsetzungsverfahren

In diesem Gleichungssystem ist das Umstellen der ersten Gleichung nach y etwas aufwendig.

$$\begin{vmatrix} 2x + 5y = 34 \\ y = x + 4 \end{vmatrix}$$

$y = \dfrac{34 - 2x}{5}$

Es ist einfacher, den Term x + 4 aus der zweiten Gleichung y = x + 4 in die erste Gleichung einzusetzen. So erhält man die Gleichung 2x + 5 · (x + 4) = 34.
Dies ist erlaubt, da nach der zweiten Gleichung die Terme y und x + 4 gleichwertig sind.

> **Wissen: Einsetzungsverfahren**
> ① Eine Gleichung wird nach einer Variablen aufgelöst.
> ② Der Term auf der anderen Seite dieser Gleichung wird in die zweite Gleichung eingesetzt.
>   So erhält man den ersten Wert der Lösung.
> ③ Der Lösungswert aus ② wird in eine der ursprünglichen Gleichungen eingesetzt.
>   So erhält man den zweiten Wert der Lösung.

Beispiel 2: Löse das lineare Gleichungssystem mit dem Einsetzungsverfahren.

$$\begin{vmatrix} y + 7 = 5x - 2 \\ 4x + 3y = -8 \end{vmatrix}$$

Lösung:

① Hier kannst du die erste Gleichung leicht nach y auflösen.

$$\begin{vmatrix} y + 7 = 5x - 2 \\ 4x + 3y = -8 \end{vmatrix} \quad |-7$$

$$\begin{vmatrix} y = 5x - 9 \\ 4x + 3y = -8 \end{vmatrix}$$

Erinnere dich:
Nach dem Distributivgesetz gilt:
$3 \cdot (5x - 9) = 15x - 27$

② Nun setzt du in der zweiten Gleichung für y den Term der rechten Seite 5x − 9 ein. Mit der neuen Gleichung kannst du den Wert für x berechnen.

Einsetzen:
$4x + 3(5x - 9) = -8$ | Ausmultiplizieren
$4x + 15x - 27 = -8$ | +27
$19x = 19$ | :19
$x = 1$

③ Setze x = 1 in irgendeine Gleichung aus ① ein und berechne den Wert für y.

x = 1 einsetzen in y = 5x − 9:
$y = 5 \cdot 1 - 9 = -4$

Die Lösung ist das Wertepaar (1|−4).

$L = \{(1|-4)\}$

Basisaufgaben

Hinweis zu 6:
Hier findest du die Werte der Variablen bei den Lösungen.

6. Löse das lineare Gleichungssystem mit dem Einsetzungsverfahren.

a) $\begin{vmatrix} 2x + 2y = 38 \\ y = 4x + 4 \end{vmatrix}$
b) $\begin{vmatrix} 8r + s = 6 \\ s = 24 + 10r \end{vmatrix}$
c) $\begin{vmatrix} 6a - 4b = -38 \\ a = b - 8 \end{vmatrix}$
d) $\begin{vmatrix} x - y = 2 \\ 5x - y = 10 \end{vmatrix}$

7. Stelle jeweils eine der Gleichungen um und löse mit dem Einsetzungsverfahren.

a) $\begin{vmatrix} a + b = 5 \\ -2a - 3b = -5 \end{vmatrix}$
b) $\begin{vmatrix} 8x = 4y - 2 \\ 6y = 3x - 30 \end{vmatrix}$
c) $\begin{vmatrix} 3y = 6x + 30 \\ 2y = 14x - 10 \end{vmatrix}$
d) $\begin{vmatrix} 3x + 2y = 6 \\ 3y = 6x + 16 \end{vmatrix}$

e) $\begin{vmatrix} 2g - h = 3 \\ -5g + 2h = 1 \end{vmatrix}$
f) $\begin{vmatrix} 5n = 3m - 4 \\ m + 3n = 6 \end{vmatrix}$
g) $\begin{vmatrix} -2q = 1 + 3p \\ -q = 4 - 2p \end{vmatrix}$
h) $\begin{vmatrix} -2u + 2v = 5 \\ -4u - 3v = 3 \end{vmatrix}$

2.3 Lineare Gleichungssysteme rechnerisch lösen

8. Berechne die Lösung mit dem Einsetzungsverfahren. Führe eine Probe durch.

   a) $\begin{vmatrix} 20x + 2y = -6 \\ 80 = 10y - 10x \end{vmatrix}$
   b) $\begin{vmatrix} a + b = 5 \\ a + 2b = 0 \end{vmatrix}$
   c) $\begin{vmatrix} -5x + 5y = -5 \\ 5y = 7x + 7 \end{vmatrix}$
   d) $\begin{vmatrix} \frac{1}{10}x + 27 = \frac{1}{2}y - \frac{7}{2} \\ 5x = -10 - 0{,}25y \end{vmatrix}$

   e) $\begin{vmatrix} -6x + 32y = 0 \\ 32x - 24y = -30 \end{vmatrix}$
   f) $\begin{vmatrix} \frac{1}{2}a + b = 14 \\ 2a - \frac{1}{5}b = 14 \end{vmatrix}$
   g) $\begin{vmatrix} 4u + \frac{1}{3}t = -3 \\ -2u + t = 5 \end{vmatrix}$
   h) $\begin{vmatrix} 4a + 4b = -568 \\ 0{,}2b + 7 = 0{,}5a - 6 \end{vmatrix}$

   Tipp zu 8 c:
   Du musst nicht immer für eine Variable einen Term einsetzen: Du kannst auch für einen Term wie 5y einen Term einsetzen.

Weiterführende Aufgaben

9. Begründe, ob zum Lösen des linearen Gleichungssystems die Anwendung des Gleichsetzungs- oder des Einsetzungsverfahrens günstiger ist. Berechne dann die Lösung mit dem gewählten Verfahren.

   a) $\begin{vmatrix} 6x + 2y = 8 \\ y = 5x \end{vmatrix}$
   b) $\begin{vmatrix} 2x = 6y - 16 \\ 2x = 2y + 18 \end{vmatrix}$
   c) $\begin{vmatrix} 3a - 4b = 6 \\ 10a + 20b = -40 \end{vmatrix}$
   d) $\begin{vmatrix} 4{,}5a + 1 = 10y \\ 10y = 2a - 0{,}5 \end{vmatrix}$

10. Die erste Gleichung eines linearen Gleichungssystems ist $3x = 2y - 6$. Gib eine zweite Gleichung an, sodass das Gleichungssystem besonders leicht mit dem
    a) Gleichsetzungsverfahren,
    b) Einsetzungsverfahren
    zu lösen ist. Beschreibe jeweils deinen Lösungsweg.

11. Berechne die Preise für einen Becher Cola und für eine Tüte Popcorn.

12. **Stolperstelle:** Erkläre den Fehler, der beim Einsetzen bzw. Gleichsetzen gemacht wurde. Korrigiere den Fehler und berechne die Lösung.

    a) $\begin{vmatrix} 2a + 4b = 18 \\ a = 3b - 2 \end{vmatrix}$

    $2 \cdot 3b - 2 + 4b = 18$

    b) $\begin{vmatrix} 3x + 4y - 2 = 6 \\ x + y - 6{,}5 = 6 \end{vmatrix}$

    $3x + 4y - 2 = x + y - 6{,}5$

13. Die Klasse 9c (20 Schüler) hat eine Klassenarbeit mit dem Durchschnitt 3,9 zurückbekommen.

Note	1	2	3	4	5	6
Anzahl	1	3	5	3		

    a) Berechne die Anzahl der Fünfen und Sechsen, die geschrieben wurden.
    b) Die Mathelehrer der Schule haben festgelegt, dass eine Klassenarbeit wiederholt werden muss, wenn mehr als ein Fünftel der Klasse eine Sechs geschrieben hat. Entscheide, ob die Klassenarbeit wiederholt werden muss.

14. Fleisch löst sich in konzentrierter Salzsäure bis auf den Fettanteil auf. Für einen Versuch benötigt Chemielehrer Weigert 600 mℓ 32%ige Salzsäure. Im Labor gibt es aber nur noch Flaschen mit 25%iger und 36%iger Salzsäure. Berechne, wie viel mℓ jeder Säure Herr Weigert mischen muss, um 600 mℓ 32%ige Salzsäure zu erhalten.

15. Die Klassen 9a (22 Schüler), 9b (24 Schüler), 9c (19 Schüler) und 9d (21 Schüler) und 4 Lehrer besuchen den Flughafen Frankfurt. Dort werden die Schüler auf kleinere Busse verteilt, mit denen sie das Rollfeld besichtigen können. Es gibt Busse mit 9 und mit 12 Plätzen. Insgesamt werden 8 Busse benötigt.
Berechne die Anzahl der Busse mit 9 und mit 12 Sitzplätzen.

16. Fliegt man nach Osten oder Westen, so sind Hin- und Rückflug meist unterschiedlich lang und verlaufen auf unterschiedlichen Routen. Ursache dafür ist der Jetstream, ein starker Westwind, der in großer Höhe weht und Teile der Flugroute beeinflusst.
Der Direktflug von Frankfurt nach Mexiko City ist 9597 km lang und dauert 12 Stunden und 25 Minuten. Der Rückflug von
Mexiko City nach Frankfurt ist 9545 km lang und dauert 10 Stunden und 55 Minuten. Berechne die Geschwindigkeit des Flugzeuges und die durchschnittliche Windgeschwindigkeit.

17. Ein Ruder-Achter braucht für 7 km gegen den Strom 30 Minuten. Auf dem Rückweg braucht er für dieselbe Strecke 16 Minuten und 12 Sekunden. Berechne die Geschwindigkeit des Ruder-Achters und die Geschwindigkeit der Strömung.

18. a) Berechne die Koordinaten der Eckpunkte des Dreiecks, das von den Geraden mit den Gleichungen $y = -\frac{1}{2}x - 2$; $y = \frac{3}{8}x - \frac{1}{4}$ und $y = -\frac{9}{4}x + 5$ begrenzt wird.
b) Ermittle den Flächeninhalt des Dreiecks, das von den Geraden mit den Gleichungen $x = -2$; $y = 5$ und $y = \frac{5}{12}x + \frac{4}{3}$ begrenzt wird.
c) Ermittle den Flächeninhalt des Vierecks, das von den Geraden mit den Gleichungen $x = 3$; $x = 5$; $y = -\frac{1}{2}x + \frac{7}{2}$ und $y = \frac{1}{8}x - \frac{25}{8}$ begrenzt wird.

19. **Ausblick:** Zwei Pumpen leeren einen Swimmingpool in 12 Stunden. Nach vier Stunden fällt jedoch eine Pumpe für drei Stunden aus. Nachdem sie repariert wurde, pumpen beide Maschinen das Becken in 6 Stunden leer.
Wähle als Variable
x … Pumpgeschwindigkeit der ersten Pumpe und
y … Pumpgeschwindigkeit der zweiten Pumpe.
Stelle ein passendes lineares Gleichungssystem auf.
Berechne, wie lange jede Pumpe allein gebraucht hätte, um das Becken zu leeren.

2.4 Additionsverfahren

■ Wie viel kostet der Eintritt für 5 Kinder und 3 Erwachsene? ■

Zwei Gleichungen kann man sich als Waagen vorstellen, die sich im Gleichgewicht befinden (Bild 1 und 2).

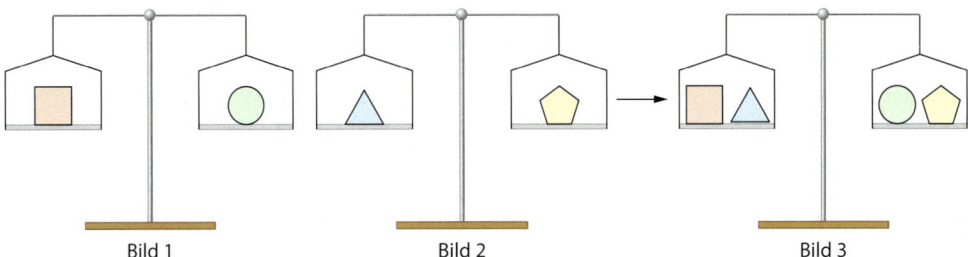

Legt man die Figuren der linken Waagschale und die der rechten Waagschale jeweils zusammen, so bleibt die Waage im Gleichgewicht (Bild 3). Dies gilt auch für Gleichungen in einem linearen Gleichungssystem.

> **Wissen: Additionsverfahren**
> Ein lineares Gleichungssystem mit zwei Variablen kann man rechnerisch lösen, indem man die Gleichungen so umformt, dass man beim Addieren der Gleichungen eine neue Gleichung mit nur einer Variablen erhält.

Beispiel 1: Berechne die Lösung mit dem Additionsverfahren.
$$|3x + 2y = 12|$$
$$|2x + 3y = 13|$$

Lösung:

① Multipliziere die erste Gleichung mit 3 und die zweite mit (−2). Vor y stehen jetzt die Gegenzahlen +6 und −6.

$$|3x + 2y = 12| \quad |\cdot 3$$
$$|2x + 3y = 13| \quad |\cdot(-2)$$

$$|9x + 6y = 36|$$
$$|-4x - 6y = -26|\ \Big)+$$

② Addiere die beiden Gleichungen. Du erhältst eine Gleichung mit nur einer Variablen. Aus der neuen Gleichung kannst du den Wert für x berechnen.

Addieren:
$9x - 4x + 6y - 6y = 36 - 26$
$ 5x = 10 \quad |:5$
$ x = 2$

③ Setze x = 2 in irgendeine Gleichung aus ① ein und berechne den Wert für y.

x = 2 einsetzen:
$3 \cdot 2 + 2y = 12 \quad |-6$
$ 2y = 6 \quad |:2$
$ y = 3$

Die Lösung ist das Wertepaar (2|3). $L = \{(2|3)\}$

Basisaufgaben

1. Beim Addieren der beiden Gleichungen fällt eine Variable weg. Berechne die Lösung mit dem Additionsverfahren.
   a) $\begin{vmatrix} 3x - 2y = -12 \\ 2x + 2y = 2 \end{vmatrix}$
   b) $\begin{vmatrix} 3x - 4y = 0 \\ 2x + 4y = 20 \end{vmatrix}$
   c) $\begin{vmatrix} 3x + 6y = 9 \\ -3x + 8y = 5 \end{vmatrix}$
   d) $\begin{vmatrix} 2a + 2b = 2 \\ -a - 2b = -2 \end{vmatrix}$

2. a) Mit welcher der Zahlen auf den Karten würdest du die Gleichungen jeweils multiplizieren, um das Additionsverfahren anzuwenden? Begründe.

   ① $\begin{vmatrix} 3x + 7y = 15 \\ -6x + 3y = 21 \end{vmatrix}$ Karten: 6, 0,5, –3, –7, –1, 3

   ② $\begin{vmatrix} 3x - 4y = -4 \\ 5x - 3y = 8 \end{vmatrix}$ Karten: 5, –3, 4, 2, –4, 3

   b) Berechne die Lösung von ① und ② und mache eine Probe.

Hinweis zu 4:
Hier findest du die Werte der Variablen bei den Lösungen zu sechs der Aufgaben.

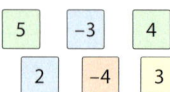

3. Die erste Gleichung eines linearen Gleichungssystems ist $3x - 2y = -6$. Gib eine zweite Gleichung so an, dass sich das Gleichungssystem mit dem Additionsverfahren einfach lösen lässt. Beschreibe deinen Lösungsweg.

4. Forme eine oder beide Gleichungen durch Multiplikation oder Division geschickt um und berechne die Lösung mit dem Additionsverfahren. Mache anschließend eine Probe.
   a) $\begin{vmatrix} 3x + 9y = 3 \\ -x + 7y = -11 \end{vmatrix}$
   b) $\begin{vmatrix} 27x - 9y = 63 \\ 2x + 3y = 12 \end{vmatrix}$
   c) $\begin{vmatrix} \frac{3}{2}x - \frac{1}{2}y = 5 \\ 3x + y = 14 \end{vmatrix}$
   d) $\begin{vmatrix} 23a - 7b = -25 \\ -21a + 14b = 0 \end{vmatrix}$
   e) $\begin{vmatrix} \frac{3}{5}x + y = \frac{1}{5} \\ \frac{1}{3}x + \frac{2}{3}y = -3 \end{vmatrix}$
   f) $\begin{vmatrix} \frac{2}{3}u + \frac{1}{3}v = 5 + \frac{1}{6}v \\ 5u + \frac{1}{2}v = -3 \end{vmatrix}$

5. Forme eine Gleichung um und berechne die Lösung mit dem Additionsverfahren.
   a) $\begin{vmatrix} 3x - 3y = 18 \\ -9x + 6y = 0 \end{vmatrix}$
   b) $\begin{vmatrix} 2x + 5y = -1 \\ 2x + 4y = 1 \end{vmatrix}$
   c) $\begin{vmatrix} 6p - 3q = 30 \\ 2p - 1{,}5q = 10 \end{vmatrix}$
   d) $\begin{vmatrix} 3a - 2b = 8 \\ 2a - b = 6 \end{vmatrix}$
   e) $\begin{vmatrix} 7s + 2t = 26 \\ -2s - 7t = -46 \end{vmatrix}$
   f) $\begin{vmatrix} 15y - 2x = 25 \\ 4x - 31y = -49 \end{vmatrix}$
   g) $\begin{vmatrix} 2x + 11 = 3y - 2 \\ 4y - 4x = 20 \end{vmatrix}$
   h) $\begin{vmatrix} 3m - \frac{1}{5}n = 4 \\ \frac{1}{2}m + \frac{1}{10}n = 1 \end{vmatrix}$

Weiterführende Aufgaben

6. **Stolperstelle:** Sven hat seine Hausaufgaben zum Additionsverfahren gelöst. Anna behauptet, dass es bei jeder Aufgabe einen einfacheren Weg gibt. Hat sie damit recht?

   a) $\begin{vmatrix} 9a + 12b = 12 \\ 6a + 6b = 9 \end{vmatrix}$ $\begin{vmatrix} |\cdot 6 \\ |\cdot 9 \end{vmatrix}$

   $\begin{vmatrix} 54a + 72b = 72 \\ 54a + 54b = 81 \end{vmatrix}$ $\big)-$

   b) $\begin{vmatrix} 6x + 9y = 15 \\ 2x + 23y = -15 \end{vmatrix}$ $|\cdot(-3)$

   $\begin{vmatrix} 6x + 9y = 15 \\ -6x - 69y = 45 \end{vmatrix}$ $\big)+$

7. Gesucht wird die Gleichung der Geraden, die durch die Punkte $A(2|-6)$ und $B(-4|9)$ verläuft. Dazu werden die Koordinaten beider Punkte in die allgemeine Geradengleichung $y = mx + c$ eingesetzt.
   Koordinaten von A ($x = 2$ und $y = -6$) einsetzen: $\begin{vmatrix} -6 = 2m + c \\ 9 = -4m + c \end{vmatrix}$
   Koordinaten von B ($x = -4$ und $y = 9$) einsetzen:
   a) Löse dieses Gleichungssystem mit dem Additionsverfahren und bestimme die Gleichung der Geraden AB.
   b) Kontrolliere deine Lösung zeichnerisch.

2.4 Additionsverfahren

8. Aus einem Rätselbuch:

   > Jeder Zwerg isst zwei, jeder Räuber isst vier Hühner. Jeder Zwerg trinkt zwei, jeder Räuber trinkt fünf Flaschen Honigtrunk. Bei diesem Mahl werden insgesamt 116 Hühner und 137 Flaschen Honigtrunk gegessen und getrunken. Wie viele Zwerge und Räuber nehmen an dem Mahl teil?

9. Robert und Paul bestellen Ölfarben bei demselben Online-Händler. Robert hat 3 Ölfarben in den Warenkorb gelegt. Inklusive Versandkosten muss er 11,55 € bezahlen. Paul hat 5 Ölfarben in seinem Warenkorb und zahlt dafür mit Versandkosten 17,25 €.
   Berechne den Einzelpreis der Ölfarben und die Versandkostenpauschale.

10. Die Schülerzeitung „Strichpunkt" mit 96 Seiten wird zum Selbstkostenpreis von 1,96 € verkauft. Sie hatte bisher nur schwarz-weiße Seiten. Nun sollen erstmals einzelne Seiten farbig gedruckt werden.
    Der Druck einer schwarz-weißen Seite kostet 1 Cent, der Druck einer farbigen Seite kostet 6 Cent. Berechne die Anzahl der schwarz-weißen und der farbigen Seiten.

11. Im Murchison Falls Nationalpark im Nordwesten Ugandas werden täglich Bootsafaris auf dem Nil angeboten. Auf dem Weg zu den Wasserfällen kann man dabei die Wildtiere des Parks beobachten. Die Safari dauert 3 Stunden, dabei werden 24 km auf dem Fluss zurückgelegt. Die Hinfahrt (gegen die Strömung) dauert 2 Stunden, die Rückfahrt 17 Minuten.
    a) Berechne die Fließgeschwindigkeit des Nils im Murchison Falls Nationalpark sowie die Geschwindigkeit des benutzten Boots.
    b) Weil der Motor des Boots ausgefallen ist, soll ein kleineres Boot benutzt werden, das maximal 15 $\frac{km}{h}$ fahren kann. Beurteile, ob dieses Boot geeignet ist.

12. **Ausblick:** Mara kauft 3 Rosinenbrötchen und 5 Sesamstangen für 5,55 €, Tom kauft 3 Rosinenbrötchen und 2 Mohnhörnchen für 3,50 €, Leonie nimmt 4 Mohnhörnchen für 3,40 €.
    a) Prüfe, ob das lineare Gleichungssystem zur Situation passt.
    $$\left| \begin{array}{rcl} 3r + 5s & = & 5{,}55 \\ 3r + 2m & = & 3{,}50 \\ 4m & = & 3{,}40 \end{array} \right.$$
    b) Ermittle den Preis für ein Rosinenbrötchen, eine Sesamstange und ein Mohnhörnchen.

2.5 Sonderfälle beim rechnerischen Lösen

■ Lena löst ein lineares Gleichungssystem rechnerisch. Bei der Gleichung 0x + 0y = 2 kommt sie ins Grübeln. Moritz hat die Idee, das Gleichungssystem grafisch zu lösen. Erläutere, welche Lösung sich damit ergibt. ■

$\begin{vmatrix} 2x+y=4 \\ -2x-y=-2 \end{vmatrix}\Bigg)_+$

$\begin{vmatrix} 2x+y=4 \\ 0+0=2 \end{vmatrix}$

Vom grafischen Lösen linearer Gleichungssysteme ist bekannt, dass ein Gleichungssystem **genau eine Lösung, keine Lösung** oder **unendlich viele Lösungen** haben kann.
Diese drei Möglichkeiten treten auch beim rechnerischen Lösen auf.

Wissen: eine Lösung, keine Lösung oder unendlich viele Lösungen
Beim Lösen eines Gleichungssystems können drei Fälle auftreten:

Jede Variable hat einen konkreten Wert. Das Gleichungssystem hat **genau eine Lösung**.	Falsche Aussage, z. B. –1 = 2. Das Gleichungssystem hat **keine Lösung**.	Wahre Aussage, z. B. 0 = 0. Das Gleichungssystem hat **unendlich viele Lösungen**.

Beispiel 1: Löse das lineare Gleichungssystem.

a) $\begin{vmatrix} y = x+1 \\ -1 = y+x \end{vmatrix}$ b) $\begin{vmatrix} y = x+1 \\ -1 = y-x \end{vmatrix}$ c) $\begin{vmatrix} y = x-1 \\ -1 = y-x \end{vmatrix}$

Lösung:
Wende in allen drei Fällen das Einsetzungsverfahren an. Setze in der zweiten Gleichung für y den Term aus der ersten Gleichung ein. Du erhältst eine Gleichung mit einer Variablen.

a) $-1 = x + 1 + x$
$-1 = x$
$y = 0$
Genau eine Lösung.
$L = \{(-1|0)\}$

b) $-1 = x + 1 - x$
$-1 = 1$
Falsche Aussage.
Keine Lösung.
$L = \{\ \}$

c) $-1 = x - 1 - x$
$-1 = -1$
Wahre Aussage.
Unendlich viele Lösungen.
$L = \{(x|y) \mid y = x - 1\}$

Basisaufgaben

1. Zeige, dass das lineare Gleichungssystem die angegebene Lösungsmenge hat.

   a) $\begin{vmatrix} y = 2x + 6 \\ 9 = 6x - 3y \end{vmatrix}$ $L = \{\ \}$

   b) $\begin{vmatrix} a = 13 - 2b \\ -1 = -2a - 4b \end{vmatrix}$ $L = \{\ \}$

   c) $\begin{vmatrix} x + y = 2 \\ x - y = -2 \end{vmatrix}$ $L = \{(0|2)\}$

   d) $\begin{vmatrix} 4x = 2y \\ 4(x+y) = 6y \end{vmatrix}$ $L = \{(x|y) \mid y = 2x\}$

2. Löse das lineare Gleichungssystem. Gib, falls möglich, drei verschiedene Lösungen an.

   a) $\begin{vmatrix} 2x - y = -3 \\ -4x + 2y = 6 \end{vmatrix}$ b) $\begin{vmatrix} 2a + 2 = b - 2 \\ \frac{1}{2}b - a = 2 \end{vmatrix}$ c) $\begin{vmatrix} s = t - 2 \\ t = s \end{vmatrix}$ d) $\begin{vmatrix} 2p = q \\ p - 4q = 0 \end{vmatrix}$

3. Ermittle die Lösung rechnerisch oder grafisch. Gib bei unendlich vielen Lösungen zwei unterschiedliche Lösungen an.

   a) $\begin{vmatrix} 2x + 3 = y \\ x + y = 0 \end{vmatrix}$ b) $\begin{vmatrix} a - b = 1 \\ 2a - 2 = 2b \end{vmatrix}$ c) $\begin{vmatrix} y = \frac{1}{2}x + 2 \\ 2y - \frac{1}{2}x = 1 + y \end{vmatrix}$ d) $\begin{vmatrix} 2t - s = -3 \\ -4t + 2s = 6 \end{vmatrix}$

2.5 Sonderfälle beim rechnerischen Lösen

Weiterführende Aufgaben

4. Bilde aus zwei der Gleichungen ein Gleichungssystem,
   a) das die Lösung x = 1 und y = 2 hat,
   b) das keine Lösung hat,
   c) das unendlich viele Lösungen hat.

   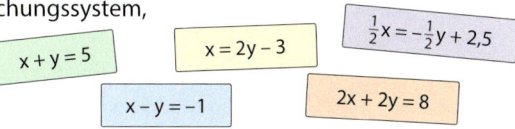

   x + y = 5   x = 2y − 3 $\frac{1}{2}x = -\frac{1}{2}y + 2{,}5$
   x − y = −1   2x + 2y = 8

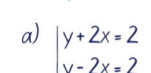
5. Gib jeweils eine zweite Gleichung mit denselben beiden Variablen so an, dass das Gleichungssystem genau eine Lösung (unendlich viele Lösungen, keine Lösung) hat. Gib deine Gleichungssysteme deinem Nachbarn zum Lösen. Stimmt die Anzahl der Lösungen?
   a) x + y = 3   b) 2a + b = 3   c) 4p = 3q − 5   d) 2(2x + 3) = −(5 − 2y)

6. Paula meint, sie könne allein durch „scharfes Hinsehen" erkennen, dass das Gleichungssystem ① keine Lösung hat, das Gleichungssystem ② unendlich viele Lösungen hat und das Gleichungssystem ③ genau eine Lösung hat. Ist das möglich? Begründe.
   ① | y = 4x − 2   ② | y = x + 4   ③ | y = −2x − 2
     | y = 4x + 2 | 2y = 2x + 8 | y = 2x + 2

7. Löse das lineare Gleichungssystem rechnerisch. Überprüfe dein Ergebnis grafisch.
   a) | y = 2x + 1   b) | y = 2x + 4   c) | 0,6x + 0,3y = 0,1   d) | 2x + y = 2
      | 2y − 4x = −2 | −2 − x + y = x + 2 | 2y − 1 + y = −6x | −2x − y = 2

8. **Stolperstelle:** Eva hat folgende Gleichungssysteme gelöst. Kontrolliere ihre Lösungen.
   a) | y + 2x = 2   b) | y = −x + 4   c) | −3x − y = 5
      | y − 2x = 2 | x + y = 4 | 3x + y = −5
      y + 2x ≠ y − 2x   y = −x + 4   Bei der Addition der Gleichungen
      Das Gleichungssystem   4 = 4   erhält man 0 = 0. Das Gleichungs-
      hat keine Lösung.   Lösung: x = −1, y = 5 system hat keine Lösung.

9. Löse das lineare Gleichungssystem und gib mit möglichst wenigen Umformungsschritten an, wie viele Lösungen es gibt.
   a) | 8y − 4x = 15   b) | 9x − 2y = 0   c) | 3x + y = 7
      | 4y − 2x = 7,5 | 9x = 2y | y = −4x + 8
   d) | 5x + $\frac{1}{2}$y = 3   e) | 5x − $\frac{1}{2}$y = $\frac{1}{3}$ f) | 4x = −5,25
      | y = 7 − 10x | 29x − 3y = 0 | −3y = 1

10. Ersetze, falls möglich, a durch eine Zahl, sodass das Gleichungssystem
    ① genau eine Lösung hat, ② unendlich viele Lösungen hat, ③ keine Lösung hat.
    a) | y = ax + 3   b) | y = 2x + a   c) | y = 2x + 1
       | y = 3x + 3 | y = 2x + 4 | y = ax + 2

11. **Ausblick:** Der Matrose eines Frachtschiffes soll die Ladeliste ausfüllen und fragt den Kapitän, welche Güter mit welchem Gewicht geladen waren. Leider kann sich der Kapitän nicht mehr genau erinnern: „In Hamburg sind wir mit 200 t Ladung losgefahren, das waren Kohle und Erz. In Bordeaux wurde die Kohle ausgeladen und es kamen die Kieselsteine für diesen verrückten Millionär in Singapur dazu. Wir sind mit 110 t Ladung weitergefahren. In Kapstadt haben wir das Erz ausgeladen und Getreide an Bord genommen. Danach sind wir mit 80 t Ladung in Richtung Singapur gefahren. In Singapur sind wir die Kieselsteine losgeworden und haben Tierfutter geladen. Jetzt fahren wir mit 58 t Ladung zurück nach Hamburg." Kohle, Erz, Kieselsteine, Getreide und Tierfutter wogen zusammen 285 t. Erstelle eine Liste, aus der hervorgeht, welche Ladung mit welchem Gewicht für welche Strecke an Bord war.

Lineare Gleichungssysteme mit drei Gleichungen und der Gauß-Algorithmus

■ Max soll das Gleichungssystem rechts lösen. Er überlegt, ob er dafür die bekannten Verfahren für zwei Gleichungen und zwei Variablen verwenden kann.
Löse das Gleichungssystem mit dem Einsetzungsverfahren. ■

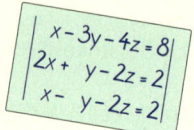

$$\begin{vmatrix} x - 3y - 4z = 8 \\ 2x + y - 2z = 2 \\ x - y - 2z = 2 \end{vmatrix}$$

Lineare Gleichungssysteme mit drei Gleichungen

Auch Gleichungssysteme mit drei oder mehr Gleichungen kannst du mit den Verfahren lösen, die du bereits gelernt hast. Bei drei Gleichungen und drei Variablen benutzt du die dritte Gleichung, um aus den anderen beiden eine Variable zu eliminieren. Übrig bleibt dann ein Gleichungssystem mit zwei Gleichungen und zwei Variablen, das du so lösen kannst, wie du es bereits gelernt hast.

Beispiel 1: Löse das lineare Gleichungssystem.

$$\begin{vmatrix} 3x + 5y - 2z = 15 \\ x + 2y + 2z = 0 \\ -4x - 3y - 4z = -3 \end{vmatrix}$$

Lösung:

Wende das Additionsverfahren an und multipliziere die *obere Gleichung mit –2* und die *mittlere Gleichung mit 2*.	$\begin{vmatrix} 3x + 5y - 2z = 15 \\ x + 2y + 2z = 0 \\ -4x - 3y - 4z = -3 \end{vmatrix} \begin{vmatrix} \cdot(-2) \\ \cdot 2 \end{vmatrix}$
	$\begin{vmatrix} -6x - 10y + 4z = -30 \\ 2x + 4y + 4z = 0 \\ -4x - 3y - 4z = -3 \end{vmatrix}$
Addiere dann die dritte Gleichung zur ersten und danach die dritte Gleichung zur zweiten.	$\begin{vmatrix} -10x - 13y = -33 \\ -2x + y = -3 \\ -4x - 3y - 4z = -3 \end{vmatrix}$
In der oberen und der mittleren Gleichung *kommen nur noch x und y als Variablen* vor.	$\begin{vmatrix} -10x - 13y = -33 \\ -2x + y = -3 \end{vmatrix}$
Löse nun das lineare Gleichungssystem, das aus der oberen und der mittleren Gleichung besteht.	x = 2 y = 1
Setze x und y in die untere Gleichung des ursprünglichen Gleichungssystems ein und berechne z.	$-4 \cdot 2 - 3 \cdot 1 - 4z = -3$ z = –2
Schreibe die Lösungsmenge auf.	$L = \{(2 \mid 1 \mid -2)\}$

Basisaufgabe

1. Löse das lineare Gleichungssystem und gib die Lösungsmenge an.

a) $\begin{vmatrix} 6x - 2y + 3z = -9 \\ 4x + y - 8z = 37 \\ -x + 3y + 5z = -34 \end{vmatrix}$
b) $\begin{vmatrix} x + y + z = -7 \\ x - y - z = -11 \\ -x + y - z = -3 \end{vmatrix}$
c) $\begin{vmatrix} 2x + y - 3z = -15 \\ x - 2y + 7z = -39 \\ -3x + 8y + z = 27 \end{vmatrix}$

Der Gauß-Algorithmus

Der Gauß-Algorithmus ist ein Lösungsverfahren, das für lineare Gleichungssysteme mit mehreren Gleichungen und Variablen verwendet werden kann.

Hinweis: Da der Gauß-Algorithmus immer die gleichen Schritte erfordert, kann er leicht programmiert werden. Computerprogramme, die lineare Gleichungssysteme lösen können, verwenden daher u. a. den Gauß-Algorithmus.

Beispiel 2: Löse das lineare Gleichungssystem mit dem Gauß-Algorithmus.

$$\begin{vmatrix} 2x - 2y + 3z = 14 \\ 2x + y + 2z = 4 \\ x - 4y + z = 11 \end{vmatrix}$$

Lösung:

Benutze das Additionsverfahren und forme die Gleichungen so um, dass in der mittleren Gleichung nur noch die Variablen y und z vorkommen und in der unteren nur noch die Variable z.
Eliminiere dafür zuerst in der mittleren und in der unteren Gleichung x.

$$\begin{vmatrix} 2x - 2y + 3z = 14 \\ 2x + y + 2z = 4 \quad | \cdot (-1) \\ x - 4y + z = 11 \quad | \cdot (-2) \end{vmatrix}$$

$$\begin{vmatrix} 2x - 2y + 3z = 14 \\ -2x - y - 2z = -4 \\ -2x + 8y - 2z = -22 \end{vmatrix}$$

Eliminiere anschließend in der unteren Gleichung y.

$$\begin{vmatrix} 2x - 2y + 3z = 14 \\ -3y + z = 10 \quad | \cdot 2 \\ 6y + z = -8 \end{vmatrix}$$

$$\begin{vmatrix} 2x - 2y + 3z = 14 \\ -6y + 2z = 20 \\ 6y + z = -8 \end{vmatrix}$$

$$\begin{vmatrix} 2x - 2y + 3z = 14 \\ -6y + 2z = 20 \\ 3z = 12 \quad | : 3 \end{vmatrix}$$

Löse nun die untere Gleichung nach z auf. $z = 4$

Setze z in die mittlere Gleichung ein und berechne y.
$-6y + 2 \cdot 4 = 20$
$y = -2$

Setze z und y in die obere Gleichung ein und berechne x.
$2x - 2 \cdot (-2) + 3 \cdot 4 = 14$
$x = -1$

Gib die Lösungsmenge an. $L = \{(-1 \mid -2 \mid 4)\}$

Aufgaben

2. Löse das Gleichungssystem mit dem Gauß-Algorithmus und gib die Lösungsmenge an.

a) $\begin{vmatrix} 2x - 2y - 2z = 16 \\ -5x + y - 8z = -1 \\ 10x + 4y - z = 53 \end{vmatrix}$
b) $\begin{vmatrix} -3x + y - 5z = 21 \\ x - y + z = -13 \\ -4x + 3y - 6z = 41 \end{vmatrix}$
c) $\begin{vmatrix} 4x + 3y + 2z = 18 \\ -2x + 8y + 2z = 2 \\ -2x + 6y - z = -24 \end{vmatrix}$

d) $\begin{vmatrix} -a + 2b - 2c = 5 \\ 2a - 2b + c = 4 \\ 2a - b + 2c = 6 \end{vmatrix}$
e) $\begin{vmatrix} 3a - 2b + c = 0 \\ 2a - 3b + 4c = 1 \\ -a - b + 2c = 0 \end{vmatrix}$
f) $\begin{vmatrix} 4p + q + 7r = 8 \\ -2p + 2q - 4r = 4 \\ -p - 2q + 3r = -12 \end{vmatrix}$

3. Forschungsauftrag: Löse dieses Gleichungssystem mit vier Gleichungen und vier Variablen. Verwende dafür den Gauß-Algorithmus.

$$\begin{vmatrix} w + x + y + z = 0 \\ w - x + y - z = -6 \\ -w + x - y - z = 2 \\ -w - x + y + z = 0 \end{vmatrix}$$

2.6 Vermischte Aufgaben

1. Ordne jedem Gleichungssystem die passende Lösung zu.

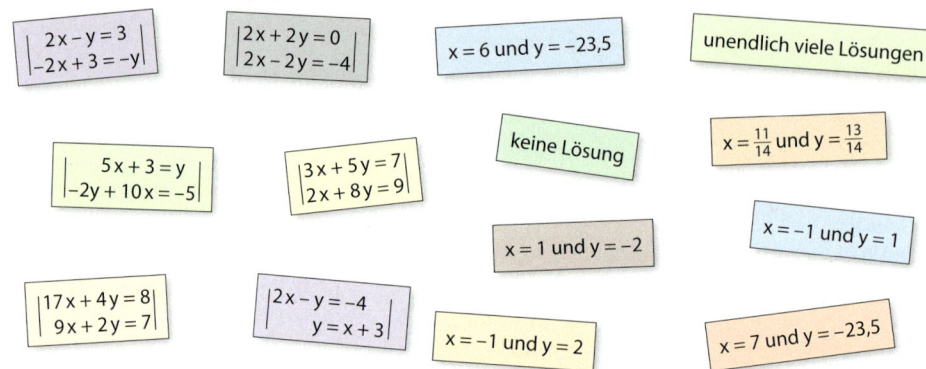

$\begin{vmatrix} 2x - y = 3 \\ -2x + 3 = -y \end{vmatrix}$ $\begin{vmatrix} 2x + 2y = 0 \\ 2x - 2y = -4 \end{vmatrix}$ $x = 6$ und $y = -23{,}5$ unendlich viele Lösungen

$\begin{vmatrix} 5x + 3 = y \\ -2y + 10x = -5 \end{vmatrix}$ $\begin{vmatrix} 3x + 5y = 7 \\ 2x + 8y = 9 \end{vmatrix}$ keine Lösung $x = \frac{11}{14}$ und $y = \frac{13}{14}$

$x = 1$ und $y = -2$ $x = -1$ und $y = 1$

$\begin{vmatrix} 17x + 4y = 8 \\ 9x + 2y = 7 \end{vmatrix}$ $\begin{vmatrix} 2x - y = -4 \\ y = x + 3 \end{vmatrix}$ $x = -1$ und $y = 2$ $x = 7$ und $y = -23{,}5$

2. Entscheide bei jedem Gleichungssystem, mit welchem Lösungsverfahren du es am schnellsten lösen kannst. Berechne dann die Lösungsmenge.

a) $\begin{vmatrix} x + y = 4 \\ x - y = 22 \end{vmatrix}$
b) $\begin{vmatrix} 5x - y = -88 \\ -x - y = 20 \end{vmatrix}$
c) $\begin{vmatrix} 7x + 8y = -800 \\ 76x - y = 100 \end{vmatrix}$
d) $\begin{vmatrix} x + 17y = 0 \\ -x - 34y = 17 \end{vmatrix}$

e) $\begin{vmatrix} \frac{1}{4}x - \frac{1}{6}y = -3 \\ \frac{1}{3}x + \frac{1}{9}x = 8 \end{vmatrix}$
f) $\begin{vmatrix} 9x - y = 4 \\ x + y = 1 \end{vmatrix}$
g) $\begin{vmatrix} 10x + 5y = 6 \\ -20x + 5y = 9 \end{vmatrix}$
h) $\begin{vmatrix} 0{,}5x + 0{,}5y = 0{,}25 \\ 7x + 0{,}5y = -4{,}3 \end{vmatrix}$

3. Beim Schulfest möchte die Klasse 9e selbst gemixte Fruchtcocktails verkaufen.

   Kiba besteht aus Bananensaft und Kirschsaft. Ein Liter Bananensaft kostet 1,69 €, ein Liter Kirschsaft 1,29 €. Ein Becher mit 250 ml Kiba wird für 1 € verkauft, dabei erzielt die Klasse 65 Cent Gewinn. Berechne, wie viel Bananensaft und wie viel Kirschsaft in einem Becher Kiba enthalten sind.

   Bei einem Kirschcocktail beträgt der Gewinn pro Becher 80 Cent, bei einem Ananascocktail 50 Cent. Insgesamt wurden 100 Becher Ananas- und Kirschcocktail verkauft. Der Gewinn beträgt 73,40 €. Berechne, wie viele Becher Ananascocktail verkauft wurden.

   Beim „Fruchttraum" hat die Klasse 20 € für Becher und pro Becher 69 Cent für Zutaten ausgegeben. Ein Becher Cocktail wird für 1 € verkauft. Berechne, wie viele Becher „Fruchttraum" die Klasse verkaufen muss, um keinen Verlust zu machen.

   Der Grapefruitdrink besteht aus Grapefruitsaft und Orangensaft. Mit einem Becher (250 ml) Grapefruitdrink möchte die Klasse mindestens 50 Cent Gewinn erzielen. Gib ein mögliches Mischungsverhältnis an, wenn ein Liter Orangensaft 99 Cent kostet und ein Liter Grapefruitdrink 1,71 €.

4. Herr Unger verbrachte seinen Urlaub in den USA und hob dabei mit seiner Kreditkarte Geld ab. Pro Vorgang erhebt seine Bank dafür eine feste Gebühr. Herr Unger hat am selben Tag einmal 500 US-Dollar und einmal 250 US-Dollar abgehoben. Dafür wurden ihm 411,49 € und 208,22 € vom Konto abgebucht. Berechne die Gebühr, die die Kreditkartenfirma berechnet, und den Wechselkurs von US-Dollar in Euro, der an diesem Tag galt.

2.6 Vermischte Aufgaben

5. Das Gleichungssystem $\begin{vmatrix} 3x + 4y = 10 \\ 4x - y = 7 \end{vmatrix}$ soll mit dem Additionsverfahren gelöst werden.
   Die grafischen Darstellungen veranschaulichen die einzelnen Lösungsschritte.

   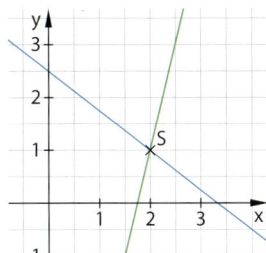 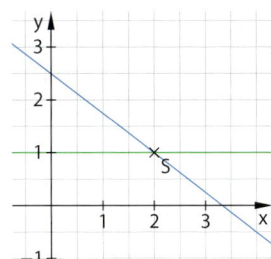 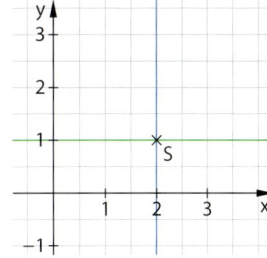

   a) Notiere zu jeder Darstellung den passenden Lösungsschritt.
   b) Löse das Gleichungssystem $\begin{vmatrix} 3x + y = 2 \\ -1,5x + y = -1 \end{vmatrix}$ und stelle die einzelnen Schritte grafisch dar.

6. Entscheide, ob es die Figuren mit den folgenden Eigenschaften geben kann.
   a) Ein gleichschenkliges Dreieck hat einen Umfang von 8 cm. Seine Schenkel sind 6 cm länger als die Basis.
   b) Der Umfang eines Rechtecks ist 12 cm länger als die längere Seite und 15 cm länger als die kürzere Seite.
   c) Der Umfang eines Rechtecks beträgt 24 cm. Eine Seite ist 12 cm länger als die andere.

7. Messing ist eine Legierung aus Kupfer und Zink. Der Anteil des Zinks beträgt bis zu 40 %. Eine Firma, die Türgriffe herstellt, benötigt Messing mit einem Zinkgehalt von 35 %. Die Gießerei liefert Messingblöcke mit 40 % und 28 % Zinkgehalt. Berechne, wie viel Kilogramm Messing dieser Sorten für 1 t Messing mit einem Zinkgehalt von 35 % verwendet werden müssen.

8. Berechne die Zahlen.
   a) Die Zehnerziffer einer zweistelligen Zahl ist doppelt so groß wie ihre Einerziffer. Ihre Quersumme ist 6.
   b) Die Quersumme einer zweistelligen Zahl ist 7. Vertauscht man ihre Zehner- und ihre Einerziffer, so wird die Zahl um 9 kleiner.
   c) Die Zehnerziffer einer zweistelligen Zahl ist um 5 größer als ihre Einerziffer. Vertauscht man ihre Zehner- und ihre Einerziffer, so wird die Zahl um 45 kleiner.
   d) Die Summe zweier Zahlen ist 1,2. Die Differenz der beiden Zahlen ist −6.

9. Für den Verkauf werden normalerweise unterschiedliche Kaffeesorten gemischt. Ein Kaffeehändler hat Bohnen der Sorten Arabica (12 € pro kg), Robusta (10 € pro kg) und Liberica (8,50 € pro kg) vorrätig.
   a) Der Auslesekaffee besteht aus Arabica und Robusta und kostet 11,25 € pro Kilogramm. Berechne den Anteil von Arabica und Robusta im Auslesekaffee.
   b) Der Frühstückskaffee besteht aus Robusta und Liberica und kostet 9,30 € pro Kilogramm. Berechne den Anteil von Robusta und Liberica im Frühstückskaffee.
   c) Für die Gourmetversion zum Preis von 9,50 € pro Kilogramm sollen alle drei Kaffeesorten gemischt werden. Gib eine mögliche Mischung an.

Prüfe dein neues Fundament
2. Lineare Gleichungssysteme

Lösungen ↗ S. 240

1. In der Kasse der Klasse 9c befinden sich 40 €. Davon wollen die Schülerinnen und Schüler Getränke und Gebäck für ein Klassenfest kaufen. Ein Getränk kostet im Einkauf 1 €, ein Beutel Gebäck 2 €.
   a) Beschreibe den Sachverhalt mit einer linearen Gleichung mit zwei Variablen.
   b) Gib alle Möglichkeiten für den Einkauf an Getränken und Beuteln mit Gebäck an.
   c) Überprüfe, ob (20|10); (10|20); (36|2) Lösungen der Gleichung sind.

2. Mara kauft vier Dinkelbrötchen und drei Roggenbrötchen für 4,65 €, Ronja zahlt für vier Roggenbrötchen und zwei Dinkelbrötchen 3,70 €.
   a) Begründe, welche der linearen Gleichungssysteme zu dieser Situation passen.

   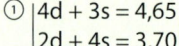

   ① $\begin{vmatrix} 4d + 3s = 4{,}65 \\ 2d + 4s = 3{,}70 \end{vmatrix}$ ② $\begin{vmatrix} 2d + 4s = 3{,}70 \\ 4d + 3s = 4{,}65 \end{vmatrix}$ ③ $\begin{vmatrix} 4x + 3y = 4{,}65 \\ 2y + 4x = 3{,}70 \end{vmatrix}$ ④ $\begin{vmatrix} 4x + 3y = 4{,}65 \\ 2x + 4y = 3{,}70 \end{vmatrix}$

   b) Begründe, dass L = {(1,35|−0,25)} keine Lösung sein kann.

3. Zeichne in ein Koordinatensystem eine Gerade, auf der die Lösungen der linearen Gleichung liegen, und lies aus der Zeichnung drei Lösungen der Gleichung ab.
   a) $2x + 2y = 4$ b) $9x − 6y = 12$ c) $−10x + 5y = 40$ d) $−0{,}5x + 0{,}25y = 0{,}75$

4. Gib ein Gleichungssystem mit zwei linearen Gleichungen an, das den folgenden Sachverhalt beschreibt: Addiert man zu einer Zahl das Doppelte einer anderen Zahl, so erhält man 5. Subtrahiert man vom Dreifachen der ersten Zahl die zweite Zahl, so erhält man 1.

5. Löse grafisch das lineare Gleichungssystem.
   a) $\begin{vmatrix} -2x + y = 1 \\ x + y = 1 \end{vmatrix}$ b) $\begin{vmatrix} -3x + y = -2 \\ x - y = -2 \end{vmatrix}$ c) $\begin{vmatrix} -3x + y = 5 \\ 2x - 2y = -2 \end{vmatrix}$ d) $\begin{vmatrix} -a + 2b = 1 \\ 5a - 3b = 2 \end{vmatrix}$

6. Löse das lineare Gleichungssystem. Begründe, für welches Verfahren du dich entscheidest.
   a) $\begin{vmatrix} y = 4x - 1 \\ y = 2x + 1 \end{vmatrix}$ b) $\begin{vmatrix} 5y = 5x + 25 \\ -2y = 5x + 4 \end{vmatrix}$ c) $\begin{vmatrix} -10x - 3y = 15 \\ 5x + 5y = 10 \end{vmatrix}$ d) $\begin{vmatrix} 0{,}5x + y = 1{,}5 \\ 2x + 3y = 4 \end{vmatrix}$
   e) $\begin{vmatrix} x + y = 4 \\ y = 2x - 2 \end{vmatrix}$ f) $\begin{vmatrix} x - 2y = 5 \\ 3x - y = 10 \end{vmatrix}$ g) $\begin{vmatrix} 2x + y = 2 \\ -x + y = 5 \end{vmatrix}$ h) $\begin{vmatrix} \frac{1}{3}a + b = 2 \\ a + \frac{1}{2}b = 6 \end{vmatrix}$

7. Gib an, ob das Gleichungssystem eine, keine oder unendlich viele Lösungen hat.
   a) $\begin{vmatrix} x + y = 1 \\ 2y - 2 = -2x \end{vmatrix}$ b) $\begin{vmatrix} 3x + 2y = 4 \\ 6x + 4y = 16 \end{vmatrix}$ c) $\begin{vmatrix} \frac{1}{5}x + \frac{1}{2}y = \frac{1}{3} \\ \frac{2}{10}x + \frac{3}{6}y = \frac{5}{20} \end{vmatrix}$ d) $\begin{vmatrix} y = -0{,}2x + 1 \\ 0{,}5y = -0{,}1x + 0{,}5 \end{vmatrix}$

8. Löse das lineare Gleichungssystem und mache die Probe. Gib das gewählte Lösungsverfahren an und begründe, wieso du dich für dieses entschieden hast.
   a) $\begin{vmatrix} x + y = 2 \\ 2x - y = 1 \end{vmatrix}$ b) $\begin{vmatrix} 2x + 3y = 4 \\ 4x = 24 - 6y \end{vmatrix}$ c) $\begin{vmatrix} u - 3v = 16 \\ v = 2u + 8 \end{vmatrix}$ d) $\begin{vmatrix} \frac{1}{2}x + \frac{1}{3}y = \frac{1}{4} \\ y = -\frac{3}{2}x + 3 \end{vmatrix}$
   e) $\begin{vmatrix} x - 3y = 6 \\ 2x + 4y = 20 \end{vmatrix}$ f) $\begin{vmatrix} 4a + b = 4 \\ 2a - 3b = -40 \end{vmatrix}$ g) $\begin{vmatrix} 5y - 2x = 10 \\ y = \frac{2}{5}x + 2 \end{vmatrix}$ h) $\begin{vmatrix} \frac{7}{6}x + 2y = 4 \\ \frac{1}{4}x + \frac{3}{2}y = -\frac{9}{2} \end{vmatrix}$

9. Ein rechteckiges, 810 m² großes Grundstück wird von einem 122 m langen Zaun und einem 4 m breiten Tor begrenzt. Berechne, wie lang und wie breit das Grundstück ist.

Prüfe dein neues Fundament

10. Löse das Zahlenrätsel.
   a) Die Summe zweier Zahlen ist 50, ihre Differenz ist 42.
   b) Addiert man zum Produkt zweier Zahlen 14, so erhält man 150. Das 39-fache der ersten Zahl minus 12 ist 300.
   c) Das 3-fache der Summe zweier Zahlen ist 69. Das Quadrat der Summe der beiden Zahlen ist 529.

Lösungen ↗ S. 240

11. Tobias hat eine 1,80 m lange Holzleiste. Er möchte daraus einen Bilderrahmen anfertigen, bei dem die längeren Seiten 1,5-mal so lang sind wie die kürzeren Seiten. Berechne Länge und Breite des Rahmens.

12. Familie Schmidts Stromrechnung betrug in diesem Monat 39,16 € bei einem Verbrauch von 203 kWh. Im letzten Monat waren es 49,40 € bei 267 kWh. Berechne die Grundgebühr und den Preis pro kWh.

Wiederholungsaufgaben

1. Gib das Ergebnis in der vorgegebenen Maßeinheit an.
   a) ein Drittel von 6 km in m
   b) das Doppelte von 1 m³ in dm³
   c) der zehnte Teil von 48,7 kg in t

2. Rechts siehst du eine Figur.
   a) Stelle einen Term zur Berechnung ihres Umfangs auf.
   b) Berechne den Umfang, wenn a = 12 cm und b = 7 cm ist.

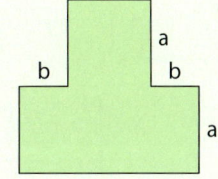

3. Welche Brüche gehören zu den Punkten A, B, C und D?

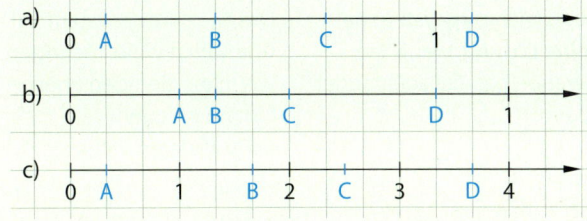

4. Die beiden Geraden g und h sind parallel zueinander. Gib die Größen der Winkel α_1 bis α_5 an.

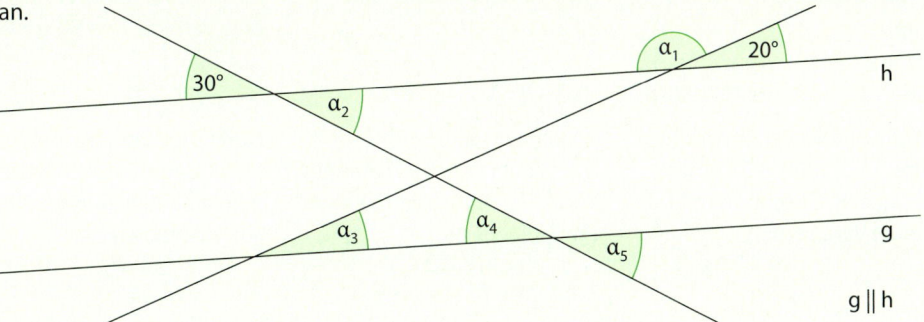

g ‖ h

5. Berechne.
   a) −4,5 + 5,4   b) −4,5 − 5,4   c) −4,5 · 5,4   d) −4,5 : 5,4

Zusammenfassung

2. Lineare Gleichungssysteme

Lineare Gleichungen mit zwei Variablen

Jede Gleichung der Form $a \cdot x + b \cdot y = c$ nennt man **lineare Gleichung mit zwei Variablen** (a, b, c sind rationale Zahlen).

Die Lösungen sind **Wertepaare (x|y)**.

In einem Koordinatensystem liegen die **Lösungen auf einer Geraden**.

$6x + 2y = 4$

Lösungen sind z. B. $(-1|5)$ und $(0|2)$.

$6x + 2y = 4$ wird umgeformt zu $y = -3x + 2$.

Die Lösungen liegen auf dem Graphen von f mit $f(x) = -3x + 2$.
$L = \{(x|y) \mid y = -3x + 2\}$

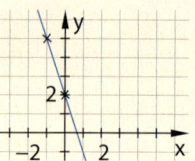

Lineares Gleichungssystem mit zwei Variablen

Zwei lineare Gleichungen mit zwei Variablen, zu denen eine gemeinsame Lösung gesucht ist, bilden ein **lineares Gleichungssystem**.

Jedes Wertepaar, das beide Gleichungen des Gleichungssystems zugleich erfüllt, ist eine Lösung dieses Gleichungssystems.

$\left| \begin{array}{l} x + y = 7 \\ 2x + y = 10 \end{array} \right|$

Lösung: $L = \{(3|4)\}$

Probe: $\left| \begin{array}{l} 3 + 4 = 7 \\ 2 \cdot 3 + 4 = 10 \end{array} \right|$

Grafisches Lösen eines linearen Gleichungssystems mit zwei Variablen

Um ein lineares Gleichungssystem grafisch zu lösen, stellt man die beiden Gleichungen nach y um und zeichnet die Graphen der entsprechenden linearen Funktionen in ein Koordinatensystem. Die Lösung entspricht dem Schnittpunkt der beiden Graphen.

$\left| \begin{array}{l} x + y = 3 \\ y = 5 - 2x \end{array} \right| \rightarrow \left| \begin{array}{l} y = -x + 3 \\ y = -2x + 5 \end{array} \right|$

$\left| \begin{array}{l} x + y = 5 \\ x = 2 - y \end{array} \right| \rightarrow \left| \begin{array}{l} y = -x + 5 \\ y = -x + 2 \end{array} \right|$

$\left| \begin{array}{l} y - 2x = 0 \\ 4x = 2y \end{array} \right| \rightarrow \left| \begin{array}{l} y = 2x \\ y = 2x \end{array} \right|$

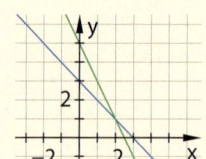 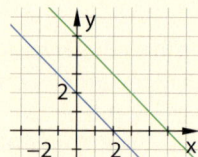 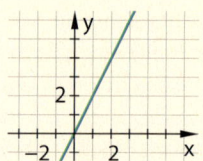

Das Gleichungssystem hat **genau eine Lösung**, wenn die Geraden sich schneiden:
$L = \{(2|1)\}$

Das Gleichungssystem hat **keine Lösung**, wenn die Geraden parallel zueinander liegen:
$L = \{\}$

Das Gleichungssystem hat **unendlich viele Lösungen**, wenn die Geraden übereinander liegen:
$L = \{(x|y) \mid y = 2x\}$

Rechnerisches Lösen eines linearen Gleichungssystems mit zwei Variablen

Gleichsetzungsverfahren
Man stellt die Gleichungen nach derselben Variablen um.

$\left| \begin{array}{l} x + y = 2 \\ 2x + y = 5 \end{array} \right| \rightarrow \left| \begin{array}{l} y = 2 - x \\ y = 5 - 2x \end{array} \right|$

Durch Gleichsetzen der Terme $2 - x$ und $5 - 2x$ erhält man eine Gleichung mit nur einer Variablen:
$2 - x = 5 - 2x$
$x = 3$

Einsetzungsverfahren
Man stellt eine Gleichung nach einer Variablen um.

$\left| \begin{array}{l} 2x - y = 1 \\ y - x = -1 \end{array} \right| \rightarrow \left| \begin{array}{l} 2x - y = 1 \\ y = x - 1 \end{array} \right|$

Durch Einsetzen von $x - 1$ für y in $2x - y = 1$ erhält man eine Gleichung mit nur einer Variablen:
$2x - (x - 1) = 1$
$x = 0$

Additionsverfahren
Man formt die Gleichungen so um, dass bei ihrer Addition eine Variable den Faktor 0 hat.

$\left| \begin{array}{l} 2x - y = 1 \\ 3x + 3y = 15 \end{array} \right| \rightarrow \left| \begin{array}{l} 2x - y = 1 \\ x + y = 5 \end{array} \right|$

Durch Addition der beiden Gleichungen rechts erhält man eine Gleichung mit nur einer Variablen:
$3x = 6$
$x = 2$

Durch Einsetzen in eine der Ausgangsgleichungen erhält man den Wert der anderen Variablen.

Lösung: $L = \{(3|-1)\}$

Lösung: $L = \{(0|-1)\}$

Lösung: $L = \{(2|3)\}$

3. Ähnlichkeit

In der Mathematik gibt es klare Regeln, ob zwei Figuren zueinander ähnlich sind. Die Matrjoschkas sehen zwar alle ähnlich aus, im mathematischen Sinne ähnlich sind sie aber nicht.

Nach diesem Kapitel kannst du …
- ähnliche Figuren erkennen und zeichnen,
- maßstäbliche Vergrößerungen oder Verkleinerungen durchführen,
- zentrische Streckungen konstruieren,
- Ähnlichkeitssätze für Dreiecke anwenden,
- die Strahlensätze anwenden.

Dein Fundament

3. Ähnlichkeit

Lösungen
↗ S. 242

Gleichungen lösen

1. Löse die Gleichungen.
   a) $3x - 6 = 12$
   b) $\frac{1}{3}x - 1 = 5{,}6$
   c) $6 - 3x = 7x + 4$
   d) $\frac{3}{4}x - 2 = -0{,}25x + 3$
   e) $-5{,}5 + 1{,}5x = -2\frac{1}{2}x + 4{,}5$
   f) $3x - 10 + 2x = 0$

2. Löse die Gleichungen.
   a) $\frac{x}{4} = 0{,}5$
   b) $\frac{6}{x} = -2$
   c) $\frac{x}{3} = \frac{-5}{6}$
   d) $\frac{5}{6} = \frac{x}{12}$
   e) $-\frac{3}{4} = \frac{18}{x}$
   f) $\frac{42}{49} = \frac{6}{x}$

3. Ersetze a, b und c so durch Zahlen, dass die Gleichung die Lösung $x = 5$ hat.
   a) $a + bx = c$
   b) $ax = \frac{b}{c}$
   c) $\frac{x}{a} = \frac{b}{c}$
   d) $\frac{a}{b} = \frac{c}{x}$

Größenangaben umrechnen

4. Rechne in die in Klammern stehende Einheit um.
   a) 7,3 cm (mm)
   b) 0,5 km (m)
   c) 25 cm (m)
   d) 32 dm (m)
   e) 7 cm (dm)
   f) $\frac{3}{4}$ km (m)
   g) $\frac{1}{2}$ m (mm)
   h) $\frac{1}{4}$ dm (m)
   i) $\frac{1}{2}$ dm (m)
   j) $1\frac{1}{4}$ m (dm)

5. Übertrage in dein Heft und vervollständige.
   a) 37 cm² = ■ mm²
   b) 2,5 m² = ■ cm²
   c) 320 000 cm² = ■ m²
   d) 5 dm² = ■ mm²
   e) $\frac{1}{4}$ dm² = ■ cm²
   f) 76 890 mm² = ■ cm²

6. Berechne ohne Taschenrechner.
   a) 5 m + 70 cm
   b) 5 m − 50 cm
   c) 4 m · 1 dm
   d) 6 m² : 3 m
   e) 14 m² : 70 dm
   f) 5 000 m − $\frac{1}{2}$ km
   g) 30 cm² : 10 mm
   h) 6 m · $\frac{1}{2}$ m

Maßstäbe nutzen

7. Übertrage die Tabelle in dein Heft und vervollständige sie.

	Maßstab	Entfernung				Maßstab	Entfernung	
		Karte	Wirklichkeit				Karte	Wirklichkeit
a)	1 : 100 000	3 cm		e)	1 : 25 000	2 cm	
b)	1 : 250 000		7,5 km	f)	1 : 25 000		1 km
c)	1 : 250 000	10 cm		g)	1 : 50 000 000		200 km
d)		5 cm	50 km	h)		1 cm	1 m

Hinweis zu 8:
Eine Kästchenbreite entspricht 5 mm.

8. Gib an, in welchem Maßstab das jeweilige Rechteck gezeichnet wurde.

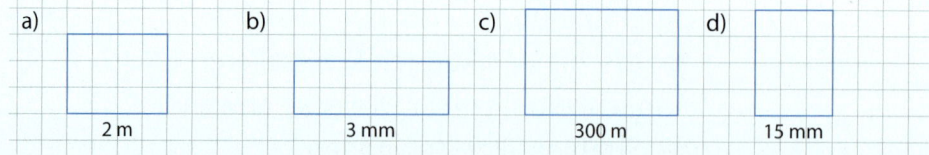

a) 2 m   b) 3 mm   c) 300 m   d) 15 mm

Kongruenz und Dreieckskonstruktionen

Lösungen
↗ S. 242

9. a) Prüfe, welche der Figuren kongruent sind. Begründe deine Entscheidungen.

 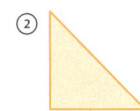 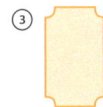  

b) Zeichne auf Karopapier drei Paare von kongruenten Figuren.

10. Prüfe, ob die Dreiecke ABC und DEF kongruent sind. Begründe die Antwort.
    a) a = 6 cm; γ = 80°; β = 38° und e = 6 cm; δ = 80°; φ = 38°
    b) c = 8 cm; α = 40°; a = 6 cm und f = 6 cm; φ = 40°; d = 6 cm
    c) c = 1,2 cm; α = 49°; β = 91° und d = 1,2 cm; ε = 91°; φ = 49°

11. Überprüfe die Aussage und begründe deine Entscheidung.
    a) Wenn zwei Dreiecke in drei Seiten übereinstimmen, sind sie kongruent.
    b) Zwei Dreiecke, die in ihren Innenwinkeln übereinstimmen, sind kongruent.
    c) Alle Rechtecke mit gleichem Umfang sind kongruent.

12. Konstruiere, wenn möglich, ein Dreieck ABC mit folgenden Größen.
    a) a = 2,6 cm; b = 2,4 cm; c = 1,0 cm   b) b = 3 cm; α = 68°; c = 4,5 cm

13. Konstruiere, wenn möglich, ein Dreieck ABC aus folgenden Größen. Entscheide, ob die Konstruktion möglich sowie eindeutig ist. Begründe.
    a) c = 4 cm; α = 30°; γ = 45°   b) α = 25°; β = 75°; γ = 80°
    c) a = 4 cm; b = 2 cm; c = 7 cm   d) c = 4 cm; β = 35°; a = 3 cm

Umfang und Flächeninhalt berechnen

14. Berechne den Umfang u und den Flächeninhalt A der gegebenen Figur. Entnimm die erforderlichen Größen der Zeichnung. Eine Kästchenbreite entspricht 0,5 cm.

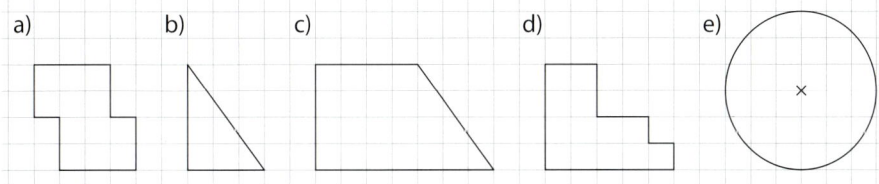

15. Berechne den Flächeninhalt der folgenden Figuren ohne Taschenrechner:
    a) Quadrat mit der Seitenlänge von 0,7 m
    b) Rechteck mit den Seitenlängen 4 m und 30 dm
    c) Dreieck mit der Seitenlänge c = 4 cm und der zugehörigen Höhe h_c = 5 cm
    d) Parallelogramm mit der Seitenlänge a = 5 dm und der zugehörigen Höhe h_a = 2 cm

16. Inka und Frank haben Zimmer mit rechteckigen Grundflächen. Inkas Zimmer hat die Maße 2,50 m × 3,10 m, Franks Zimmer hat die Maße 2,80 m × 2,80 m.
    a) Ermittle, um wie viel m² sich die Grundflächen der Zimmer unterscheiden.
    b) Frank behauptet, dass die Grundfläche des Zimmers mit dem größeren Flächeninhalt auch den größeren Umfang hat. Was meinst du?

3. Ähnlichkeit

3.1 Ähnliche Figuren

■ Frau Talmann hat für ihre Kunststunde Schablonen in verschiedenen Größen kopiert. Finde heraus, wie viele verschiedene Vorlagen sie verwendet hat und welche Vergrößerung oder Verkleinerung am Kopierer möglicherweise eingestellt war. ■

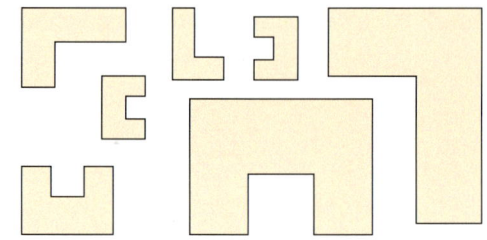

Maßstäblich vergrößern und verkleinern

Im Bildbearbeitungsprogramm CopyPaint kann das Bild zum Beispiel einer Briefmarke maßstäblich vergrößern oder verkleinern. Dafür zieht man mit der Maus an einer Ecke des Bildes.

Die Briefmarke in Bild ① zeigt drei Quadrate, die um ein rechtwinkliges Dreieck angeordnet sind.
Im Bild ② haben diese Figuren die gleiche Form, aber jeweils doppelt so lange Seiten. Bild ② ist eine **maßstäbliche Vergrößerung** von Bild ①; der Maßstab ist 2 : 1.

① ②

Umgekehrt kann man das Bild ① als **maßstäbliche Verkleinerung** der Originalfigur ② betrachten; der Maßstab ist dann 1 : 2.

Hinweis:
Beim **Längenverhältnis** dividiert man zwei Seitenlängen (mit gleichen Einheiten) und erhält eine Zahl.

Wissen: Vergrößern und verkleinern
Beim **maßstäblichen Vergrößern** oder **Verkleinern** werden alle Strecken einer Figur in gleichem Maße vervielfacht. Daher ist das **Längenverhältnis**
$k = \frac{\text{neue Streckenlänge}}{\text{alte Streckenlänge}}$ bei allen sich entsprechenden Strecken gleich ($k = \frac{a'}{a} = \frac{b'}{b} = \ldots$).
Die Ausgangsfigur wird für den Faktor **k > 1 vergrößert**, für **0 < k < 1 verkleinert**.
Sich entsprechende Winkel sind gleich groß ($\alpha = \alpha'$, $\beta = \beta'$, …).

Beispiel 1: Vergrößern und verkleinern
Verkleinere die Figur maßstäblich um den Faktor 0,5.

Lösung:
Mit einem Streckenverhältnis von 0,5 sind alle Strecken der Bildfigur genau halb so lang wie in der Ausgangsfigur.
Eine 2 cm lange Strecke ist nur noch 1 cm lang.

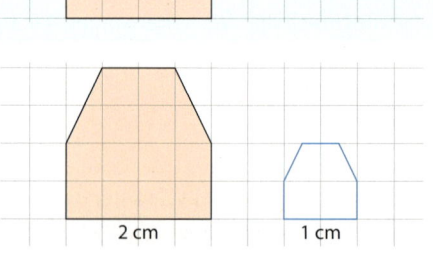

3.1 Ähnliche Figuren

Basisaufgaben

1. Vergrößere die Figur maßstäblich um den Faktor 2 (den Faktor 1,5).

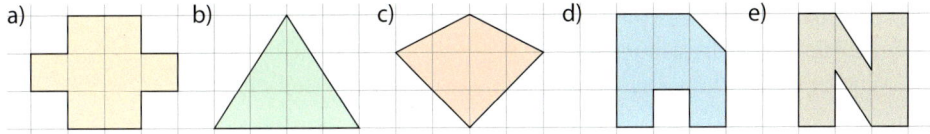

2. Prüfe, ob die Figur ② eine maßstäbliche Vergrößerung oder Verkleinerung der Figur ① ist.

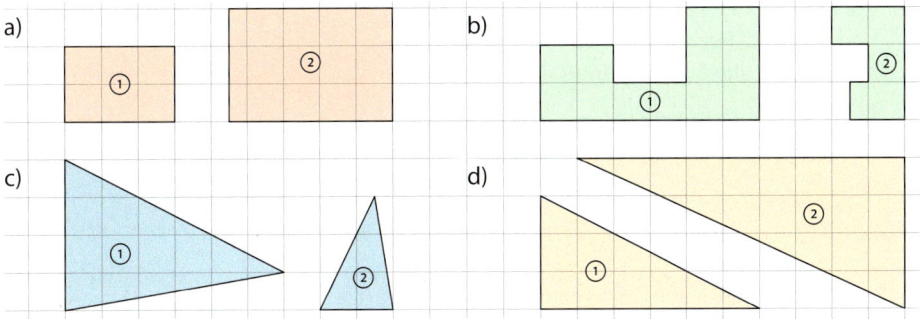

Ähnliche Figuren

Beim maßstäblichen Vergrößern und Verkleinern entstehen zueinander ähnliche Figuren.

Im Bild ② haben die Vierecke und das Dreieck die gleiche Form wie im Bild ①, aber jeweils doppelt so lange Seiten. Außerdem sind die Winkel im Vergleich zum Ausgangsbild ① erhalten geblieben.
Die Figuren in den Bildern ① und Bild ② sind deshalb (im geometrischen Sinn) **ähnlich zueinander**.
Die Vierecke im Bild ③ sind dagegen keine Quadrate, das Dreieck hat keinen rechten Winkel. Bild ③ ist daher **nicht ähnlich** zum Originalbild ①.

> **Wissen: Ähnliche Vielecke**
> Zwei Vielecke sind **ähnlich** zueinander, wenn sich die Ecken der beiden Vielecke so zuordnen lassen, dass gilt:
> – benachbarte Ecken werden wieder benachbarten Ecken zugeordnet,
> – die Winkel an jeweils zugeordneten Ecken sind gleich groß,
> – das Längenverhältnis ist bei allen Paaren entsprechender Seiten gleich.
>
> Das Verhältnis $k = \frac{a'}{a} = \frac{b'}{b} = \frac{c'}{c} = \frac{d'}{d} = \frac{e'}{e} = \ldots$
> heißt **Ähnlichkeitsfaktor**.

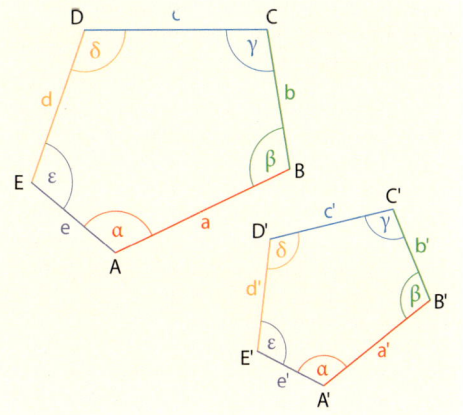

Beispiel 2: Ähnlichkeitsfaktor bestimmen

a) Das gelbe Dreieck wurde maßstäblich vergrößert. Gib den Ähnlichkeitsfaktor an.
b) Berechne die Seitenlängen e und f.

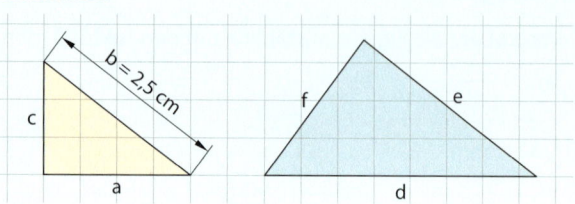

Lösung:

a) Die beiden längsten Strecken sind b und d. Miss d. Rechne neue Streckenlänge durch alte Streckenlänge.

$k = \dfrac{d}{b} = \dfrac{3{,}75\,\text{cm}}{2{,}5\,\text{cm}} = 1{,}5$

Der Ähnlichkeitsfaktor ist 1,5.

b) Multipliziere die Streckenlängen der Ausgangsfigur mit dem Ähnlichkeitsfaktor 1,5.

$e = a \cdot 1{,}5 = 2\,\text{cm} \cdot 1{,}5 = 3\,\text{cm}$
$f = c \cdot 1{,}5 = 1{,}5\,\text{cm} \cdot 1{,}5 = 2{,}25\,\text{cm}$

3. Ermittle den Faktor, mit dem verkleinert bzw. vergrößert wird. Ergänze dann die verkleinerte bzw. vergrößerte Figur in deinem Heft.

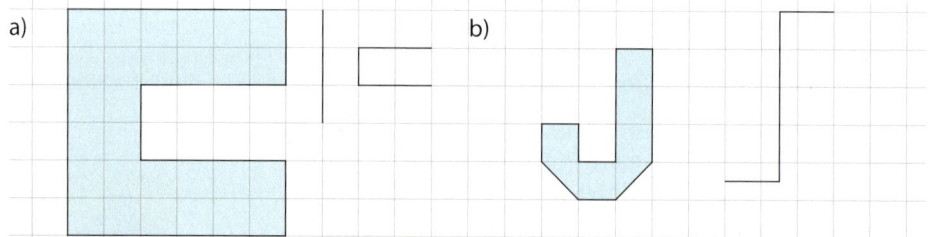

4. Die beiden Figuren sollen jeweils auf Ähnlichkeit untersucht werden.

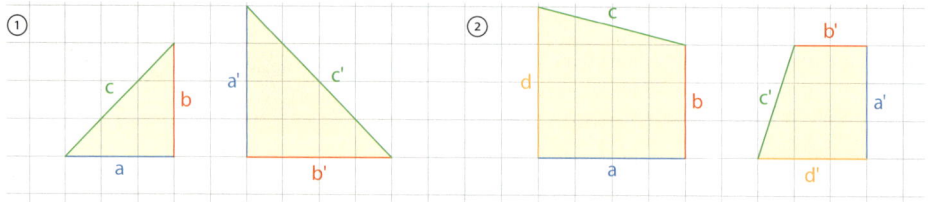

a) Miss die Längen entsprechender Seiten und berechne die Verhältnisse $\dfrac{a'}{a}; \dfrac{b'}{b} \ldots$
b) Sind einander entsprechende Winkel gleich groß? Begründe. Orientiere dich an den Kästchen.
c) Sind die Vielecke zueinander ähnlich? Begründe.

Hinweis zu 5:
Hier findest du die Maßzahlen.

5. Ein Landschaftsbild mit der Breite b = 18 cm und der Höhe h = 13 cm soll auf verschiedene Größen vergrößert oder verkleinert werden.
Gib den Ähnlichkeitsfaktor an und berechne die fehlende Seitenlänge.
a) Breite b' = 9 cm   b) Höhe h' = 39 cm
c) Höhe h' = 9,75 cm d) Breite b' = 1 m

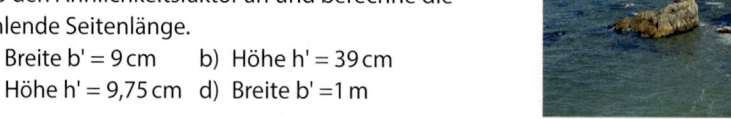

3.1 Ähnliche Figuren

Weiterführende Aufgaben

6. **Stolperstelle:** Max sagt: „Jede Seite des zweiten Parallelogramms ist halb so lang wie die entsprechende Seite des ersten. Die beiden sind also ähnlich zueinander." Hat er recht mit den Seitenverhältnissen? Woran hat er nicht gedacht?

7. In einem Copy-Shop können Farbkopien in verschiedenen DIN-Papierformaten angefertigt werden.

Format	Länge	Breite	Preis
DIN A4	297 mm	210 mm	0,65 €
DIN A3	420 mm	297 mm	1,25 €
DIN A2	594 mm	420 mm	2,50 €
DIN A1	841 mm	594 mm	5,50 €

   a) Beschreibe, wie aus einem größeren DIN-Format das nächstkleinere Format entsteht. Bestimme die Länge und Breite von DIN A5 und DIN A6.
   b) Zeige, dass alle Formate zueinander ähnlich sind. Bestimme den Ähnlichkeitsfaktor von einem Format zum nächstgrößeren Format.
   c) Gib an, mit welchem Faktor sich der Flächeninhalt zum nächstgrößeren Format ändert.
   d) Ermittle, welches Format in Bezug zur Fläche das kostengünstigste ist.

8. Sina und Tara haben mit dem Smartphone ein Selfie im Format 3 : 4 gemacht. Beide haben einen Abzug im 10er-Format (10 × 15) anfertigen lassen. Die Bilder sind jeweils 10 cm breit, aber nur Taras Bild ist 15 cm hoch.
   a) Erläutere die Unterschiede der Bilder. Was wurde bei Tara mit dem Foto vor dem Abzug gemacht?
   b) Berechne die Höhe von Sinas Bild.
   c) Beschreibe, wie das Bild aussehen würde, wenn man einen Abzug vom ganzen Foto mit den Maßen 10 cm × 15 cm machen würde.
   d) Welche der drei Bilder in a) bis c) sind ähnlich zueinander? Begründe deine Meinung.

Sina:

Tara:

9. Prüfe, ob die Figuren zueinander ähnlich sind. Falls ja, gib den Ähnlichkeitsfaktor an.

   Tipp zu 10: Miss, wenn nötig im Bild.

   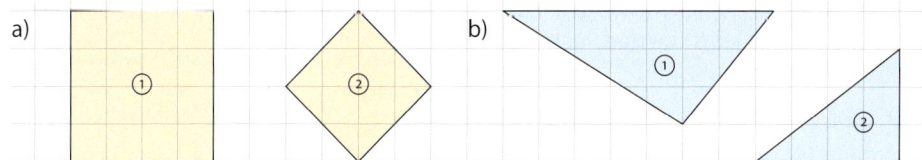
   a) b)

10. **Ausblick:** Vergrößert (verkleinert) man einen Quader mit einem Faktor k, so werden die Kanten jeweils mit diesem Faktor verlängert (verkürzt).
    a) Berechne das Volumen und den Oberflächeninhalt eines Quaders mit den Kanten a = 2 cm, b = 3 cm, c = 3 cm. Berechne dann die entsprechenden Werte für den mit dem Faktor k = 2 (k = 3; k = 0,5) vergrößerten bzw. verkleinerten Quader.
    b) Stelle eine Vermutung auf, mit welchem Faktor sich das Volumen und der Oberflächeninhalt allgemein ändern, wenn man die Kanten mit dem Faktor k verlängert (verkürzt).

3.2 Zentrische Streckungen

■ Beschreibe, wie Nina die Figur vergrößert hat. ■

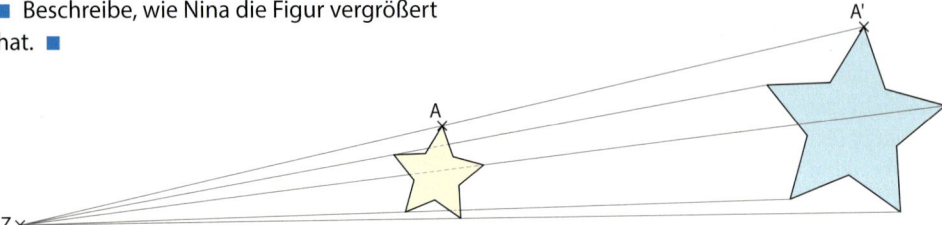

Wissen: Punkt und Bildpunkt bei der zentrischen Streckung

Eine zentrische Streckung ist definiert durch das **Streckzentrum Z** und den **Streckfaktor k** (k > 0). Einen Bildpunkt erhält man nach dieser Vorschrift:
Der Bildpunkt P' liegt auf dem Strahl, der von Z durch P geht, und hat von Z den k-fachen Abstand des Punktes P von Z: $\overline{ZP'} = k \cdot \overline{ZP}$
Es gilt:
– Die Figur wird bei k > 1 mit dem Faktor k maßstäblich **vergrößert**, bei k < 1 maßstäblich **verkleinert**.
– Jede Strecke der Bildfigur ist zu der entsprechenden Strecke der Figur parallel.

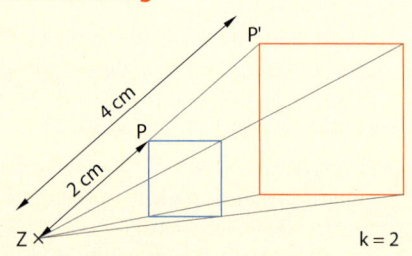

Streckfaktor und Streckzentrum bestimmen das Maß der Vergrößerung bzw. Verkleinerung und die Lage des entstehenden Bilds.

Beispiel 1: Konstruiere die zentrische Streckung des Dreiecks ABC mit dem Streckfaktor k und dem Streckzentrum Z.
a) k = 2   b) k = 0,5   c) k = –0,5

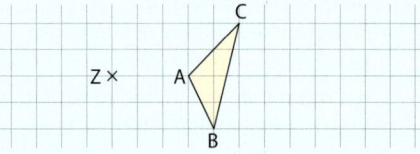

Lösung:

a) Zeichne vom Zentrum Z einen Strahl durch den Eckpunkt A. Trage dann auf dem Strahl das 2-fache der Länge von $\overline{ZA}$ ab. Es ist $\overline{ZA'} = 2 \cdot \overline{ZA}$. Wiederhole die Konstruktion für jeden Eckpunkt und verbinde die konstruierten Punkte zur Bildfigur.

b) Gehe wie bei a) vor, allerdings gilt jetzt $\overline{ZA'} = 0,5 \cdot \overline{ZA}$. Das bedeutet, dass A' von Z nur halb so weit entfernt ist wie A.

c) Der Streckfaktor ist negativ. Zeichne eine Gerade durch A und Z. Trage das 0,5-fache der Länge von $\overline{ZA}$ auf dem Strahl ab, der dem Strahl ZA gegenüberliegt.

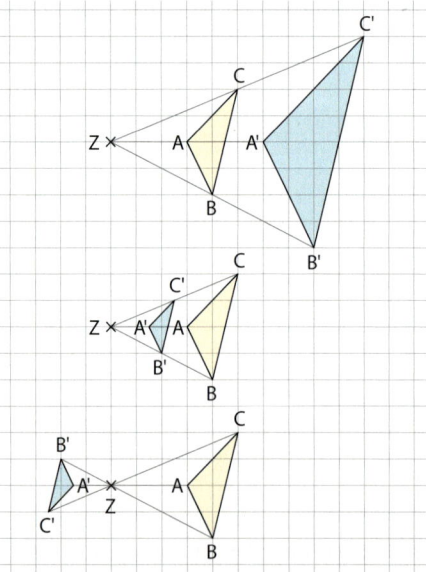

3.2 Zentrische Streckungen

Basisaufgaben

1. Übertrage die Figur ins Heft und konstruiere die zentrische Streckung mit dem Zentrum Z und dem Streckfaktor k.

   a) k = 2   b) 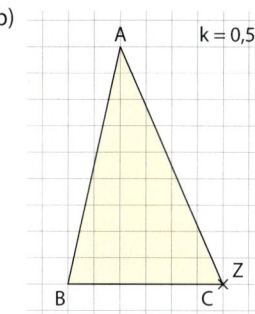 k = 0,5   c) 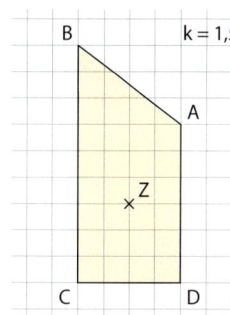 k = 1,5

2. Zeichne die Punkte jeweils in ein Koordinatensystem (−4 ≤ x ≤ 4; −4 ≤ y ≤ 4) ein und verbinde sie zu einem Vieleck. Führe dann die zentrische Streckung mit dem Streckzentrum Z und dem Streckfaktor k durch. Notiere die Koordinaten der Bildpunkte.
   a) Viereck: A(−2|3), B(−3|−2), C(1|−2), D(2|3)   Streckzentrum Z(−1|1), k = 1,5
   b) Achteck: A(4|4), B(1|2), C(−4|4), D(−2|1), E(−4|−4), F(−1|−2), G(4|−4), H(2|−1)
      Streckzentrum Z(0|0), k = 0,5

3. **Negativer Streckfaktor:** Konstruiere zu jeder Figur die zentrische Streckung. Trage die geänderte Streckenlänge auf der dem Originalpunkt gegenüberliegenden Seite von Z ab.

   a)   b) 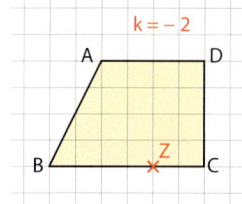 k = −2   c) 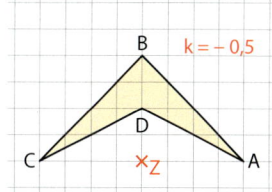 k = −0,5

4. Das grüne Vieleck entsteht durch eine zentrische Streckung aus dem orangefarbigen Vieleck.
   Übertrage die Zeichnung in dein Heft.
   Ermittle das Zentrum der Streckung und den Streckfaktor.

   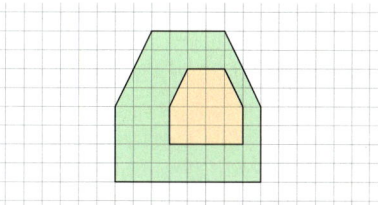

   Tipp zu 4:
   Zeichne durch zwei einander entsprechende Ecken eine Gerade. Wiederhole dies mit einem anderen Eckenpaar.

5. Die ungefärbte Figur entsteht durch eine zentrische Streckung aus der farbigen Figur. Gib die Lage des Streckzentrums an und ermittle den Streckfaktor.

   a) 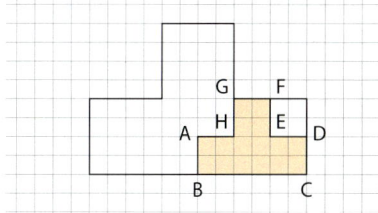   b)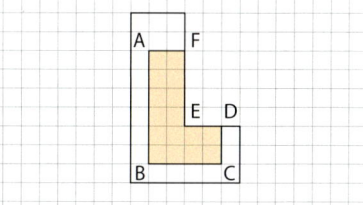

Ähnlichkeitsabbildungen

Hinweis:
Achsenspiegelungen, Punktspiegelungen, Drehungen und Verschiebungen sind **Kongruenzabbildungen.**

Abbildungen, bei denen Bild- und Originalfigur zueinander ähnliche Figuren sind, heißen **Ähnlichkeitsabbildungen.** Beispiele für Ähnlichkeitsabbildungen sind zentrische Streckungen sowie Hintereinanderausführungen einer zentrischen Streckung und einer Kongruenzabbildung.

Beispiel 2: Prüfe, ob die Abbildung des Dreiecks ABC auf das Dreieck A"B"C" eine Ähnlichkeitsabbildung ist. Begründe.

a)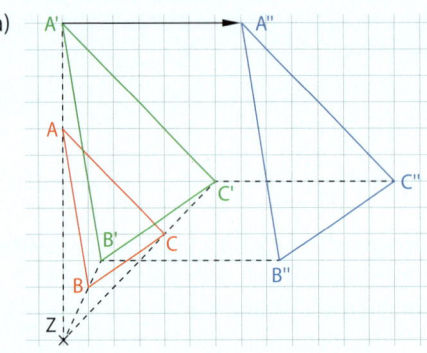

b)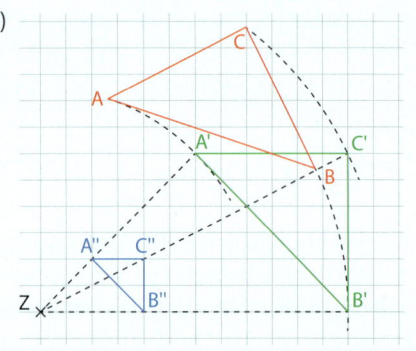

Hinweis:
Werden eine Drehung und eine Streckung hintereinander ausgeführt, müssen das Drehzentrum und das Streckzentrum nicht identisch sein.

Lösung:

a) Dreieck ABC wird durch eine zentrische Streckung auf Dreieck A'B'C' abgebildet. Dreieck A'B'C' wird durch eine Verschiebung auf Dreieck A"B"C" abgebildet. Es liegt eine Ähnlichkeitsabbildung vor.

b) Dreieck ABC wird durch eine Drehung um Z auf Dreieck A'B'C' abgebildet. Dreieck A'B'C' wird durch eine Streckung auf Dreieck A"B"C" abgebildet. Es liegt eine Ähnlichkeitsabbildung vor.

Basisaufgaben

6. Zeichne das Dreieck ABC mit A(1|1), B(4|1) und C(1|5) in ein Koordinatensystem. Konstruiere jeweils ein dazu ähnliches Dreieck, indem du
   a) das Dreieck an der x-Achse spiegelst und danach für die Bildfigur A'B'C' eine zentrische Streckung mit dem Streckfaktor 2 und dem Streckzentrum A(1|1) durchführst.
   b) das Dreieck zuerst am Koordinatenursprung mit dem Streckfaktor $\frac{1}{2}$ streckst und danach die Bildfigur A'B'C' um den Punkt A' um 90° drehst.

 7. Zeichne ein beliebiges Dreieck ABC in ein Koordinatensystem. Kombiniere jeweils eine der folgenden Kongruenzabbildungen mit einer der angegebenen Streckungen und führe diese Ähnlichkeitsabbildung für das Dreieck aus. Kontrolliert gegenseitig.

Kongruenzabbildung	Streckung
Spiegelung an der Geraden durch die Punkte G(1|2) und H(3|3)	Streckzentrum (0|0) und Streckfaktor 3
Drehung um den Punkt P(2|2) um 30°	Streckzentrum (1|1) und Streckfaktor $\frac{1}{2}$
Verschiebung um zwei Einheiten in x-Richtung und eine Einheit in y-Richtung	Streckzentrum (0|0) und Streckfaktor –2

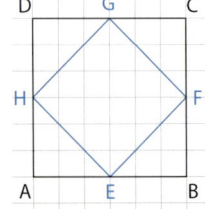

8. Beschreibe eine Ähnlichkeitsabbildung, durch die das Quadrat ABCD auf das Quadrat EFGH abgebildet wird. Gib an, in welchem Verhältnis die Seitenlängen von Diagonal- und Bildfigur zueinander stehen (die Flächeninhalte zueinander stehen).

3.2 Zentrische Streckungen

Weiterführende Aufgaben

9. Übertrage die Zeichnung in dein Heft. Überprüfe, ob die ungefärbte Figur aus der farbigen Figur durch eine zentrische Streckung hervorgeht. Falls ja, zeichne das Streckzentrum Z ein und ermittle den Streckfaktor k.

   a) 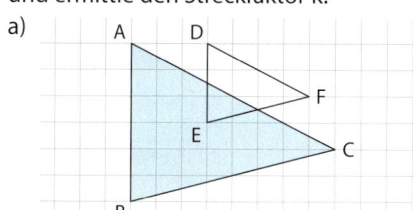   b)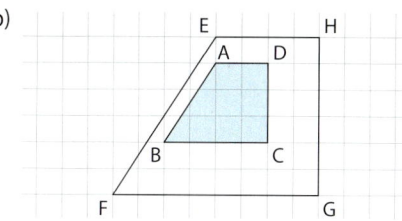

10. **Stolperstelle:** Sven hat zwei Aufgaben bearbeitet. Es sollte jeweils eine zentrische Streckung mit dem Streckzentrum Z und dem Streckfaktor k = 0,5 durchgeführt werden. Überprüfe seine Lösungen und korrigiere gegebenenfalls.

    a) 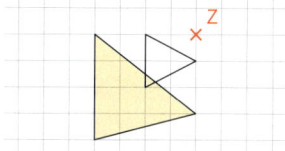   b)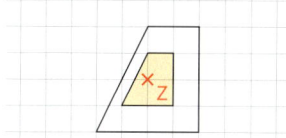

11. Zeichne Ausgangsfigur und Bildfigur.
    a) Ein Dreieck wird an jedem Eckpunkt mit dem Faktor k = 2 gestreckt.
    b) Ein Kreis wird mit dem Faktor k = 0,5 gestreckt. Das Streckzentrum liegt auf der Kreislinie.
    c) Ein rechtwinkliges Dreieck wird um den Faktor k = −1 gestreckt. Das Streckzentrum ist der Mittelpunkt der längsten Seite.

12. **GS** Mit einer dynamischen Geometriesoftware kannst du einen Pantografen erstellen.
    - Zeichne ein Dreieck ABC. Auf der Seite $\overline{AC}$ markierst du einen Punkt D.
    - Zeichne eine Gerade durch den Punkt D, die parallel zur Seite $\overline{BC}$ verläuft.
    - Bestimme den Schnittpunkt E dieser Parallelen mit der Seite $\overline{AB}$.
    - Konstruiere eine Gerade durch den Punkt E, die parallel zur Seite $\overline{AC}$ verläuft. Der Schnittpunkt mit der Seite $\overline{BC}$ ist F.
    - Der Pantograf ist nun einsatzbereit. Schalte die „Spur" von Punkt B und E ein. Bewegst du den Punkt B, so kannst du Figuren zeichnen, die entsprechend verkleinert dargestellt werden.
    - Untersuche, wie du den Streckfaktor beeinflussen kannst.

    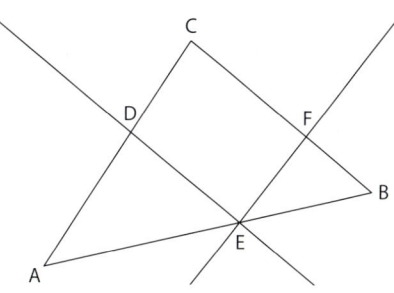

    Hinweis:
    Mit einem Pantografen kann man Zeichnungen vergrößern. Hierzu kombiniert man vier Schienen an vier Gelenkpunkten. Der Endpunkt links wird an der Unterlage befestigt. Ein Stift überträgt rechts die Zeichnung in der Mitte, die mit der kürzeren Schiene nachbeschrieben wird.

13. **Ausblick:** Zentrische Streckungen lassen sich kombinieren.
    a) Zeichne ein Vieleck und lege ein Streckzentrum Z fest. Strecke das Vieleck zuerst mit dem Streckfaktor $k_1 = 0{,}5$ und dann mit $k_2 = 2$ und demselben Zentrum Z. Probiere weitere Vielecke, Streckzentren und Streckfaktoren aus.
    b) Lässt sich jede mehrfache Ausführung von zentrischen Streckungen mit demselben Zentrum, aber unterschiedlichen Streckfaktoren zu einer einzigen zentrischen Streckung zusammenfassen? Begründe deine Antwort.

3.3 Bruchgleichungen

■ 105 € sind 15 Prozent vom Grundwert. Maria möchte den Grundwert berechnen. In einer Formelsammlung findet sie die rechts stehende Formel. Wie kann sie damit die Aufgabe lösen? ■

Formel für Prozentsätze:
$p = \frac{100 \cdot W}{G}$

Das Foto wurde maßstäblich verkleinert. Das kleinere Foto ist nur noch 20 mm hoch.

Maßstäbliches Verkleinern bedeutet, dass alle sich entsprechende Strecken dasselbe Längenverhältnis haben.

Die fehlende Breite kann man daher berechnen mit der Gleichung
$\frac{b}{20} = \frac{45}{30}$ oder $\frac{20}{b} = \frac{30}{45}$, für b ≠ 0.
Die Lösung der Gleichung ist 30.
Das Foto ist also 30 mm breit.

Gleichungen, bei denen im Nenner eine Variable vorkommt, nennt man **Bruchgleichungen**.
Achtung: Bei $\frac{3}{x}$ steht x im Nenner. x darf in diesem Fall nicht 0 sein, da man durch 0 nicht dividieren darf.

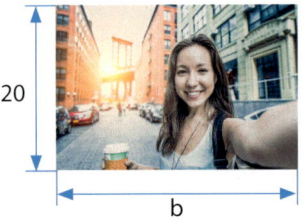

Wissen: Lösen von Bruchgleichungen
① Multipliziere mit einem geeigneten Term, sodass im Nenner keine Variable mehr vorkommt.
② Löse die Gleichung mit den bekannten Äquivalenzumformungen.

Beispiel 1: Löse die Gleichung.
a) $\frac{64}{x} = \frac{8}{7}$

b) $\frac{2}{9} = \frac{8}{(5+x)}$

Lösung:

a) ① Multipliziere mit x. Dann „verschwindet" die Variable aus dem Nenner.

② Löse dann die Gleichung nach x auf.

$\frac{64}{x} = \frac{8}{7}$ | · x; x ≠ 0
$64 = \frac{8 \cdot x}{7}$ | · $\frac{7}{8}$
$\frac{64 \cdot 7}{8} = x$
$x = 56$

b) ① Multipliziere mit (5 + x). Beachte, dass dieser Term für x = −5 null wäre, also x ≠ −5 sein muss.

② Löse dann die Gleichung nach x auf.

$\frac{2}{9} = \frac{8}{5+x}$ | · (5 + x); x ≠ −5
$\frac{2 \cdot (5+x)}{9} = 8$ | · 9
$2 \cdot (5 + x) = 72$
$10 + 2x = 72$ | − 10
$2x = 62$ | : 2
$x = 31$

Hinweis:
Achte beim Lösen von Bruchgleichungen auf **einschränkende Bedingungen**. Im Nenner darf nicht 0 entstehen.

3.3 Bruchgleichungen

Basisaufgaben

1. Löse die Gleichung ohne Hilfsmittel.
   a) $\frac{49}{x} = 7$
   b) $\frac{120}{x} = 24$
   c) $12 = \frac{144}{x}$
   d) $25 = \frac{225}{x}$

2. Löse die Bruchgleichung.
   a) $\frac{24}{x} = \frac{8}{5}$
   b) $\frac{36}{x} = \frac{9}{2}$
   c) $\frac{4}{7} = \frac{24}{x}$
   d) $\frac{3}{13} = \frac{27}{x}$
   e) $\frac{24}{x} = \frac{8}{5}$
   f) $\frac{25}{x} = \frac{5}{17}$
   g) $\frac{7}{6} = \frac{28}{x}$
   h) $\frac{18}{3} = \frac{3}{x}$

3. Löse die Gleichung.
   a) $\frac{8}{x+3} = 2$
   b) $6 = \frac{36}{3+x}$
   c) $\frac{15}{2x+1} = 5$
   d) $6 = \frac{12}{2x-3}$

4. Das Trapez ABCD wurde maßstäblich verkleinert. Es ist $a = \overline{A'B'}$ und $b = \overline{F'B'}$.
   a) Ergänze die Bruchgleichung $\frac{9}{a} = \frac{3}{\blacksquare}$ und berechne die Länge von a.
   b) Ermittle die Länge von b mit der Bruchgleichung $\frac{b}{a-b} = \frac{5}{4}$. Nutze dabei das Ergebnis aus a).

Weiterführende Aufgaben

5. **Stolperstelle:** Beschreibe die Fehler in der Rechnung und korrigiere die Lösung.

   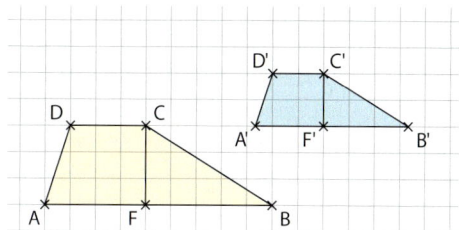

   $2 - \frac{x}{x-2} = 7 \quad | \cdot (x-2)$
   $2 - x = 7 \cdot (x-2)$
   $2 - x = 7x - 2$
   $0{,}5 = x$

6. In einer Klassenarbeit wurden die Noten in der Tabelle und der Notendurchschnitt 3,48 erreicht. Berechne die Anzahl der Schüler, die eine Vier geschrieben haben.

Note	1	2	3	4	5	6
Anzahl der Schüler	3	5	6	■	2	5

7. Löse die Bruchgleichung.
   a) $\frac{6x}{2x-2} = 4$
   b) $\frac{5x}{9-2x} = 5$
   c) $\frac{3x}{4x+3} = 1$
   d) $-12 = \frac{3x}{15-4x}$

8. **Ausblick:** Für Sammellinsen gilt die Linsengleichung: $\frac{1}{g} + \frac{1}{b} = \frac{1}{f}$.
   Dabei ist g die Gegenstandsweite (Entfernung des Gegenstandes von der Linse), b die Bildweite (Entfernung des Bildes von der Linse) und f die Brennweite.
   Die Brennweite gibt an, wie weit der Brennpunkt von der Linsenmitte entfernt ist.

   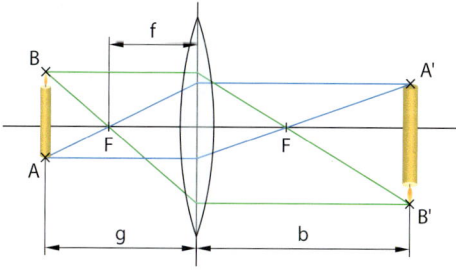

   Im Brennpunkt vereinigen sich alle parallel auf die Linse auffallenden Strahlen.
   a) Von einer Kerze, die sich in 60 cm Entfernung von einer Lupe befindet, erhält man in 15 cm Entfernung hinter der Lupe ein scharfes Bild. Berechne die Brennweite der Lupe.
   b) Eine Sammellinse hat eine Brennweite von 30 cm. Berechne: In welchen Abstand zur Linse erhält man ein scharfes Bild eines Gegenstands, der 40 cm vor der Linse steht?

3.4 Ähnlichkeitssätze bei Dreiecken

■ Die beiden Dreiecke rechts stimmen in zwei Winkelgrößen überein.
a) Prüfe durch Messen und Rechnen, ob sie ähnlich zueinander sind.
b) Zeichne selbst zwei Dreiecke, die in den Größen zweier Winkel übereinstimmen. Prüfe, ob sie ähnlich zueinander sind. ■

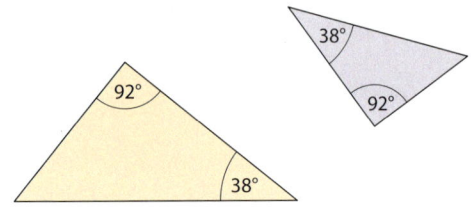

Gegeben sind zwei Dreiecke ABC und DEF, die in zwei Winkelgrößen übereinstimmen. (Wegen des Winkelsummensatzes stimmen sie dann auch in der dritten Winkelgröße überein.)
Das Dreieck ABC kann man maßstäblich mit dem Faktor $k = \frac{d}{a}$ vergrößern bzw. verkleinern, sodass beim neuen Dreieck AB'C' die Seite a' genauso lang wird wie die entsprechende Seite d beim Dreieck DEF. Die Winkelgrößen bleiben bei der Vergrößerung bzw. Verkleinerung erhalten, das neue Dreieck AB'C' ist ähnlich zum Dreieck ABC.

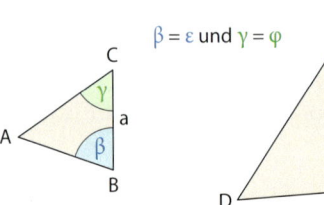

$\beta = \varepsilon$ und $\gamma = \varphi$

$\gamma' = \gamma = \varphi$

$a' = k \cdot a = \frac{d}{a} \cdot a = d$

$\beta' = \beta = \varepsilon$

Nach dem Kongruenzsatz wsw sind die Dreiecke AB'C' und DEF kongruent. Da die Dreiecke ABC und AB'C' ähnlich zueinander sind, gilt dies auch für die Dreiecke ABC und DEF.

> **Wissen: Ähnlichkeitssatz www**
> Stimmen zwei Dreiecke in den Größen ihrer drei Innenwinkel überein, so sind sie ähnlich zueinander.

Beispiel 1: Die Strecken $\overline{AB}$ und $\overline{CD}$ schneiden sich im Punkt S.
a) Zeige, dass die Dreiecke ASC und BSD ähnlich zueinander sind.
b) Berechne die Länge der Strecke $\overline{AC}$.

Lösung:
a) Die Dreiecke ASC und BSD haben je einen rechten Winkel. Außerdem sind die Winkel bei S gleich groß (Scheitelwinkel). Da die Dreiecke in ihren Winkelgrößen übereinstimmen, sind sie nach dem Ähnlichkeitssatz ähnlich zueinander.

b) Nutze gleiche Längenverhältnisse bei ähnlichen Vielecken. Setze die Werte ein und stelle die Gleichung nach $\overline{AC}$ um.

Einander entsprechende Seiten sind:
$\overline{AC}$ und $\overline{DB}$
$\overline{SA}$ und $\overline{SD}$
$\overline{SC}$ und $\overline{SB}$

$\dfrac{\overline{AC}}{\overline{DB}} = \dfrac{\overline{SA}}{\overline{SD}}$ $\dfrac{\overline{AC}}{1{,}2\,\text{cm}} = \dfrac{3\,\text{cm}}{2\,\text{cm}}$ $| \cdot 1{,}2\,\text{cm}$

$\overline{AC} = \dfrac{3\,\text{cm}}{2\,\text{cm}} \cdot 1{,}2\,\text{cm} = 1{,}8\,\text{cm}$

Hinweis zu a):
Sind in einem Dreieck ABC zwei Innenwinkel bekannt, so kann der dritte Innenwinkel immer mit der Formel $\alpha + \beta + \gamma = 180°$ berechnet werden.

Hinweis zu b):
Siehe Wissenskasten S. 70.

3.4 Ähnlichkeitssätze bei Dreiecken

Basisaufgaben

1. Prüfe, ob die Dreiecke ABC und DEF mit den gegebenen Winkelgrößen ähnlich zueinander sind. Gib in diesem Fall an, welche Seiten einander entsprechen und welche Seitenverhältnisse gleich sind.
   a) $\alpha = 62°$, $\beta = 44°$ und $\delta = 62°$, $\varphi = 74°$
   b) $\alpha = 114°$, $\beta = 35°$ und $\delta = 35°$, $\varepsilon = 114°$
   c) $\alpha = 47°$, $\beta = 98°$ und $\delta = 35°$, $\varepsilon = 47°$
   d) $\alpha = 31°$, $\gamma = 88°$ und $\varepsilon = 77°$, $\varphi = 31°$
   e) $\beta = 57°$, $\gamma = 90°$ und $\varepsilon = 72°$, $\varphi = 61°$

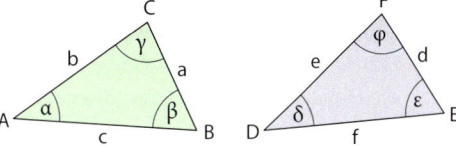

2. Stephan möchte die Seiten und Winkel der beiden Dreiecke messen, um zu prüfen, ob sie ähnlich zueinander sind. Adrian sagt: „Das ist nicht nötig. ich sehe sofort, dass sie ähnlich zueinander sind."
   Was meint Adrian?

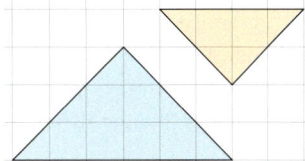

3. Finde in der Zeichnung zueinander ähnliche Dreiecke. Begründe.

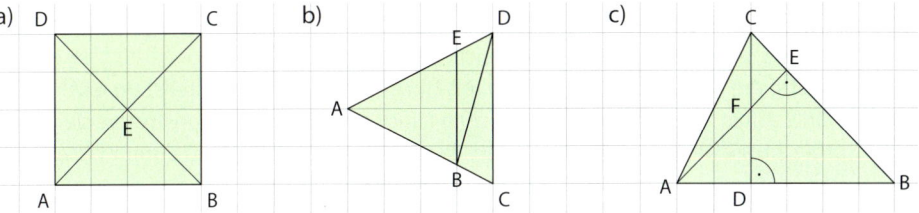

4. a) Zeige, dass die Dreiecke ABC und ADC ähnlich zueinander sind.
   b) Berechne die fehlenden Seitenlängen des Dreiecks ADC.

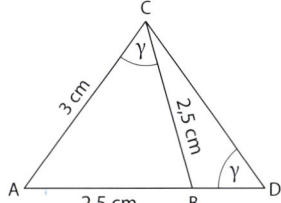

Weiterführende Aufgaben

5. Zeige, dass die Dreiecke ABC und DEF zueinander ähnlich sind, und berechne die fehlenden Seitenlängen und Winkelgrößen.
   a) $\alpha = 46,9°$, $\beta = 82,4°$, $a = 8,4$ cm, $b = 11,4$ cm, $c = 8,9$ cm; $\delta = 82,4°$, $\varepsilon = 50,7°$, $f = 6,3$ cm
   b) $\alpha = 63,2°$, $\gamma = 84,6°$, $a = 5,2$ cm, $b = 3,1$ cm; $\varepsilon = 84,6°$, $\varphi = 32,2°$, $e = 17,4$ cm, $f = 9,3$ cm

Tipp zu 5:
Fertige im Heft jeweils eine Skizze wie in Aufgabe 1 an und markiere, welche Winkel und Seiten einander entsprechen.

6. In der nebenstehenden Figur sind AB und CD parallel zueinander.
   a) Zeige, dass die Dreiecke ABC und ACD zueinander ähnlich sind.
   b) Berechne die Seitenlängen von Dreieck ACD.

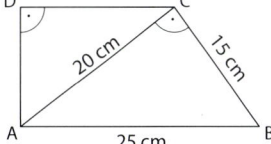

7. Prüfe, ob die Aussage stimmt, und begründe. Ähnlich zueinander sind
   a) alle gleichseitigen Dreiecke,
   b) alle gleichschenkligen Dreiecke,
   c) alle rechtwinkligen Dreiecke,
   d) alle gleichschenklig-rechtwinkligen Dreiecke.

8. **Stolperstelle:** In der Figur mit den zueinander parallelen Geraden AB und CD sollen zueinander ähnliche Dreiecke gefunden werden.
   Stimmen die Aussagen von Nicole und Marina? Begründe.
   a) Nicole meint: „Die Dreiecke ABS und CDS sind zueinander ähnlich. Das sieht man, wenn man Scheitelwinkel und Wechselwinkel betrachtet."
   b) Marina erwidert: „Ebenso kann ich zeigen, dass die Dreiecke ASD und CSB zueinander ähnlich sind."

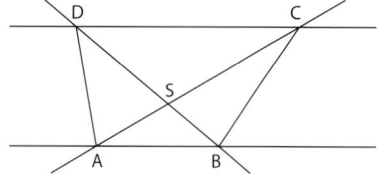

9. Ein 4,80 m hoher Laternenpfahl wirft einen 6,18 m langen Schatten. Der Schatten eines Baums ist 24,50 m lang.
   Erkläre, warum es hier zwei zueinander ähnliche Dreiecke gibt. Berechne die Höhe des Baums.

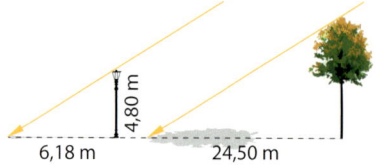

10. **Ähnlichkeitssatz:** Es gilt der Satz: Wenn zwei Dreiecke in allen drei Längenverhältnissen einander entsprechender Seiten übereinstimmen, so sind sie ähnlich zueinander.
    a) Gegeben sind das Dreieck ABC mit a = 10,4 cm, b = 8,4 cm, c = 7,2 cm und das Dreieck A'B'C' mit a' = 7,8 cm, b' = 6,3 cm, c' = 5,4 cm. Zeige, dass die drei Längenverhältnisse einander entsprechender Seiten gleich sind.
    b) Konstruiere die Dreiecke aus a) und miss ihre Innenwinkel. Was stellst du fest?
    c) Wähle selbst zwei Dreiecke mit gleichen Längenverhältnissen, konstruiere sie und prüfe, ob sie ähnlich zueinander sind. Vergleicht die Ergebnisse in eurer Klasse.

11. Prüfe mit dem Ähnlichkeitssatz aus Aufgabe 10, ob die Dreiecke ABC und DEF ähnlich zueinander sind.
    a) a = 6,9 cm, b = 2,7 cm, c = 5,4 cm   d = 9,2 cm, e = 3,6 cm, f = 7,2 cm
    b) a = 18 cm, b = 12,3 cm, c = 9,9 cm   d = 3,3 cm, e = 6 cm, f = 4,1 cm
    c) a = 16 cm, b = 20 cm, c = 12 cm   d = 12 cm, e = 15 cm, f = 8 cm
    d) a = 25 cm, b = 15 cm, c = 15 cm   d = 1,8 m, e = 3 m, f = 1,8 m

12. Ist die Aussage richtig oder falsch? Begründe deine Entscheidung.
    a) Sind zwei Dreiecke kongruent, dann sind sie auch ähnlich zueinander.
    b) Sind zwei Dreiecke ähnlich zueinander, dann sind sie auch kongruent.

13. Überprüfe, ob die Dreiecke ABC und DEF ähnlich zueinander sein können. Gib in diesem Fall eine Möglichkeit an, welche Winkel und Seiten einander entsprechen.
    a) a = 3 cm, b = 5 cm, γ = 45°   d = 6 cm, e = 10 cm
    b) a = 4 cm, b = 6 cm   d = 9 cm, e = 6 cm, φ = 60°

14. **Ausblick:**
    a) Für die beiden Vierecke gilt: α = 116°, β = 102°, γ_1 = 35°, δ = 83° sowie α_1' = 62°, α_2' = 54°, γ_1' = 35° und γ_2' = 24°.
    Zeige, dass sie zueinander ähnlich sind.
    b) Miriam: „Einen Ähnlichkeitssatz könnte man doch auch für Vierecke formulieren: Stimmen zwei Vierecke in zwei Winkeln überein, so sind sie zueinander ähnlich." Willi entgegnet: „Nein, sie müssen schon in drei Winkeln übereinstimmen." Beate: „Nein, sie müssen in drei Winkeln und im Verhältnis zweier benachbarter Seiten übereinstimmen." Was sagst du dazu?

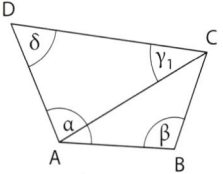
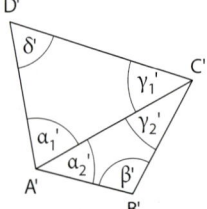

3.5 1. und 2. Strahlensatz

■ Mit einem Messkeil kann man die Breite eines Spalts ermitteln. Der abgebildete Messkeil ist 10 cm lang und an der rechten Seite 1 cm dick. Überlege, wie dick der Messkeil in der Mitte bei 5 cm ist. Bestimme dann, wie breit der Spalt ist. ■

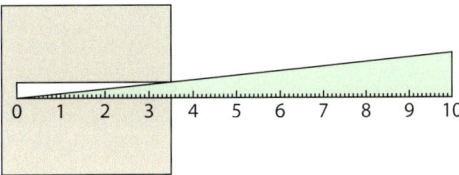

1. und 2. Strahlensatz

Werden zwei Strahlen mit einem gemeinsamen Anfangspunkt von zwei Geraden, die zueinander parallel sind, geschnitten, entsteht eine sogenannte **Strahlensatzfigur**.

Eine Strahlensatzfigur entsteht durch eine zentrische Streckung des Dreiecks SAB. Die Streckung bildet das Dreieck SAB auf das Dreieck SCD ab. Alle einander entsprechenden Strecken von Ausgangs- und Bildfigur stehen in einem gleichem Verhältnis zueinander.

Es gilt: $\frac{\overline{SA}}{\overline{SC}} = \frac{\overline{SB}}{\overline{SD}} = \frac{\overline{AB}}{\overline{CD}}$.

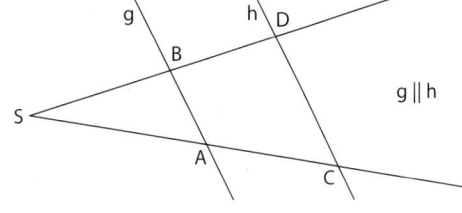

> **Wissen: Strahlensätze**
> Schneiden zwei Strahlen mit dem Ausgangspunkt S zwei zueinander parallele Geraden, so gilt:
>
>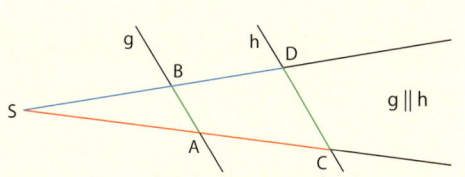
>
> **1. Strahlensatz:** $\frac{\overline{SA}}{\overline{SC}} = \frac{\overline{SB}}{\overline{SD}}$
> Das Längenverhältnis der von S ausgehenden **Strecken auf einem Strahl** ist gleich dem Längenverhältnis der entsprechenden **Strecken auf dem anderen Strahl**.
>
> **2. Strahlensatz:** $\frac{\overline{AB}}{\overline{CD}} = \frac{\overline{SA}}{\overline{SC}}$ und $\frac{\overline{AB}}{\overline{CD}} = \frac{\overline{SB}}{\overline{SD}}$
> Das Längenverhältnis von **Strecken auf den Parallelen** ist gleich dem Längenverhältnis der von S ausgehenden zugehörigen **Strecken auf einem Strahl**.

Hinweis:
Man kann die Strahlensätze so umformen, dass Zähler und Nenner vertauscht sind.
1. Strahlensatz: $\frac{\overline{SC}}{\overline{SA}} = \frac{\overline{SD}}{\overline{SB}}$
2. Strahlensatz:
$\frac{\overline{CD}}{\overline{AB}} = \frac{\overline{SC}}{\overline{SA}}$ und $\frac{\overline{CD}}{\overline{AB}} = \frac{\overline{SD}}{\overline{SB}}$

> **Beispiel 1: Längen mit dem 1. Strahlensatz berechnen**
> Berechne die Länge der Strecke $\overline{SC}$ mit dem **1. Strahlensatz**.
>
>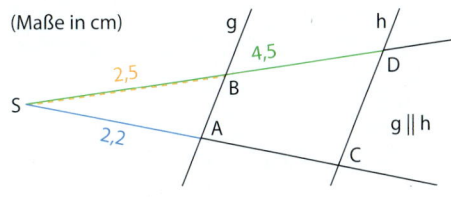
>
> **Lösung:**
> Von den drei gegebenen Streckenlängen und der gesuchten Streckenlänge liegen auf beiden Strahlen je zwei. Stelle den 1. Strahlensatz so auf, dass die gesuchte Länge im Zähler steht. Setze die Werte ein und stelle die Gleichung nach $\overline{SC}$ um.
>
> 1. Strahlensatz: $\frac{\overline{SC}}{\overline{SA}} = \frac{\overline{SD}}{\overline{SB}}$
>
> $\frac{\overline{SC}}{2,2\,\text{cm}} = \frac{4,5\,\text{cm}}{2,5\,\text{cm}} \quad | \cdot 2,2\,\text{cm}$
> $\overline{SC} = \frac{4,5}{2,5} \cdot 2,2\,\text{cm}$
> $= 3,96\,\text{cm}$

Beispiel 2: Längen mit dem 2. Strahlensatz berechnen

Berechne die Länge der Strecke $\overline{SB}$ mit dem **2. Strahlensatz**.

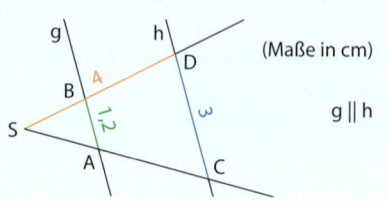

(Maße in cm)

g ∥ h

Lösung:
Von den drei gegebenen und der gesuchten Streckenlänge liegen zwei auf einem Strahl und zwei auf den zugehörigen Parallelen. Stelle den 2. Strahlensatz auf. Setze die Werte ein und stelle die Gleichung nach $\overline{SB}$ um.

2. Strahlensatz: $\dfrac{\overline{SB}}{\overline{SD}} = \dfrac{\overline{AB}}{\overline{CD}}$

$\dfrac{\overline{SB}}{4\,\text{cm}} = \dfrac{1{,}2\,\text{cm}}{3\,\text{cm}} \quad | \cdot 4\,\text{cm}$

$\overline{SB} = \dfrac{1{,}2}{3} \cdot 4\,\text{cm}$

$\phantom{\overline{SB}} = 1{,}6\,\text{cm}$

Basisaufgaben

1. Berechne die gesuchten Streckenlängen. Verwende den 1. Strahlensatz.

a)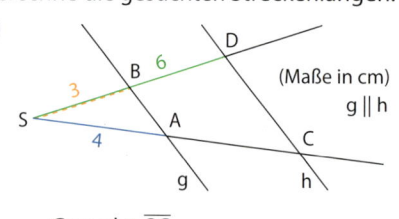

(Maße in cm)
g ∥ h

Gesucht: $\overline{SC}$

b)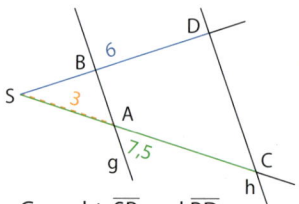

(Maße in cm)
g ∥ h

Gesucht: $\overline{SB}$ und $\overline{BD}$

2. Die Geraden g, h und k sind parallel zueinander. Ergänze nach dem 1. Strahlensatz.

a) $\dfrac{\overline{AC}}{\overline{AB}} = \dfrac{\blacksquare}{\blacksquare}$

b) $\dfrac{\overline{AE}}{\overline{AG}} = \dfrac{\blacksquare}{\blacksquare}$

c) $\dfrac{\overline{AC}}{\blacksquare} = \dfrac{\blacksquare}{\overline{AE}}$

d) $\dfrac{\overline{AF}}{\blacksquare} = \dfrac{\overline{AC}}{\blacksquare}$

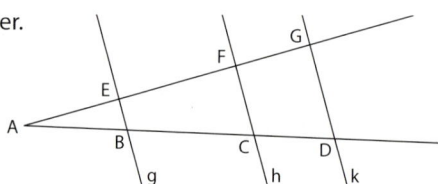

3. Berechne die gesuchten Streckenlängen. Verwende den 2. Strahlensatz.

a)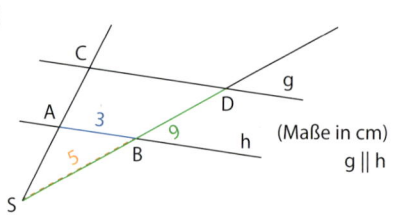

(Maße in cm)
g ∥ h

Gesucht: $\overline{CD}$

b)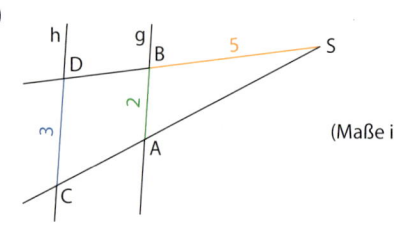

(Maße in cm)
g ∥ h

Gesucht: $\overline{SD}$ und $\overline{BD}$

4. Die Geraden g und h sind parallel zueinander. Ergänze nach dem 2. Strahlensatz.

a) $\dfrac{\overline{BC}}{\overline{EF}} = \dfrac{\overline{AC}}{\blacksquare}$

b) $\dfrac{\overline{EG}}{\overline{BD}} = \dfrac{\overline{EA}}{\blacksquare} = \dfrac{\blacksquare}{\overline{DA}}$

c) $\dfrac{\overline{AG}}{\blacksquare} = \dfrac{\blacksquare}{\overline{BD}}$

d) $\dfrac{\overline{FG}}{\overline{CD}} = \dfrac{\overline{AF}}{\blacksquare} = \dfrac{\overline{EF}}{\blacksquare}$

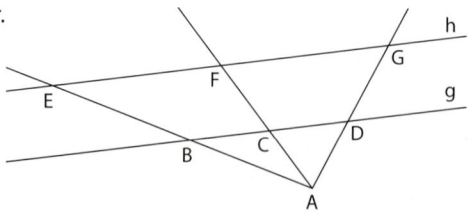

3.5 1. und 2. Strahlensatz

5. Begründe, dass die Gleichung gilt.
  a) $\dfrac{\overline{AB}}{\overline{AC}} = \dfrac{\overline{AD}}{\overline{AE}}$
  b) $\dfrac{\overline{AE}}{\overline{AC}} = \dfrac{\overline{AD}}{\overline{AB}}$
  c) $\dfrac{\overline{DB}}{\overline{EC}} = \dfrac{\overline{AB}}{\overline{AC}}$
  d) $\dfrac{\overline{BD}}{\overline{AB}} = \dfrac{\overline{CE}}{\overline{AC}}$
  e) $\overline{AB} \cdot \overline{AE} = \overline{AD} \cdot \overline{AC}$

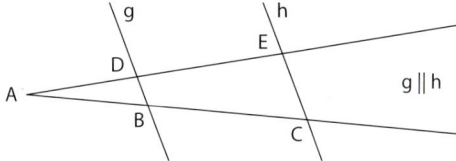

Strahlensätze bei sich schneidenden Geraden

Die Strahlensätze gelten auch dann, wenn es statt der Strahlen zwei Geraden gibt, die sich in einem Punkt schneiden, der zwischen den beiden Parallelen liegt.

> **Wissen: Strahlensätze bei sich schneidenden Geraden**
> Schneiden zwei Geraden mit Schnittpunkt S zwei parallele Geraden, so gilt:
>
> 1. Strahlensatz: $\dfrac{\overline{SA}}{\overline{SC}} = \dfrac{\overline{SB}}{\overline{SD}}$
>
> 2. Strahlensatz: $\dfrac{\overline{AB}}{\overline{CD}} = \dfrac{\overline{SA}}{\overline{SC}}$ und $\dfrac{\overline{AB}}{\overline{CD}} = \dfrac{\overline{SB}}{\overline{SD}}$

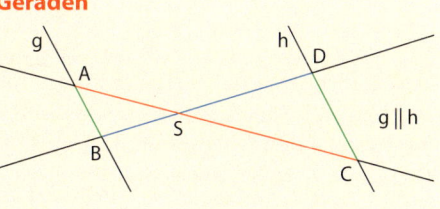

Basisaufgaben

6. In der Figur ist LM ∥ PQ.
  a) Berechne die Länge der Strecke $\overline{NP}$ mit dem 1. Strahlensatz, wenn gilt:
   $\overline{LN} = 4{,}2\,\text{cm}$, $\overline{NQ} = 2{,}8\,\text{cm}$, $\overline{MN} = 5{,}1\,\text{cm}$.
  b) Berechne die Länge der Strecke $\overline{LN}$ mit dem 1. Strahlensatz, wenn gilt:
   $\overline{NQ} = 5\,\text{cm}$, $\overline{NP} = 4\,\text{cm}$, $\overline{MN} = 2\,\text{cm}$.
  c) Berechne die Länge der Strecke $\overline{NP}$ mit dem 2. Strahlensatz, wenn gilt:
   $\overline{LM} = 50\,\text{mm}$, $\overline{PQ} = 35\,\text{mm}$, $\overline{MN} = 80\,\text{mm}$.
  d) Berechne die Länge der Strecke $\overline{PQ}$ mit dem 2. Strahlensatz, wenn gilt:
   $\overline{LN} = 3{,}2\,\text{m}$, $\overline{NQ} = 5{,}6\,\text{m}$, $\overline{LM} = 2{,}4\,\text{m}$.

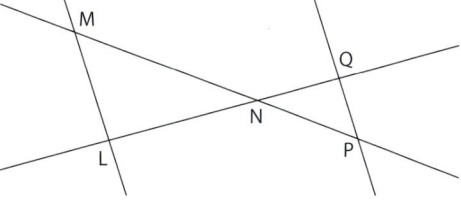

Hinweis zu 6:
Hier findest du die Maßzahlen der Lösungen.

7. Berechne die mit x und y bezeichneten Streckenlängen (Maße in cm).

a)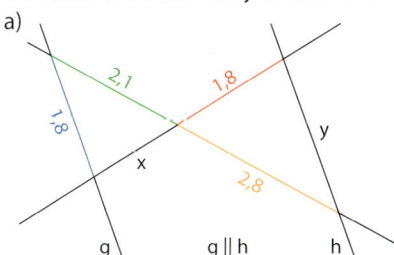

b)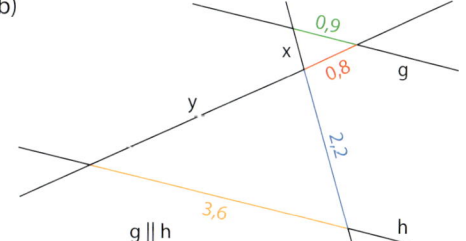

8. Die Geraden g, h und k sind parallel zueinander.
Ergänze nach den Strahlensätzen.
  a) $\dfrac{\overline{AE}}{\overline{AB}} = \dfrac{\overline{AD}}{\blacksquare}$
  b) $\dfrac{\overline{AF}}{\overline{AC}} = \dfrac{\blacksquare}{\overline{AB}}$
  c) $\dfrac{\overline{AB}}{\overline{AG}} = \dfrac{\overline{BC}}{\blacksquare}$
  d) $\dfrac{\overline{AD}}{\blacksquare} = \dfrac{\overline{DE}}{\overline{BC}} = \dfrac{\blacksquare}{\overline{AB}}$

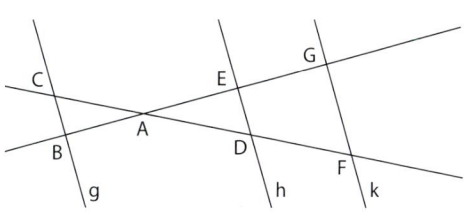

Anwenden der Strahlensätze

Beispiel 3: Mark steht auf waagerechtem Grund 2,7 m von einem 3,2 m hohen Laternenpfahl und 75 m vom Turm einer Burg entfernt. Er sieht die Spitzen von Laterne und Turm direkt hintereinander. Seine Augenhöhe beträgt 1,7 m. Berechne die Höhe des Burgturms.

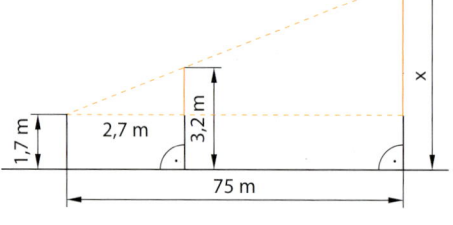

Lösung:
Fertige eine Skizze mit den gegebenen Längen und der gesuchten Länge x an. Der Laternenpfahl und der Turm bilden zwei zueinander parallele Linien. Zusammen mit den beiden Strahlen, die von Marks Augen ausgehen, ergibt sich eine Strahlensatzfigur. Du kannst sie farbig hervorheben.

Mit dem 2. Strahlensatz erhältst du eine Gleichung, welche die gesuchte Länge x enthält.
Löse die Gleichung nach x auf.

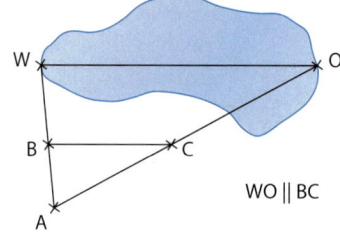

$$\frac{x - 1{,}7\,m}{3{,}2\,m - 1{,}7\,m} = \frac{75\,m}{2{,}7\,m} \qquad |\cdot 1{,}5\,m$$

$$x - 1{,}7\,m = \frac{75}{2{,}7} \cdot 1{,}5\,m \qquad |+ 1{,}7\,m$$

$$x = \frac{75}{2{,}7} \cdot 1{,}5\,m + 1{,}7\,m \approx 43{,}4\,m$$

Der Turm ist etwa 43,4 m hoch.

Basisaufgaben

9. Die Länge einer Ruderstrecke vom Westufer W zum Ostufer O soll ermittelt werden. Da eine direkte Messung nicht möglich ist, werden die Entfernungen $\overline{AW}$, $\overline{AB}$ und $\overline{BC}$ gemessen. Berechne die Länge der Ruderstrecke $\overline{WO}$, wenn gilt: $\overline{AW} = 500\,m$, $\overline{AB} = 10\,m$, $\overline{BC} = 30\,m$.

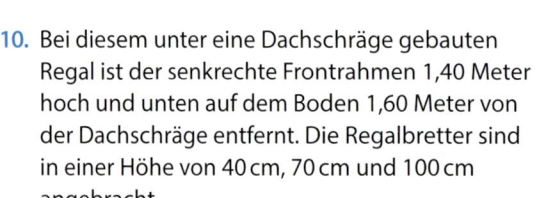

WO ∥ BC

10. Bei diesem unter eine Dachschräge gebauten Regal ist der senkrechte Frontrahmen 1,40 Meter hoch und unten auf dem Boden 1,60 Meter von der Dachschräge entfernt. Die Regalbretter sind in einer Höhe von 40 cm, 70 cm und 100 cm angebracht.
Berechne die Breiten der drei Regalbretter.

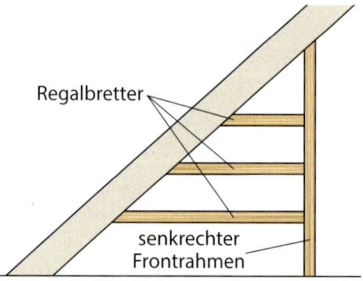

11. Eine 3 m hohe Wand wirft am Boden einen 7 m langen Schatten. Isabel stellt sich möglichst weit entfernt von der Wand hin, aber nur so weit, dass sie sich noch vollständig im Schatten der Wand befindet. Ihre Entfernung zur Wand ist 3,75 m.
Fertige eine Skizze an und berechne die Körpergröße von Isabel.

Weiterführende Aufgaben

12. Erweiterter 1. Strahlensatz: In der Strahlensatzfigur gilt: $\frac{\overline{SA}}{\overline{AC}} = \frac{\overline{SB}}{\overline{BD}}$.

a) Erläutere, dass $\frac{\overline{SC}}{\overline{SA}} = \frac{\overline{SD}}{\overline{SB}}$ gilt. Leite daraus die obige Gleichung her. Setze $\overline{SC} = \overline{SA} + \overline{AC}$ und $\overline{SD} = \overline{SB} + \overline{BD}$.

b) Vervollständige den Satz im Heft: „Das Längenverhältnis zweier Strecken auf einem Strahl ..."

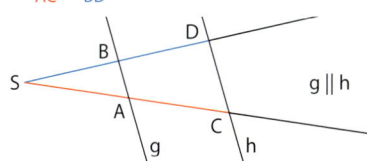

13. Berechne die fehlenden Streckenlängen.
a) a = 4 cm; b = 3 cm; c = 3,2 cm; f = 3,5 cm
b) b = 7,2 m; c = 5,2 m; d = 2,6 m; e = 11,4 m
c) b = c = d = f = 5 cm
d) a = 9 mm; b = 18 mm; c = 15 mm; e = 7 mm
e) a = 48 cm; c = 27 cm; e = 24 cm; f = 42 cm

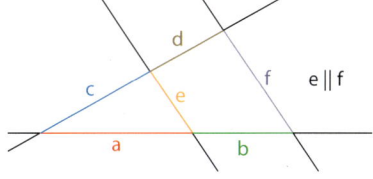

14. Stolperstelle: Prüfe, ob die Gleichungen, die Moritz aufgestellt hat, richtig sind. Falls nicht, korrigiere sie.

a) $\frac{\overline{SN}}{\overline{QS}} = \frac{\overline{NM}}{\overline{PQ}}$ b) $\frac{\overline{PQ}}{\overline{MN}} = \frac{\overline{SP}}{\overline{SN}}$ c) $\frac{\overline{MN}}{\overline{PQ}} = \frac{\overline{SM}}{\overline{MP}}$

d) $\frac{\overline{MP}}{\overline{SM}} = \frac{\overline{SQ}}{\overline{SN}}$ e) $\frac{\overline{SP}}{\overline{PQ}} = \frac{\overline{SM}}{\overline{MN}}$ f) $\frac{\overline{SQ}}{\overline{SM}} = \frac{\overline{SP}}{\overline{SN}}$

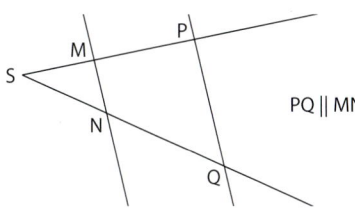

15. In der abgebildeten Figur werden drei Strahlen von zwei parallelen Geraden geschnitten.

a) Es entstehen insgesamt drei Strahlensatzfiguren. Gib für jede Strahlensatzfigur den 1. und den 2. Strahlensatz an.

b) Berechne die gesuchten Streckenlängen.
① f = 4 cm; g = 2 cm; h = 3 cm; gesucht: i
② j = 3 cm; j + k = 9 cm; p = 12 cm; gesucht: n
③ m = 1 cm; n = 4 cm; p = 6 cm; gesucht: l
④ h + n = 8 cm; p = 8 cm; f = 5 cm; g = 10 cm; gesucht: i
⑤ k = 3 cm; j = 2 cm; g = 1 cm; gesucht: f
⑥ f = 3 cm; k = 9 cm; m + l = 12 cm; p = 9 cm; n = 3 cm; gesucht: l, j, g

16. Martin trainiert die Jugendmannschaft des Ruderklubs. Um zu ermitteln, wie schnell die Mannschaft startet, nutzt er zwei Pfähle, die am Ufer auf einer Parallelen zur Fahrtrichtung drei Meter auseinander stehen. Er selbst steht 4 m von jedem Pfahl und 800 m von der Anlegestelle entfernt. Martin hat dazu die Zeichnung rechts angefertigt.

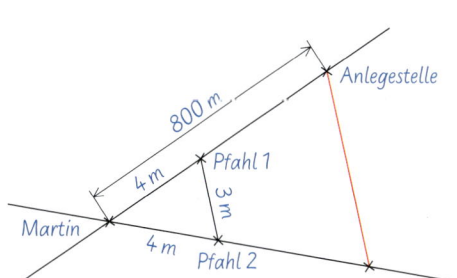

Befindet sich das Boot aus seiner Sicht hinter dem ersten Pfahl, startet Martin die Zeitmessung. Gestoppt wird, wenn er das Boot hinter dem zweiten Pfahl verschwinden sieht.

a) Berechne die Länge der Strecke, die das Boot während der Zeitmessung zurücklegt.
b) Martin hat eine Zeit von 2:30 Minuten gemessen. Berechne, wie schnell die Ruderer gefahren sind.

17. Mit einem Försterdreieck kannst du die Höhe eines Objekts, z. B. eines Baums, bestimmen. Das Dreieck ist rechtwinklig und gleichschenklig. Peilst du über die längere Dreiecksseite den Baum wie in der Zeichnung an, so erhältst du die Höhe h des Baums, indem du h = a + d mit Augenhöhe a und Entfernung d berechnest.
   a) Begründe, warum das Verfahren korrekt ist.
   b) Gib eine Formel an für den Fall, dass das eingesetzte Dreieck nicht gleichschenklig ist.

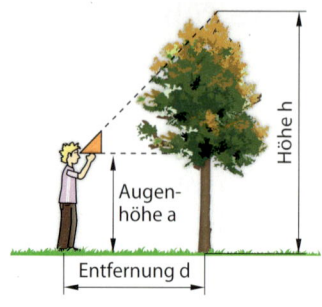

18. Eine Lochkamera lässt Lichtstrahlen durch ein kleines Loch auf eine lichtempfindliche Fläche fallen. Aufgenommene Gegenstände werden also verkleinert dargestellt.
(G: Gegenstandsgröße, g: Gegenstandsweite, B: Bildgröße, b: Bildweite)
   a) Zeige, dass die Gleichung $\frac{G}{B} = \frac{g}{b}$ gilt.
   b) Vervollständige die Tabelle.

	g	G	b	B
①	10 m	1,80 m	10 cm	
②		5 m	10 cm	2,5 cm
③	120 m		7,5 cm	2,5 cm
④	6,3 m	4,2 m		4 cm

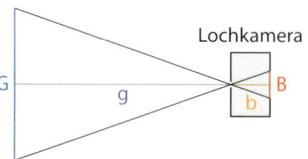

19. Ein gerader Kegel hat den Radius R, die Höhe H und die Mantellinie S. Davon wird ein kleinerer Kegel (Radius r, Höhe h, Mantellinie s) abgeschnitten. Bestimme die gesuchten Größen.
   a) R = 15 cm; H = 20 cm; r = 3,75 cm; gesucht: h
   b) R = 21 cm; r = 6 cm; s = 15,6 cm; gesucht: S

20. Die Sonne hat einen Durchmesser von 1,4 Millionen Kilometern, der Mond ist mit 3476 km Durchmesser vergleichsweise klein. Dennoch kann er bei einer totalen Sonnenfinsternis die Sonne vollständig verdecken, wie am 20. März 2015 auf den Färöer-Inseln zu beobachten war. Die Sonne war zu dieser Zeit 149 Millionen Kilometer von der Erde entfernt.
Berechne, wie groß der Abstand der Erde zum Mond höchstens gewesen sein kann.

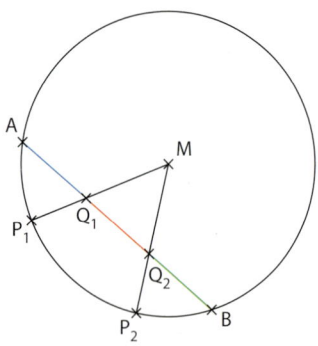

21. Ausblick: In einem Kreis mit zwei Radien soll eine Sehne $\overline{AB}$ eingetragen werden, sodass diese die Radien jeweils in drei gleichlange Teilstrecken teilt.
Zeichne einen Kreis mit dem Mittelpunkt M und zwei Radien $\overline{MP_1}$ und $\overline{MP_2}$. Verlängere die Strecke $\overline{P_1 P_2}$ sowohl über P_1 als auch über P_2 hinaus um die Länge von $\overline{P_1 P_2}$. Es entstehen die Punkte R_1 und R_2. Verbinde R_1 mit M und bezeichne den entstehenden Schnittpunkt mit dem Kreis mit A. Verbinde R_2 mit M und bezeichne den entstehenden Schnittpunkt mit dem Kreis mit B. Begründe mithilfe der Strahlensätze, dass $\overline{AQ_1} = \overline{Q_1 Q_2} = \overline{Q_2 B}$ gilt.

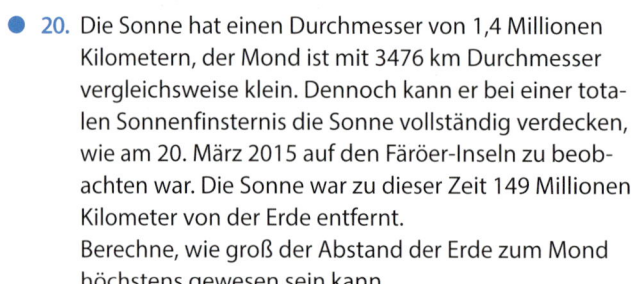

3.6 Umkehrung der Strahlensätze

- Formuliere den 1. und den 2. Strahlensatz in der Wenn-dann-Form und bilde dann jeweils den Kehrsatz. ■

Satz in Wenn-dann-Form

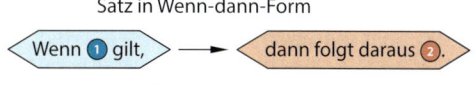

Man kann den ersten Strahlensatz auch umkehren. Dazu nehmen wir an, dass gilt: $\frac{\overline{SC}}{\overline{SA}} = \frac{\overline{SD}}{\overline{SB}}$.

Kehrsatz in Wenn-dann-Form

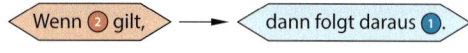

Weil die Streckenverhältnisse $\frac{\overline{SC}}{\overline{SA}}$ und $\frac{\overline{SD}}{\overline{SB}}$ gleich sind, muss es eine zentrische Streckung geben, die das Dreieck SAB auf das vergrößerte Dreieck SCD abbildet.

Da bei einer zentrischen Streckung jede Strecke in der Bildfigur zur entsprechenden Strecke in der Ausgangsfigur parallel ist, folgt, dass AB ∥ CD gilt.

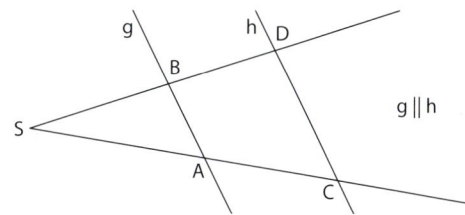

> **Wissen: Umkehrung des 1. Strahlensatzes**
> Schneiden zwei Strahlen mit dem Ausgangspunkt S zwei Geraden g und h und es gilt $\frac{\overline{SA}}{\overline{SC}} = \frac{\overline{SB}}{\overline{SD}}$, so sind die Geraden g und h zueinander parallel.

Beispiel 1:
Prüfe die Parallelität der Geraden AB und CD, wenn die Abschnitte auf den Strahlen folgende Längen haben:
$\overline{SA}$ = 2 cm $\qquad \overline{SB}$ = 2,5 cm
$\overline{SC}$ = 8 cm $\qquad \overline{SD}$ = 10 cm

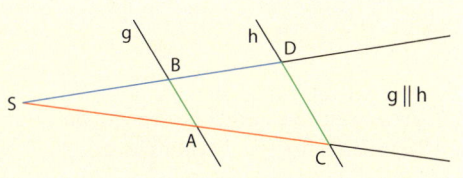

Lösung:
Berechne die Streckenverhältnisse von einander entsprechenden Strecken auf beiden Strahlen.

$\frac{\overline{SA}}{\overline{SC}} = \frac{2\,cm}{8\,cm} = 0{,}25$

$\frac{\overline{SB}}{\overline{SD}} = \frac{2{,}5\,cm}{10\,cm} = 0{,}25$

Bei gleichen Streckenverhältnissen sind sich schneidende Geraden nach dem Kehrsatz des 1. Strahlensatzes zueinander parallel.

Beide Streckenverhältnisse sind gleich, also sind die Geraden AB und CD zueinander parallel.

Basisaufgaben

1. Entscheide, ob AB parallel zu CD ist (siehe Zeichnung zu Beispiel 1).
   a) $\overline{SA}$ = 3 cm; $\overline{SB}$ = 4 cm; $\overline{SC}$ = 5 cm; $\overline{SD}$ = 6 cm
   b) $\overline{SA}$ = 4 cm; $\overline{SB}$ = 6 cm; $\overline{SC}$ = 6 cm; $\overline{SD}$ = 9 cm

2. Bestimme die Länge von $\overline{SD}$ so, dass AB parallel zu CD ist (siehe Zeichnung zu Beispiel 1).
   a) $\overline{SA}$ = 7 cm; $\overline{SB}$ = 4 cm; $\overline{SC}$ = 21 cm \qquad b) $\overline{SA}$ = 6 cm; $\overline{SB}$ = 9 cm; $\overline{SC}$ = 15 cm

Weiterführende Aufgaben

3. **Stolperstelle:** Prüfe, ob die folgenden Aussagen wahr sind.
   a) Falls die Streckenabschnitte auf den Strahlen jeweils im gleichen Verhältnis zueinander stehen, sind die Strahlen parallel zueinander.
   b) Falls die Streckenabschnitte auf den Geraden zueinander im selben Verhältnis stehen wie die Streckenabschnitte auf einem Strahl, so sind die Geraden parallel zueinander.
   c) Falls die Streckenabschnitte auf den Geraden zueinander im selben Verhältnis stehen wie die jeweiligen Streckenabschnitte auf jedem Strahl, so sind die Geraden zueinander parallel.

4. Übertrage die Figur in dein Heft. Konstruiere dann jeweils eine parallele Gerade zu g, indem du auf Strahl b den fehlenden Punkt E einträgst. Begründe die Parallelität mit der Umkehrung des 1. Strahlensatzes.

a)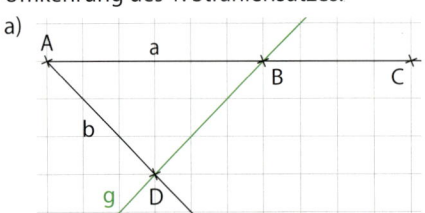
b)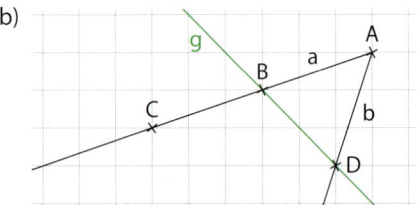

5. In der Zeichnung rechts werden die Geraden g und h von drei anderen Geraden geschnitten. Prüfe, ob die Geraden a, b und c zueinander parallel sind.

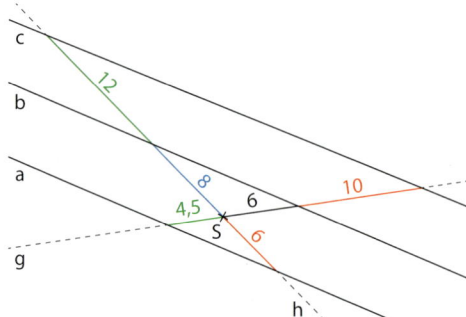

Hinweis:
Nicht jede Umkehrung eines Satzes ist wahr. Es genügt schon ein Gegenbeispiel, um zu zeigen, dass eine Behauptung falsch ist.

6. **Umkehrung des 2. Strahlensatzes:**
   Es gelte $\overline{SA} = 2$ cm, $\overline{AB} = 1$ cm, $\overline{SC} = 5$ cm (siehe maßstäblich verkleinerte Skizze). Der Kreis um C hat einen Radius von 2,5 cm.
   a) Berechne aus diesen Angaben alle Streckenverhältnisse, die nach dem 2. Strahlensatz möglich sind.
   b) **Die Umkehrung des 2. Strahlensatzes gilt nicht.**
      Erkläre anhand der Ergebnisse aus Aufgabe a) und der Zeichnung, warum das so ist.

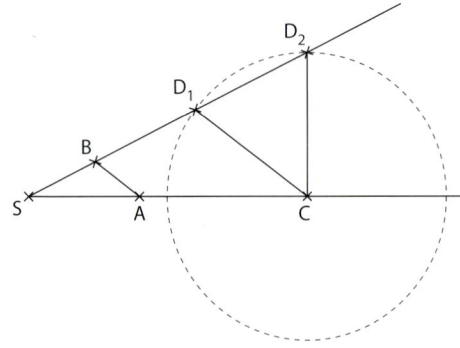

7. **Ausblick:** Formuliere die Umkehrung des Stufenwinkelsatzes. Prüfe, ob er wahr ist, indem du die folgende Begründung fortsetzt:
   „Wenn die Winkel gleich groß sind, die geschnittenen Geraden aber nicht zueinander parallel wären, dann müssten sie sich in einem Punkt …"

3.7 Vermischte Aufgaben

1. Um die Höhe des Kirchturms zu bestimmen, legt Peter einen Spiegel auf den Boden und entfernt sich so weit vom Spiegel, bis er die Kirchturmspitze im Spiegel sehen kann. Peters Mitschüler messen die Entfernungen und fertigen eine Skizze an.

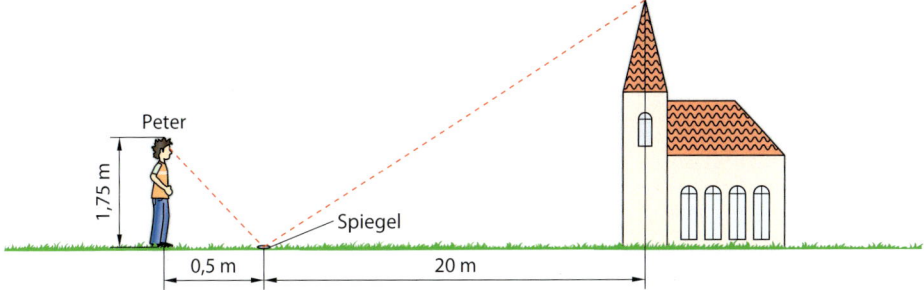

   a) Berechne, wie hoch der Kirchturm ist.
   b) Ermittle mit dieser Methode die Höhen anderer Objekte (z. B. Bäume).

2. In der Abbildung rechts ist der Punkt P' das Bild des Punkts P bei einer zentrischen Streckung mit Z als Streckungszentrum.
Bei der gleichen Streckung soll das Bild von Punkt Q konstruiert werden.
Beschreibe, wie du Q' konstruieren würdest.

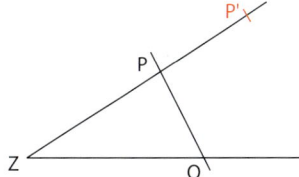

3. Sonne, Mond, Erde und Erbse

   🌱 Eine Erbse von 5 mm Durchmesser verdeckt gerade den 384 000 km entfernten Vollmond, wenn man sie 55 cm vom Auge entfernt hält. Berechne damit den Radius des Mondes.

   🌱 Die Erde hat einen Durchmesser von ca. 12 800 km. Berechne den Ähnlichkeitsfaktor zwischen Erde und Mond (3476 km Durchmesser) sowie zwischen Erde und Sonne (1,4 Mio. km Durchmesser). Gib einen Maßstab an, bei dem die zentrische Streckung zwischen Erde und Sonne auf einem DIN-A4-Blatt darstellbar ist.

   🌱 Berechne: Wie weit vom Auge entfernt müsste man eine Erbse mit 5 mm Durchmesser halten, wenn sie die 149 Mio. km entfernte Sonne mit einem Durchmesser von 1,4 Mio. km ganz verdecken soll?

   🌱 Eine Erbse hat einen Durchmesser von 5 mm. Erstelle ein Spaßfoto, auf dem die Erbse größer zu sein scheint als beispielsweise ein Fußball.

4. Bei der folgenden zentrischen Streckung ist etwas durcheinandergeraten:

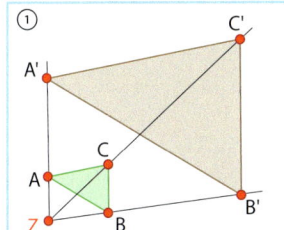 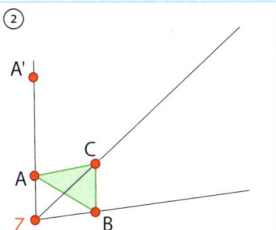 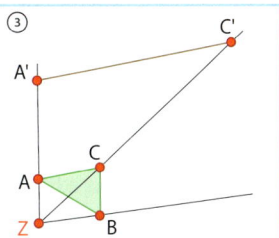

   a) Bringe die Bilder in die richtige Reihenfolge.
   b) Beschreibe die Konstruktion.

Prüfe dein neues Fundament

3. Ähnlichkeit

Lösungen
↗ S. 243

1. Welches Viereck ist aus dem Viereck ① durch maßstäbliche Veränderung hervorgegangen? Gib den Faktor k an.

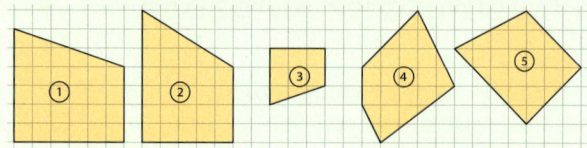

2. Ergänze die begonnene Figur in deinem Heft zu einer maßstäblich vergrößerten oder verkleinerten Figur. Ermittle den Faktor k.

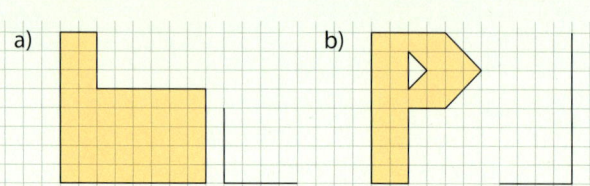

3. Eine Digitalkamera macht Fotos in der Größe 230 mm × 345 mm. Im Fotogeschäft werden zur Nachbestellung der Bilder die üblichen Maße 9 × 13 cm, 10 × 15 cm und 13 × 18 cm angeboten.
   a) Prüfe, ob die angebotenen Maße das ganze Bild wiedergeben.
   b) Gib, wenn möglich, den Verkleinerungsfaktor an.

4. Übertrage die Zeichnung in dein Heft. Überprüfe, ob das Dreieck DEF aus dem Dreieck ABC durch eine maßstäbliche Veränderung hervorgegangen ist. Bestimme dann den zugehörigen Faktor k.

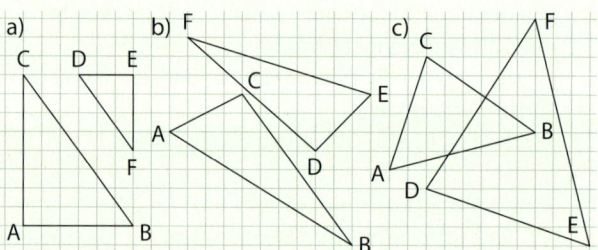

5. Konstruiere die zentrische Streckung eines gleichseitigen Dreiecks ABC mit dem Streckfaktor k und dem Streckzentrum A.
   a) k = 2
   b) k = 0,5
   c) k = −2

6. Gib den Streckfaktor der zentrischen Streckung des Dreiecks ABC mit dem Streckzentrum Z an.

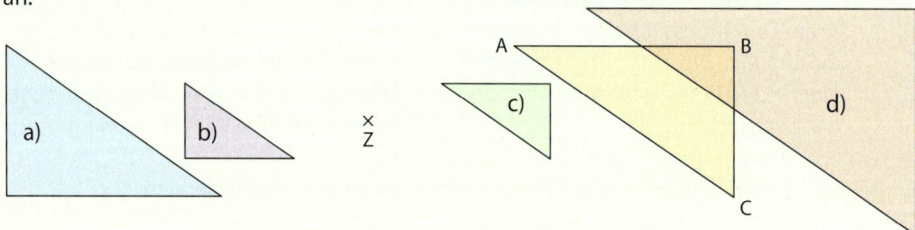

7. Prüfe, ob folgende Aussage wahr ist. Begründe.
   a) Zwei gleichseitige Dreiecke sind stets zueinander ähnlich.
   b) Zwei gleichschenklig-rechtwinklige Dreiecke sind stets zueinander ähnlich.
   c) Zwei rechtwinklige Dreiecke sind stets zueinander ähnlich.
   d) Zwei gleichschenklige Dreiecke mit γ = 50° sind stets zueinander ähnlich.

8. Löse die Gleichung.
   a) $\frac{3}{x} = -\frac{6}{4}$
   b) $\frac{3}{2x+1} = 3$
   c) $1,5 = \frac{9}{5x-4}$

Prüfe dein neues Fundament

9. Die Geraden g und h sind zueinander parallel. Berechne die gesuchte Streckenlänge aus den angegebenen Streckenlängen mithilfe der Strahlensätze. (Alle Größen in cm.)

Lösungen ↗ S. 243

a)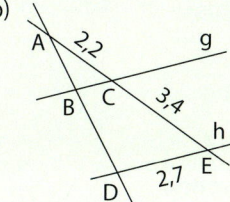
Gesucht: $\overline{BD}$

b)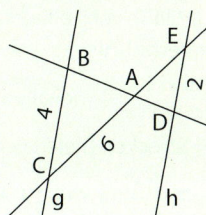
Gesucht: $\overline{BC}$

c)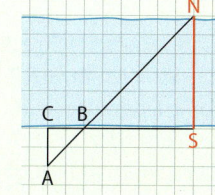
Gesucht: $\overline{AE}$

10. Es soll die Breite eines Flusses vom Südufer S zum Nordufer N bestimmt werden. Da eine direkte Messung nicht möglich ist, wird am Südufer ein Dreieck ABC mit Pfählen markiert. Es werden die Seitenlängen $\overline{AC}$, $\overline{BC}$ und zusätzlich die Länge von $\overline{BS}$ gemessen. Berechne die Breite des Flusses.
a) $\overline{AC} = 1\,m$; $\overline{BC} = 1\,m$; $\overline{BS} = 4\,m$
b) $\overline{AC} = 11{,}2\,m$; $\overline{BC} = 5{,}7\,m$; $\overline{BS} = 13{,}4\,m$

11. Die Klasse 9a experimentiert: Mit Holzlatten verschiedener Längen sollen die Höhen einiger Gebäude berechnet werden. Ermittle jeweils die gesuchte Gebäudehöhe aus den gegebenen Größen zeichnerisch. Wähle einen passenden Maßstab.
a) Länge Holzlatte: 45 cm; Länge Holzlattenschatten: 50 cm; Länge Gebäudeschatten: 7 m
b) Länge Holzlatte: 2,5 m; Länge Holzlattenschatten: 2 m; Länge Gebäudeschatten: 27 m

12. Der Eiffelturm in Paris ist 324 m hoch. Im Jahr 2014 stand in Sichtweite des „echten" Turms ein Modell. Eine Kamera wurde so wie in der Abbildung positioniert. Auf dem Foto lagen die Spitze des Modellturms und die Spitze des Eiffelturms genau übereinander. Die Kamera stand etwa a = 10 m vom Lotfußpunkt des Modellturms entfernt auf der Erde. Die Entfernung vom Lotfußpunkt des Eiffelturms bis zu dem Lotfußpunkt des Modellturms betrug b = 290 m. Ermittle die ungefähre Höhe des Modells.

Wiederholungsaufgaben

1. Bestimme die Nullstelle der Funktion mit der angegebenen Gleichung sowohl grafisch als auch rechnerisch.
 a) $f(x) = -3x + 6$
 b) $g(x) = \frac{1}{2}x - 4$

2. In einer Lostrommel liegen 150 Nieten, 40 Trostpreise und 10 Gewinne. Berechne die Wahrscheinlichkeit, dass man beim zufälligen Ziehen keine Niete zieht.

3. 100 ml Vanille-Eiscreme enthalten 220 kcal. Das kalorienreduzierte Eis desselben Herstellers enthält 90 kcal. Berechne, wie viel Prozent weniger Kalorien die zweite Eissorte enthält.

Zusammenfassung
3. Ähnlichkeit

Figuren maßstäblich vergrößern und verkleinern

Beim **maßstäblichen Vergrößern** oder **Verkleinern** werden alle Strecken einer Figur in gleichem Maße vervielfacht. Daher ist das **Streckenverhältnis**

$k = \frac{\text{neue Streckenlänge}}{\text{alte Streckenlänge}}$ bei allen sich entsprechenden Strecken gleich ($k = \frac{a'}{a} = \frac{b'}{b} = \ldots$).

Die Ausgangsfigur wird für **k > 1 vergrößert**, für **0 < k < 1 verkleinert**.

Einander entsprechende Winkel sind gleich groß ($\alpha = \alpha'$, $\beta = \beta'$, …).

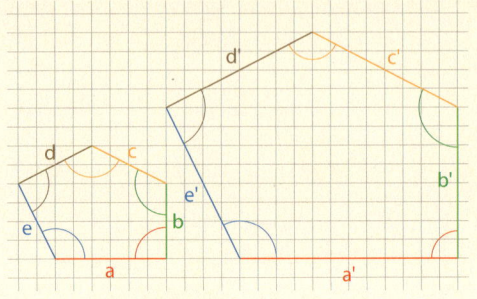

$k = \frac{a'}{a} = \frac{6 \text{ Längeneinheiten}}{3 \text{ Längeneinheiten}}$

$k = 2 \rightarrow k > 1$, also liegt eine Vergrößerung vor.

Zentrische Streckung

Eine zentrische Streckung ist definiert durch das **Streckzentrum** Z und den **Streckfaktor** k. Einen Bildpunkt erhält man nach dieser Vorschrift:
Der Bildpunkt P' liegt auf dem Strahl, der von Z durch P geht, und hat von Z den k-fachen Abstand des Punktes P von Z: $\overline{ZP'} = k \cdot \overline{ZP}$.

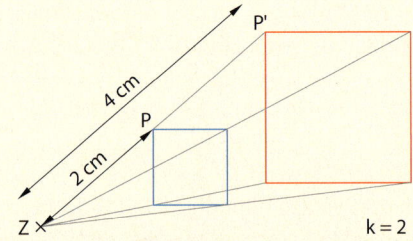

Bei **negativem Streckfaktor** liegt der Bildpunkt P' auf der Geraden durch P und Z in k-facher Entfernung von Z auf dem Strahl, der dem Strahl $\overrightarrow{ZP}$ gegenüberliegt.

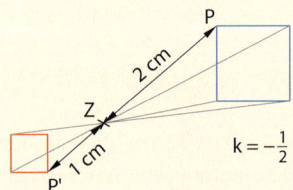

Ähnlichkeitssätze für Dreiecke

Ähnlichkeitssatz www
Stimmen zwei Dreiecke in ihren Innenwinkeln überein, dann sind die Dreiecke zueinander ähnlich.

Die Dreiecke ABC, ADC und DBC stimmen in den Innenwinkeln überein. Sie sind zueinander ähnlich.

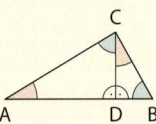

Strahlensätze

Schneiden zwei Strahlen mit dem gemeinsamen Anfangspunkt S zwei zueinander parallele Geraden, so gilt:

1. Strahlensatz: $\frac{\overline{SC}}{\overline{SA}} = \frac{\overline{SD}}{\overline{SB}}$

2. Strahlensatz: $\frac{\overline{AB}}{\overline{CD}} = \frac{\overline{SA}}{\overline{SC}}$ und $\frac{\overline{AB}}{\overline{CD}} = \frac{\overline{SB}}{\overline{SD}}$

Diese Beziehungen gelten auch, wenn zwei Geraden mit dem Schnittpunkt S zwei zueinander parallele Geraden schneiden.

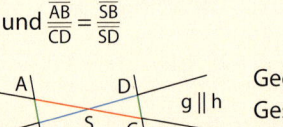

Gegeben: $\overline{SA} = 2{,}8\,\text{m}$; $\overline{SD} = 4{,}0\,\text{m}$; $\overline{SB} = 2{,}5\,\text{m}$
Gesucht: $\overline{SC}$

Lösung: $\frac{\overline{SC}}{\overline{SA}} = \frac{\overline{SD}}{\overline{SB}}$ $\quad | \cdot \overline{SA}$

$\overline{SC} = \frac{\overline{SD} \cdot \overline{SA}}{\overline{SB}}$

$\overline{SC} = \frac{4{,}0\,\text{m} \cdot 2{,}8\,\text{m}}{2{,}5\,\text{m}}$

$\overline{SC} = 4{,}48\,\text{m}$

Gegeben: $\overline{AB} = 1{,}2\,\text{m}$; $\overline{CD} = 2{,}4\,\text{m}$; $\overline{SC} = 1{,}8\,\text{m}$
Gesucht: $\overline{SA}$

Lösung: $\frac{\overline{AB}}{\overline{CD}} = \frac{\overline{SA}}{\overline{SC}}$ $\quad | \cdot \overline{SC}$

$\overline{SA} = \frac{\overline{AB} \cdot \overline{SC}}{\overline{CD}}$

$\overline{SA} = \frac{1{,}2\,\text{m} \cdot 1{,}8\,\text{m}}{2{,}4\,\text{m}}$

$\overline{SA} = 0{,}9\,\text{m}$

4. Quadratwurzeln – Reelle Zahlen

Ein Schachbrett ist quadratisch und besteht aus 64 kleineren Quadraten. Jeder Spieler hat acht Bauern, da eine Seite des Spielfelds die Länge von acht kleinen Quadraten hat. Wie viele Bauern hätte ein Spieler bei einem Schachbrett mit 100 oder 256 Quadraten?

Nach diesem Kapitel kannst du …
- Zahlen quadrieren und die Wurzel aus Zahlen ziehen,
- mit Quadratwurzeln rechnen,
- mithilfe des Flächeninhalts die Seitenlängen von Quadraten bestimmen.

Dein Fundament

4. Quadratwurzeln – Reelle Zahlen

Lösungen
↗ S. 244

Quadratzahlen

1. Multipliziert man eine natürliche Zahl mit sich selbst, erhält man eine Quadratzahl. Gib an, ob die gegebene Zahl eine Quadratzahl ist.
   a) 36   b) 60   c) 81   d) 121   e) 164   f) 300

2. Gib an, zwischen welchen beiden benachbarten Quadratzahlen die gegebene Zahl liegt.
   a) 2   b) 17   c) 50   d) 83   e) 99   f) 250

3. Prüfe, durch welche der Quadratzahlen auf den Kärtchen die gegebene Zahl teilbar ist.

   | 100 | 4 | 16 | 9 | 25 |

   a) 48   b) 75   c) 144   d) 200   e) 900   f) 3600

Potenzen

4. Berechne. Schreibe zunächst die Potenzen als Produkte.
   a) 7^2 b) $(-10)^3$ c) $0{,}2^3$ d) $(3+5)^2$ e) $(-1)^2 + (-1)^3$
   f) $\left(\frac{1}{2}\right)^2$ g) $5^2 \cdot 5^2$ h) $\left(\frac{2}{3}\right)^2 \cdot \frac{2}{3}$ i) $3^4 : 3^2$ j) $\frac{5^2}{125}$

5. Berechne mit dem Taschenrechner. Gib zunächst einen Überschlag an.
   a) $1{,}54^2$ b) $(-0{,}27)^2$ c) $0{,}19^3$ d) $8{,}005^2$ e) $0{,}029^2$

6. Ordne den Potenzen ihre Endziffern zu.

   Endziffer 9 | $1{,}8^3$ | Endziffer 3 | $0{,}3^5$ | Endziffer 1 | $232{,}5^2$ | 2327^2
   $1{,}9^2$ | Endziffer 5 | 134^4 | Endziffer 6 | 15^4 | Endziffer 2 | 14^2

7. Berechne mit dem Taschenrechner. Was stellst du fest?
   a) $2 - x^2$ für x = 1,3 (1,4; 1,41; 1,414)   b) $5 - x^2$ für x = 2,1 (2,2; 2,23; 2,236)

8. Ordne die Terme nach der Größe ihrer Werte. Beginne mit der kleinsten Zahl.
   a) 12^2; $(-9)^2$; $(-0{,}1)^2$; 17^2; $\left(\frac{1}{3}\right)^2$ b) $0{,}5^2$; 5^2; $0{,}1^3$; $1{,}5^2$; $(-1)^2$
   c) $\left(\frac{1}{2}\right)^3$; $\frac{3}{3^2}$; $0{,}5^2$; $(-1)^3$; $(-2)^2$ d) $(-0{,}2)^3$; $\frac{1}{5}$; $0{,}9^2$; $(-3)^3$; $(-4)^2$

Produkte

9. Berechne.
   a) $19 \cdot (-19)$ b) $-0{,}7 \cdot (-0{,}7)$ c) $-8 \cdot 8 \cdot (-8)$ d) $-0{,}2 \cdot 0{,}2 \cdot (-0{,}2)$

10. Ergänze die fehlende Zahl im Heft.
    a) ■ = 9 · 1000   b) 160 = 16 · ■   c) 4900 = ■ · 100   d) 40 000 = 4 · ■
    e) ■ = 17 · 0,01   f) 6,4 = ■ · 0,1   g) 1,21 = 121 · ■   h) 0,0025 = 25 · ■

11. Zerlege die Zahl in ein Produkt aus Primfaktoren.
    Beispiel: 90 = 2 · 3 · 3 · 5
    a) 12   b) 40   c) 98   d) 300   e) 225   f) 112

Flächeninhalt von Quadraten

Lösungen
S. 244

12. Ermittle den Flächeninhalt eines Quadrats mit der angegebenen Seitenlänge.
    a) 3 cm b) 0,5 m c) 1,2 km d) 1 m e) 1,1 dm

13. Gib die Seitenlänge eines Quadrats mit dem gegebenen Flächeninhalt an.
    a) 25 cm² b) 100 m² c) 81 km² d) 144 dm² e) 1 ha

14. Die farbige Figur besteht aus Quadraten. Der Flächeninhalt des blauen Quadrats beträgt 1 cm², der des gelben 9 cm². Welchen Flächeninhalt hat das grüne Quadrat? (Zeichnung nicht maßstabsgetreu)

15. Gib das Volumen eines Würfels an, dessen Seitenfläche einen Flächeninhalt von 9 cm² hat.

16. Gib die Kantenlänge eines Würfels an, dessen Oberfläche 1,5 cm² groß ist.

Vermischtes

17. Überprüfe, ob die in den Klammern angegebenen Zahlen Lösungen der Gleichung sind.
    a) $(x - 4) \cdot 7 = 0$ $(-7; -4; 0; 4; 7)$
    b) $(x - 5) \cdot (x + 5) = 0$ $(-5; 0; 5)$
    c) $x^2 = 81$ $(-9; 0; 9)$
    d) $x \cdot (x + 1) = 0$ $(-1; 0; 1)$

18. Gib die Lösungsmenge der Gleichung an.
    a) $2x + 3 = 17$ b) $5 + x = x - 4$ c) $3x - 3 = x - 1$ d) $-x - 4 = -4 - x$

19. Paul behauptet: „60 ist durch alle natürlichen Zahlen von 1 bis 12 teilbar, denn es gilt 60 : 1 = 60; 60 : 2 = 30; 60 : 3 = 20; 60 : 4 = 15…" Überprüfe Pauls Behauptung.

20. Gib drei natürliche Zahlen an, die nicht durch 4 teilbar sind, aber deren Quadrat durch 4 teilbar ist.

21. Übertrage die Tabelle in dein Heft und vervollständige sie.

Produkt aus Faktoren 10	10 · 10 · 10				
Potenzschreibweise (Basis 10)			10^5		10^8
in Worten		eine Million		einhundert	

22. Ermittle durch Probieren die Seitenlängen eines Rechtecks, dessen eine Seite 3 cm länger als die andere ist und dessen Flächeninhalt 40 cm² beträgt.

23. Ein Quader ist 2 cm lang, 4 cm breit und 8 cm hoch. Berechne die Kantenlänge eines Würfels mit dem gleichen Volumen.

24. Kürze den Bruch so weit wie möglich.
    a) $\frac{63}{28}$ b) $\frac{13}{52}$ c) $\frac{12}{196}$ d) $\frac{114}{200}$ e) $\frac{175}{84}$

25. Löse die Klammern auf. Du kannst die Binomischen Formeln anwenden.
    a) $(3 + x)^2$ b) $(b - 4)^2$ c) $(a - 9)(a + 9)$ d) $(3y + 6)^2$ e) $(u - 4v)^2$

4. Quadratwurzeln – Reelle Zahlen

4.1 Quadrieren und Wurzelziehen

■ Jeder grünen Karte lässt sich eine blaue Karte zuordnen.
a) Ordne jeder Zahl auf einer grünen Karte eine blaue Karte zu und ermittle die beiden fehlenden Zahlen auf den blauen Karten. Begründe deine Zuordnung.
b) Ordne jeder blauen Karte eine grüne Karte zu. Ermittle die fehlenden Zahlen. Beschreibe dein Vorgehen.
c) Erkläre, wie man von den grünen zu den blauen Karten gelangt und umgekehrt. Vergleiche. ■

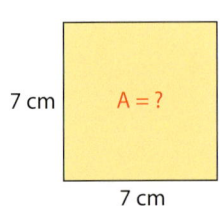

1,3	9	●
$\frac{1}{2}$	12	10
●	8	0,2
$\frac{1}{4}$	●	1,69
144	100	●
$\frac{1}{100}$	81	361

Quadrieren

Hinweis: Das Quadrieren ist ein Spezialfall des Potenzierens (Exponent 2).

Beim **Quadrieren** einer Zahl wird diese Zahl mit sich selbst multipliziert.

Beispiel: $7^2 = 7 \cdot 7 = 49$
Das Quadrat der Zahl 7 ist 49.

Anschaulich kann man sich vorstellen, dass zur Seitenlänge eines Quadrats der Flächeninhalt berechnet wird.

$A = (7\,\text{cm})^2 = 49\,\text{cm}^2$

Beispiel 1: Quadriere die Zahl.
a) 16   b) 0,9   c) $\frac{3}{7}$ d) $-1{,}1$

Lösung:
a) Beim Quadrieren multiplizierst du die Zahl mit sich selbst.
$16^2 = 16 \cdot 16 = 256$

b) Bei Dezimalzahlen hat das Quadrat genau doppelt so viele Nachkommastellen wie die Ausgangszahl.
$0{,}9^2 = 0{,}9 \cdot 0{,}9 = 0{,}81$

c) Bei Brüchen kannst du Zähler und Nenner einzeln quadrieren.
$\left(\frac{3}{7}\right)^2 = \frac{3}{7} \cdot \frac{3}{7} = \frac{9}{49}$

d) Das Quadrat von negativen Zahlen ist positiv, denn minus mal minus ergibt plus.
$(-1{,}1)^2 = (-1{,}1) \cdot (-1{,}1) = 1{,}21$

Basisaufgaben

1. Berechne.
   a) 8^2 b) $0{,}3^2$ c) $(-5)^2$ d) $\left(\frac{1}{10}\right)^2$ e) $(-0{,}1)^2$

2. Berechne.
   a) $(2{,}5 + 3{,}5)^2$ b) $(9 - 13)^2$ c) $(5 \cdot 0{,}1)^2$ d) $(3 - 3)^2$ e) $\left(\frac{1}{2} + \frac{1}{3}\right)^2$

4.1 Quadrieren und Wurzelziehen

Quadratwurzeln

Sucht man zum Quadrat einer Zahl die Zahl, die quadriert wurde, so nennt man dies **Ziehen** der **Quadratwurzel** oder **Wurzelziehen**.

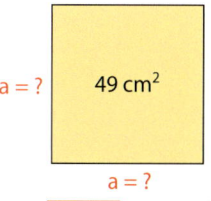

Beispiel: Die Wurzel aus 49 ist 7, denn 7 · 7 = 49.
Man schreibt: $\sqrt{49} = 7$.

Anschaulich kann man sich vorstellen, dass zum gegebenen Flächeninhalt eines Quadrats dessen Seitenlänge berechnet wird.

$a = \sqrt{49 \text{ cm}^2} = 7 \text{ cm}$

Damit sich die Quadratwurzel eindeutig berechnen lässt, wurde festgelegt, dass nur die positive Zahl 7 Quadratwurzel von 49 ist, aber **nicht** die negative Zahl –7, obwohl auch $(-7)^2 = 49$ ist.

Hinweis: Die Quadratwurzel wird auch zweite Wurzel genannt. Statt $\sqrt[2]{a}$ schreibt man oft nur $\sqrt{a}$.

> **Wissen: Quadratwurzel**
> Die **Quadratwurzel** aus einer Zahl a mit **a ≥ 0** ist diejenige Zahl b mit **b ≥ 0**, die mit sich selbst multipliziert a ergibt. Es gilt $\sqrt{a} = b$, da $b^2 = a$ ist.
> Aus einer **negativen Zahl** kann **keine Quadratwurzel** gezogen werden. Genauso kann die **Quadratwurzel** einer Zahl **nicht negativ** sein. Die Quadratwurzel aus **null** ist **null**.

Hinweis: Die Zahl bzw. den Term unter dem Wurzelzeichen nennt man Radikand, das Wurzelziehen auch Radizieren.

Das Quadrieren ist die **Umkehrung** zum Wurzelziehen, da gilt: $(\sqrt{a})^2 = a$ für alle a ≥ 0.
Das Wurzelziehen ist nur für nicht negative Zahlen die Umkehrung des Quadrierens, da gilt: $\sqrt{a^2} = |a|$ für alle a.

Beispiel 2: Berechne, falls möglich, die Wurzel ohne Taschenrechner.
a) $\sqrt{36}$ b) $\sqrt{2500}$ c) $\sqrt{0{,}0064}$ d) $\sqrt{\frac{9}{25}}$ e) $\sqrt{-16}$

Lösung:
a) $36 = 6^2$ ist eine Quadratzahl. $\sqrt{36} = 6$, denn 6 · 6 = 36.

b) 2500 enthält die Quadratzahl 25. Das Ergebnis hat halb so viele Nullen am Ende wie die Zahl unter der Wurzel.
Es gilt: $5^2 = 25$
$50^2 = 2500$
$\sqrt{2500} = 50$, denn 50 · 50 = 2500.

c) 0,0064 enthält die Quadratzahl 64. Das Ergebnis hat halb so viele Nachkommastellen wie die Zahl unter der Wurzel.
Es gilt: $8^2 = 64$
$0{,}8^2 = 0{,}64$
$0{,}08^2 = 0{,}0064$
$\sqrt{0{,}0064} = 0{,}08$, denn 0,08 · 0,08 = 0,0064.

d) Aus Zähler 9 und Nenner 25 kannst du einzeln die Quadratwurzel ziehen.
$\sqrt{\frac{9}{25}} = \frac{3}{5}$, denn $\frac{3}{5} \cdot \frac{3}{5} = \frac{9}{25}$.

e) Aus der negativen Zahl –16 kann man keine Wurzel ziehen.
$\sqrt{-16}$ kann man nicht berechnen, da es keine Zahl gibt, deren Quadrat negativ ist.

Hinweis zu 4: Hier findest du, wenn vorhanden, die Lösungen. Alle Brüche wurden gekürzt.

Basisaufgaben

3. Berechne die Wurzel im Kopf.
   a) $\sqrt{25}$ b) $\sqrt{49}$ c) $\sqrt{1}$ d) $\sqrt{144}$ e) $\sqrt{324}$
   f) $\sqrt{100}$ g) $\sqrt{8100}$ h) $\sqrt{10\,000}$ i) $\sqrt{640\,000}$ j) $\sqrt{25\,600}$

4. Berechne, falls möglich, die Wurzel ohne Taschenrechner.
   a) $\sqrt{0{,}81}$ b) $\sqrt{0{,}0016}$ c) $\sqrt{-0{,}01}$ d) $\sqrt{2{,}56}$ e) $\sqrt{0}$
   f) $\sqrt{\frac{1}{4}}$ g) $\sqrt{\frac{81}{36}}$ h) $\sqrt{\frac{-4}{9}}$ i) $\sqrt{\frac{32}{128}}$ j) $\sqrt{\frac{20}{45}}$

4. Quadratwurzeln – Reelle Zahlen

5. Ergänze die Tabelle im Heft. Berechne ohne Taschenrechner.

x	25		$\frac{4}{9}$	625		0,09				1,44
$\sqrt{x}$		3,5			0,03		$\frac{2}{3}$	$\sqrt{144}$	$\sqrt{5}$	

Erinnere dich:
1 ha = 10 000 m²

6. Berechne die Seitenlänge eines Quadrats mit dem angegebenen Flächeninhalt.
   a) 64 m²   b) 1,21 cm²   c) 400 dm²   d) 2,89 km²   e) 1,69 ha

Beispiel zu 7:
$\sqrt{(-2)^2} = \sqrt{4} = 2$

7. Ziehe die Wurzel. Berechne, wenn nötig, zuerst den Term unter der Wurzel.
   a) $\sqrt{20+5}$ b) $\sqrt{3 \cdot 12}$ c) $\sqrt{0{,}4^2}$ d) $\sqrt{3^2+4^2}$ e) $\sqrt{(-11)^2}$
   f) $\sqrt{3^2}$ g) $\sqrt{(-16)^2}$ h) $(\sqrt{16})^2$ i) $-\sqrt{(16)^2}$ j) $\sqrt{\left(-\frac{2}{3}\right)^2}$

Weiterführende Aufgaben

8. Berechne die Wurzeln, die sich im Kopf berechnen lassen. Formuliere eine Regel zu Nullen und Nachkommastellen beim Wurzelziehen.
   a) $\sqrt{9}$ $\sqrt{90\,000}$ $\sqrt{0{,}09}$ $\sqrt{0{,}0009}$ $\sqrt{900}$
   b) $\sqrt{225}$ $\sqrt{2{,}25}$ $\sqrt{22\,500}$ $\sqrt{0{,}0225}$ $\sqrt{2\,250\,000}$
   c) $\sqrt{400}$ $\sqrt{40}$ $\sqrt{4}$ $\sqrt{0{,}4}$ $\sqrt{0{,}04}$

9. Begründe.
   a) 0,8 ist die Quadratwurzel von 0,64.
   b) 0,07 ist nicht die Quadratwurzel von 0,49.
   c) $2\frac{1}{3}$ ist die Quadratwurzel von $5\frac{4}{9}$.
   d) –5 ist nicht die Quadratwurzel von 25.
   e) $\sqrt{(-3)^2} = 3$
   f) $\sqrt{(-a)^2} = a$

10. Ordne die Zahlen ohne Taschenrechner der Größe nach. Beginne mit der kleinsten Zahl.
    a) $\sqrt{\frac{3600}{25}}$; $\sqrt{121}$; 10; $\frac{4}{3}$; 4^2
    b) 5,75; $\sqrt{4+7 \cdot 3}$; $2{,}5^2$; $\sqrt{6^2}$; $\sqrt{\frac{233+9}{10-2}}$

11. **Stolperstelle:** Erkläre den Fehler und korrigiere.
    a) $\sqrt{-36} = 6$ b) $\sqrt{6} = 3$ c) $\sqrt{(-10)^2} = -10$ d) $\sqrt{0{,}4} = 0{,}2$

12. Nimm Stellung zu Lauras Aussage:
    „Da $(-3)^2 = 9$ ist und 3^2 auch 9 ist, gilt $\sqrt{9} = 3$ und $\sqrt{9} = -3$."

● 13. Vereinfache möglichst ohne Wurzelziehen oder Quadrieren. Erläutere dein Vorgehen.
    a) $\sqrt{11^2}$ b) $(\sqrt{36})^2$ c) $\sqrt{(-7)^2}$ d) $\sqrt{a^2}$ e) $(\sqrt{b})^2$

14. Die Figur rechts enthält sechs Quadrate.
    a) Ermittle die Längen der Außenseiten a und b.
    b) Betrachte das rote und das blaue Quadrat. Ermittle das Verhältnis der Flächeninhalte dieser Quadrate. Vergleiche mit dem Verhältnis der Seitenlängen. Prüfe die Verhältnisse für weitere Quadrate. Erstelle dazu eine Tabelle.
    c) Zeige, dass man die weiße Fläche im Innern der Figur durch Quadrate vollständig und ohne Überlappung ausfüllen kann.

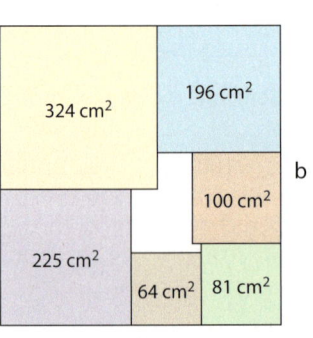

4.1 Quadrieren und Wurzelziehen

15. Eine quadratische Viehweide von 40 000 m² Größe soll eingezäunt werden. Berechne, wie viele Rollen Drahtzaun man mindestens benötigt, wenn auf einer Rolle 30 m sind.

16. Herr Meyer hat ein rechteckiges Grundstück mit den Seitenlängen 25 m und 64 m. Herr Schulze hat ein quadratisches Grundstück mit gleichem Flächeninhalt. Zeige, dass Herr Schulze weniger Material zum Einzäunen des gesamten Grundstücks benötigt als Herr Meyer.

17. Ermittle ohne Taschenrechner, zwischen welchen beiden benachbarten natürlichen Zahlen die Quadratwurzel liegt.
 a) $\sqrt{30}$ b) $\sqrt{6}$ c) $\sqrt{99}$ d) $\sqrt{150}$ e) $\sqrt{0{,}1}$ f) $\sqrt{1{,}9}$

Beispiel zu 17:
$\sqrt{10}$ liegt zwischen 3 und 4, da $3 = \sqrt{9} < \sqrt{10} < \sqrt{16} = 4$

18. Wurzelziehen mit dem Taschenrechner: Berechne mit dem Taschenrechner und runde auf zwei Nachkommastellen.
 a) $\sqrt{2}$ b) $\sqrt{5}$ c) $\sqrt{1000}$ d) $\sqrt{6{,}1}$ e) $\sqrt{77{,}23}$ f) $\sqrt{\frac{1}{3}}$

19. Berechne mit dem Taschenrechner. Runde das Ergebnis sinnvoll.
 a) $1 - 3 \cdot \sqrt{2}$ b) $\sqrt{8} + \sqrt{8}$ c) $\sqrt{5{,}3^2 + 4{,}1^2}$ d) $\frac{\sqrt{6+1}+1}{2 \cdot \sqrt{3}}$

20. Kubikwurzeln:
 a) Ein Quadrat ist 144 m² groß. Berechne, wie lang eine Seite des Quadrats ist.
 b) Ein Würfel hat ein Volumen von 27 cm³. Ermittle, wie lang seine Kanten sind.
 c) In Aufgabe a) zieht man die Quadratwurzel ($\sqrt[2]{x}$), in b) die Kubikwurzel ($\sqrt[3]{x}$). Erkläre die Begriffe. Finde weitere Beispiele für Kubikwurzeln.

● 21. Berechne die Kubikwurzel ohne Taschenrechner.
 a) $\sqrt[3]{1000}$ b) $\sqrt[3]{64}$ c) $\sqrt[3]{8}$ d) $\sqrt[3]{7^3}$ e) $\sqrt[3]{8 \cdot 64}$ f) $\sqrt[3]{\frac{27}{8}}$

22. Berechne die Kubikwurzeln $\sqrt[3]{213}, \sqrt[3]{43}, \sqrt[3]{73}$ mit dem Taschenrechner und runde.

23. Berechne ohne Taschenrechner.
 a) $\sqrt{14^2}$ b) $(\sqrt{3})^2$ c) $(\sqrt{(-2)^2})^2$ d) $\sqrt{(\sqrt{16})^2}$

● 24. Gib an, für welche Zahlen der Wurzelterm berechnet werden kann. Der Radikand darf nicht negativ sein.
 a) $\sqrt{a+3}$ b) $\sqrt{-5+x}$ c) $\sqrt{3b+12}$ d) $\sqrt{2s-6+3s}$

Beispiel zu 24:
$\sqrt{a+5}$
Es muss $a + 5 \geq 0$ sein. Also kann der Wurzelterm nur für alle rationalen Zahlen ≥ -5 berechnet werden.
Man schreibt:
$a \geq -5$.

● 25. Gib an, für welche Zahlen der Wurzelterm berechnet werden kann. Vereinfache dann.
 a) $-(\sqrt{x})^2$ b) $\sqrt{(-a)^2}$ c) $\sqrt{(1-z)^2}$ d) $(\sqrt{1-z})^2$

● 26. Ausblick: Das blaue Quadrat hat einen Flächeninhalt von 1 dm². Vom darunter liegenden grünen Quadrat ist noch 1 dm² zu sehen. Das gelbe Quadrat hat insgesamt den doppelten Flächeninhalt des grünen Quadrats.
 a) Berechne die Seitenlängen aller drei Quadrate.
 b) Welche Seitenlänge und welchen Flächeninhalt hätte das nächstkleinere Quadrat, das man in das blaue Quadrat legen könnte?

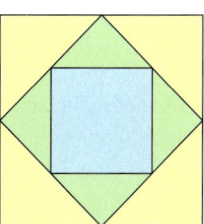

4.2 Quadratische Gleichungen der Form $x^2 = a$

■ Prüfe durch Einsetzen, welche der Zahlen auf den Kärtchen Lösungen der Gleichung $x^2 = 0{,}25$ sind.
Gib an, wie viele verschiedene Lösungen die Gleichung hat. ■

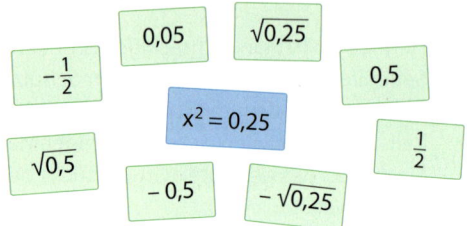

Die quadratische Gleichung $x^2 = 36$ wird von allen Zahlen gelöst, deren Quadrat 36 ist. Dies trifft auf die Quadratwurzel aus 36 zu, denn es gilt $(\sqrt{36})^2 = 6^2 = 36$. Aber auch die Gegenzahl der Quadratwurzel aus 36 ist Lösung, denn es gilt $(-\sqrt{36})^2 = (-6)^2 = 36$.

Die Gleichung $x^2 = 36$ hat genau zwei Lösungen $x_1 = \sqrt{36} = 6$ und $x_2 = -\sqrt{36} = -6$, sie unterscheiden sich nur im Vorzeichen.

Hinweis:
Für alle $a \geq 0$ gilt
$(\sqrt{a})^2 = a$ und
$(-\sqrt{a})^2 = a$.

Wissen: Quadratische Gleichungen der Form $x^2 = a$
Die quadratische Gleichung $x^2 = a$ hat
– für $a > 0$ **die beiden Lösungen** $x_1 = \sqrt{a}$ und $x_2 = -\sqrt{a}$,
– für $a = 0$ nur **die Lösung** $x = 0$,
– für $a < 0$ **keine Lösung**.

Beispiel 1: Löse die Gleichung.
a) $x^2 = 1{,}44$ b) $x^2 = -64$

Lösung:
a) Gesucht sind alle Zahlen, die quadriert $x^2 = 1{,}44$
1,44 ergeben.
Als Lösungen ergeben sich die positive $x_1 = \sqrt{1{,}44} = 1{,}2$ $x_2 = -\sqrt{1{,}44} = -1{,}2$
und die negative Wurzel aus 1,44.   L = {1,2; –1,2}

b) Gesucht sind alle Zahlen, die quadriert $x^2 = -64$
–64 ergeben.
Es gibt aber keine Zahl, deren Quadrat   Die Gleichung hat keine Lösung.
negativ ist.   L = { }

Basisaufgaben

Hinweis zu 3:
Hier findest du die gerundeten Lösungen.

1. Löse die Gleichung.
   a) $x^2 = 81$ b) $x^2 = 100$ c) $x^2 = 4900$ d) $x^2 = -12\,100$ e) $x^2 = 256$

2. Löse die Gleichung.
   a) $x^2 = 0{,}64$ b) $x^2 = 0{,}16$ c) $0{,}04 = x^2$ d) $x^2 = 1{,}69$ e) $x^2 = 6{,}25$

3. Gib die Lösungen der Gleichung mit Wurzeln und mithilfe eines Taschenrechners gerundet als Dezimalzahl an.
   Beispiel:
   $x^2 = 10$ Lösungen: $x_1 = \sqrt{10} \approx 3{,}16$ und $x_2 = -\sqrt{10} \approx -3{,}16$
   a) $x^2 = 2$ b) $x^2 = 20$ c) $x^2 = 200$ d) $x^2 = 0{,}9$ e) $x^2 = 1000$

3.2 Quadratische Gleichungen der Form $x^2 = a$

Weiterführende Aufgaben

4. Stelle zu den Lösungen eine passende quadratische Gleichung auf.
   a) $x_1 = 7$; $x_2 = -7$
   b) $x_1 = 0{,}1$; $x_2 = -0{,}1$
   c) keine Lösung
   d) $x_1 = \sqrt{8}$; $x_2 = -\sqrt{8}$

5. Löse die Gleichung und gib die Lösungsmenge an.
   a) $x^2 = \frac{4}{9}$
   b) $\frac{64}{121} = x^2$
   c) $y^2 = -\frac{16}{25}$
   d) $x^2 = 2\frac{1}{4}$

6. Bestimme, welche Gleichung zu welcher Lösungsmenge gehört.

   $x^2 = 2$ $y^2 = 0{,}4$ $0 = 2 + x^2$ $L = \{0{,}2; -0{,}2\}$ $L = \{\}$ $L = \{\sqrt{2}; -\sqrt{2}\}$

   $0{,}04 = x^2$ $x^2 + 2 = 2$ $4 = a^2$ $L = \{2; -2\}$ $L = \{0\}$ $L = \{\sqrt{0{,}4}; -\sqrt{0{,}4}\}$

7. Forme die Gleichung zuerst um. Gib dann die Lösungsmenge an.
   a) $x^2 - 34 = 15$
   b) $x^2 - 0{,}01 = 0$
   c) $16 + x^2 = 0$
   d) $-9 = -90 + y^2$
   e) $5x^2 = 45$
   f) $4y^2 = 16$
   g) $-x^2 - 1 = 0$
   h) $-1{,}92 = -3a^2$

   Hinweis: Um die Lösung zu berechnen, musst du die Gleichung zunächst umformen.
   Beispiel:
   $x^2 - 8 = 17 \quad |+8$
   $x^2 = 25$

8. **Stolperstelle:** Prüfe die Aussagen und Rechnungen. Korrigiere, wenn nötig.
   a) Sandro sagt: „Die Gleichung $x^2 = 36$ hat die Lösungen $x_1 = 6$ und $x_2 = -6$. Die beiden Lösungen sind auch Quadratwurzeln von 36, denn ihre Quadrate sind jeweils 36."
   b) Marie sagt: Maries Lösung:
   „Ich löse die Gleichung $x^2 - 2{,}8 = 0$ $x^2 - 2{,}8 = 0 \quad |+2{,}8$
   durch Umformen." $x^2 = 2{,}8 \quad |$ Ziehen der Quadratwurzel
      $x = 1{,}67$
   c) Timo löst die Gleichung $x^2 = 5$. Er sagt: „Ich berechne $\sqrt{5}$ mit dem Taschenrechner und erhalte als Lösungen $x_1 = 2{,}236$ und $x_2 = -2{,}236$."
   Luise entgegnet: „Deine Lösungen stimmen nicht, denn $2{,}236^2 = 4{,}999696$ und $(-2{,}236)^2 = 4{,}999696$."
   d) Janina soll die Seitenlänge eines Quadrats mit dem Flächeninhalt $256\,\text{cm}^2$ ermitteln. Sie löst dafür die Gleichung $a^2 = 256$. Als Lösungen gibt sie $a_1 = 16\,\text{cm}$ und $a_2 = -16\,\text{cm}$ an.

9. Ein Würfel hat einen Oberflächeninhalt von $216\,\text{cm}^2$.
   a) Berechne mithilfe einer quadratischen Gleichung die Kantenlänge des Würfels.
   b) Ein anderer Würfel hat einen doppelt so großen Flächeninhalt. Vergleiche die Kantenlängen beider Würfel.

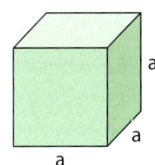

10. Schätze die Lösungen der Gleichung auf eine Nachkommastelle. Überprüfe deine Schätzung mit dem Taschenrechner.
    a) $x^2 = 80$
    b) $x^2 = 3$
    c) $30 = x^2$
    d) $a^2 = 45$

11. Finde alle Zahlen, die die Gleichung erfüllen.
    a) $x^2 = x$
    b) $x^2 - x = 0$
    c) $x^2 + x = 0$
    d) $x^2 + x = \frac{3}{4}$

12. **Ausblick:** Gib die Lösungsmenge an.
    a) $x^2 + x = -4 + x^2$
    b) $x - x^2 = -169 + x$
    c) $5x^2 - x = 5 - x$
    d) $9 + 2y^2 = 36 - y^2$
    e) $\sqrt{2x} = \frac{1}{4}$
    f) $\sqrt{x^2} = 0{,}5$
    g) $\sqrt{-4x} = 2$
    h) $\sqrt{x^2 + 11} = 6$

4.3 Rechnen mit Quadratwurzeln

■ Führe die Rechnungen auf der Tafel zu Ende. Welche Regeln für das Rechnen mit Wurzeln vermutest du? Suche weitere Beispiele und überprüfe. ■

a) $\sqrt{\frac{9}{81}} = \sqrt{\frac{1}{9}} = \frac{1}{3}$ b) $\frac{\sqrt{9}}{\sqrt{81}} = \ldots$
c) $\sqrt{9 \cdot 16} = \ldots$ d) $\sqrt{9} \cdot \sqrt{16} = \ldots$
e) $\sqrt{9 + 16} = \ldots$ f) $\sqrt{9} + \sqrt{16} = \ldots$
g) $\sqrt{25 - 9} = \ldots$ h) $\sqrt{25} - \sqrt{9} = \ldots$

Wurzelgesetze

Bei Produkten und Quotienten von Wurzeln gelten besondere Rechenregeln.

Beispielsweise gilt $\sqrt{4} \cdot \sqrt{9} = \sqrt{4 \cdot 9}$ und $\frac{\sqrt{100}}{\sqrt{25}} = \sqrt{\frac{100}{25}}$, wie man leicht nachrechnen kann:

$\sqrt{4} \cdot \sqrt{9} = 2 \cdot 3 = 6$; $\sqrt{4 \cdot 9} = \sqrt{36} = 6$ $\frac{\sqrt{100}}{\sqrt{25}} = \frac{10}{5} = 2$; $\sqrt{\frac{100}{25}} = \sqrt{4} = 2$

Für Summen und Differenzen gelten diese Regeln nicht.

Hinweis:
Für Summen und Differenzen gelten die Regeln nicht:
$\sqrt{a} + \sqrt{b} \neq \sqrt{a + b}$
$\sqrt{a} - \sqrt{b} \neq \sqrt{a - b}$

> **Wissen: Wurzelgesetze**
> Für alle nichtnegativen Zahlen a und b gilt   für Produkte: $\sqrt{a} \cdot \sqrt{b} = \sqrt{a \cdot b}$
>   für Quotienten: $\frac{\sqrt{a}}{\sqrt{b}} = \sqrt{\frac{a}{b}}$ (b ≠ 0)

Beispiel 1: Vereinfache so weit wie möglich.
a) $\sqrt{3} \cdot \sqrt{12}$ b) $\frac{\sqrt{2}}{\sqrt{32}}$ c) $\sqrt{25 \cdot 9}$ d) $\sqrt{\frac{9}{121}}$

Lösung:
a) Bei einem Produkt von Wurzeln kannst du die Zahlen unter den Wurzeln multiplizieren und dann die Wurzel ziehen.
    $\sqrt{3} \cdot \sqrt{12} = \sqrt{3 \cdot 12} = \sqrt{36} = 6$

b) Bei einem Quotienten von Wurzeln kannst du die Zahlen unter den Wurzeln als Bruch schreiben, kürzen und dann die Wurzel ziehen.
    $\frac{\sqrt{2}}{\sqrt{32}} = \sqrt{\frac{2}{32}} = \sqrt{\frac{1}{16}} = \frac{1}{4}$

c) Bei einer Wurzel aus einem Produkt kannst du die Wurzeln aus den Faktoren einzeln ziehen und multiplizieren.
    $\sqrt{25 \cdot 9} = \sqrt{25} \cdot \sqrt{9} = 5 \cdot 3 = 15$

d) Bei einer Wurzel aus einem Bruch kannst du die Wurzel aus dem Zähler durch die Wurzel aus dem Nenner teilen.
    $\sqrt{\frac{9}{121}} = \frac{\sqrt{9}}{\sqrt{121}} = \frac{3}{11}$

Basisaufgaben

1. Schreibe unter eine Wurzel und berechne.
    a) $\sqrt{2} \cdot \sqrt{32}$ b) $\sqrt{3} \cdot \sqrt{27}$ c) $\sqrt{6} \cdot \sqrt{150}$ d) $\sqrt{28} \cdot \sqrt{7}$ e) $\sqrt{0{,}2} \cdot \sqrt{320}$

2. Schreibe als Produkt zweier Wurzeln und berechne.
    a) $\sqrt{16 \cdot 9}$ b) $\sqrt{25 \cdot 49}$ c) $\sqrt{121 \cdot 36}$ d) $\sqrt{36 \cdot 169}$ e) $\sqrt{0{,}25 \cdot 16}$

4.3 Rechnen mit Quadratwurzeln

3. Schreibe unter eine Wurzel, kürze den Bruch und berechne.
   a) $\dfrac{\sqrt{3}}{\sqrt{12}}$ b) $\dfrac{\sqrt{2}}{\sqrt{50}}$ c) $\dfrac{\sqrt{20}}{\sqrt{45}}$ d) $\dfrac{\sqrt{12}}{\sqrt{75}}$ e) $\dfrac{\sqrt{108}}{\sqrt{75}}$

4. Schreibe als Quotient zweier Wurzeln und berechne.
   a) $\sqrt{\dfrac{16}{81}}$ b) $\sqrt{\dfrac{4}{121}}$ c) $\sqrt{\dfrac{18}{32}}$ d) $\sqrt{\dfrac{225}{400}}$ e) $\sqrt{\dfrac{700}{63}}$

   Hinweis zu 4: Manchmal musst du den Bruch zuerst kürzen.

5. Wende ein Wurzelgesetz an und berechne.
   a) $\sqrt{\dfrac{1}{3}} \cdot \sqrt{48}$ b) $\sqrt{9 \cdot 36 \cdot 64}$ c) $\sqrt{84} : \sqrt{21}$ d) $\sqrt{3} : \sqrt{147}$ e) $\sqrt{5\dfrac{1}{16}}$

Wurzelziehen durch Zerlegen

Mithilfe der Wurzelgesetze können oft auch komplizierte Wurzeln ohne Taschenrechner berechnet oder vereinfacht werden.

Beispiel 2: Ziehe die Wurzel so weit wie möglich.
a) $\sqrt{324}$ b) $\sqrt{45}$

Lösung:
a) Prüfe, ob die Zahl unter der Wurzel durch kleine Quadratzahlen wie 4, 9, 16, 25 usw. teilbar ist und schreibe sie als Produkt.
Aus den Quadratzahlen kannst du dann einzeln die Wurzel ziehen.

324 ist durch 4 teilbar.
$324 = 4 \cdot 81$
$\sqrt{324} = \sqrt{4 \cdot 81} = \sqrt{4} \cdot \sqrt{81} = 2 \cdot 9 = 18$

b) Ziehe nur aus den Quadratzahlen die Wurzel. Der Rest bleibt als Wurzel stehen.

$\sqrt{45} = \sqrt{9 \cdot 5} = \sqrt{9} \cdot \sqrt{5} = 3 \cdot \sqrt{5}$

Basisaufgaben

6. Zerlege den Radikanden in ein Produkt aus Quadratzahlen. Wende dann das Wurzelgesetz an und berechne.
   a) $\sqrt{400}$ b) $\sqrt{3600}$ c) $\sqrt{144}$ d) $\sqrt{16\,900}$ e) $\sqrt{2025}$

7. Ziehe die Wurzel so weit wie möglich, indem du den Radikanden in Faktoren mit Quadratzahlen zerlegst.
   a) $\sqrt{12}$ b) $\sqrt{18}$ c) $\sqrt{27}$ d) $\sqrt{44}$ e) $\sqrt{48}$
   f) $\sqrt{63}$ g) $\sqrt{112}$ h) $\sqrt{147}$ i) $\sqrt{432}$ j) $\sqrt{30\,000}$

   Hinweis zu 7: Hier findest du die Lösungen.

8. Gib die Wurzeln der Zahlenfolge auf möglichst einfache Weise an.
   a) $\sqrt{25}; \sqrt{50}; \sqrt{75}; \sqrt{100}; \sqrt{125}; \sqrt{150}; \sqrt{175}; \sqrt{200}; \sqrt{225}; \sqrt{250}; \ldots ; \sqrt{25 \cdot n}$
   b) $\sqrt{100}; \sqrt{200}; \sqrt{300}; \sqrt{400}; \sqrt{500}; \sqrt{600}; \sqrt{700}; \sqrt{800}; \sqrt{900}; \sqrt{1000}; \ldots ; \sqrt{100 \cdot n}$

9. Ziehe die Wurzel ohne Taschenrechner so weit wie möglich. Suche im Zähler und Nenner nach Zahlen oder Faktoren, die Quadratzahlen sind.
   a) $\sqrt{\dfrac{81}{4}}$ b) $\sqrt{\dfrac{1}{4900}}$ c) $\sqrt{\dfrac{10\,000}{144}}$ d) $\sqrt{\dfrac{324}{2500}}$ e) $\sqrt{\dfrac{1225}{576}}$
   f) $\sqrt{\dfrac{3}{49}}$ g) $\sqrt{\dfrac{144}{20}}$ h) $\sqrt{\dfrac{25}{45}}$ i) $\sqrt{\dfrac{128}{64}}$ j) $\sqrt{\dfrac{100}{288}}$

Wurzeln zusammenfassen

Wenn man Terme vereinfachen möchte, ist es oft hilfreich, so weit wie möglich die Wurzel zu ziehen.

Hinweis:
Den „Malpunkt" zwischen Zahl und Wurzel kann man weglassen.
$6 \cdot \sqrt{7} = 6\sqrt{7}$

Beispiel 3: Fasse $\sqrt{25} - \sqrt{63} + 6\sqrt{7}$ so weit wie möglich zusammen.

Lösung:
Ziehe jeweils so weit wie möglich die Wurzel.
Nun kannst du $-3\sqrt{7} + 6\sqrt{7}$ durch Ausklammern von $\sqrt{7}$ zusammenfassen.

$$\begin{aligned}\sqrt{25} - \sqrt{63} + 6\sqrt{7} &= 5 - \sqrt{9 \cdot 7} + 6\sqrt{7} \\ &= 5 - 3\sqrt{7} + 6\sqrt{7} \\ &= 5 + (-3+6)\sqrt{7} \\ &= 5 + 3\sqrt{7}\end{aligned}$$

Basisaufgaben

Erinnere dich:
$ab + ac = a(b+c)$

10. Fasse zusammen, indem du die Wurzel ausklammerst.
a) $4\sqrt{2} + 7\sqrt{2}$
b) $19\sqrt{5} - 2\sqrt{5}$
c) $0{,}25\sqrt{6} + \sqrt{6}$
d) $\frac{1}{3}\sqrt{3} + \frac{3}{2}\sqrt{3}$
e) $1\frac{1}{5}\sqrt{7} - \frac{4}{5}\sqrt{7}$

11. Ziehe so weit wie möglich die Wurzel und fasse dann zusammen.
a) $\sqrt{5} + \sqrt{20}$
b) $4\sqrt{2} + \sqrt{32}$
c) $7\sqrt{3} + 2\sqrt{27}$
d) $\sqrt{50} - \sqrt{2}$
e) $8\sqrt{7} + \sqrt{28}$
f) $\sqrt{32} - \sqrt{8}$
g) $\sqrt{180} + \sqrt{20}$
h) $-4\sqrt{3} + \sqrt{75}$
i) $\sqrt{200} - \sqrt{2}$
j) $\sqrt{162} + 7\sqrt{2}$

12. Fasse so weit wie möglich zusammen.
a) $\sqrt{5} + 2\sqrt{5} + \sqrt{25}$
b) $\sqrt{12} - \sqrt{2} + \sqrt{8}$
c) $\sqrt{9 \cdot 72} - \sqrt{242}$
d) $\sqrt{17} + \frac{8\sqrt{17}}{\sqrt{16}} + \sqrt{153}$

Weiterführende Aufgaben

13. Berechne im Kopf.
a) $\sqrt{3} \cdot \sqrt{12}$
b) $\sqrt{3} \cdot \sqrt{48}$
c) $\sqrt{13} \cdot \sqrt{13}$
d) $\sqrt{144} \cdot \sqrt{0{,}01}$
e) $\sqrt{0{,}5} \cdot \sqrt{98}$
f) $\frac{\sqrt{100}}{\sqrt{9}}$
g) $\frac{\sqrt{63}}{\sqrt{28}}$
h) $\sqrt{500} : \sqrt{20}$
i) $\frac{\sqrt{0{,}25}}{\sqrt{4}}$
j) $\frac{\sqrt{0{,}18}}{\sqrt{8}}$

14. Berechne geschickt im Kopf und erkläre deine Vorgehensweise.
a) $\sqrt{1600}$
b) $\sqrt{2{,}25}$
c) $\sqrt{729}$
d) $\sqrt{0{,}0025}$
e) $\sqrt{0{,}000001}$
f) $\sqrt{(-36) \cdot (-9)}$
g) $\sqrt{64} \cdot \sqrt{49}$
h) $\sqrt{242} : \sqrt{2}$
i) $\sqrt{75} \cdot \sqrt{12}$
j) $\sqrt{0{,}49 \cdot 81}$
k) $\sqrt{\frac{800}{18}}$
l) $\sqrt{\frac{32}{5000}}$
m) $\frac{\sqrt{0{,}008}}{\sqrt{0{,}002}}$
n) $\frac{\sqrt{7} \cdot \sqrt{28}}{\sqrt{49}}$
o) $\frac{4\sqrt{3}}{\sqrt{75}}$

15. Stolperstelle:
a) Korrigiere die Hausaufgaben von Karla. Erkläre, welche Fehler ihr unterlaufen sind. Beschreibe die richtige Vorgehensweise.
① $\sqrt{20} - \sqrt{4} = \sqrt{16} = 4$
② $\sqrt{7 \cdot 25} = 7 \cdot \sqrt{25} = 35$
③ $\sqrt{12} = \sqrt{3 \cdot 4} = 3\sqrt{2}$
④ $\sqrt{\frac{3}{64}} = 8\sqrt{3}$
⑤ $\sqrt{2} \cdot \sqrt{7+9} = \sqrt{14} + \sqrt{18}$
⑥ $\sqrt{9\frac{1}{4}} = 3\frac{1}{2}$

b) Präsentiere ① bis ⑥ deiner Klasse mithilfe von Lernplakaten, auf denen du die Fehler dem richtigen Lösungsweg gegenüberstellst. Erkläre dabei, wie man diese Fehler vermeiden kann.

16. Untersuche, welche Wurzeln ganzzahlige Vielfache von $\sqrt{3}$ sind und welche Wurzeln nicht.

$\sqrt{75}$ $\sqrt{9}$ $\sqrt{27}$ $\sqrt{33}$ $\sqrt{12}$ $\sqrt{48}$ $\sqrt{300}$ $\sqrt{45}$

4.3 Rechnen mit Quadratwurzeln

17. Berechne und vergleiche. Fasse deine Beobachtung in einem Satz zusammen.
    a) $\sqrt{64+36}$ und $\sqrt{64}+\sqrt{36}$
    b) $\sqrt{144+81}$ und $\sqrt{144}+\sqrt{81}$
    c) $\sqrt{25-9}$ und $\sqrt{25}-\sqrt{9}$
    d) $\sqrt{169-25}$ und $\sqrt{169}-\sqrt{25}$

18. Forme zu einer Wurzel um.
    a) $2\sqrt{3}$
    b) $8\sqrt{10}$
    c) $0{,}1\sqrt{700}$
    d) $10\sqrt{3{,}3}$
    e) $\frac{1}{3}\sqrt{\frac{3}{4}}$
    f) $3{,}5\sqrt{\frac{2}{7}}$

    Beispiel zu 18:
    $5\sqrt{2} = \sqrt{25} \cdot \sqrt{2} = \sqrt{50}$

19. **Nenner rational machen:** Den Bruch $\frac{1}{\sqrt{a}}$ kann man durch Erweitern mit $\sqrt{a}$ auch zu einem Bruch ohne Wurzel im Nenner umformen: $\frac{1}{\sqrt{a}} = \frac{\sqrt{a}}{\sqrt{a} \cdot \sqrt{a}} = \frac{\sqrt{a}}{a}$. Zeige, dass gilt:
    a) $\frac{1}{\sqrt{3}} = \frac{\sqrt{3}}{3}$
    b) $\frac{1}{\sqrt{5}} = \frac{\sqrt{5}}{5}$

20. Forme den Term so um, dass im Nenner keine Wurzel steht.
    a) $\frac{5}{\sqrt{6}}$
    b) $\frac{21}{\sqrt{7}}$
    c) $\frac{1}{2\sqrt{2}}$
    d) $\frac{\sqrt{3}}{\sqrt{33}}$
    e) $\frac{\sqrt{56}}{\sqrt{8}}$
    f) $\frac{\sqrt{13}}{\sqrt{65}}$

21. Gib zuerst an, für welche Zahlen der Term nicht berechnet werden kann. Vereinfache dann mithilfe der Wurzelgesetze. Setze, wenn nötig, im Ergebnis Betragsstriche.
    a) $\sqrt{a} \cdot \sqrt{a}$
    b) $\sqrt{4x} \cdot \sqrt{25x}$
    c) $\sqrt{\frac{2}{3}z} \cdot \sqrt{\frac{8}{17}z}$
    d) $\sqrt{0{,}2} \cdot \sqrt{3{,}2b^2}$
    e) $\sqrt{y^3} : \sqrt{y}$
    f) $\sqrt{a^2 b} : \sqrt{b}$
    g) $\sqrt{\frac{9x^2}{y^2}}$
    h) $\sqrt{xy} : \sqrt{y^3}$

    Beachte:
    Man darf nicht durch Null teilen. Der Radikand darf nicht negativ sein.

22. Gib zuerst an, für welche Zahlen der Term nicht berechnet werden kann. Vereinfache den Wurzelterm. Zerlege dafür den Radikanden.
    a) $\sqrt{5x^2}$
    b) $\sqrt{36a^3}$
    c) $\sqrt{27xy^2}$
    d) $\sqrt{\frac{s^3}{t}}$

23. Gib, wenn nötig, zuerst an, für welche Zahlen der Term nicht berechnet werden kann. Multipliziere aus und vereinfache den entstehenden Term so weit wie möglich.
    a) $\sqrt{3} \cdot (\sqrt{12} + \sqrt{27})$
    b) $\frac{1}{\sqrt{a}} \cdot (a + \sqrt{4a})$
    c) $\sqrt{5x} \cdot (\sqrt{20x} - \sqrt{5x})$
    d) $\left(\frac{\sqrt{a}}{2} + \frac{2}{\sqrt{a}}\right) \cdot 2a$

24. Gib zuerst an, für welche Zahlen der Term nicht berechnet werden kann. Vereinfache den Term. Fasse gleichartige Glieder zusammen.
    a) $3\sqrt{a} - 2\sqrt{a}$
    b) $\sqrt{36x} + \sqrt{x}$
    c) $3\sqrt{9b} + 5\sqrt{16b}$
    d) $2\sqrt{x} - \sqrt{4x^3}$

● 25. **Binomische Formeln:** Vereinfache durch Anwenden einer Binomischen Formel.
    a) $\sqrt{x^2 - 16x + 64}$
    b) $\sqrt{144 + 48a + 4a^2}$
    c) $(\sqrt{2} + \sqrt{z}) \cdot (\sqrt{2} - \sqrt{z})$
    d) $\sqrt{16x^2 + 25y^2 - 40xy}$

● 26. **Kubikwurzeln:** Wende die Wurzelgesetze auf die Kubikwurzeln an und berechne.
    a) $\sqrt[3]{\frac{27}{125}}$
    b) $\sqrt[3]{4} \cdot \sqrt[3]{54}$
    c) $\sqrt[3]{8 \cdot 64}$
    d) $\sqrt[3]{32} : \sqrt[3]{4}$
    e) $\sqrt[3]{7 + \frac{1}{8}}$

● 27. Welche Umformungen wurden vorgenommen? Beschreibe sie.
    a) $\frac{\sqrt{50}}{5} = \sqrt{2}$
    b) $\frac{1}{3}\sqrt{117} = \sqrt{13}$
    c) $\sqrt{\frac{147}{16}} = \frac{7}{4}\sqrt{3}$
    d) $\sqrt[3]{16} = 2\sqrt[3]{2}$
    e) $\sqrt[3]{\frac{128}{27}} = \frac{4}{3}\sqrt[3]{2}$

● 28. **Ausblick:** Ermittle, welche Zahlen für den Platzhalter eingesetzt werden können, damit die Gleichung stimmt.
    a) $\sqrt{(-3) \cdot \blacksquare} = 3$
    b) $\blacksquare \cdot \sqrt{15} = \sqrt{240}$
    c) $\sqrt{16 \cdot \blacksquare} = 32$
    d) $\sqrt{5} \cdot \sqrt{\blacksquare} = -5$
    e) $\sqrt{\blacksquare} : \sqrt{7} = 5$
    f) $3\sqrt{\blacksquare} = 6\sqrt{3}$
    g) $\sqrt{\blacksquare}^2 = 231$
    h) $2\sqrt{5} + \sqrt{\blacksquare} = 5\sqrt{5}$

4.4 Intervallschachtelung

■ Das rote Quadrat hat einen Flächeninhalt von 16 cm². Verbindet man die Mittelpunkte der Seiten des roten Quadrats, entsteht wieder ein Quadrat. Begründe, warum dieses blaue Quadrat einen Flächeninhalt von 8 cm² hat. Wie lang sind die Seiten des blauen Quadrats? Gib einen exakten Wert an und einen Näherungswert, indem du die Seitenlänge misst. ■

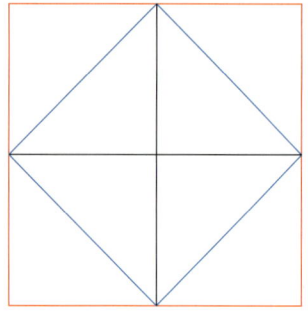

$\sqrt{2}$ ist eine Dezimalzahl mit unendlich vielen Nachkommastellen, die nicht periodisch ist. Daher kann der Taschenrechner nur einen Näherungswert anzeigen (z. B. 1,414 213 562).

Es gibt verschiedene Verfahren, um Wurzeln näherungsweise zu berechnen. Eines ist das Verfahren der **Intervallschachtelung**. Dabei bestimmt man Schritt für Schritt (abgeschlossene) Intervalle [a, b] = {x | a ≤ x ≤ b}, sodass
– jedes Intervall die gesuchte Wurzel enthält;
– jedes Intervall im vorhergehenden Intervall enthalten ist;
– die Intervalllängen b − a beliebig klein werden.

Beispiel 1: Berechne näherungsweise $\sqrt{2}$ mit einer Intervallschachtelung. Runde auf die dritte Nachkommastelle.

Lösung:
Bestimme zwei aufeinanderfolgende ganze Zahlen, zwischen denen $\sqrt{2}$ liegt.

Es ist: $1 < \sqrt{2} < 2$
Denn: $1^2 = 1 < \sqrt{2}^2 = 2 < 2^2 = 4$

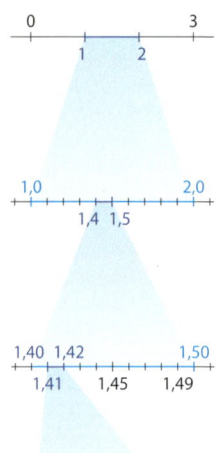

Bestimme zwei Zahlen zwischen 1 und 2 mit einer Nachkommastelle, zwischen denen $\sqrt{2}$ liegt. Prüfe systematisch, zwischen welchen Quadraten 1,1²; 1,2²; 1,3²; …; 1,9² der Wert $\sqrt{2}^2 = 2$ liegt.

1. Schritt:

x	1,1	1,2	1,3	1,4	1,5
x²	1,21	1,44	1,69	1,96	2,25

Es ist: $1,4 < \sqrt{2} < 1,5$
Denn: $1,4^2 = 1,96 < \sqrt{2}^2 = 2 < 1,5^2 = 2,25$

Bestimme zwei Zahlen zwischen 1,4 und 1,5 mit zwei Nachkommastellen, zwischen denen $\sqrt{2}$ liegt.

2. Schritt:

x	1,41	1,42
x²	1,9881	2,0164

Es ist: $1,41 < \sqrt{2} < 1,42$

Bestimme zwei Zahlen zwischen 1,41 und 1,42 mit drei Nachkommastellen, zwischen denen $\sqrt{2}$ liegt.

3. Schritt:

x	…	1,413	1,414	1,415
x²	…	1,996 569	1,999 396	2,002 225

Es ist: $1,414 < \sqrt{2} < 1,415$

$\sqrt{2}$ liegt zwischen 1,4142 und 1,4143. Beide Zahlen ergeben gerundet an der dritten Nachkommastelle den Wert 1,414.

4. Schritt:
Es ist: $1,4142 < \sqrt{2} < 1,4143$
Gerundet ergibt sich: $\sqrt{2} \approx 1,414$

Mit jedem Schritt der Intervallschachtelung erhält man einen besseren Näherungswert für $\sqrt{2}$. Man kann $\sqrt{2}$ damit auf beliebig viele Nachkommastellen genau bestimmen.

4.4 Intervallschachtelung

Basisaufgaben

1. Gib an: Zwischen welchen aufeinanderfolgenden natürlichen Zahlen liegt die Wurzel?
   a) $\sqrt{6}$ b) $\sqrt{12}$ c) $\sqrt{80}$ d) $\sqrt{96}$ e) $\sqrt{200}$ f) $\sqrt{0{,}5}$

2. Berechne näherungsweise mit einer Intervallschachtelung. Runde auf die dritte Nachkommastelle.
   a) $\sqrt{3}$ b) $\sqrt{5}$ c) $\sqrt{7}$ d) $\sqrt{10}$ e) $\sqrt{111}$ f) $\sqrt{300}$

   Hinweis zu 2:
   Hier findest du die Startwerte:

   1 und 2
   10 und 11
   3 und 4

   17 und 18
   2 und 3
   2 und 3

3. Beschreibe das Verfahren der Intervallschachtelung am Beispiel von $\sqrt{12}$. Führe die Intervallschachtelung durch und gib $\sqrt{12}$ auf drei Nachkommastellen genau an.
   Tipp: Nutze als Startwerte $\sqrt{9} = 3$ und $\sqrt{16} = 4$.

4. Berechne die Wurzel mit dem Taschenrechner auf drei Nachkommastellen genau. Verwende dazu nur die Taste zum Quadrieren, aber nicht die Taste zum Wurzelziehen. Kontrolliere anschließend mit der Wurzel-Taste.
   a) $\sqrt{19}$ b) $\sqrt{24}$ c) $\sqrt{60}$ d) $\sqrt{999}$ e) $\sqrt{0{,}19}$ f) $\sqrt{0{,}9}$

Weiterführende Aufgaben

5. Schätze zunächst. Kontrolliere das Ergebnis dann mit dem Taschenrechner.
   a) $\sqrt{40}$ b) $\sqrt{0{,}9}$ c) $\sqrt{0{,}025}$ d) $\sqrt{0{,}11}$ e) $\sqrt{\frac{1}{15}}$ f) $\sqrt{\frac{13}{51}}$

6. Gegeben sind die ersten beiden Intervalle einer Intervallschachtelung für die Quadratwurzel aus einer natürlichen Zahl n. Bestimme n.
   a) $3 < \sqrt{n} < 4$ b) $9 < \sqrt{n} < 10$ c) $6 < \sqrt{n} < 7$ d) $7 < \sqrt{n} < 8$
   $3{,}3 < \sqrt{n} < 3{,}4$ $9{,}0 < \sqrt{n} < 9{,}1$ $6{,}8 < \sqrt{n} < 6{,}9$ $7{,}6 < \sqrt{n} < 7{,}7$

7. **Stolperstelle:** Drei Schüler sollen $\sqrt{5}$ mithilfe der Intervallschachtelung berechnen. Nimm zu den Aussagen der Schüler Stellung.
   a) Leon: „Ich wähle die Startzahlen 4 und 6, da 5 dazwischenliegt."
   b) Joel: „Ich wähle $\sqrt{4}$ und $\sqrt{9}$, da ich diese Wurzeln schon kenne."
   c) Mark: „Ich wähle die Zahlen 2,2 und 2,3, das geht schneller."

8. Bestimme ohne Taschenrechner, welche Zahl größer ist.
   a) $\sqrt{28}$ oder 5 b) $\sqrt{2}$ oder 1,4 c) $\sqrt{5}$ oder $\frac{5}{2}$ d) $\sqrt{8}$ oder $\frac{31}{11}$

9. Ordne die Zahlen der Größe nach.
   a) $\sqrt[3]{8}$; $\frac{9}{4}$; 1; $\sqrt{2}$; 2 b) $\frac{1}{3}$; 0,333 33; 0,3; $\sqrt{\frac{1}{3}}$ c) 1,444; $\frac{13}{9}$; $\sqrt{2}$; $\sqrt{2{,}1}$; $-1{,}\overline{4}$

10. **Ausblick:** Quadratwurzeln auf der Zahlengeraden
    a) Beschreibe anhand der Zeichnungen, wie sich $\sqrt{2}$ auf der Zahlengeraden konstruieren lässt.
    b) Konstruiere auf ähnliche Weise $\sqrt{8}$, $\sqrt{18}$ und $\sqrt{50}$ auf der Zahlengeraden. Nutze dafür Quadrate mit den Seitenlängen 2 cm, 3 cm bzw. 5 cm.

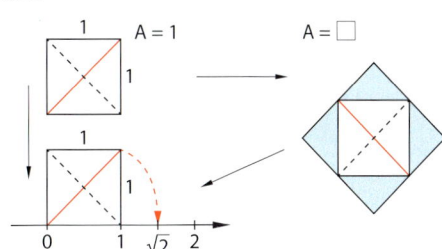

4.5 Rationale und irrationale Zahlen

■ Frank behauptet, dass 1,414 213 562 der genaue Wert von $\sqrt{2}$ ist, denn sein Taschenrechner zeigt diesen Wert ja an. Nadine meint, dass das nicht stimmen kann, denn die Endziffer von 1,414 213 562² ist 4.
Wer hat recht? Begründe. ■

Die Menge der rationalen Zahlen umfasst alle Zahlen, die sich als Bruch schreiben lassen.
Bei der Umwandlung von Bruchzahlen in Dezimalzahlen gibt es zwei Fälle:

1. Fall: Ein Bruch entspricht einer abbrechenden Dezimalzahl, zum Beispiel $\frac{1}{10} = 1 : 10 = 0{,}1$.

2. Fall: Ein Bruch entspricht einer nicht abbrechenden periodischen Dezimalzahl, zum Beispiel $\frac{2}{3} = 2 : 3 = 0{,}666\ldots = 0{,}\overline{6}$.

In diesem Abschnitt lernst du Zahlen kennen, die nicht zu den rationalen Zahlen gehören. Diese Zahlen entsprechen **Dezimalzahlen, die nicht abbrechen** und **nicht periodisch** sind. Man kann diese Zahlen also nicht vollständig aufschreiben. Sie heißen **irrationale Zahlen**.

Füge bei $0{,}\overline{6} = 0{,}666\ldots$ Nullen nach folgendem Muster ein: Nach der ersten Nachkommastelle eine Null, nach der zweiten Nachkommastelle zwei Nullen usw.:

0,606 006 000…

Die Zahl, die nach diesem Muster entsteht, ist eine irrationale Zahl.

Weitere irrationale Zahlen sind zum Beispiel $\sqrt{2}$ oder π.

> **Wissen: Erweiterung der Zahlbereiche**
> Alle Zahlen, die man als Bruch oder als periodische Dezimalzahl schreiben kann, gehören zu den **rationalen Zahlen**.
> Zahlen, die nicht abbrechend und nicht periodisch sind, gehören zu den **irrationalen Zahlen**.
> Die rationalen Zahlen und die irrationalen Zahlen bilden zusammen die Menge der **reellen Zahlen** $\mathbb{R}$.

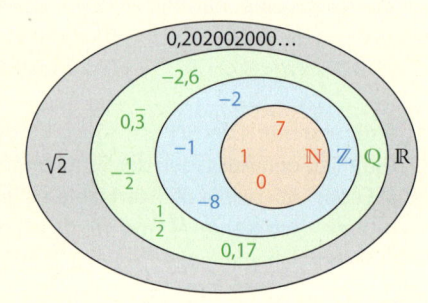

Hinweis:
Es gibt auch Quadratwurzeln, die zu den natürlichen Zahlen (z. B. $\sqrt{4} = 2$) oder zu den rationalen Zahlen (z. B. $\sqrt{\frac{16}{25}} = \frac{4}{5}$) gehören.

Beispiel 1: Entscheide, ob die angegebene Zahl rational oder irrational ist. Begründe deine Entscheidung.
a) $1{,}\overline{234}$ b) 1,234 567 891 011 …   c) $\frac{1}{3}$ d) $\sqrt{121}$ e) 0,666

Lösung:
a) $1{,}\overline{234}$ ist rational, denn die Dezimalzahl ist periodisch.
b) Wenn sich die Nachkommastellen von 1,234 567 891 011 … nach dem Muster 1, 2, 3, 4, 5, 6, 7, 8, 9, 10, 11, 12, 13, 14 … fortsetzen, ist die Zahl irrational. Die Dezimalzahl ist nicht periodisch und bricht nicht ab.
c) $\frac{1}{3} = 0{,}\overline{3}$. Die Zahl $\frac{1}{3}$ ist rational, denn $0{,}\overline{3}$ ist eine periodische Dezimalzahl.
d) $\sqrt{121} = 11$. Die Zahl $\sqrt{121}$ ist rational, denn 11 ist eine natürliche Zahl und die natürlichen Zahlen sind eine Teilmenge der rationalen Zahlen.
e) 0,666 ist rational, denn 0,666 bricht nach der dritten Nachkommastelle ab.

4.5 Rationale und irrationale Zahlen

Basisaufgaben

1. Entscheide, ob die Zahl rational oder irrational ist. Begründe deine Entscheidung.
   a) 0,125
   b) 0,333 333 3
   c) $\sqrt{36}$
   d) 1,010 010 001 000 01
   e) 0,777 77 …
   f) 0,121 231 234 …
   g) $\frac{1}{3}$
   h) $\sqrt{-1}$

2. Setze die Zahl so zu einer nicht abbrechenden Dezimalzahl fort, dass eine rationale (irrationale) Zahl entsteht. Erkläre, wie du vorgegangen bist.
   a) 2,171 7…
   b) 3,494 499…
   c) 0,246 8…
   d) 0,149 162 5…

3. Gib eine Zahl zwischen 0 und 1 an, die eine
   a) abbrechende Dezimalzahl ist,
   b) eine periodische Dezimalzahl ist,
   c) eine nicht abbrechende und nicht periodische Dezimalzahl ist.

Weiterführende Aufgaben

4. Übertrage die Tabelle in dein Heft. Setze jeweils ein Kreuz, wenn die Zahl zum Zahlbereich gehört. Begründe deine Entscheidung.

	0,175	$2,\overline{5}$	$\sqrt{21+4}$	0,373 737…	$9,10\overline{4}$	$-\sqrt{169}$	0,202 002…	$\sqrt{\frac{1}{9}}$
Natürliche Zahlen								
Ganze Zahlen								
Rationale Zahlen								
Irrationale Zahlen								
Reelle Zahlen								

5. Zeichne das Mengendiagramm in dein Heft. Beschrifte es mit den Zahlbereichen und trage die Zahlen $-\frac{4}{5}$; $\sqrt{3}$; $\sqrt{\frac{50}{2}}$; $-\sqrt{9}$; $\sqrt{1,21}$; 2^2; -7 und $\frac{\pi}{2}$ richtig ein.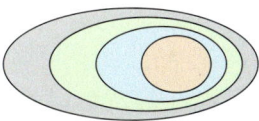

6. **Stolperstelle:** Mario begründet in seiner Hausaufgabe, dass einige Zahlen irrational sind. Korrigiere – falls nötig – und erkläre, wo mögliche Fehler liegen.
   a) 0,324 234 532 45 ist irrational, weil hinter dem Komma so viele Zahlen sind.
   b) $\sqrt{9}$ ist irrational, weil es eine Quadratwurzel ist.
   c) 92,213 423 132 323 2… ist irrational, weil es hinter dem Komma ohne Periode immer weitergeht.
   d) $3,\overline{34}$ ist irrational, weil es eine nicht abbrechende Dezimalzahl ist.

7. **Ausblick:** Entscheide, ob die Rechenoperation jeweils im Zahlbereich uneingeschränkt ausführbar ist. Beachte, dass auch das Ergebnis zum selben Zahlbereich gehören muss. Widerlege ggf. durch Gegenbeispiele.

Zahlbereich	a + b	a − b	a · b	$\frac{a}{b}$; b ≠ 0	$\sqrt{a}$; a ≥ 0
natürliche Zahlen $\mathbb{N}$	ja	Nein, denn z. B. 3 − 5 = −2, und −2 ist keine natürliche Zahl			
ganze Zahlen $\mathbb{Z}$					
rationale Zahlen $\mathbb{Q}$					
reelle Zahlen $\mathbb{R}$					

Streifzug

4. Quadratwurzeln – Reelle Zahlen

Beweis, dass $\sqrt{2}$ keine rationale Zahl ist

■ Versuche, $\sqrt{2}$ so gut wie möglich durch einen Bruch $\frac{p}{q}$ auszudrücken. ■

$\sqrt{2}$ = 1,414 213 562 373 095 048 801 688 724 209 698 078 569 671 875 376 948 073 ...

Um die Frage zu beantworten, ob man $\sqrt{2}$ als Bruch $\frac{p}{q}$ ausdrücken kann, greift man auf die Methode des **Widerspruchsbeweises** zurück. Dabei wird von einer Annahme ausgegangen. Kann man aus dem Gegenteil der Annahme logisch einen Widerspruch ableiten, dann folgt, dass das Gegenteil der Annahme falsch ist bzw. die Annahme richtig. Dies wird im Folgenden genutzt.

Beweis, dass $\sqrt{2}$ keine rationale Zahl ist (Widerspruchsbeweis)

Behauptung: $\sqrt{2}$ ist keine rationale Zahl.

Annahme des Gegenteils der Behauptung: $\sqrt{2}$ ist eine rationale Zahl. $\sqrt{2}$ kann also als so weit wie möglich gekürzter Bruch geschrieben werden. Es ist $\sqrt{2} = \frac{p}{q}$; p und q sind natürliche Zahlen (q ≠ 0).

Schlussfolgerungen: Durch Quadrieren und Umformen erhält man:
$$2 = \frac{p^2}{q^2} \quad | \cdot q^2$$
$$p^2 = 2 \cdot q^2$$

Kann man eine Zahl in der Form $2 \cdot n$ bzw. $2 \cdot n^2$ schreiben (n ist dabei eine natürliche Zahl), dann muss sie eine gerade Zahl sein. Es folgt also: p^2 ist eine gerade Zahl. Damit muss auch p eine gerade Zahl sein.

Die Zahl p lässt sich also in der Form $p = 2 \cdot n$ schreiben (mit n als natürlicher Zahl). Dies setzt man in die vorige Gleichung ein:
$$(2n)^2 = 2 \cdot q^2 \quad | \text{ Klammer auflösen}$$
$$4n^2 = 2 \cdot q^2 \quad | : 2$$
$$2n^2 = q^2$$

Daraus folgt, dass auch q^2 sowie q gerade Zahlen sein müssen.

Formulierung des Widerspruchs: Die Schlussfolgerungen ergeben, dass sowohl p als auch q gerade Zahlen sind. Deshalb sind beide Zahlen durch 2 teilbar. Man kann also den Bruch $\frac{p}{q}$ mit 2 kürzen. Dies ist ein Widerspruch zur Annahme.

Ergebnis: $\sqrt{2}$ kann nicht als so weit wie möglich gekürzter Bruch geschrieben werden. $\sqrt{2}$ ist damit keine rationale Zahl.

Aufgaben

1. Im Beweis, dass $\sqrt{2}$ keine rationale Zahl ist, wird folgende Aussage genutzt:
   „Wenn p^2 gerade ist, dann ist auch p gerade."
   a) Setze für p verschiedene Zahlen ein und prüfe damit die Aussage.
   b) Beweise die Aussage durch einen Widerspruchsbeweis. Nimm dafür an, dass p ungerade ist. Was würde daraus durch Schlussfolgerungen für p^2 folgen?

2. Beweise mit einem Widerspruchsbeweis, dass $\sqrt{10}$ eine irrationale Zahl ist.

3. **Forschungsauftrag:**
   Beweise, dass die Wurzel aus einer Primzahl keine natürliche Zahl sein kann.

4.6 Vermischte Aufgaben

1. Schätze näherungsweise. Kontrolliere anschließend mit dem Taschenrechner. Runde.
   a) $\sqrt{0{,}11}$ b) $\sqrt{40}$ c) $\sqrt{60}$ d) $\sqrt{110}$ e) $\sqrt{209}$ f) $\sqrt{\frac{1}{15}}$ g) $\sqrt{\frac{29}{51}}$

2. Das rote Quadrat im Bild rechts hat einen Flächeninhalt von 36 cm².
   a) Berechne die Länge der blauen Quadratseite und den Flächeninhalt der blauen Quadrats.
   b) Im blauen Quadrat werden die Mittelpunkte der Seiten markiert. Sie bilden die Eckpunkte eines dritten Quadrats. Darin wird auf gleiche Weise ein viertes Quadrat markiert usw. Ermittle, das wievielte Quadrat dieser Folge einen Flächeninhalt von weniger als 0,5 cm² hat.
   c) Die Eckpunkte des roten Quadrats bilden die Mittelpunkte der Seiten eines größeren Quadrats. Dessen Eckpunkte bilden wiederum die Mittelpunkte der Seiten eines größeren Quadrats usw. Ermittle, wie viele Schritte nötig sind, bis ein Quadrat dieser Folge den Flächeninhalt 1000 cm² überschreitet.

3. Ermittle die benachbarten natürlichen Zahlen, zwischen denen die angegebene Zahl liegt.
   a) $\sqrt{5}$ b) $\sqrt{40}$ c) $1{,}2^2$ d) $\sqrt[3]{26}$ e) $\sqrt[3]{2{,}6}$ f) $\sqrt[3]{120}$ g) $0{,}9^3$

4. Ermittle einen Näherungswert für $\sqrt{17}$ auf drei Nachkommastellen genau, indem du die folgende Intervallschachtelung fortsetzt.
   ① Bestimme zwei natürliche Zahlen, zwischen denen $\sqrt{17}$ liegt.   Es ist $4 < \sqrt{17} < 5$, denn $16 < 17 < 25$.

5. Gib drei rationale Zahlen x an, für die gilt:
   a) $-5 < x < -4{,}9$ b) $-5{,}02 < x < -5{,}01$ c) $-5 < x < -\frac{74}{15}$ d) $-\frac{74}{15} < x < -\frac{73}{15}$

6. Ordne die rationalen Zahlen der Größe nach.
   $\frac{3}{4}$; 0,72; $-\frac{4}{3}$; $-1{,}111$; $\frac{1}{6}$; $\frac{7}{9}$; $-1{,}1111$; 0,166; $\frac{9}{7}$; 1,2858; 0,167

7. Gib vier Zahlen mit der angegebenen Eigenschaft an.
   a) Es sind irrationale Zahlen.
   b) Es sind natürliche Zahlen und zugleich Quadratwurzeln aus natürlichen Zahlen.
   c) Es sind irrationale Zahlen und zugleich Quadratwurzeln aus Bruchzahlen.
   d) Es sind rationale Zahlen und zugleich Quadratwurzeln aus Bruchzahlen.

8. Prüfe die Aussage: „Zwischen den rationalen Zahlen 2,5463 und 2,5464 gibt es unendlich viele weitere rationale Zahlen." Begründe mithilfe von Beispielen.

9. Setze die Wörter „nie", „immer auch" und „manchmal" in die Lücken ein, sodass wahre Aussagen entstehen.
   a) Eine rationale Zahl ist ■ eine irrationale Zahl.
   b) Eine ganze Zahl ist ■ eine natürliche Zahl.
   c) Eine reelle Zahl ist ■ eine irrationale Zahl.
   d) Eine irrationale Zahl ist ■ eine rationale Zahl.
   e) Eine reelle Zahl ist ■ eine ganze Zahl.
   f) Eine natürliche Zahl ist ■ eine reelle Zahl.

Prüfe dein neues Fundament

4. Quadratwurzeln – Reelle Zahlen

Lösungen ↗ S. 245

1. Berechne ohne Taschenrechner.
   a) 5^2 b) $0{,}4^2$ c) 1^2 d) $\left(\frac{1}{20}\right)^2$ e) $(-0{,}3)^2$ f) $(3-7)^2$ g) $(5 \cdot 0{,}3)^2$

2. Berechne ohne Taschenrechner.
   a) $\sqrt{81}$ b) $\sqrt{\frac{25}{64}}$ c) $\sqrt{0{,}16}$ d) $\sqrt{-9}$ e) $\sqrt{9+40}$ f) $\sqrt{360\,000}$ g) $\sqrt{0{,}4 \cdot 0{,}1}$

3. Bilde zueinander passende Paare. Verwende keinen Taschenrechner.

   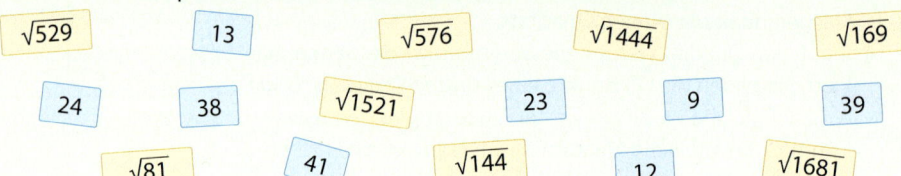

   $\sqrt{529}$ 13 $\sqrt{576}$ $\sqrt{1444}$ $\sqrt{169}$
   24   38 $\sqrt{1521}$ 23   9   39
   $\sqrt{81}$ 41 $\sqrt{144}$ 12 $\sqrt{1681}$

4. Ermittle ohne Taschenrechner, zwischen welchen beiden benachbarten natürlichen Zahlen die Quadratwurzel liegt.
   a) $\sqrt{22}$ b) $\sqrt{107}$ c) $\sqrt{13{,}7}$ d) $\sqrt{2{,}1 \cdot 2{,}9}$ e) $\sqrt{\frac{100}{3}}$

5. Gilt die Aussage für alle Zahlen? Begründe deine Meinung.
   a) Die Quadratwurzel aus einer Zahl ist nicht negativ.
   b) Wenn man eine Zahl quadriert und aus dem Ergebnis die Quadratwurzel zieht, erhält man wieder die ursprüngliche Zahl.

6. Ein Rechteck hat die Länge a = 12,5 cm und die Breite b = 8 cm.
   Ermittle die Seitenlänge eines Quadrats mit dem gleichen Flächeninhalt.

7. Eine rechteckige Wand besteht aus 225 cm² großen quadratischen Fliesen. Es befinden sich jeweils 15 Fliesen nebeneinander und 7 Fliesen übereinander. Bestimme die Breite und die Höhe der Wand.

   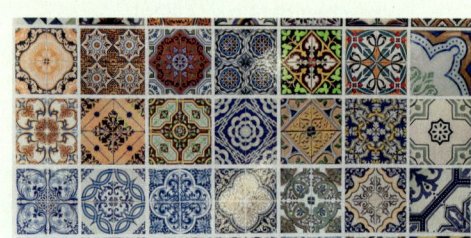

8. Löse die quadratische Gleichung.
   a) $7 = x^2$ b) $x^2 = 169$ c) $x^2 + 81 = 0$ d) $x^2 - 7 = 42$ e) $-2y^2 = -10$

9. Erläutere anhand von selbst gewählten Beispielen, wie viele Lösungen eine quadratische Gleichung der Form $x^2 = a$ haben kann.

10. Gib eine quadratische Gleichung mit den Lösungen $x_1 = 21$ und $x_2 = -21$ an.

11. Berechne, falls möglich. Verwende keinen Taschenrechner.
    a) $\sqrt{2} \cdot \sqrt{8}$ b) $\sqrt{-3} \cdot \sqrt{27}$ c) $\sqrt{200} \cdot \sqrt{0{,}5}$ d) $\sqrt{125} \cdot \sqrt{5}$ e) $\sqrt{800} \cdot \sqrt{50}$
    f) $\sqrt{25 \cdot 4}$ g) $\sqrt{100 \cdot 49}$ h) $\sqrt{36 \cdot 64}$ i) $\sqrt{2500}$ j) $\sqrt{484}$

12. Berechne, falls möglich. Verwende keinen Taschenrechner.
    a) $\frac{\sqrt{300}}{\sqrt{3}}$ b) $\frac{\sqrt{125}}{\sqrt{500}}$ c) $\frac{\sqrt{-100}}{\sqrt{-4}}$ d) $\frac{\sqrt{12}}{\sqrt{147}}$ e) $\frac{\sqrt{121}}{\sqrt{361}}$
    f) $\sqrt{\frac{16}{100}}$ g) $\sqrt{7\frac{1}{9}}$ h) $\sqrt{\frac{121}{169}}$ i) $\sqrt{\frac{-63}{-28}}$ j) $\sqrt{\frac{45}{245}}$

Prüfe dein neues Fundament

13. Ziehe so weit wie möglich die Wurzel.
    a) $\sqrt{52}$ b) $\sqrt{96}$ c) $\sqrt{\frac{27}{36}}$ d) $\sqrt{\frac{8}{256}}$ e) $\sqrt{\frac{160}{147}}$

    Lösungen ↗ S. 245

14. Vereinfache ohne Taschenrechner so weit wie möglich.
    a) $\sqrt{29 \cdot 29}$ b) $\sqrt{3,4} \cdot \sqrt{3,4}$ c) $\frac{\sqrt{0,7}}{\sqrt{0,7}}$ d) $\sqrt{2} + \sqrt{2}$ e) $\sqrt{12} - \sqrt{3}$

15. Fasse so weit wie möglich zusammen.
    a) $4\sqrt{13} - 2\sqrt{13}$ b) $\sqrt{3} + 3\sqrt{3} + \sqrt{9}$ c) $\sqrt{8} - \sqrt{32}$ d) $\sqrt{5} + \sqrt{10} + \sqrt{50}$
    e) $\sqrt{28} \cdot \sqrt{7} + \sqrt{14}$ f) $5\sqrt{5} + \sqrt{125}$ g) $2\sqrt{25 \cdot 20} + 3\sqrt{5}$ h) $\frac{9\sqrt{11}}{\sqrt{81}} + \sqrt{99} - \sqrt{\frac{198}{8}}$

Wiederholungsaufgaben

1. Bei einer Umfrage unter 120 Schülern eines 9. Jahrgangs konnte zwischen vier Fächern gewählt werden. Folgende Fächer wurden als Lieblingsfächer gewählt.

Englisch	Geschichte	Mathematik	Sport
24	20	36	40

   a) Stelle diese Daten in einem Diagramm dar.
   b) Berechne für jedes Fach die relative Häufigkeit und gib sie in Prozent an.

2. Berechne die Lösung des Gleichungssystems.
   $\begin{vmatrix} 2x + 3y = 5 \\ 4x + 5y = 7 \end{vmatrix}$

3. Der Eintrittspreis für das Schwimmbad hat sich von 4 € auf 5 € verteuert.
   Berechne, um wie viel Prozent der Eintritt teurer wurde.

4. Der Klassenraum der 9c ist 6 m breit und 10 m lang.
   a) Zeichne den Grundriss des Klassenraums in einem geeigneten Maßstab.
   b) Berechne das Luftvolumen, wenn die Raumhöhe 3,50 m beträgt.

5. Ordne die Maßangaben den Größen zu.

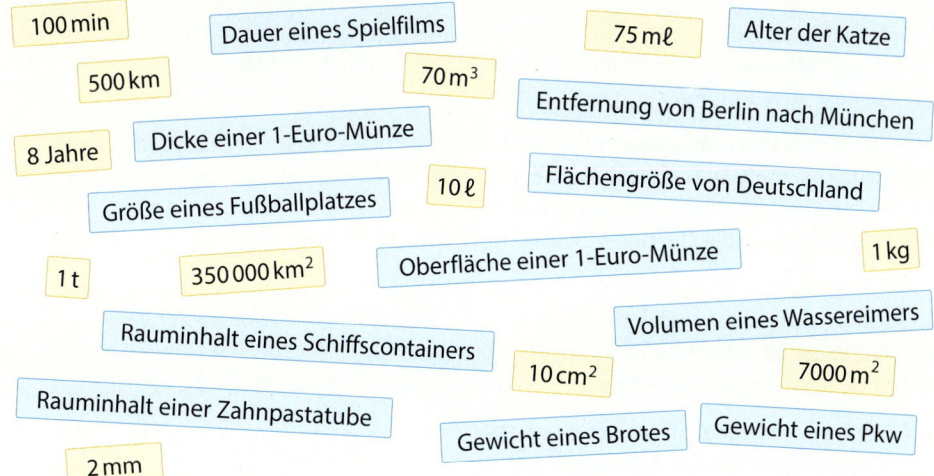

Zusammenfassung

4. Quadratwurzeln – Reelle Zahlen

Quadrat einer Zahl	Beim **Quadrieren** einer Zahl wird diese Zahl mit sich selbst multipliziert. Das Quadrat einer Zahl ist für jede Zahl (außer 0) positiv.	$6^2 = 6 \cdot 6 = 36$ Das Quadrat der Zahl 6 ist 36. $(-5)^2 = (-5) \cdot (-5) = 25$ $0^2 = 0 \cdot 0 = 0$
	Die Quadrate natürlicher Zahlen werden **Quadratzahlen** genannt.	4, 100 und 2500 sind Quadratzahlen. 10, $\frac{9}{4}$ und 0,49 sind keine Quadratzahlen.
Quadratwurzel	Die **Quadratwurzel** aus einer nichtnegativen Zahl a ist diejenige nichtnegative Zahl b, für die $b^2 = a$ gilt. Schreibweise: $\sqrt{a} = b$	$\sqrt{9} = 3$, denn $3^2 = 9$ und $3 \geq 0$ $\sqrt{0} = 0$, denn $0^2 = 0$
	Für $a \geq 0$ gilt: $(\sqrt{a})^2 = a$ und $\sqrt{a^2} = a$	$(\sqrt{7})^2 = 7$ und $\sqrt{7^2} = 7$
	Beachte: Aus negativen Zahlen kann man keine Quadratwurzel ziehen.	$\sqrt{-4}$ kann man nicht berechnen.
Lösungen quadratischer Gleichungen der Form $x^2 = a$	Die quadratische Gleichung $x^2 = a$ hat – für $a > 0$ die beiden Lösungen $x_1 = \sqrt{a}$ und $x_2 = -\sqrt{a}$, denn $(\sqrt{a})^2 = a$ und $(-\sqrt{a})^2 = a$, – für $a = 0$ nur die Lösung $x = 0$, – für $a < 0$ keine Lösung.	$x^2 = 25$ $x_1 = \sqrt{25} = 5$; $x_2 = -\sqrt{25} = -5$ $L = \{5; -5\}$ $x^2 = 0$ $L = \{0\}$ $x^2 = -9$ $L = \{\}$
Wurzelgesetze	Beim Rechnen mit Quadratwurzeln gelten folgende Gesetze für **Produkte:** $\sqrt{a} \cdot \sqrt{b} = \sqrt{a \cdot b}$ mit $a, b \geq 0$ **Quotienten:** $\frac{\sqrt{a}}{\sqrt{b}} = \sqrt{\frac{a}{b}}$ mit $a \geq 0, b > 0$.	$\sqrt{3} \cdot \sqrt{12} = \sqrt{3 \cdot 12} = \sqrt{36} = 6$ $\sqrt{16 \cdot 36} = \sqrt{16} \cdot \sqrt{36} = 4 \cdot 6 = 24$ $\frac{\sqrt{12}}{\sqrt{75}} = \sqrt{\frac{12}{75}} = \sqrt{\frac{4}{25}} = \frac{2}{5}$ $\sqrt{\frac{49}{81}} = \frac{\sqrt{49}}{\sqrt{81}} = \frac{7}{9}$
	Die Quadratwurzel einer Zahl kann man durch **Zerlegen** der Zahl in **Quadratzahlen** berechnen oder vereinfachen.	$\sqrt{225} = \sqrt{9 \cdot 25} = \sqrt{9} \cdot \sqrt{25} = 3 \cdot 5 = 15$ $\sqrt{108} = \sqrt{36 \cdot 3} = \sqrt{36} \cdot \sqrt{3} = 6\sqrt{3}$
	Gleiche Wurzeln kann man durch **Addition** oder **Subtraktion zusammenfassen**.	$5\sqrt{7} + 4\sqrt{7} = (5+4)\sqrt{7} = 9\sqrt{7}$ $\sqrt{12} - \sqrt{8} = 3\sqrt{2} - 2\sqrt{2} = \sqrt{2}$
Wurzeln näherungsweise bestimmen	Viele Quadratwurzeln haben **unendlich** viele Stellen nach dem Komma.	$\sqrt{2} = 1{,}414\,213\,562 \ldots$
	Man kann sie **näherungsweise** mit einer **Intervallschachtelung** bestimmen. Dabei sucht man Schritt für Schritt immer kleinere Intervalle, in denen die Quadratwurzel liegt.	$1 < \sqrt{2} < 2$, da $1^2 < 2 < 2^2$ $1{,}4 < \sqrt{2} < 1{,}5$, da $1{,}4^2 < 2 < 1{,}5^2$ $1{,}41 < \sqrt{2} < 1{,}42$, da $1{,}41^2 < 2 < 1{,}42^2$ $1{,}414 < \sqrt{2} < 1{,}415 \ldots$
Irrationale Zahlen, Reelle Zahlen	**Irrationale Zahlen** lassen sich nicht durch einen Bruch oder eine abbrechende oder periodische Dezimalzahl darstellen.	Beispiele für irrationale Zahlen: π; $\sqrt{2}$; $\sqrt{3}$; $\sqrt{10}$ $1{,}010\,305\,070\,901\,101\,3 \ldots$
	Die Menge der **Reellen Zahlen** setzt sich aus der Menge der Rationalen Zahlen und der Menge der Irrationalen Zahlen zusammen.	

5. Satzgruppe des Pythagoras

In Dachkonstruktionen treten oft rechtwinklige Dreiecke auf. Sätze über Dreiecke helfen bei der Berechnung solcher Konstruktionen.

Nach diesem Kapitel kannst du …
- fehlende Seitenlängen in rechtwinkligen Dreiecken berechnen,
- den Satz des Pythagoras und andere Sätze auch in Sachsituationen anwenden,
- anhand der Seitenlängen rechtwinklige Dreiecke erkennen.

Dein Fundament

5. Satzgruppe des Pythagoras

Lösungen
S. 246

Winkel

1. Zeichne
   a) einen spitzen Winkel,   b) einen stumpfen Winkel,   c) einen rechten Winkel.

2. Übertrage die Winkel in dein Heft. Gib jeweils die Winkelgröße und die Winkelart an.
   a)   b)   c)   d)

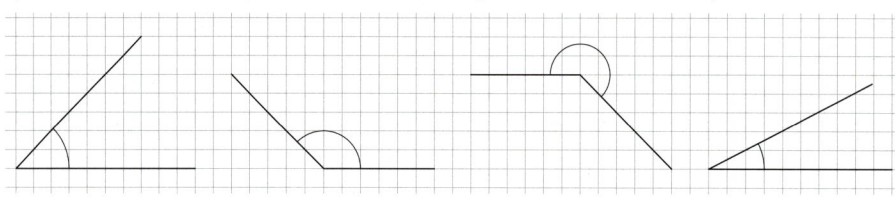

3. Ermittle die Größe
   a) aller Winkel, wenn $\alpha_1 = 110°$ ist,
   b) des Winkels α_4, wenn $\beta_2 = 76°$ ist,
   c) des Winkels β_1, wenn $\alpha_1 = 100°$ ist.

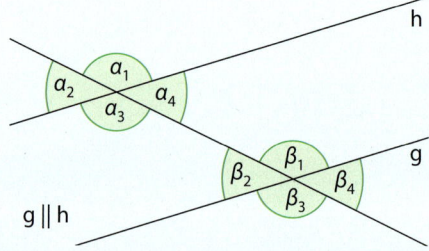

Dreiecke und Vierecke

4. Berechne Umfang und Flächeninhalt
   a) eines Rechtecks mit a = 3 cm und b = 7 cm,
   b) eines Quadrats mit a = 11 cm,
   c) eines Dreiecks mit a = 6 cm, b = 8 cm, c = 10 cm und $\gamma = 90°$.

5. Unterscheide folgende Dreiecke
   a) nach ihren Seiten (gleichseitig, gleichschenklig, unregelmäßig),
   b) nach ihren Innenwinkeln (spitzwinklig, rechtwinklig, stumpfwinklig).

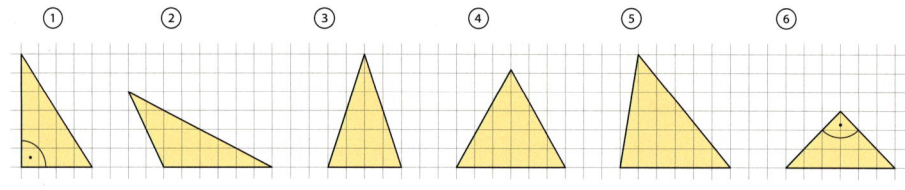

6. Berechne die Größen der Innenwinkel des Dreiecks, die nicht gegeben sind. Gib jeweils an, welche Dreiecksseite am längsten ist.
   a) $\alpha = 43°; \beta = 65°$ b) $\alpha = 40°; \beta = 90°$ c) $\beta = \gamma = 60°$
   d) $\alpha = 90°; \beta = \gamma$ e) $\beta = 2\alpha; \gamma = 3\alpha$

7. Konstruiere ein Dreieck
   a) mit a = 3 cm, b = 4 cm und c = 5 cm,   b) mit $\alpha = 30°$, b = 2 cm und c = 3 cm.

8. Gib die Seitenlänge des Quadrats mit dem gegebenen Flächeninhalt an.
   a) $A = 25 \, cm^2$ b) $A = 1{,}69 \, dm^2$ c) $A = 0{,}81 \, m^2$ d) $A = 0{,}04 \, km^2$

Dein Fundament

Gleichungen lösen

Lösungen ↗ S. 246

9. Löse die Gleichungen.
   a) $3x + 5 = 2x + 0{,}5$ b) $x^2 + 16 = 25$ c) $x + 4 = \sqrt{2 \cdot 18}$ d) $x^2 + 3x - 5 = x^2 + 4$

10. Stelle die Gleichung nach den in Klammern angegebenen Variablen um.
    a) $a + c^2 = b$ (a; c)   b) $a^2 = b \cdot c$ (b; c)   c) $a \cdot b^2 = 25$ (a; b)   d) $a^2 + b = 25$ (a; b)

11. Gib alle möglichen Lösungen der Gleichung an.
    a) $x^2 = 36$
    b) $x^2 + 9 = 5$
    c) $x^2 = 2x^2 - 0{,}5$
    d) $-x^2 - 4x - 3 = 3x^2 - 4x - 15$

Vermischtes

12. Löse die Klammern auf.
    a) $(x + 2)(x + 5)$ b) $(x + 7)(y - 3)$ c) $(a - 6)(b + 4)$ d) $(2a + b)(3 - 3b)$

13. Rechne die gegebenen Größen in die Einheit um, die in der Klammer vorgegeben ist.
    a) $1\,dm$; $1\,m$; $1\,mm$; $1\,km$; $50\,mm$; $0{,}75\,m$; $\frac{3}{4}\,dm$; $0{,}015\,km$ (in cm)
    b) $1\,dm^2$; $1\,mm^2$; $1\,m^2$; $12\,dm^2$; $0{,}05\,m^2$; $25\,mm^2$; $\frac{1}{10}\,dm^2$; $\frac{3}{100}\,m^2$ (in cm²)

14. Ordne die gegebenen Größen. Beginne mit der Kleinsten.
    a) $20\,cm$; $350\,mm$; $0{,}25\,dm$; $0{,}15\,m$; $\frac{1}{100}\,km$; $12\,m$; $140\,dm$; $1350\,cm$
    b) $10\,dm^2$; $200\,cm^2$; $\frac{3}{10}\,m^2$; $150\,dm^2$; $0{,}07\,m^2$; $2500\,mm^2$; $\frac{1}{10}\,dm^2$; $5000\,cm^2$

15. a) Berechne den Flächeninhalt jeder Figur.

    b) Übertrage die Figuren im Maßstab 2:1 in dein Heft.
       Zeichne in jede der Figuren zur rot markierten Grundseite eine Höhe ein.

16. Gib für jeden der folgenden Sätze die Voraussetzung und die Behauptung an.
    Formuliere die Aussagen zunächst in der Wenn-dann-Form.
    a) Jede durch 6 teilbare Zahl ist auch durch 3 teilbar.
    b) Die Summe der Innenwinkel eines Dreiecks beträgt immer 180°.
    c) Scheitelwinkel an sich schneidenden Geraden sind gleich groß.
    d) Das Produkt zweier Quadratzahlen ist wieder eine Quadratzahl.
    e) Wechselwinkel an geschnittenen Parallelen sind gleich groß.

17. Michael löst gern Knobelaufgaben. Er meint, dass es Quadratzahlen gibt, z. B. 5^2 und 12^2, deren Summe wieder eine Quadratzahl ist. Stimmt das?
    Untersuche, ob es solche Zahlen auch zwischen 2^2 und 11^2 gibt.

5.1 Satz des Pythagoras

■ Vergleiche für jedes Dreieck den Flächeninhalt des großen Quadrats unten mit der Summe der Flächeninhalte der beiden Quadrate oben. ■

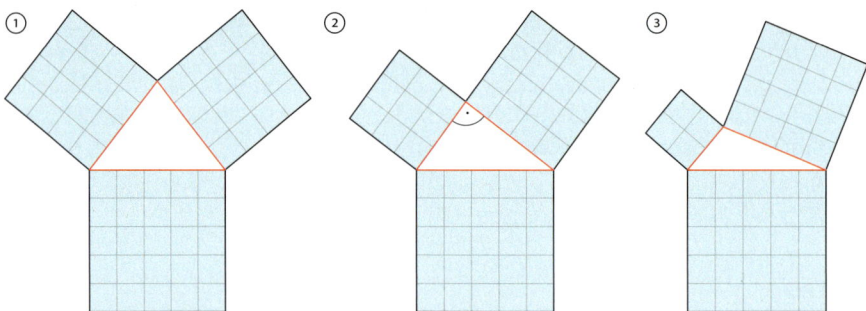

In rechtwinkligen Dreiecken nennt man die Seiten, die den rechten Winkel einschließen, **Katheten**. Die Seite, die dem rechten Winkel gegenüber liegt, nennt man **Hypotenuse**.

Mit dem Zusammenhang zwischen dem Flächeninhalt des Quadrats über der Hypotenuse und den Flächeninhalten der Quadrate über den beiden Katheten bei rechtwinkligen Dreiecken kann aus zwei bekannten Seitenlängen die Länge der dritten Seite berechnet werden.

> **Wissen: Satz des Pythagoras**
> In jedem rechtwinkligen Dreieck haben die Quadrate über den Katheten zusammen denselben Flächeninhalt wie das Quadrat über der Hypotenuse.
> Also gilt für jedes Dreieck ABC:
>
> Wenn $\gamma = 90°$ ist, dann ist $a^2 + b^2 = c^2$.

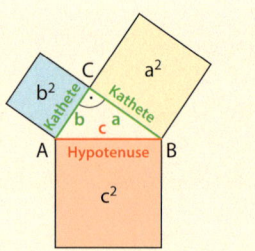

Voraussetzung: In einem Dreieck ABC ist $\gamma = 90°$.

Behauptung: $a^2 + b^2 = c^2$

Beweis: Im mittleren Bild sind dem Dreieck ABC und dem Hypotenusenquadrat drei Dreiecke hinzugefügt, die alle zum ursprünglichen Dreieck ABC kongruent sind. Dadurch ergibt sich ein großes Quadrat mit dem Flächeninhalt $A = (a + b)^2 = a^2 + 2ab + b^2$.

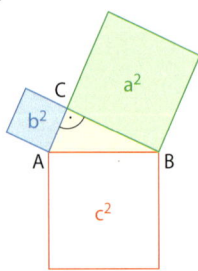 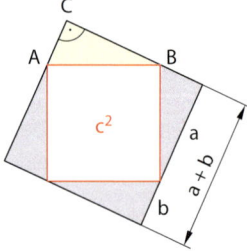 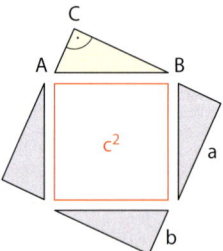

Addiert man zum Flächeninhalt des Hypotenusenquadrats c^2 den Flächeninhalt der vier zueinander kongruenten Dreiecke, so erhält man $A = c^2 + 4 \cdot \left(\frac{1}{2} \cdot a \cdot b\right) = c^2 + 2ab$. Die beiden Terme $a^2 + 2ab + b^2$ und $c^2 + 2ab$ geben den Flächeninhalt des gleichen Quadrats an. Daher gilt:

$a^2 + 2ab + b^2 = c^2 + 2ab$ $\quad | - 2ab$
$a^2 \quad + \quad b^2 = c^2$ $\qquad$ (was zu beweisen war)

5.1 Satz des Pythagoras

Beispiel 1: Ermittle die Länge der dritten Seite eines rechtwinkligen Dreiecks ABC.
a) $\gamma = 90°$; $a = 8$ cm; $b = 15$ cm
b) $\alpha = 90°$; $a = 10$ cm; $c = 6$ cm

Lösung:
a) Zeichne eine Planfigur mit den gegebenen Größen. Markiere das gesuchte Stück farbig.

Planfigur: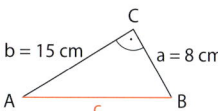

Da das Dreieck rechtwinklig ist, gilt der Satz des Pythagoras.
Setze für a und b die gegebenen Größen ein.

Berechne c.

$c^2 = a^2 + b^2$
$c^2 = (8\,\text{cm})^2 + (15\,\text{cm})^2$
$c^2 = 64\,\text{cm}^2 + 225\,\text{cm}^2 = 289\,\text{cm}^2$
$c = \sqrt{289\,\text{cm}^2} = 17\,\text{cm}$

Die Seite c ist 17 cm lang.

b) Zeichne eine Planfigur mit den gegebenen Größen. Markiere das gesuchte Stück farbig.

Planfigur: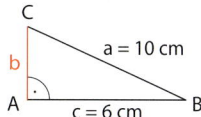

Da das Dreieck rechtwinklig ist, gilt der Satz des Pythagoras. Beachte die Lage des rechten Winkels α.
Setze für a und c die gegebenen Größen ein.

Berechne b.

$b^2 + c^2 = a^2 \quad |-c^2$
$b^2 = a^2 - c^2$
$b^2 = (10\,\text{cm})^2 - (6\,\text{cm})^2$
$b^2 = 100\,\text{cm}^2 - 36\,\text{cm}^2 = 64\,\text{cm}^2$
$b = \sqrt{64\,\text{cm}^2} = 8\,\text{cm}$

Die Seite b ist 8 cm lang.

Basisaufgaben

1. Berechne die dritte Seitenlänge.

a)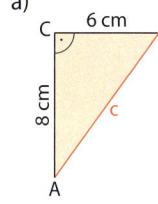
b)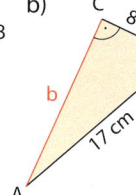
c)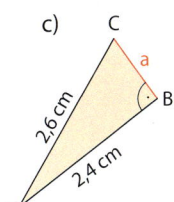
d)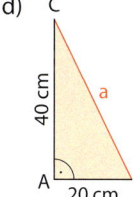
e)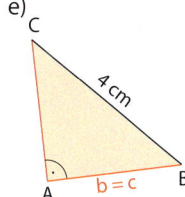

2. Zeichne eine Planfigur und berechne die dritte Seitenlänge.
   a) $a = 3$ m
      $b = 4$ m
      $\gamma = 90°$
   b) $a = 12$ cm
      $c = 20$ cm
      $\gamma = 90°$
   c) $a = 6{,}0$ cm
      $b = 4{,}8$ cm
      $\alpha = 90°$
   d) $a = 3{,}0$ dm
      $c = 1{,}6$ dm
      $\beta = 90°$
   e) $a = 2{,}9$ m
      $b = 2{,}1$ m
      $\alpha = 90°$

3. a) Gib, falls vorhanden, den rechten Winkel und die Hypotenuse an.
   b) Stelle dann, wenn möglich, eine Gleichung nach dem Satz des Pythagoras auf.

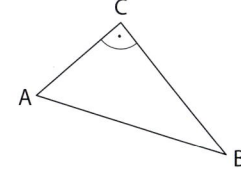 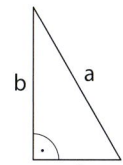 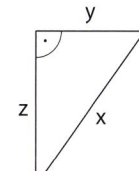 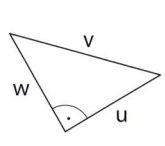 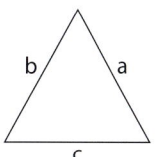

5. Satzgruppe des Pythagoras

Hinweis zu 4:

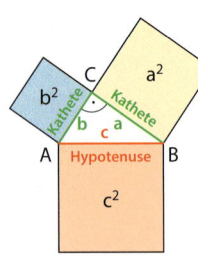

4. Gegeben sind die Flächeninhalte der Quadrate über den Katheten eines rechtwinkligen Dreiecks. Ermittle die Seitenlängen des Dreiecks.
   a) $A_1 = 144\,cm^2$; $A_2 = 256\,cm^2$
   b) $A_1 = 81\,cm^2$; $A_2 = 400\,cm^2$

5. Gegeben sind die Flächeninhalte von sieben Quadraten.
   $A_1 = 25\,cm^2$; $A_2 = 144\,cm^2$; $A_3 = 9\,cm^2$; $A_4 = 169\,cm^2$; $A_5 = 16\,cm^2$; $A_6 = 64\,cm^2$; $A_7 = 49\,cm^2$
   a) Finde Quadrate, die zusammen eine Figur nach dem Satz des Pythagoras ergeben.
   b) Ermittle die Seitenlängen der Quadrate und zeichne die Figur.

Weiterführende Aufgaben

6. Berechne die Länge der Strecke x.

   a)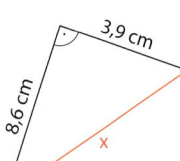
   b)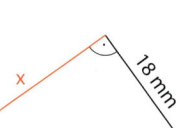
   c)
   d)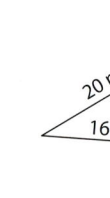

7. **Stolperstelle:** Für ein rechtwinkliges Dreieck ABC mit γ = 90°, b = 7 cm und c = 8,6 cm soll die Länge der Seite a berechnet werden. Einige Schülerinnen und Schüler haben dabei Fehler gemacht. Finde und korrigiere sie.

   Tim:
   $a^2 + b^2 = c^2 \quad |-b^2$
   $a^2 = c^2 - b^2$
   $a^2 = 8{,}6\,cm^2 - 7\,cm^2$
   $a^2 = 1{,}6\,cm^2 \quad |\sqrt{}$
   $a = \underline{1{,}3\,cm}$

   Isabel:
   $a^2 + b^2 = c^2 \quad |-b^2$
   $a^2 = c^2 - b^2$
   $a^2 = 73{,}96\,cm^2 - 49\,cm^2 \quad |\sqrt{}$
   $a^2 = \sqrt{24{,}96\,cm^2}$
   $a = 4{,}99\,cm \approx \underline{5\,cm}$

   Magnus:
   $a^2 + b^2 = c^2 \quad |-b^2$
   $a^2 = c^2 - b^2$
   $a^2 = (8{,}6\,cm)^2 - (7\,cm)^2$
   $a^2 = 25\,cm^2 \quad |:2$
   $a = \underline{12{,}5\,cm}$

8. Im Dreieck ABC sei a = 3 cm und b = 2 cm. Begründe, warum man die Länge von c nicht bestimmen kann, ohne weitere Angaben zum Dreieck zu haben.

9. Ermittle, falls mit dem Satz des Pythagoras möglich, die Länge der Seite c im Dreieck ABC.
   a) α = 90°; a = 2,5 cm; b = 1,5 cm
   b) a = b = 3 cm; α = β = 45°
   c) a = 3 cm; b = 4 cm; α = 37°; β = 53°
   d) a = 4 cm; α = β = γ = 60°
   e) α = 45°; b = 3 cm; c = 6 cm
   f) a = b = 8 cm; β = 45°

Lösungen zu 10:

10. Berechne von den rechtwinkligen Dreiecken jeweils den Flächeninhalt und den Umfang.

    a)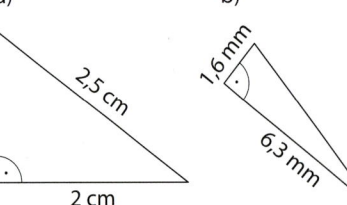
    b)
    c)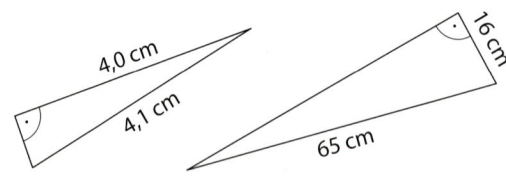
    d)

(Zeichnungen nicht maßgenau.)

5.1 Satz des Pythagoras

11. Übertrage die Tabelle in dein Heft. Vervollständige sie für ein Dreieck mit β = 90°.

	a	b	c	u	A
a)		3,4 m	3,0 m		
b)	12 cm				96 cm²
c)	4,8 m	6,0 m		14,4 m	

12. Eine Leiter ist 5,20 m lang. Sie wird an eine Hauswand gestellt. Dabei steht sie am Boden 1,80 m von der Hauswand entfernt. Berechne, wie hoch die Leiter an der Hauswand reicht.

13. Eine Bahnstrecke überwindet auf einer Länge von horizontal 12 km einen Höhenunterschied von 300 m. Es wird zur Vereinfachung angenommen, dass die Bahnstrecke überall die gleiche Steigung hat. Gesucht ist die Länge des Schienenstrangs. Überprüfe die folgenden Ergebnisse. Begründe deine Entscheidungen.
   a) etwa 200 m länger als 12 km   b) 11,9 km   c) etwa 4 m länger als 12 km

Hinweis zu 13:
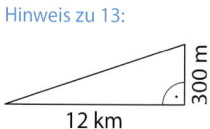

14. Ein 2,00 m hoher, 1,50 m breiter und 0,80 m tiefer Schrank steht in einem Zimmer mit einer Deckenhöhe von 2,20 m. Beim Umzug soll der Schrank nicht zerlegt werden. Da die Tür mit 1,80 m ziemlich niedrig ist, muss der Schrank im Zimmer gekippt werden.

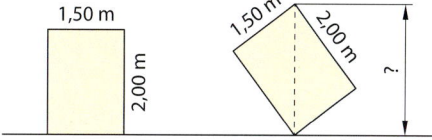

   a) Überprüfe, ob der Schrank im Zimmer auf die Seite gekippt werden kann. Erkläre, welche Größe dafür berechnet werden muss. Beachte die Skizze.
   b) Überprüfe, ob der Schrank im Zimmer nach vorne gekippt werden kann.

15. Sarah und Jonas verabschieden sich an einer rechtwinkligen Kreuzung und fahren beide in verschiedene Richtungen nach Hause. Sarah fährt mit einer Durchschnittsgeschwindigkeit von 12 km/h in Richtung Osten und Jonas mit durchschnittlich 18 km/h in Richtung Süden.

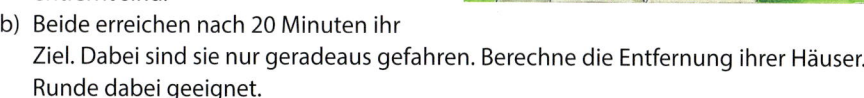

   a) Berechne, wie weit die beiden nach 15 Minuten Fahrzeit voneinander entfernt sind.
   b) Beide erreichen nach 20 Minuten ihr Ziel. Dabei sind sie nur geradeaus gefahren. Berechne die Entfernung ihrer Häuser. Runde dabei geeignet.
   c) Am nächsten Morgen fährt Jonas mit durchschnittlich 20 km/h in Richtung der Kreuzung. Sarah startet zur selben Zeit und möchte nicht nach Jonas dort ankommen. Ermittle die durchschnittliche Geschwindigkeit, mit der sie mindestens fahren sollte.

16. Ausblick:
   a) Welche Quadratwurzeln können mit den Längen der blau und grün markierten Dreiecksseiten bestimmt werden (siehe Bild rechts)? Begründe durch Rechnungen.
   b) Zeichne das Bild im Maßstab 1 : 1 in dein Heft.
   c) Ergänze deine Zeichnung so, dass du weitere Quadratwurzeln berechnen kannst. Halte dazu einen Kurzvortrag und erkläre dein Vorgehen.
   d) Verändere die Maße und die Zeichnung so, dass du schrittweise $\sqrt{2}$, $\sqrt{3}$, $\sqrt{4}$ … mithilfe der Längen von Dreiecksseiten bestimmen kannst.

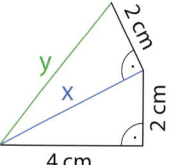

5.2 Längen berechnen in Figuren und Körpern

■ Die Größe von Bildschirmen wird häufig durch die Länge der Bildschirmdiagonale angegeben. Sie wird meist in der Einheit Zoll gemessen (1 Zoll = 1″ = 2,54 cm).
a) Zeige im Bild rechts eine Bildschirmdiagonale.
b) Schätze für den Bildschirm rechts die Länge der Bildschirmdiagonale in Zoll und in cm.
c) Berechne nun die Bildschirmdiagonale. ■

Man kann den Satz des Pythagoras nutzen, um zum Beispiel Seitenlängen von gleichschenkligen Dreiecken, Vierecken oder Körpern zu berechnen. Auch in vielen Anwendungssituationen wird der Satz des Pythagoras verwendet, um fehlende Maße zu ermitteln.
Dabei werden rechtwinklige Dreiecke in den Objekten gesucht. Hilfslinien (zum Beispiel Höhen) dienen dazu, Figuren so zu zerlegen, dass die rechtwinkligen Dreiecke sichtbar werden.

Beispiel 1: Ein gleichschenkliges Dreieck ABC hat die Seitenlängen a = b = 5 cm und c = 3 cm. Berechne die Länge der Höhe h_c. Fertige dafür eine Skizze an.

Lösung:
1. In der Skizze sind die gegebenen Größen eingetragen, die gesuchte Größe ist rot markiert.

2. Das rechtwinklige Dreieck BCF ist farbig markiert. Die Höhe h_c steht senkrecht auf der Seite c. Dort liegt ein rechter Winkel.

3. Zwei Seiten des Dreiecks BCF sind bekannt. Die Hypotenuse ist a = 5 cm. $\overline{BF}$ ist eine Kathete des Dreiecks BCF. Die Höhe h_c halbiert die Seite c. Daher ist $\overline{BF}$ = 1,5 cm. Die Höhe h_c ist die andere Kathete.

4. Nun wird h_c berechnet (Gleichung aufstellen, Größen einsetzen).

5. Prüfe und formuliere das Ergebnis.

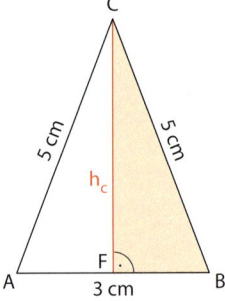

$h_c^2 + (\overline{BF})^2 = a^2$
$h_c^2 = a^2 - (\overline{BF})^2$
$h_c^2 = (5\,\text{cm})^2 - (1,5\,\text{cm})^2$
$h_c^2 = 25\,\text{cm}^2 - 2,25\,\text{cm}^2$
$h_c = \sqrt{22,75\,\text{cm}^2} \approx 4,8\,\text{cm}$

Die Höhe h_c ist 4,8 cm lang.

Basisaufgaben

1. Skizziere die Figuren in dein Heft. Finde rechtwinklige Dreiecke und markiere in deiner Skizze die rechten Winkel. Formuliere dann Gleichungen nach dem Satz des Pythagoras.

a) 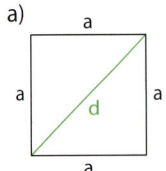   b) 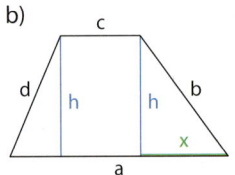   c) 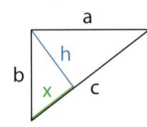   d)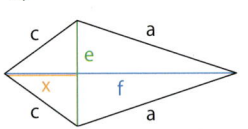

5.2 Längen berechnen in Figuren und Körpern

2. Gegeben ist ein gleichseitiges Dreieck (siehe Skizze rechts).
   Berechne die gesuchten Größen.
   a) a = b = c = 5 cm; gesucht: h_c; h_a; h_b
   b) a = b = c = 3,2 cm; gesucht: h_c; A
   c) u = 24 cm; gesucht: h_c; A

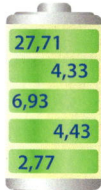

Lösungen zu 2:
Hier findest du die gerundeten Maßzahlen. Lösungen können mehrfach auftreten.

27,71
4,33
6,93
4,43
2,77

3. Fertige eine Skizze an. Berechne dann die gesuchten Größen.
   a) Quadrat ABCD mit a = 5 cm; gesucht: Länge der Diagonalen $\overline{AC}$
   b) Rechteck ABCD mit $\overline{BC}$ = 3 cm und $\overline{AC}$ = 8 cm; gesucht: $\overline{AB}$
   c) gleichschenkliges Dreieck ABC mit der Basis c = 5,5 cm und h_c = 7,2 cm; gesucht: a; b; u
   d) gleichschenkliges Dreieck ABC mit A = 45 cm² und der Basis c = 6 cm; gesucht: h_c; a; u

4. Die Gondel einer Seilbahn hängt an einem 4,1 km langen Seil. Die horizontale Entfernung zwischen der Talstation und der Bergstation beträgt 3,7 km. Gesucht ist der Höhenunterschied zwischen der Tal- und der Bergstation.
   a) Vervollständige die Skizze im Heft.
   b) Berechne den Höhenunterschied.

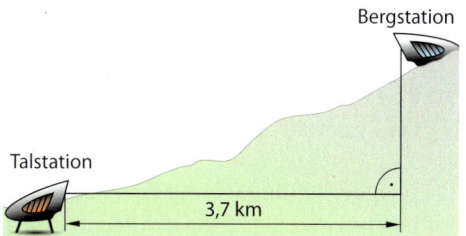

Weiterführende Aufgaben

5. Frank möchte eine rechteckige Holzplatte (210 cm × 250 cm) in sein Zimmer bringen.
   Die Tür des Zimmers ist 2,00 m hoch und 0,80 m breit.
   Entscheide, ob die Holzplatte durch die Tür passt. Begründe durch eine Rechnung.

Hinweis zu 6:

6. Ein quadratischer Platz hat die Seitenlänge 150 m. Es gibt Fußwege über den Platz, die diagonal verlaufen, und Fußwege an den Rändern. Sina will von einem Eckpunkt zum diagonal gegenüberliegenden Eckpunkt des Platzes laufen. Gib an, um wie viel Prozent der diagonale Weg kürzer ist als der Weg entlang des Randes.

7. **Stolperstelle:** Prüfe die Aussagen. Erkläre die Fehler.
   a)
   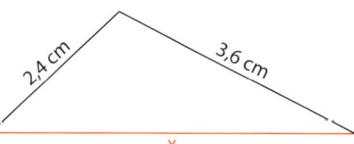

   Jonas: „Aus den gegebenen Längen kann ich die Länge von x mit dem Satz des Pythagoras berechnen."

   b)
   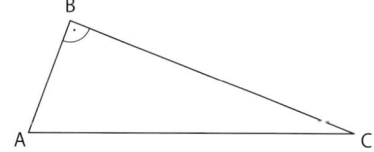

   Mara: „Nach dem Satz des Pythagoras gilt: $a^2 + b^2 = c^2$."

8. Berechne die rot markierten Strecken.
   a)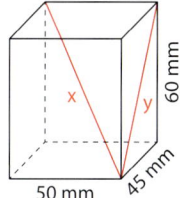
   b)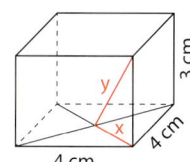
   c)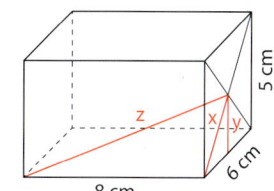

9. Berechne die rot markierten Strecken.
   a) Prisma   b) Zylinder   c) Prisma

   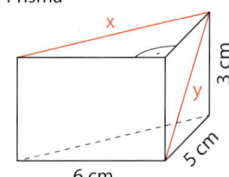 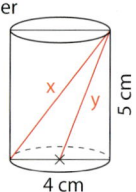 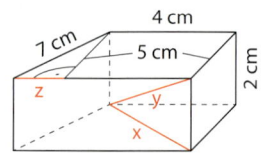

10. Die Grundfläche eines geraden dreiseitigen Prismas ist ein rechtwinkliges Dreieck. Die eine Kathete dieses Dreiecks ist 6,3 cm lang, die andere Kathete ist 1,6 cm lang. Das Prisma ist 6,0 cm hoch.
    a) Ermittle den Oberflächeninhalt und das Volumen des Prismas.
    b) Prüfe, ob es möglich ist, aus 45 cm Draht ein Kantenmodell des Prismas zu bauen.

Hinweis zu 12:

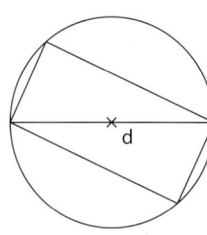

11. Eine Pyramide ABCDS hat ein Rechteck als Grundfläche ($\overline{AB}$ = 48 mm; $\overline{BC}$ = 3,1 cm). Die Pyramide ist 10 cm hoch. Berechne die Länge der Kante $\overline{AS}$.

12. Gegeben ist ein Kreis mit dem Radius r = 3 cm. Ein Rechteck wird in den Kreis einbeschrieben. Eine Seite des Rechtecks hat eine Länge von 1 cm (2 cm; 3 cm; 4 cm, 5 cm).
    a) Berechne den Flächeninhalt der fünf Rechtecke.
    b) Gib an, welches der fünf Rechtecke den größten Flächeninhalt hat.

Hinweis zu 13:

13. Ein zylindrisches Trinkglas hat den Durchmesser 6 cm und eine Innenhöhe von 12,5 cm. Berechne: Wie weit ragt ein 20 cm langer Trinkhalm mindestens aus dem Trinkglas?

14. Ein Leuchtturm ist 30 Meter hoch. Es soll ermittelt werden, wie weit man von diesem Leuchtturm aus höchstens auf das Meer hinaus schauen kann.
    a) Erstelle eine Skizze und erläutere daran das Problem, das gelöst werden muss. Gehe vereinfacht davon aus, dass die Erde einer Kugel mit dem Radius 6371 km entspricht.
    b) Berechne mithilfe der Skizze, wie weit man von diesem Leuchtturm aus höchstens auf das Meer hinaus schauen kann.

15. Ein Baumstamm hat einen kreisförmigen Querschnitt (d = 50 cm). Aus ihm soll ein Balken mit einem möglichst großen quadratischen Querschnitt herausgesägt werden.
    a) Fertige eine Skizze an.
    b) Gib die Maße des quadratischen Querschnitts auf Millimeter genau an.

16. Berechne den Umfang eines gleichseitigen Dreiecks mit einem Flächeninhalt von 100 cm².

17. Beweise. Erstelle dafür zuerst eine Skizze.
    a) Die Länge der Diagonalen d in einem Rechteck ABCD mit den Seitenlängen a und b ist $d = \sqrt{a^2 + b^2}$.
    b) Die Länge der Diagonalen d in einem Quadrat ABCD mit der Seitenlänge a ist $d = a\sqrt{2}$.
    c) Die Höhe h über der Seite c in einem gleichschenklig-rechtwinkligen Dreieck ABC mit den Schenkeln a und b ist $h = \frac{c}{2}$.
    d) Die Höhe h über c in einem gleichseitigen Dreieck ABC mit der Seitenlänge a ist $h = \frac{a}{2}\sqrt{3}$.
    e) Der Flächeninhalt A eines gleichseitigen Dreiecks ABC mit der Seitenlänge a ist $A = \frac{a^2}{4}\sqrt{3}$.

5.2 Längen berechnen in Figuren und Körpern

18. Beweise, dass die folgenden Aussagen wahr sind.
   a) Die Raumdiagonale d eines Quaders mit den Kantenlängen a, b und c ist
   $d = \sqrt{a^2 + b^2 + c^2}$.
   b) Die Raumdiagonale d eines Würfels mit der Kantenlänge a ist $d = a\sqrt{3}$.

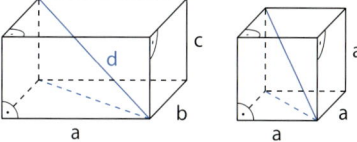

19. Typische Spielkarten sind 6 cm × 9 cm groß.
   a) Ermittle möglichst genau die Höhe eines Kartenhauses, das aus drei Etagen besteht. Beachte das Bild rechts.
   b) Ermittle die Höhe eines Kartenhauses mit fünf Etagen und erkläre dein Vorgehen.
   c) Gib eine Formel für die Höhe eines Kartenhauses mit n Etagen an.

20. Die Drehleiter eines Feuerwehrautos kann bis auf 30 m Länge ausgefahren werden. Sie beginnt in 3,40 m Höhe über dem Boden.
   a) Eine hilflose Person soll in einer Höhe von 21 m aus dem 8. Stockwerk eines Hauses gerettet werden. Wie nah am Haus muss der Drehkranz mindestens stehen, um die Person zu erreichen?
   b) Berechne, wie hoch die Leiter bei einem Anstiegswinkel von 45° reicht.

● **21.** Berechne Umfang und Flächeninhalt der Figur. Runde jeweils sinnvoll.
   a)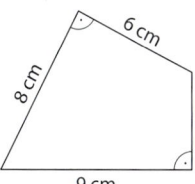
   b)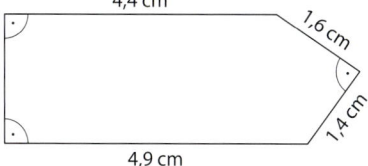

● **22. Ausblick:** Betrachte die Abbildung. Sven behauptet, dass für die Flächeninhalte A_1, A_2 und A_3 in den Figuren gilt: $A_1 = A_2 + A_3$.
   a) Beweise diese Aussage für Figur ①.
   [GS] b) Prüfe mit einer dynamischen Geometriesoftware, ob die Aussage auch für die Flächeninhalte in den Figuren ② und ③ gilt.

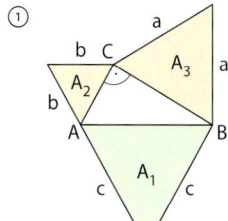 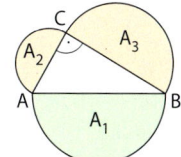 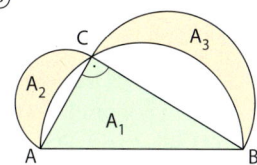

5.3 Umkehrung des Satzes des Pythagoras

■ Ina hat aus zwölf Büroklammern ein rechtwinkliges Dreieck geformt:

 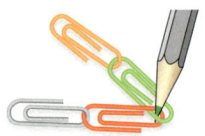 

Hinweis:
Statt Büroklammern könnt ihr auch Streichhölzer verwenden.

a) Probiere aus: Kann man ein rechtwinkliges Dreieck auch aus 9 Büroklammern formen (aus 24 Büroklammern)?
Wenn ja: Wie lang sind die Katheten? Wie lang ist die Hypotenuse?
b) Finde Anzahlen an Büroklammern, aus denen man rechtwinklige Dreiecke formen kann. ■

Schon im Jahr 2300 v. Chr. war in Ägypten bekannt, dass ein Dreieck bei geschickter Wahl der Seitenlängen rechtwinklig ist. Landvermesser wendeten dieses Wissen an, um rechte Winkel abzustecken.

Dies geschah vermutlich mit einem geschlossenen Seil, welches zwölf Knoten in regelmäßigen Abständen enthielt. Um einen rechten Winkel zu erhalten, spannte man das Seil zu einem Dreieck mit den Seitenlängen drei, vier und fünf Einheiten. Der rechte Winkel lag dann dem längsten Seilstück gegenüber.
Die Landvermesser nutzten die Umkehrung des Satzes des Pythagoras.

Hinweis:
Merke:
Wenn
$b^2 + c^2 = a^2$,
dann ist $\alpha = 90°$.

Wenn
$a^2 + c^2 = b^2$,
dann ist $\beta = 90°$.

> **Wissen: Umkehrung des Satzes des Pythagoras**
> Wenn in einem Dreieck die Quadrate über zwei Seiten zusammen denselben Flächeninhalt haben wie das Quadrat über der dritten Seite, so ist das Dreieck rechtwinklig.
>
> Also gilt für jedes Dreieck ABC: Wenn $a^2 + b^2 = c^2$, so ist $\gamma = 90°$.

Voraussetzung:
Im Dreieck ABC gilt $a^2 + b^2 = c^2$.

Behauptung:
Das Dreieck ABC ist rechtwinklig mit $\gamma = 90°$.

Beweis: Man zeichnet ein zweites Dreieck $A_1B_1C_1$ mit $\sphericalangle A_1C_1B_1 = 90°$ und $a_1 = a$ und $b_1 = b$. Nach dem Satz des Pythagoras gilt für dieses Dreieck $a^2 + b^2 = c_1^2$.

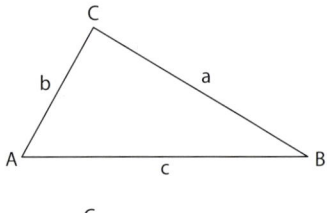

Da nach der Voraussetzung auch $a^2 + b^2 = c^2$ gilt, folgt $c^2 = c_1^2$. Da die Seitenlängen c und c_1 nur positiv sein können, gilt auch $c = c_1$.

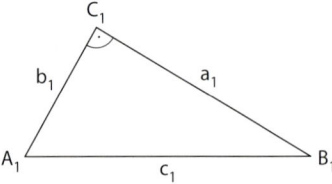

Daher sind die Dreiecke ABC und $A_1B_1C_1$ nach dem Kongruenzsatz sss kongruent. Somit ist auch das Dreieck ABC rechtwinklig mit $\gamma_1 = \gamma = 90°$ (was zu beweisen war).

5.3 Umkehrung des Satzes des Pythagoras

Mit der Umkehrung des Satzes des Pythagoras lässt sich anhand der Seitenlängen eines Dreiecks entscheiden, ob es rechtwinklig ist.

Beispiel 1: Entscheide, ob das Dreieck ABC rechtwinklig ist.
a) $a = 4\,cm$; $b = 5\,cm$; $c = 6\,cm$
b) $a = 6\,cm$; $b = 8\,cm$; $c = 10\,cm$

Lösung:
a) Die längste Seite ist c. Quadriere sie. $\quad (6\,cm)^2 = 36\,cm^2$

Addiere die Quadrate der beiden anderen Seiten und vergleiche die Ergebnisse.
$(4\,cm)^2 + (5\,cm)^2 = 16\,cm^2 + 25\,cm^2 = 41\,cm^2$
$41\,cm^2 \neq 36\,cm^2$

Sie sind nicht gleich, also ist das Dreieck nicht rechtwinklig.
Das Dreieck ABC ist nicht rechtwinklig.

b) Die längste Seite ist c. Quadriere sie. $\quad (10\,cm)^2 = 100\,cm^2$

Addiere die Quadrate der beiden anderen Seiten und vergleiche die Ergebnisse.
$(6\,cm)^2 + (8\,cm)^2 = 36\,cm^2 + 64\,cm^2 = 100\,cm^2$
$100\,cm^2 = 100\,cm^2$

Sie sind gleich, also ist das Dreieck rechtwinklig.
Das Dreieck ABC ist rechtwinklig.

Basisaufgaben

1. Entscheide, ob das Dreieck rechtwinklig ist.
   Wenn ja, gib den rechten Winkel und die Hypotenuse an.
   a) $a = 9\,cm$
      $b = 12\,cm$
      $c = 15\,cm$
   b) $a = 10\,cm$
      $b = 4\,cm$
      $c = 6\,cm$
   c) $a = 1,8\,m$
      $b = 3,0\,m$
      $c = 1,2\,m$
   d) $a = 6,0\,dm$
      $b = 3,6\,dm$
      $c = 4,8\,dm$
   e) $a = 1,6\,cm$
      $b = 3,0\,cm$
      $c = 3,5\,cm$

2. Gegeben sind je zwei Seitenlängen von Dreiecken (Maße in cm). Eine Seitenlänge fehlt.
   Ergänze jeweils eine dritte Seitenlänge so, dass das Dreieck rechtwinklig ist.

3|4|5	5|…|13	6|…|10	…|24|25	8|15|…	…|12|15
9|…|41	10|24|…	11|60|…	…|16|20	12|…|37	

3. Um rechte Winkel abzustecken, wird zum Teil noch heute das „Maurerdreieck" verwendet.
   Man schlägt drei Pflöcke in die Erde, die voneinander einen Abstand von 80 cm, 60 cm und 1,00 m haben (s. Bild).
   Begründe das Vorgehen.

   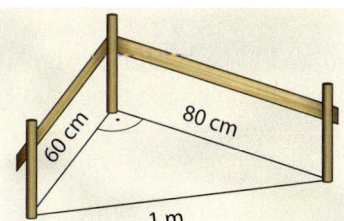

4. Gib an, ob die folgenden Aussagen zu Dreiecken richtig sind.
   Korrigiere falsche Aussagen.
   a) Wenn $a^2 + c^2 = b^2$ gilt, dann ist $\gamma = 90°$.
   b) Wenn $b^2 + c^2 = a^2$ gilt, dann ist $\alpha = 90°$.
   c) Wenn $a^2 + c^2 = b^2$ gilt, dann ist b die Hypotenuse im Dreieck.
   d) Wenn $a^2 + b^2 = c^2$ gilt, dann ist $\beta = 90°$.

Weiterführende Aufgaben

5. Gegeben ist ein Dreieck ABC mit b = 12 mm und c = 15 mm.
   a) Ergänze eine dritte Seitenlänge so, dass das Dreieck ABC rechtwinklig ist.
   b) Gib die Katheten, die Hypotenuse und den rechten Winkel an.
   c) Prüfe, ob es mehr als eine Lösung gibt.

6. **Stolperstelle:** In einem Dreieck ABC mit $\gamma = 90°$, a = 10 cm und c = 20 cm ist die Länge der Seite b gesucht.

Joanna hat diese Aufgabe so gelöst:	Luca kontrolliert die Lösung von Joanna. Er argumentiert mit einer Rechnung:
$a^2 + b^2 = c^2$ | $-a^2$ $b^2 = c^2 - a^2$ | Einsetzen $b^2 = (20\,cm)^2 - (10\,cm)^2$ $b^2 = 300\,cm^2$ | Wurzelziehen $\sqrt{\ }$ $b \approx 17{,}3\,cm$ Die Seite b ist 17,3 cm lang.	$(20\,cm)^2 = 400\,cm^2$ $(10\,cm)^2 + (17{,}3\,cm)^2 = 399{,}29\,cm^2$ $400\,cm^2 \neq 399{,}29\,cm^2$ Das Dreieck ABC ist nicht rechtwinklig. Laut Aufgabe muss es aber rechtwinklig sein. Das Ergebnis b = 17,3 cm muss daher falsch sein.

Was meinst du dazu?

7. Überprüfe folgende Aussagen. Begründe deine Entscheidung.
   a) Wenn für ein Dreieck ABC $a^2 = c^2 + b^2$ gilt, dann ist das Dreieck ABC rechtwinklig mit $\gamma = 90°$.
   b) Ein rechtwinkliges Dreieck hat eine 3 cm lange Seite und eine 4 cm lange Seite.
      Tom behauptet: „Dann muss die dritte Seite 5 cm lang sein."

8. In einem Viereck mit den Seiten a, b, c und d gilt a = 1,1 dm und b = 6,0 dm.
   a) Prüfe, ob das Viereck ein Rechteck sein kann, dessen Diagonalenlänge 7,0 dm ist.
   b) Prüfe, ob das Viereck ein Rechteck sein kann, dessen Diagonalenlänge 6,1 dm ist.

9. Lars glaubt, dass die Wände seines Zimmers nicht genau im rechten Winkel zueinander stehen. Er misst nach und fertigt eine Skizze des Zimmers an.
   a) Überprüfe für alle vier Ecken, ob die angrenzenden Wände senkrecht aufeinander stehen.
   b) Kannst du Aufgabe a) ohne Rechnung lösen? Begründe.

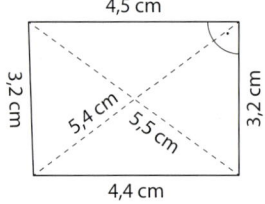

10. Welche der Aussagen ① bis ⑤ wird durch die Figur A, B oder C veranschaulicht? Begründe.
    ① Wenn $\gamma = 90°$, dann ist $a^2 + b^2 = c^2$.
    ② Wenn $\gamma > 90°$, dann ist $a^2 + b^2 > c^2$.
    ③ Wenn $\gamma > 90°$, dann ist $a^2 + b^2 < c^2$.
    ④ Wenn $\gamma < 90°$, dann ist $a^2 + b^2 < c^2$.
    ⑤ Wenn $\gamma < 90°$, dann ist $a^2 + b^2 > c^2$.

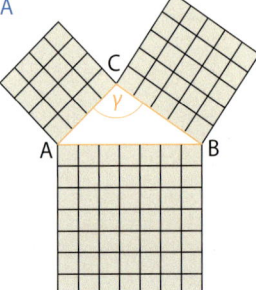
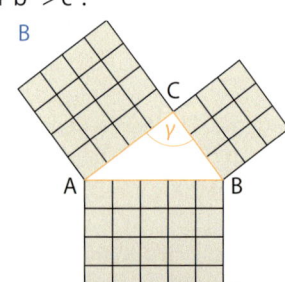
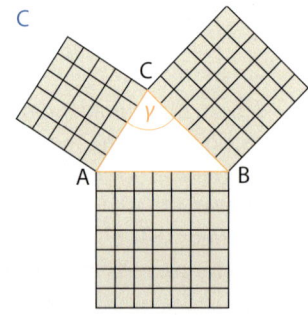

5.3 Umkehrung des Satzes des Pythagoras

11. Überprüfe, ob ein Dreieck mit den gegebenen Seitenlängen rechtwinklig oder spitzwinklig oder stumpfwinklig ist.
a) a = 3 cm, b = 5 cm, c = 7 cm
b) a = 2 cm, b = 4 cm, c = 5 cm
c) a = 12 dm, b = 14 dm, c = 8 dm
d) a = 13 cm, b = 5 cm, c = 12 cm

In einem Dreieck ABC mit c als längster Seite gelten dafür die Umkehrung des Satzes des Pythagoras sowie die folgenden Aussagen:
1. Wenn $a^2 + b^2 < c^2$, dann ist $\gamma > 90°$.
2. Wenn $a^2 + b^2 > c^2$, dann ist $\gamma < 90°$.

Erinnere dich:
Dreiecksarten:
- spitzwinklig: alle Innenwinkel sind kleiner als 90°;
- rechtwinklig: ein Innenwinkel ist 90°;
- stumpfwinklig: ein Innenwinkel ist größer als 90°

12. Ein Segelboot fährt an einem Leuchtturm in einer Entfernung von 15 km vorbei. Zu diesem Zeitpunkt befindet es sich genau südlich des Leuchtturms. Einige Zeit später ist es 19 km vom Leuchtturm entfernt und hat geradlinig eine Strecke von 8 km zurückgelegt (siehe Bild).
a) Ist das Segelschiff genau nach Westen gefahren? Begründe.
b) Nimm an, das Segelschiff wäre nach 8 km Fahrstrecke genau 17 km vom Leuchtturm entfernt gewesen. Ermittle die Fahrtrichtung.

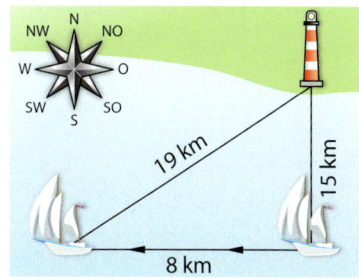

(Skizze nicht maßstäblich)

13. Drei natürliche Zahlen, z. B. (3 | 4 | 5), die die Gleichung $a^2 + b^2 = c^2$ erfüllen ($3^2 + 4^2 = 5^2$), nennt man ein **pythagoreisches Zahlentripel**. Die Zahlen (1 | 2 | 3) sind kein pythagoreisches Zahlentripel, denn $1^2 + 2^2 \neq 3^2$.
a) Gib an, welche der folgenden Zahlentripel pythagoreische Zahlentripel sind.
① (8 | 15 | 17) ② (5 | 7 | 9) ③ (20 | 21 | 29) ④ (13 | 19 | 23)
b) Übertrage in dein Heft und ersetze ■ – falls möglich – so durch eine natürliche Zahl, dass ein pythagoreisches Zahlentripel entsteht. (Die größte Zahl des Tripels steht jeweils rechts.)
① (6 | 8 | ■) ② (5 | ■ | 13) ③ (■ | 35 | 37) ④ (8 | 13 | ■) ⑤ (■ | 99 | 101)
c) Gib zwei weitere pythagoreische Zahlentripel an.
d) Beweise: Ist n eine natürliche Zahl und (a | b | c) ein pythagoreisches Zahlentripel, dann ist auch (n · a | n · b | n · c) ein pythagoreisches Zahlentripel.

Info:
Die griechische Vorsilbe tri bedeutet drei, z. B. in Triathlon und Triangel.
Ein **Tripel** besteht aus drei Zahlen.

● **14.** a) Beweise, dass gilt:
Wenn u und v natürliche Zahlen sind mit u > v, dann ist $(u^2 - v^2, 2uv, u^2 + v^2)$ ein pythagoreisches Zahlentripel.
b) Gib mithilfe der Formeln aus a) fünf pythagoreische Zahlentripel an.

● **15.** Entscheide, ob die Aussage wahr ist. Bilde dann auch die Umkehrung der Aussage und entscheide, ob diese wahr ist. Begründe.
a) Wenn ein Dreieck gleichseitig ist, dann ist es auch gleichschenklig.
b) Wenn ein Dreieck ABC spitzwinklig ist, dann ist der Innenwinkel α kleiner als 90°.
c) Wenn ein Viereck ein Parallelogramm ist, so sind je zwei Gegenseiten gleich lang.
d) Wenn α und β Nebenwinkel sind, so ist α + β = 180°.
e) Wenn in einem Dreieck alle drei Innenwinkel gleich groß sind, dann ist das Dreieck gleichseitig.

● **16. Ausblick:** Zeichne ein Dreieck mit den Eckpunkten A(0|0), B(8|0) und C(8|6) in ein Koordinatensystem. Verschiebe den Punkt B um +1 (+1,5; –2; –4; –6) entlang der x-Achse. Berechne jeweils neue Koordinaten für den Punkt C, sodass im Dreieck ABC weiterhin b = 10 Längeneinheiten und β = 90° gilt, und zeichne den Punkt C ein. Beschreibe die Bahn, auf der sich der Punkt C bewegt.

5.4 Höhensatz und Kathetensatz

■ Vergleiche für jede der Figuren den Flächeninhalt des rötlichen Quadrats und des blauen Rechtecks. (Alle Angaben in cm.)

a)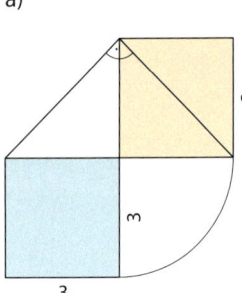

b)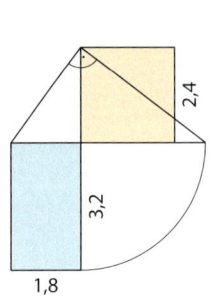

c)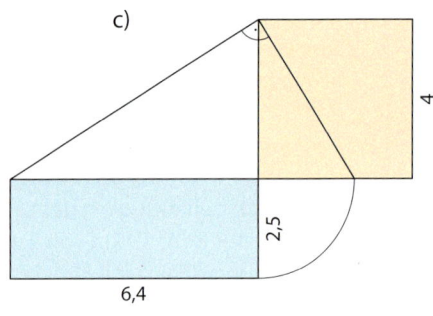

Fasse deine Beobachtungen in einem Satz zusammen. ■

Aus dem Satz des Pythagoras ergeben sich weitere Sätze und Formeln, die für Berechnungen an rechtwinkligen Dreiecken genutzt werden können.

Der Höhensatz

In einem rechtwinkligen Dreieck teilt die Höhe h auf der Hypotenuse die Hypotenuse in zwei Teilstrecken. Diese nennt man **Hypotenusenabschnitte** und bezeichnet sie mit p und q.

Tipp:
Im Alphabet steht a vor b sowie p vor q.
p gehört zu a;
q gehört zu b.

> **Wissen: Höhensatz**
>
> In einem rechtwinkligen Dreieck sind das Quadrat über der Höhe auf der Hypotenuse und das Rechteck aus den Längen der Hypotenusenabschnitte p und q flächengleich.
>
> Ist das Dreieck ABC rechtwinklig, so gilt $h^2 = q \cdot p$.

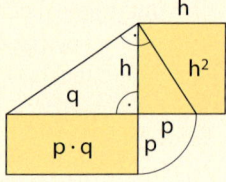

Voraussetzung: Dreieck ABC rechtwinklig (z. B. γ = 90°)

Behauptung: Es gilt $h^2 = q \cdot p$.

Beweis: Die Höhe h teilt das Dreieck ABC in zwei rechtwinklige Dreiecke AHC und BCH. Nach dem Satz des Pythagoras gilt für diese Dreiecke:
$$q^2 + h^2 = b^2$$
$$p^2 + h^2 = a^2$$

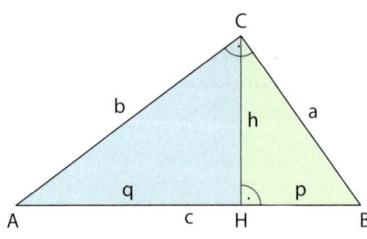

Außerdem ist $c = q + p$.

Nach dem Satz des Pythagoras gilt für das Dreieck ABC die Gleichung $a^2 + b^2 = c^2$. Ersetzt man darin a^2, b^2 und c durch die oben angegebenen Terme, so erhält man:

$a^2 + b^2 = c^2$	
$p^2 + h^2 + q^2 + h^2 = (q + p)^2$	| Klammern auflösen
$p^2 + h^2 + q^2 + h^2 = q^2 + 2pq + p^2$	| $-q^2$ und $-p^2$
$h^2 + h^2 = 2pq$	| Zusammenfassen
$2h^2 = 2pq$	| : 2
$h^2 = pq$	(was zu beweisen war)

5.4 Höhensatz und Kathetensatz

Beispiel 1:
a) Im Dreieck ABC mit γ = 90° ist
   p = 4,5 cm und q = 2 cm.
   Berechne die Höhe h.
b) Im Dreieck ABC mit γ = 90° ist
   p = 1,2 cm und h = 4 cm.
   Berechne q.

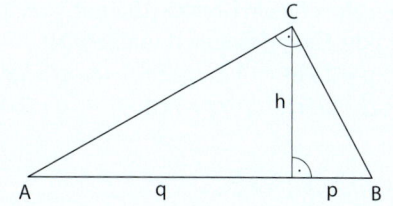

Lösung:
a) Zeichne eine Planfigur und markiere die gegebenen und gesuchten Größen.

Planfigur: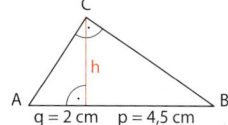

Notiere die Formel für den Höhensatz.
Setze die gegebenen Größen ein und berechne schrittweise h.

$h^2 = p \cdot q$
$h^2 = 4{,}5\,\text{cm} \cdot 2\,\text{cm}$
$h^2 = 9\,\text{cm}^2$
$h = \sqrt{9\,\text{cm}^2} = 3\,\text{cm}$

b) Zeichne eine Planfigur und markiere die gegebenen und gesuchten Größen.

Planfigur: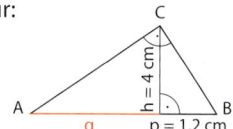

Notiere die Formel für den Höhensatz.
Stelle sie nach q um.
Setze dann die gegebenen Größen ein und berechne schrittweise q.
Runde, wenn nötig.

$h^2 = p \cdot q$
$q = \dfrac{h^2}{p}$
$q = \dfrac{(4\,\text{cm})^2}{1{,}2\,\text{cm}}$
$q \approx 13{,}3\,\text{cm}$

Basisaufgaben

1. Berechne die rot markierte Strecke.

a) 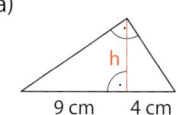   b) 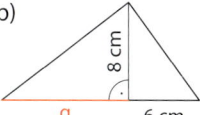   c) 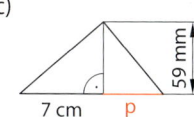   d)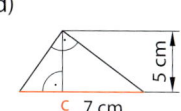

2. Ergänze die Tabelle für ein rechtwinkliges Dreieck.

	a)	b)	c)	d)	e)	f)
p	4 cm	1,5 cm		3 cm	0,5 cm	
q	2 cm		0,7 cm	1,8 cm		5 cm
h		9 cm	0,7 cm		2 cm	2 cm

3. Stelle Gleichungen nach dem Höhensatz auf.

a) 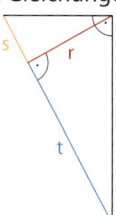   b) 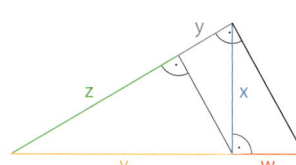   c)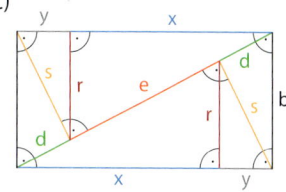

Gerundete Lösungen zu 4:

4. Berechne für ein Dreieck ABC mit γ = 90° die dritte der drei Längen p, q und h. Runde, falls erforderlich, auf Zehntel.
   a) p = 2,8 m
      q = 0,7 m
   b) p = 4 cm
      q = 1 cm
   c) p = 3 dm
      q = 2 dm
   d) h = 2 m
      q = 1,6 m
   e) h = 40 dm
      p = 2 m
   f) q = 4 cm
      h = 40 mm

Der Kathetensatz

In jedem rechtwinkligen Dreieck ist das Hypotenusenquadrat genauso groß wie die beiden Kathetenquadrate zusammen.

Mit den Bezeichnungen im Bild gilt $c^2 = a^2 + b^2$.

Es ist möglich, das Hypotenusenquadrat so in zwei Rechtecke zu zerlegen, dass ein Rechteck den Flächeninhalt a^2 und das andere Rechteck den Flächeninhalt b^2 hat. Den Teilungspunkt H der Hypotenuse erhält man durch Einzeichnen der Dreieckshöhe auf die Hypotenuse.

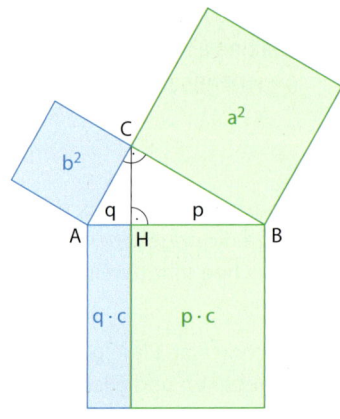

Die Beziehungen zwischen den so entstehenden Rechtecken und Quadraten lassen sich allgemein als Kathetensatz formulieren.

Tipp:
Im Alphabet steht a vor b sowie p vor q. Also gehört p zu a; q zu b.

> **Wissen: Kathetensatz**
>
> In einem rechtwinkligen Dreieck sind das Quadrat über einer Kathete und das Rechteck aus der Hypotenuse und dem an der Kathete anliegenden Hypotenusenabschnitt flächengleich.
>
> Für ein Dreieck ABC gilt:
> Wenn γ = 90°, dann ist $a^2 = p \cdot c$ und $b^2 = q \cdot c$.

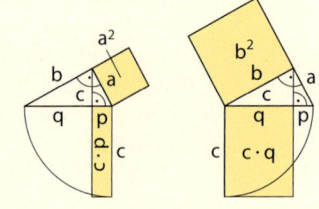

Voraussetzung: Dreieck ABC mit γ = 90°
Behauptung: Es gilt $b^2 = q \cdot c$.

Beweis:

①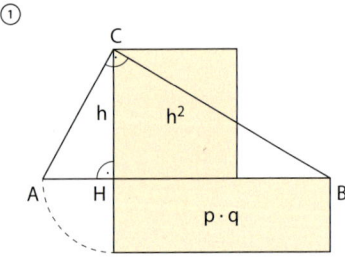

②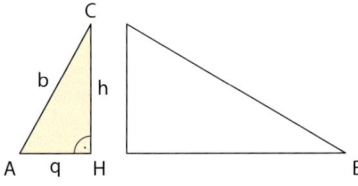

① Es gilt nach dem Höhensatz:
$h^2 = p \cdot q$

② Für das Dreieck AHC gilt nach dem Satz des Pythagoras: $b^2 = q^2 + h^2$

Wenn man ① in ② einsetzt, erhält man:
$b^2 = q^2 + p \cdot q$ | Ausklammern von q
$b^2 = q(p + q)$ | p + q ergibt zusammen die Länge c.
$b^2 = q \cdot c$ (was zu beweisen war)

5.4 Höhensatz und Kathetensatz

Beispiel 2:
a) Im Dreieck ABC mit γ = 90° ist c = 1,6 m und p = 0,4 m. Berechne a.
b) Im Dreieck ABC mit γ = 90° ist b = 4 cm und c = 8,2 cm. Berechne q.

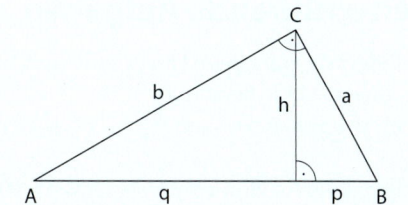

Lösung:
a) Zeichne eine Planfigur und markiere die gegebenen und gesuchten Größen.

Planfigur: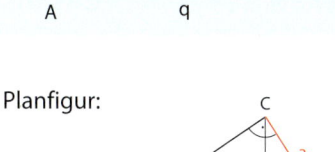

Notiere die Formel für den Kathetensatz mit der Kathete a. Setze die gegebenen Größen ein und berechne schrittweise a.

$a^2 = p \cdot c$
$a^2 = 0{,}4\,m \cdot 1{,}6\,m$
$a^2 = 0{,}64\,m^2$
$a = \sqrt{0{,}64\,m^2} = 0{,}8\,m$

b) Zeichne eine Planfigur und markiere die gegebenen und gesuchten Größen.

Planfigur: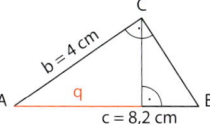

Notiere die Formel für den Kathetensatz mit der Kathete b. Setze die gegebenen Größen ein und löse die so entstehende Gleichung. Runde, wenn nötig.

$b^2 = q \cdot c$
$(4\,cm)^2 = q \cdot 8{,}2\,cm$
$16\,cm^2 = q \cdot 8{,}2\,cm \quad |:8{,}2\,cm$
$q \approx 1{,}95\,cm$

Hinweis zum Beispiel 2 b):
Statt die gegebenen Größen direkt in die Formel einzusetzen, kannst du auch zuerst die Formel nach q umstellen.

Basisaufgaben

5. Berechne die rot markierte Strecke.

a)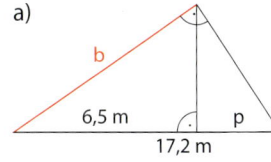
b)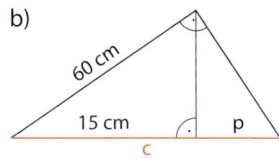
c)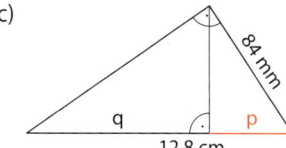

6. Stelle Gleichungen nach dem Kathetensatz auf.

a)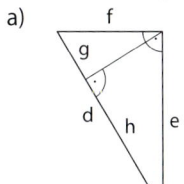
b)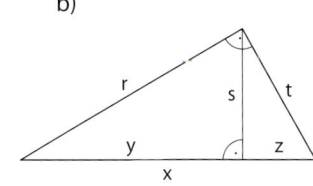
c)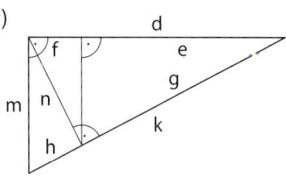

7. Berechne für ein Dreieck ABC mit γ = 90° jeweils die nicht angegebene Größe.

	a	c	p
a)		9 cm	1 cm
b)	12 cm	36 cm	
c)	5 cm		2 cm

	b	c	q
d)		18 cm	2 cm
e)	4 cm		2 cm
f)	3 cm	4 cm	

Weiterführende Aufgaben

8. Berechne von einem Dreieck ABC mit $\alpha = 90°$ die in Klammern stehenden Längen. Erstelle zunächst eine Planfigur.
   a) $p = 32\,cm$, $q = 2\,cm$ (h)
   b) $p = 2\,m$, $a = 40\,dm$ (q, h)
   c) $q = 30\,mm$, $h = 0{,}06\,m$ (c)

9. Berechne für ein Dreieck ABC mit $\gamma = 90°$ die fehlenden Größen. Runde sinnvoll.

	a	b	c	p	q	h
a)			6 m	2 m		
b)				1 cm		3 cm
c)			9 cm		1 cm	
d)	0,5 dm	12 cm			11 cm	

10. Gib an, welche Gleichungen auf das abgebildete Dreieck zutreffen und welche nicht.
    a) $c^2 - a^2 = b^2$ b) $y^2 = h^2 + x^2$ c) $y^2 = x \cdot z$
    d) $h^2 = b \cdot p$ e) $h^2 = x \cdot y$ f) $q^2 = a \cdot z$
    g) $p = h^2 : q$ h) $h^2 = p \cdot b$ i) $ax = h^2$

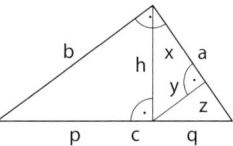

11. Beweise den Höhensatz mithilfe der folgenden Bilder.

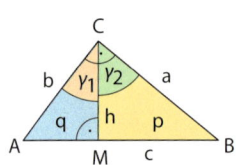 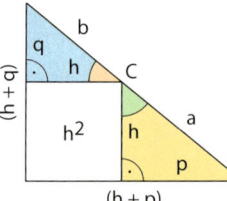 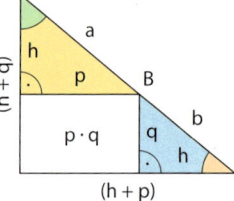

12. Beweise, dass für ein gleichschenklig-rechtwinkliges Dreieck ABC mit $\gamma = 90°$ Folgendes gilt:
    a) $a^2 = \dfrac{c^2}{2}$
    b) $h^2 = \dfrac{1}{4}c^2$
    c) $c = b\sqrt{2}$

13. a) Zeige, dass man mithilfe des Satzes des Pythagoras und des Kathetensatzes den Höhensatz herleiten kann.
    b) Zeige, dass man mithilfe des Kathetensatzes den Satz des Pythagoras herleiten kann.

14. Bilde die Umkehrung des Höhensatzes und überprüfe die Gültigkeit an zwei Beispielen. Zeichne dafür zwei verschiedene rechtwinklige Dreiecke und miss die benötigten Größen.

15. Ein rechtwinkliges Dreieck ABC hat die Maße $\gamma = 90°$, $a = 55\,mm$, $\beta = 57°$ und $q = 30\,mm$.
    a) Zeichne das Dreieck. Miss darin α, p, h_c, b und c.
    b) Berechne nun α, p, h_c, b und c.
    c) Gib die Abweichungen zwischen den Messergebnissen und den rechnerisch ermittelten Werten in Prozent an.

16. **Stolperstelle:** Von einem rechtwinkligen Dreieck ABC sind $\beta = 90°$, $b = 8\,cm$ und $q = 3\,cm$ bekannt. Sandro hat mit den Formeln $b^2 = q \cdot c$ und $a^2 + b^2 = c^2$ ausgerechnet:
    $c \approx 21{,}3\,cm$ und $a \approx 19{,}8\,cm$.
    a) Begründe, warum diese Ergebnisse nicht stimmen können.
    b) Schreibe eine Erläuterung für Sandro, wie er seine Fehler vermeiden kann.

5.4 Höhensatz und Kathetensatz

17. Ein rechtwinkliges Dreieck hat eine Höhe von 36 mm. Für die Längen der Hypotenusenabschnitte p und q gilt p : q = 1 : 4. Gib die Längen der Hypotenusenabschnitte an.

18. Das Bild rechts zeigt einen Hausgiebel.
    a) Berechne die Längen der rot markierten Dachschrägen.
    b) Berechne die Fläche des dreieckigen Teils des Hausgiebels.

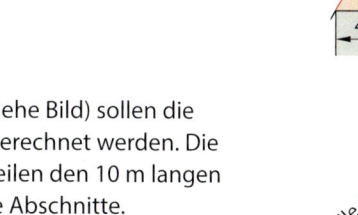

19. Für einen Dachstuhl (siehe Bild) sollen die Längen aller Streben berechnet werden. Die senkrechten Streben teilen den 10 m langen Balken in sechs gleiche Abschnitte.
    Tanja sagt: „Ohne den Kathetensatz und den Höhensatz ist das nicht möglich."
    Entscheide, ob Tanjas Aussage richtig ist. Begründe, zum Beispiel durch Rechnungen.

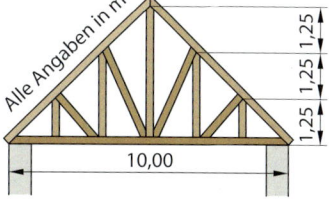

20. Der Querschnitt eines Straßentunnels hat etwa die Form eines Halbkreises mit dem Durchmesser 9,50 m. Durch den Tunnel führt eine Straße mit zwei Fahrbahnen und Randstreifen auf beiden Seiten. Die Randstreifen sind jeweils 1,75 m breit.
    a) Fertige eine Skizze an. Gib die Breite der Fahrbahn an.
    b) Ein Fahrzeug mit Ladung soll überall einen Sicherheitsabstand zur Tunneldecke von 10 cm haben. Wie hoch darf es höchstens sein?

Hinweis zu Aufgabe 20:
Wende den Satz des Thales an.
Gehe bei b) davon aus, dass das Fahrzeug auf der Fahrbahn unmittelbar am Randstreifen fährt. Zeichne das Fahrzeug in deine Skizze ein.

21. Ein halbkreisförmiges Fenster (Breite unten 60 cm) soll durch drei Metallstäbe gesichert werden. Die Stäbe sollen voneinander den gleichen Abstand (15 cm) haben. Oben und unten werden sie 5 cm tief ins Mauerwerk eingelassen.
    Berechne die Längen der Stäbe.

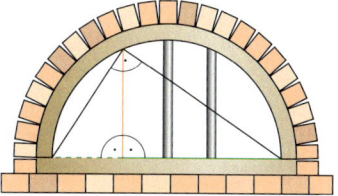

22. **Ausblick:** Mithilfe des Höhensatzes kannst du zu jedem Rechteck ein Quadrat mit gleichem Flächeninhalt konstruieren.
    a) Führe dies für ein Rechteck mit $\overline{AB}$ = 4 cm und $\overline{BC}$ = 1 cm aus. Beachte die Bildfolge und die folgenden Erläuterungen.
       ① Zeichne das Rechteck. Konstruiere den Punkt R durch Verlängern der Rechteckseite $\overline{CD}$ und Schlagen eines Kreisbogens um den Punkt C (Radius $\overline{BC}$).
       ② Konstruiere den Mittelpunkt M der Strecke $\overline{DR}$. Schlage einen Halbkreis um M mit dem Radius $\overline{MD}$.
       ③ Verlängere die Strecke $\overline{BC}$ so, dass sie den Halbkreis schneidet. So erhältst du eine Seite des Quadrats. Konstruiere damit das Quadrat.
    b) Konstruiere mithilfe des Höhensatzes Strecken mit den folgenden Längen: $\sqrt{10}$ cm; $\sqrt{6}$ cm; $\sqrt{12}$ cm; $\sqrt{2}$ cm.
       Erläutere deine Konstruktion in einer kurzen Präsentation.
    c) Erläutere die Aussage: „Man kann eine Strecke der Länge $\sqrt{2}$ cm konstruieren, aber man kann die Nachkommastellen von $\sqrt{2}$ nicht vollständig angeben."

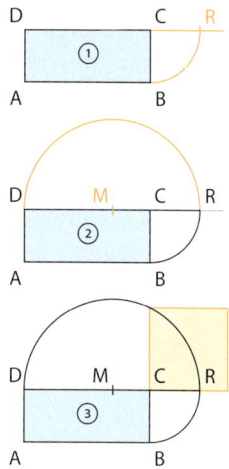

5.5 Vermischte Aufgaben

1. Der Satz des Pythagoras lässt sich anschaulich durch das Falten eines quadratischen Papierstücks begründen. Falte nach der folgenden Anleitung und begründe die einzelnen Schritte der Argumentation.

   Schritt 1: Falte ein quadratisches Papier entlang einer Diagonalen (Punkt A auf C).

   Schritt 2: Falte den Punkt B so nach oben, dass die entstehende Faltlinie parallel zu DC liegt (hier gibt es viele verschiedene Möglichkeiten).

   Schritt 3: Falte den Punkt D nach innen wie in der Abbildung (auf der Rückseite entsteht ein Rechteck).

   Schritt 4: Wende das Papier und falte das Rechteck entlang seiner Diagonalen (Punkt E schräg nach oben).

   Schritt 5: Falte das Papier komplett auf. Die vier kleinen nicht-gleichschenkligen rechtwinkligen Dreiecke sind kongruent. Sind a und b die Seiten eines Rechtecks, das von je zwei dieser Dreiecke gebildet wird, so gilt für den Flächeninhalt des gesamten Papiers: $A = a^2 + b^2 + 2ab$

   Schritt 6: Schneide die vier Dreiecke aus.

   Schritt 7: Lege die Dreiecke so zusammen wie in der Abbildung. Ist c die Hypotenuse eines Dreiecks, so gilt für den Flächeninhalt des Quadrats:
   $A = c^2 + 4 \cdot \frac{ab}{2} = c^2 + 2ab$

   Die beiden großen Quadrate der Schritte 5 und 7 haben denselben Flächeninhalt. Daraus lässt sich schließen, dass die beiden Quadrate über den Katheten zusammen denselben Flächeninhalt haben wie das Quadrat über der Hypotenuse eines kleinen rechtwinkligen Dreiecks.

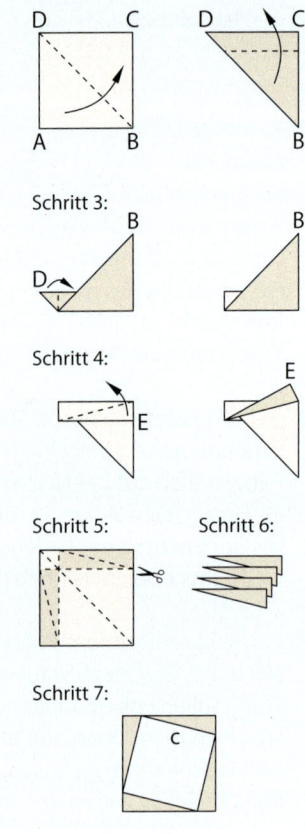

Hinweis:
In einem Pythagorasbaum findet man in jedem Ausschnitt eine exakte Kopie des gesamten Baumes. Solche Strukturen werden auch als Fraktale bezeichnet.

2. Auf ein Quadrat werden zwei weitere, kleinere Quadrate so gesetzt, dass ein rechtwinkliges Dreieck entsteht. Nun wird das Vorgehen jeweils auf diese Quadrate angewendet. Wiederholt man diese Schritte immer und immer wieder, so entsteht ein Pythagorasbaum (siehe Bild links, Randspalte). Die Abbildung rechts zeigt ein Teilstück eines solchen Baumes.
   a) Berechne die Seitenlängen der grünen Quadrate und sortiere sie der Größe nach.
   b) Bestimme den Gesamtflächeninhalt aller Quadrate im Bild rechts.
   c) Der Umriss des Baumes soll mit 5 cm langen Streichhölzern ausgelegt werden. Berechne, wie viele Streichhölzer dafür mindestens nötig sind.

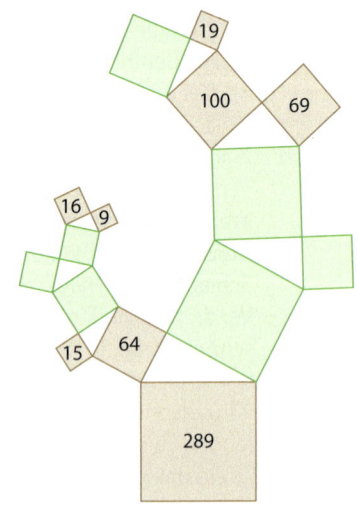

5.5 Vermischte Aufgaben

3. Gerbers wollen in ihrem Garten einen rechteckigen Sandkasten mit den Maßen 2,10 m × 2,00 m anlegen. Sie schlagen zunächst für die Ecken vier Pfähle ein.
Beschreibe eine Möglichkeit zu prüfen, ob die vier Pfähle wirklich ein Rechteck bilden.

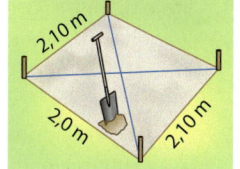

4. Rechne mit einem Fußballfeld, das 105 m lang und 68 m breit ist. Fußballtore sind 2,44 m hoch und 7,32 m breit.
   a) Berechne die Länge der Diagonalen des Spielfelds.
   b) Der Ball wird vom Elfmeterpunkt in gerader Linie auf das Tor geschossen. Ermittle die Länge der längsten und der kürzesten Strecke, die er dabei zurücklegt.
   c) Der Ball wird vom Elfmeterpunkt in die rechte obere Ecke geschossen. Der Torwart rechnet aber mit der linken unteren Ecke, wo er mit seinen Handschuhen den Pfosten berührt.
   Berechne, wie weit seine Hände vom Ball entfernt sind.

5. Im Herbst weht häufig starker Wind: ideale Bedingungen, um Drachen steigen zu lassen. Tim baut zusammen mit seinem jüngeren Bruder einen Drachen. Hierzu benötigen sie zwei Holzleisten für die Innenstreben, feste Schnur für die Verbindung außen zwischen den Holzstreben und reißfeste Folie.
In einer Bauanleitung finden sie die folgenden Angaben:
Die kürzeren Seiten sind 40 cm lang. Oben in der Spitze des Drachen liegt ein rechter Winkel vor. Die Diagonale f ist halb so lang wie die Diagonale e.

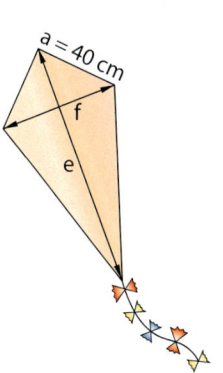

   a) Berechne die Längen der Holzleisten und der Schnur, die die Enden der Holzleisten verbindet und die Begrenzung des Drachens darstellt.
   b) Berechne, wie viel Folie die Brüder mindestens benötigen.
   c) Es ist noch Material für einen zweiten Drachen übrig. Die Holzleisten des zweiten Drachen haben die Maße e = 1 m und f = 40 cm. Die Brüder befestigen die Holzstreben so aneinander, dass die längere Diagonale im Verhältnis 2 : 3 geschnitten wird. Zeichne eine Skizze und berechne die Längen der Seitenkanten. Prüfe anschließend rechnerisch, ob rechte Winkel vorliegen.

6. Unter Bauholz versteht man Holz, das zur Errichtung von Gebäuden und anderen Bauwerken genutzt wird. Der innere Teil des Baumstamms, das sogenannte Kernholz, ist im Gegensatz zum äußeren Splintholz meist wertvoller und erfüllt höhere Qualitätsansprüche. Aus einem Baumstamm soll ein quaderförmiger Balken hergestellt werden.

Der Querschnitt soll quadratisch sein. Der Radius des Baumstamms ist r = 20 cm. Berechne, welche Maße der größtmögliche Querschnitt des Balkens hat.

Ein Balken hat eine quadratische Querschnittsfläche von 0,25 m². Berechne, wie groß der Stammdurchmesser des Baumes mindestens war.

Finde zwei Möglichkeiten für den Querschnitt eines Balkens, der aus dem Baumstamm mit Radius r = 20 cm gefertigt werden kann.

Ein Holzbalken mit quadratischem Querschnitt (Kantenlänge a) und mit der Länge 6a wird anhand der diagonalen Ebene in zwei Hälften geteilt (siehe Skizze). Gib die Größe der grün schraffierten Schnittfläche in Abhängigkeit von a an.

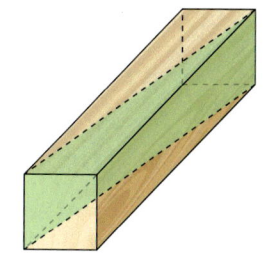

Prüfe dein neues Fundament

5. Satzgruppe des Pythagoras

Lösungen
↗ S. 247

1. Frau Meier ist Schreinerin. Wenn sie einen rechteckigen Holzrahmen baut, braucht sie keinen Winkelmesser, um zu überprüfen, ob sie gründlich gearbeitet hat. Beschreibe, wie Frau Meier vorgehen kann, wenn ihr nur ein Maßband zur Verfügung steht.

2. Berechne die dritte Seitenlänge des Dreiecks.
    a) $a = 8$ cm
       $b = 6$ cm
       $\gamma = 90°$
    b) $a = 288$ mm
       $c = 34$ mm
       $\alpha = 90°$
    c) $a = 5$ cm
       $b = 3{,}2$ cm
       $\alpha = 90°$
    d) $a = 4$ dm
       $c = 3{,}5$ dm
       $\beta = 90°$
    e) $a = 6{,}9$ cm
       $b = 4{,}1$ cm
       $\alpha = 90°$
    f) $a = 10{,}05$ cm
       $c = 10{,}05$ cm
       $\beta = 90°$

3. Ein rechteckiger Sportplatz ist 100 m lang und 50 m breit. Luca und Jan machen ein Wettrennen von einer Eckfahne bis zur schräg gegenüberliegenden Eckfahne. Luca läuft über die Diagonale. Jan läuft an den Außenlinien entlang.
    a) Ermittle, wie lang die Strecken sind, die Luca und Jan jeweils laufen.
    b) Angenommen, beide laufen mit einer Geschwindigkeit von 20 km/h. Berechne, wie weit Jan noch vom Ziel entfernt ist, wenn Luca ankommt.

4. Hat eine Straße eine Steigung von 20 %, so bedeutet dies, dass die Höhe um 20 m pro 100 m in waagerechter Richtung zunimmt.
    a) Ermittle die Länge einer Straße mit einer Steigung von 10 %, die einen Höhenunterschied von 300 m überwindet.
    b) Gib die Steigung einer Straße an, die auf einer waagerechten Strecke von 2 km einen Höhenunterschied von 180 m überwindet. Berechne, wie lang die Straße mindestens ist.

5. Welche der Dreiecke sind rechtwinklig? Begründe. Gib den rechten Winkel an.
    a) $a = 8$ cm
       $b = 15$ cm
       $c = 17$ cm
    b) $a = 2$ cm
       $b = 5$ cm
       $c = 1$ cm
    c) $a = 13$ dm
       $b = 85$ dm
       $c = 84$ dm
    d) $a = 3{,}8$ m
       $b = 4{,}5$ m
       $c = 5{,}89$ m
    e) $a = 4{,}1$ cm
       $b = 5{,}7$ cm
       $c = 53{,}4$ cm
    f) $a = 0{,}5$ m
       $b = 0{,}7$ m
       $c = 0{,}29$ m

6. Kathi benutzt eine dynamische Geometrie-Software, um ein rechtwinkliges Dreieck zu konstruieren. Dazu schiebt sie den Punkt C so lange hin und her, bis sie den Eindruck hat, dass das Dreieck rechtwinklig ist. Überprüfe Kathis Lösung und korrigiere, falls nötig, indem du ein passendes Dreieck in dein Heft zeichnest.

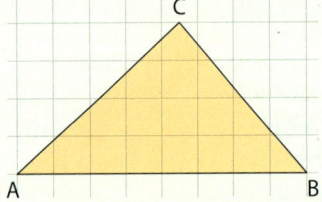

7. Übertrage die Tabelle in dein Heft und ergänze die fehlenden Größen. Begründe, welche der Dreiecke ABC rechtwinklig sind und welche nicht.

	a	b	c	α	β	γ
a)	3 cm	4 cm	5 cm		53,13°	
b)	4 cm		3 cm	53,13°		36,87°
c)	2 cm	3 cm	4 cm	34°	67°	
d)	5 cm			45°		45°
e)	10,15 cm	4,1 cm	6,43 cm	89,94°	41,72°	

Prüfe dein neues Fundament

8. Berechne die Länge der rot markierten Strecke. (Alle Angaben in cm.)

   a) 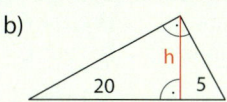 b) 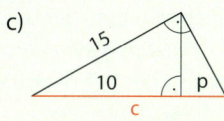 c)

9. Berechne in einem Dreieck ABC mit $\gamma = 90°$ die in Klammern stehenden Längen.
   a) p = 9 cm, q = 4 cm (h)
   b) h = 12 cm, q = 18 cm (p)
   c) q = 4 m, h = 4 m (c, b)
   d) a = 0,6 m, b = 80 cm (p, q)
   e) a = 0,6 dm, c = 0,9 dm (p, h)
   f) p = 90 mm, a = 1,5 dm (h)

10. Übertrage die Tabelle in dein Heft und ergänze die fehlenden Größen. Die Angaben beziehen sich auf ein rechtwinkliges Dreieck mit der Hypotenuse c.
    Gib jeweils an, welchen Satz du bei der Berechnung verwendet hast.

	a	b	c	p	q	h
a)	4 cm		9 cm			
b)		12 cm			3 cm	
c)				3 cm		5 cm
d)		7,5 cm			3,7 cm	
e)		8 cm				4 cm

Wiederholungsaufgaben

1. Entscheide, ob eine proportionale Zuordnung, eine antiproportionale Zuordnung oder keine von beiden vorliegt.
   a) Anzahl der Lastwagen → Anzahl der Fahrten pro Lastwagen beim Abtransport einer großen Schutthalde
   b) Gewicht eines Briefes → Porto für einen Brief
   c) Volumen von Gläsern → Anzahl der Gläser, die man mit 200 l Saft füllen kann
   d) Dauer einer Fernsehsendung → Anzahl der eingeschlafenen Zuschauer
   e) Geldbetrag → Anzahl der dafür mindestens benötigten Münzen
   f) getankte Benzinmenge in ℓ → Preis für den Tankvorgang

2. Ordne den Graphen rechts ihre Funktionsgleichung zu.
   a) f(x) = 3x − 2
   b) g(x) = −3x + 2
   c) h(x) = −3x − 2
   d) i(x) = 3x + 2

3. Runde 83,04965 auf die angegebene Rundungsstelle.
   a) Tausendstel
   b) Hundertstel
   c) Zehntel

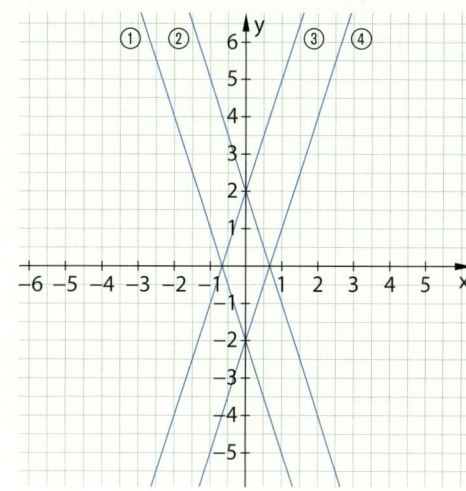

Zusammenfassung

5. Satzgruppe des Pythagoras

Satz des Pythagoras

In jedem rechtwinkligen Dreieck ist die Summe der Flächeninhalte der beiden Quadrate über den Katheten gleich dem Flächeninhalt des Quadrats über der Hypotenuse.

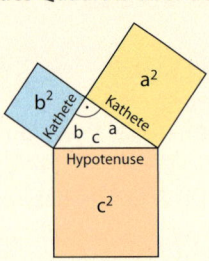

Für jedes **Dreieck ABC** gilt:
Wenn $\gamma = 90°$, so ist $a^2 + b^2 = c^2$.

gegeben:
Dreieck ABC
$\gamma = 90°$; $c = 10\,\text{cm}$; $b = 8\,\text{cm}$

gesucht: a
$$a = \sqrt{c^2 - b^2} = \sqrt{(10\,\text{cm})^2 - (8\,\text{cm})^2}$$
$$= \sqrt{36\,\text{cm}^2} = 6\,\text{cm}$$

Umkehrung des Satzes des Pythagoras

Wenn in einem Dreieck der Flächeninhalt des Quadrats über einer Seite genauso groß ist wie die Summe der Flächeninhalte der Quadrate über den anderen beiden Seiten, dann ist das Dreieck rechtwinklig.

Für jedes **Dreieck ABC** gilt:
Wenn $a^2 + b^2 = c^2$, so ist $\gamma = 90°$.

Ist das Dreieck ABC rechtwinklig?
$a = 2\,\text{cm}$, $b = 3\,\text{cm}$ und $c = 4\,\text{cm}$

Lösung:
$2^2 = 4$; $3^2 = 9$; $4^2 = 16$
$4\,\text{cm}^2 + 9\,\text{cm}^2 \neq 16\,\text{cm}^2$
→ Das Dreieck ist nicht rechtwinklig.

Höhensatz

Wenn ein Dreieck rechtwinklig ist, dann ist das Quadrat über der Hypotenusenhöhe flächengleich mit dem Rechteck, das aus beiden Hypotenusenabschnitten bestimmt wird.

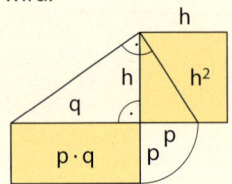

Für jedes **Dreieck ABC** gilt:
Wenn $\gamma = 90°$, so ist $h^2 = p \cdot q$.

gegeben:
Dreieck ABC
$\gamma = 90°$; $p = 3,6\,\text{cm}$; $q = 6,4\,\text{cm}$

gesucht: h
$$h = \sqrt{p \cdot q} = \sqrt{3,6\,\text{cm} \cdot 6,4\,\text{cm}}$$
$$= \sqrt{23,04\,\text{cm}^2} = 4,8\,\text{cm}$$

Kathetensatz

Wenn ein Dreieck rechtwinklig ist, dann ist das zu einer Kathete gehörende Quadrat flächengleich mit dem Rechteck, das aus der Hypotenuse und dem zur Kathete gehörenden Hypotenusenabschnitt bestimmt wird.

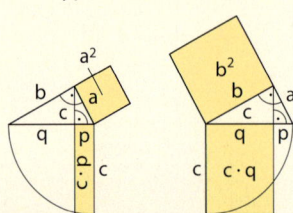

Für jedes **Dreieck ABC** gilt:
Wenn $\gamma = 90°$, so ist $a^2 = c \cdot p$ und $b^2 = c \cdot q$.

gegeben:
Dreieck ABC
$\gamma = 90°$; $c = 10\,\text{cm}$; $p = 3,6\,\text{cm}$

gesucht: a
$$a = \sqrt{c \cdot p} = \sqrt{10\,\text{cm} \cdot 3,6\,\text{cm}}$$
$$= \sqrt{36\,\text{cm}^2} = 6\,\text{cm}$$

6. Quadratische Funktionen und Gleichungen

Den Brückenbogen kann man mit einer quadratischen Funktion modellieren, um zum Beispiel die Länge der senkrechten Stahlstreben zu berechnen.

Nach diesem Kapitel kannst du …
- mit quadratischen Funktionen umgehen,
- Sachsituationen mithilfe von quadratischen Funktionen beschreiben,
- quadratische Gleichungen grafisch und rechnerisch lösen.

Dein Fundament

6. Quadratische Funktionen und Gleichungen

Lösungen ↗ S. 248

Quadrieren und Wurzelziehen

1. Quadriere.
   a) die natürlichen Zahlen von 1 bis 20
   b) 0,6   c) –15   d) 1,2   e) 0,05   f) 600   g) $\frac{2}{9}$ h) 4^2

2. Ziehe die Quadratwurzel.
   a) 121   b) 225   c) 8100   d) $\frac{196}{361}$ e) 0,04   f) 2,56   g) –196

Lösen von Gleichungen

3. Löse die Gleichung.
   a) $2x + 4 = 24$ b) $3x - 4 = -5x + 12$ c) $0,5x - 2 = x$ d) $\frac{1}{3}(x - 8) = 3x$
   e) $\frac{1}{3}x - 6 = x - 6$ f) $-2x - 4 = x + 8$ g) $2(x + 1,5x) = 5x$ h) $4 + \frac{1}{2}x = x$

4. Ermittle, welche der in Klammern angegebenen Zahlen die Gleichung erfüllen.
   a) $x + 3 = -3$
      (–9; –6; 0; 9)
   b) $2 = \sqrt{x}$
      (–4; 0; 2; 4; 5)
   c) $x^2 = 4$
      (–2; 0; 1; 2)
   d) $0 = -2x^2 + 18$
      (–3; –1; 0; 1; 3)
   e) $x(x - 5) = 0$
      (–3; –1; 0; 1; 3)
   f) $(x - 2)(x + 1) = 0$
      (–1; 0; 1; 2)

5. Gib alle Lösungen der Gleichung im Bereich der reellen Zahlen an.
   a) $x^2 - 16 = 0$ b) $\sqrt{9} = x$ c) $x + 1 = \sqrt{-4}$ d) $2x^2 + 2 = 52$
   e) $x^2 = 0$ f) $x^2 + 4 = 0$ g) $x^2 - 4 = 0$ h) $x(x - 1) = 0$

6. Gegeben ist die Gleichung $2x + 2y = 6$. Vervollständige die Lösungen.
   a) (2|■)   b) (■|3)   c) ($\frac{1}{2}$|■)   d) (■|0,7)

Binomische Formeln anwenden

7. Löse die Klammern auf.
   a) $(2 + x)^2$ b) $(a - 2)^2$ c) $(a - 3)(a + 3)$ d) $(2a + b)^2$ e) $(a - 2b)(a + 2b)$
   f) $(2 - 0,5x)^2$ g) $(4 - 2x)(4 + 2x)$ h) $\left(\frac{1}{2}u - 2v\right)^2$ i) $2x(x + 3)$ j) $\left(\frac{2}{3}u + 3v\right)^2$

8. Übertrage in dein Heft und ergänze richtig.
   a) $x^2 + 6x + 9 = (■ + 3)^2$
   b) $a^2 + 12a + 36 = (a + ■)^2$
   c) $25u^2 - 60uv + 36v^2 = (5u - ■)^2$
   d) $36 + 12x + x^2 = (■ + 6)^2$
   e) $(2u + v)(2u - v) = -v^2 + ■$
   f) $9x^2 + y^2 + ■ = (3x + y)^2$
   g) $a^2 + b^2 + ■ = (a + b)^2$
   h) $(2x + y)^2 = ■ + 4xy + y^2$

9. Forme mithilfe der Binomischen Formeln in ein Produkt um.
   a) $a^2 - 2ab + b^2$ b) $x^2 + 2xy + y^2$ c) $a^2 + 4a + 4$ d) $9 - x^2$ e) $9a^2 + 12ab + 4b^2$

10. Bei einem Quadrat wird eine Seite um eine Längeneinheit vergrößert und die andere um eine Längeneinheit verkleinert, sodass ein Rechteck entsteht. Wie unterscheiden sich die beiden Flächeninhalte?

Lineare Funktionen

Lösungen ↗ S. 248

11. Gegeben ist eine Funktionsgleichung. Zeichne den Graphen der linearen Funktion.
    a) f(x) = 2x
    b) f(x) = 2x + 3
    c) f(x) = 2x − 3
    d) y = −2x
    e) y = −x − 3

12. Ordne jedem Funktionsgraphen die zugehörige Funktionsgleichung zu. Beschreibe den fehlenden Graphen.
    a) f(x) = x
    b) g(x) = −x + 1
    c) h(x) = x + 1
    d) k(x) = 2x − 1

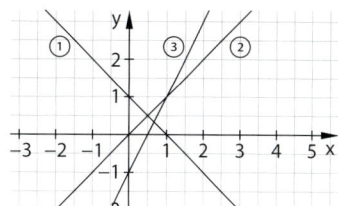

13. Die Abbildung zeigt den Graphen einer linearen Funktion. Finde die fehlende Koordinate.
    a) P(2|■)
    b) P(■|2)
    c) P(0|■)
    d) P(■|0)

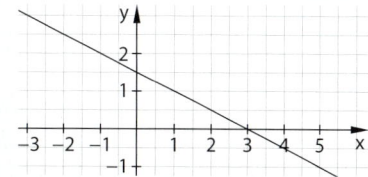

14. Zeichne den Graphen der linearen Funktion mit der gegebenen Gleichung in ein Koordinatensystem. Gib die Schnittpunkte der Funktion f mit den Koordinatenachsen an.
    a) f(x) = 2x − 2
    b) f(x) = −2x + 1
    c) f(x) = −0,5x + 3
    d) f(x) = x − 4

15. Berechne die Nullstelle der linearen Funktion mit der gegebenen Gleichung.
    a) f(x) = 2x − 2
    b) f(x) = −0,5x + 4
    c) f(x) = 0,3x − 0,3
    d) f(x) = $\frac{2}{3}$x − 2

16. Gib eine Gleichung einer linearen Funktion an, die die Steigung m = 2 und die Nullstelle x = 2 hat.

17. Ermittle, falls vorhanden, die Schnittpunkte der Graphen von f und g.
    a) f(x) = −x + 2; g(x) = −2x + 1
    b) f(x) = x − 3; g(x) = 2x − 5
    c) f(x) = x − 3; g(x) = 1 + x

18. Prüfe, ob das Wertepaar zur Funktion f mit der Gleichung f(x) = −2,5x + 5 gehört. Begründe.
    a) (0|5)
    b) (2|0)
    c) (−1|−7,5)
    d) (1|7,5)
    e) (−2|10)

19. Erläutere die Bedeutung der Variablen m und n für den Verlauf des Graphen der linearen Funktion f mit der Funktionsgleichung f(x) = mx + n.

Vermischtes

20. a) Ermittle den Flächeninhalt eines Quadrates mit der Seitenlänge 1,4 dm.
    b) Ermittle die Länge der Diagonalen in einem Rechteck ABCD mit a = 6 cm und b = 4 cm.

21. Ermittle die Seitenlänge eines Quadrats, bei dem die Maßzahlen des Flächeninhalts und des Umfangs gleich groß sind.

22. 15 000 € werden zu einem Jahreszinssatz von 2,7 % angelegt. Berechne, wie hoch das Kapital nach 15 Monaten ist.

6.1 Normalparabel

■ Ein Atommodell besagt, dass Elektronen wie auf Zwiebelschalen um einen Kern verteilt sind. Die erste Schale enthält ein Paar Elektronen, die zweite schon vier und die dritte bereits neun Paare. Florian lernt die Anzahl der Paare für jede Schale auswendig. Hast du eine bessere Idee? ■

Die Funktion mit der Gleichung $f(x) = x$ ist eine proportionale Funktion.

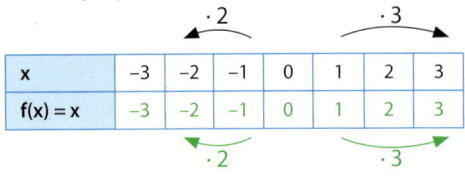

Die Funktion mit der Gleichung $f(x) = x^2$ hat neue Eigenschaften.

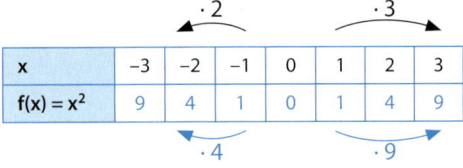

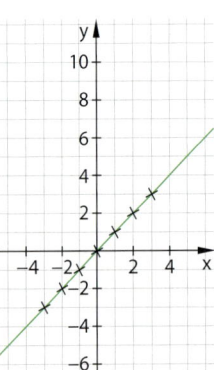

2-facher x-Wert
2-facher y-Wert

Der Graph der Funktion ist eine Gerade.

Er ist punktsymmetrisch zum Ursprung.

Er hat keinen höchsten oder tiefsten Punkt.

2-facher x-Wert
2^2-facher y-Wert

Der Graph der Funktion ist eine Kurve.

Er ist achsensymmetrisch zur y-Achse.

Er hat einen tiefsten Punkt (Scheitelpunkt).

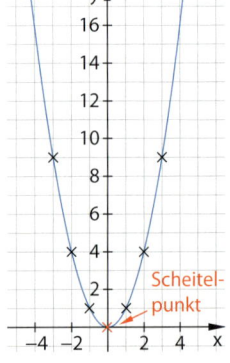

Scheitelpunkt

> **Wissen: Quadratische Funktion f mit $f(x) = x^2$ und Normalparabel**
> Der Graph der quadratischen Funktion f mit der Gleichung $f(x) = x^2$ heißt Normalparabel.
> Die Normalparabel ist symmetrisch zur y-Achse und hat im Ursprung den tiefsten Punkt (Scheitelpunkt).

Normalparabel zeichnen

Beispiel 1: Zeichne den Graphen der Funktion f mit $f(x) = x^2$ im Bereich $-2{,}5 \leq x \leq 2{,}5$.

Lösung:
Erstelle eine Wertetabelle für die positiven x-Werte:

x	0	0,5	1	1,5	2	2,5
$f(x) = x^2$	0	0,25	1	2,25	4	6,25

Trage die Wertepaare (x|f(x)) in ein Koordinatensystem ein.

Zeichne nun auch die Punkte mit negativen x-Werten ein. Spiegele dazu alle vorhandenen Punkte an der y-Achse.

Verbinde die Punkte ohne Lineal so, dass die Parabel als Kurve entsteht.

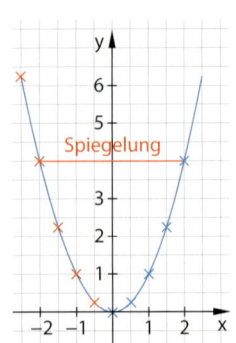

6.1 Normalparabel

Basisaufgaben

1. a) Zeichne den Graphen von f mit $f(x) = x^2$ im Bereich $-3 \leq x \leq 3$. Berechne dafür die Funktionswerte für $x = -3$, $x = -2{,}5$, $x = -2$, $x = -1{,}5$ usw.
   b) Ergänze in der Zeichnung den Graphen von g mit $g(x) = x$. Vergleiche die beiden Graphen.

2. Beschreibe die Normalparabel mit mehreren Sätzen. Verwende dafür auch die folgenden Begriffe:

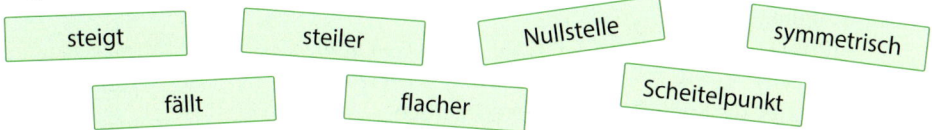

steigt — steiler — Nullstelle — symmetrisch — fällt — flacher — Scheitelpunkt

3. Florentine sagt: „Zum Zeichnen der Normalparabel brauche ich nur eine Wertetabelle für positive x-Werte." Erkläre, was Florentine meint und wie sie beim Zeichnen vermutlich vorgehen wird.

Funktionswerte und x-Werte für die Funktion f mit $f(x) = x^2$ berechnen

Beispiel 2: Gegeben ist die Funktion f mit $f(x) = x^2$.
a) Berechne für $x = 1{,}5$ und $x = -1{,}5$ die Funktionswerte.
b) Berechne die x-Werte, an denen f die Funktionswerte 5 und -2 hat.

Lösung:
a) Setze in $f(x) = x^2$ für x den Wert 1,5 ein. $f(1{,}5) = (1{,}5)^2 = 2{,}25$
   Berechne den Funktionswert $f(1{,}5)$.
   Für die Gegenzahl $x = -1{,}5$ ergibt sich $f(-1{,}5) = (-1{,}5)^2 = 2{,}25$
   der gleiche Funktionswert.

b) Der Funktionswert $f(x)$ soll 5 sein. Schrei- $f(x) = x^2 = 5$
   be als Gleichung und löse nach x auf. $x^2 = 5$
   Achte darauf, dass $x^2 = 5$ eine positive $x_1 = +\sqrt{5}$; $x_2 = -\sqrt{5}$
   und eine negative Lösung hat.

   Bei $x^2 = -2$ kannst du die Gleichung $f(x) = x^2 = -2$
   nicht auflösen. Es gibt keine Zahl x, $x^2 = -2$
   deren Quadrat negativ ist.   keine Lösung

Hinweis:
Statt $(1{,}5)^2$ kannst du auch mit Brüchen rechnen: $\left(\frac{3}{2}\right)^2 = \frac{9}{4}$

Basisaufgaben

4. Gegeben ist die Funktion f mit $f(x) = x^2$.
   a) Berechne für $x = \frac{7}{2}$, $x = -\frac{7}{2}$, $x = 13$ und $x = 19$ die Funktionswerte.
   b) Berechne die x-Werte, an denen f die Funktionswerte 25, $\frac{9}{16}$, 0 und -3 hat.

5. Die Punkte sollen auf der Normalparabel liegen.
   Ermittle die fehlenden Koordinaten rechnerisch.
   A(7|■)   B(0,4|■)   C(−0,3|■)   D(■|81)   E(■|0,36)   F(■|121)

6. **Punktprobe:** Überprüfe, ob der Punkt auf der Normalparabel liegt.
   a) P(8|64)   b) $Q\left(-\frac{4}{7}\bigg|\frac{16}{47}\right)$ c) M(−1|−1)   d) $L\left(\frac{3}{7}\bigg|\frac{9}{49}\right)$

7. a) Lies die fehlenden Koordinaten der Punkte an der
   Normalparabel ab.
   A(−1|■) B(3|■)   C(−3|■)   D(0,5|■)
   E(■|1)   F(■|4)   G(■|6,25) H(■|0)
   b) Überprüfe die Koordinaten aus a) rechnerisch.

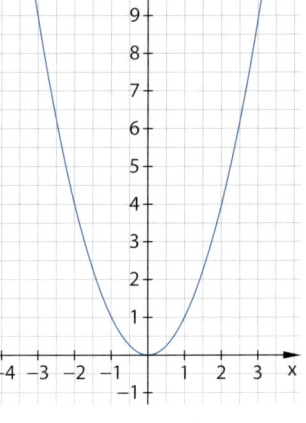

8. a) Zeichne die Normalparabel im Bereich −5 ≤ x ≤ 5 mithilfe einer Schablone oder eines Funktionenplotters in ein Koordinatensystem. Lies die fehlenden Koordinaten der Punkte ab.
   A(2|■)   B(5|■)   C(−4|■)   D(−4,5|■)
   E(■|25) F(■|0,25) G(■|12,25) H(■|20,25)
   b) Überprüfe die Koordinaten aus a) rechnerisch.

9. Jonas sagt: „Bei einer Normalparabel hat jeder y-Wert zwei zugehörige x-Werte". Überprüfe Jonas' Aussage
   a) anhand einer Zeichnung,
   b) rechnerisch.

Weiterführende Aufgaben

10. **Stolperstelle:** Oskar hat die Normalparabel gezeichnet. Beschreibe, was er richtig und was er falsch gemacht hat.

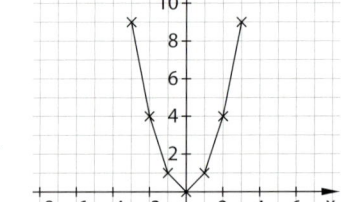

11. a) Untersuche, wie sich der y-Wert verändert, wenn der x-Wert um 1 erhöht wird.
    Erstelle dazu jeweils eine Wertetabelle mit verschiedenen x-Werten.
    ① f mit f(x) = x
    ② g mit g(x) = x^2
    b) Erkläre die Aussage: „Die y-Werte von f und g verändern sich unterschiedlich."

12. Die Normalparabel und die Gerade mit der Gleichung y = 4 haben zwei Schnittstellen.
    a) Erkläre, weshalb man die Schnittstellen mit der Gleichung $x^2 = 4$ bestimmen kann.
    b) Veranschauliche ebenso die Lösungen von
    ① $x^2 = 3$,   ② $x^2 = 0$,   ③ $x^2 = -1$.
    c) Erkläre, wie viele Lösungen die Gleichung $x^2 = a$ haben kann. a ist dann eine beliebige reelle Zahl.

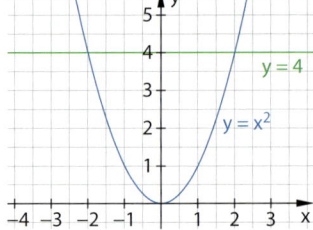

13. Marco behauptet: „Wenn ich eine Zahl quadriere, ist das Ergebnis immer größer als die Zahl selbst". Kontrolliere, ob Marco recht hat.

14. **Ausblick:** Eine **Kettenlinie** entsteht unter dem Einfluss der Schwerkraft, wenn man eine Kette an ihren Endpunkten aufhängt. Im Bild rechts stellt der Graph der Funktion g eine Kettenlinie dar. Vergleiche den Graphen von g mit der ebenfalls im Bild dargestellten Normalparabel.

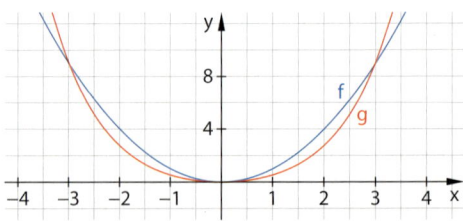

6.2 Strecken der Normalparabel

■ Suche in den Bildern nach parabelförmigen Objekten und beschreibe, welche Unterschiede und Gemeinsamkeiten du zur Form der Normalparabel siehst. Nenne weitere Beispiele für die Parabelform aus dem Alltag. ■

Der Graph der quadratischen Funktion g mit $g(x) = 2 \cdot x^2$ heißt Parabel.

x	–3	–2	–1	0	1	2	3
$f(x) = x^2$	9	4	1	0	1	4	9
$g(x) = 2 \cdot x^2$	18	8	2	0	2	8	18

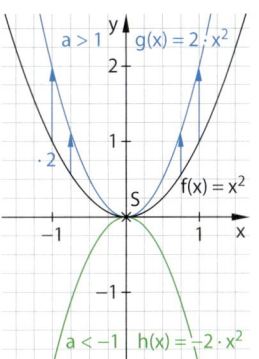

Wegen des Faktors 2 verläuft der Graph der Funktion g steiler als die Normalparabel, denn jeder Funktionswert wird mit dem Faktor 2 multipliziert.
Ist der Faktor negativ wie bei der Funktion h mit $h(x) = -2 \cdot x^2$, dann wird der Graph zusätzlich an der x-Achse gespiegelt.

> **Wissen: Strecken und Stauchen der Normalparabel**
> Der Graph der Funktion f mit $f(x) = a \cdot x^2$ ist eine Parabel. Der Graph entsteht aus der Normalparabel durch Streckung oder Stauchung um den Faktor a.
>
> a > 1   **Streckung** („schmaler" als die Normalparabel)
>
> 0 < a < 1   **Stauchung** („breiter" als die Normalparabel)
>
> Für a < 0 wird die Parabel zusätzlich an der x-Achse **gespiegelt** und ist nach unten geöffnet.

Streckfaktor a grafisch bestimmen

> **Beispiel 1:** Stelle zu den Graphen der Funktionen f, g und h die passenden Funktionsgleichungen auf. Lies jeweils den Streckfaktor a am Graphen ab.
>
> **Lösung:**
> Die zu den abgebildeten Parabeln gehörenden Funktionen haben die allgemeine Funktionsgleichung $f(x) = a \cdot x^2$.
> Für x = 1 ergibt sich als Funktionswert genau der Faktor a, denn $f(1) = a \cdot 1^2 = a$
> Daher kannst du den Faktor a im Punkt (1|a) am Graphen der Funktion ablesen.
>
>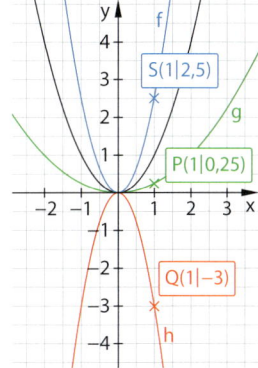
>
> Die Gleichung der Funktion f ist $f(x) = 2{,}5 \cdot x^2$.
>
> Die Gleichung der Funktion g ist $g(x) = 0{,}25 \cdot x^2$.
>
> Die Gleichung der Funktion h ist $h(x) = -3 \cdot x^2$.

Basisaufgaben

1. Erstelle für die Funktion eine Wertetabelle im Bereich $-3 \leq x \leq 3$.
   Zeichne dann den Graphen.
   a) $f(x) = 2x^2$ b) $f(x) = 3x^2$ c) $f(x) = \frac{1}{4}x^2$ d) $f(x) = -0{,}5x^2$

2. Welcher Graph gehört zu welcher Funktionsgleichung?
   Ordne zu und begründe.

   $f_1(x) = -0{,}25x^2$
   $f_2(x) = -4x^2$
   $f_3(x) = 0{,}25x^2$
   $f_4(x) = x^2$
   $f_5(x) = -1{,}5x^2$
   $f_6(x) = 3x^2$

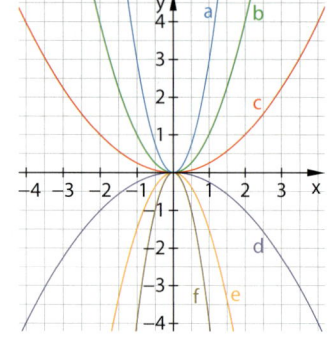

3. **TK** Erläutere, wie du mit einer Tabellenkalkulation eine Wertetabelle erstellen kannst.
   Zeichne mithilfe dieser Wertetabelle den Graphen der Funktion.
   a) $f(x) = 0{,}7x^2$ b) $g(x) = -2{,}5x^2$ c) $h(x) = -\frac{2}{3}x^2$ d) $k(x) = \frac{5}{2}x^2$

4. Gib die passende Funktionsgleichung an.
   a) Die Normalparabel wurde mit dem Faktor 5 gestreckt.
   b) Die Normalparabel wurde mit dem Faktor 0,2 gestaucht.
   c) Die Normalparabel wurde mit dem Faktor 10 gestreckt und an der x-Achse gespiegelt.
   d) Die Normalparabel wurde mit dem Faktor 0,25 gestaucht und an der x-Achse gespiegelt.

Randspalte: gestreckt, gestaucht, gespiegelt, x-Achse, y-Achse, steiler, flacher

5. Beschreibe den Verlauf des zugehörigen Graphen. Du kannst dafür die Begriffe aus der Randspalte verwenden.
   a) $f(x) = 2x^2$ b) $g(x) = \frac{1}{2}x^2$ c) $h(x) = -1{,}25x^2$ d) $k(x) = -\frac{9}{8}x^2$

Streckfaktor a rechnerisch bestimmen

Beispiel 2: Der Punkt $P(2|-1)$ liegt auf dem Graphen der Funktion f mit $f(x) = ax^2$.
Ermittle den Streckfaktor rechnerisch und gib die Funktionsgleichung an.

Lösung:
Setze die Koordinaten des Punktes $P(2|-1)$ $f(x) = a \cdot x^2$
in die allgemeine Funktionsgleichung $f(2) = a \cdot 2^2$
$f(x) = a \cdot x^2$ ein. $-1 = 4a \quad |:4$
Löse dann die entstehende Gleichung nach $a = -\frac{1}{4}$
a auf.

Gib die Funktionsgleichung an. $f(x) = -\frac{1}{4} \cdot x^2$

Basisaufgaben

6. Der Punkt liegt auf einer Parabel, die zu einer Funktion f mit der Gleichung $f(x) = ax^2$ gehört. Ermittle den Streckfaktor a rechnerisch. Stelle damit die Funktionsgleichung auf.
   a) $A(1|6)$ b) $B(1|-1)$ c) $C(1|-8)$ d) $D\left(\frac{1}{4}\bigg|\frac{1}{8}\right)$ e) $E(0{,}5|-0{,}25)$

6.2 Strecken der Normalparabel

7. **x-Werte bei f(x) = a · x² bestimmen:** Marina möchte für die Funktion f mit f(x) = 6x² alle x-Werte zum Funktionswert 96 bestimmen. Sie sagt: „Ich muss dazu 96 = 6x² nach x auflösen. Dafür dividiere ich durch den Streckfaktor. Dann kann ich wie bei der Funktion f mit f(x) = x² weiterrechnen."
   a) Erläutere, was Marina meint, und führe ihre Rechnung durch.
   b) Berechne für die Funktion g mit g(x) = −3x² alle x-Werte zu den Funktionswerten −27, −6, −363 und −18,75.

8. Bei den folgenden Parabeln kann man den Streckfaktor nicht genau ablesen. Lies daher zunächst einen geeigneten Punkt ab und bestimme damit die Funktionsgleichung.

   a)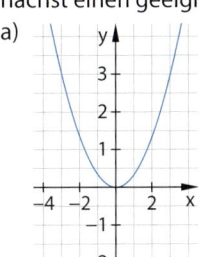
   b)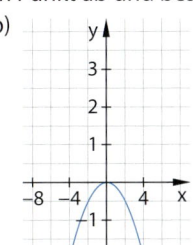
   c)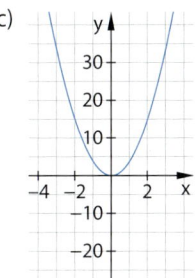
   d)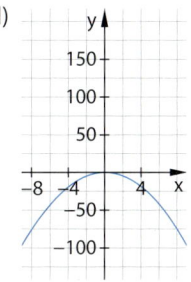

Weiterführende Aufgaben

9. Prüfe, ob die Aussage für den Graphen der Funktion f mit f(x) = −0,5x² gilt.
   a) Die Parabel sieht „schmaler" aus als die Normalparabel.
   b) Die Parabel hat einen höchsten Punkt.
   c) Alle Punkte des Graphen haben eine negative y-Koordinate.
   d) Die Parabel entsteht durch Spiegelung des Graphen von g mit g(x) = 0,5x².

10. **Stolperstelle:** Tom berechnet die Werte der Funktion f mit f(x) = 2x². Erkläre, welche Fehler er gemacht hat, und führe die Rechnungen richtig zu Ende.
    a) Funktionswert bei x = 4
    $f(4) = 2 \cdot 4^2 \quad = 8^2$
    $\quad\quad\quad\quad\quad\quad = 64$
    b) x-Werte zum y-Wert 5
    $f(5) = 2 \cdot 5^2$
    $f(5) = 50$
    c) x-Werte zum y-Wert 16
    $2 \cdot x^2 = 16$
    $2 \cdot x \ = 4 \rightarrow x = 2$

11. Galileo Galilei hat 1590 den „freien Fall" untersucht und dabei angeblich Gegenstände vom schiefen Turm von Pisa fallen lassen. Beim freien Fall auf der Erde lässt sich die Fallstrecke s in Metern annähernd durch s(t) = 4,9 · t² beschreiben (t ist die Fallzeit in Sekunden).
    a) Skizziere den Graphen von s während der ersten drei Sekunden in einem geeigneten Koordinatensystem.
    b) Berechne, welche Fallstrecke ein Körper nach 7 Sekunden freiem Fall erreicht.
    c) Berechne, wie lange ein frei fallender Körper für eine Fallstrecke von 100 m benötigt.
    d) Stell dir vor, man könnte vom schiefen Turm von Pisa (Höhe: 55,86 m) eine Kugel fallen lassen. Berechne ihre Fallzeit.

Hinweis zu 11:
1. Man spricht von freiem Fall, wenn ein Körper unter dem Einfluss der Schwerkraft ohne Luftwiderstand fällt.
2. Beim Rechnen mit der Näherungsformel werden die Einheiten weggelassen.

12. Der freie Fall eines Körpers hängt von seinem Ort ab. Allgemein lässt sich die Fallstrecke s über $s(t) = \frac{1}{2}gt^2$ berechnen (s in m und t in s). Der Parameter g ist der sogenannte Ortsfaktor, der auf anderen Himmelskörpern andere Werte annimmt.

    a) Für die Erde gilt annähernd $s(t) = 4{,}9 \cdot t^2$. Bestimme den Zahlenwert von g auf der Erde.
    b) Beschreibe den Einfluss von g auf die Fallstrecke.
    c) Auf dem Mond legt ein Körper in drei Sekunden eine Strecke von 14,4 m zurück. Berechne den Ortsfaktor. Um wie viel Prozent ist der Ortsfaktor auf der Erde größer?

13. **Punktprobe:** Überprüfe, ob der Punkt auf dem Graphen von f mit $f(x) = \frac{1}{12}x^2$ liegt.
    a) $P(-12|12)$ b) $Q(9|7)$ c) $R(-6|3)$ d) $S(-3|0{,}75)$ e) $T(10|8)$ f) $U\left(-\frac{4}{3}\big|\frac{4}{9}\right)$

14. Auf einer gestreckten oder gestauchten Normalparabel liegt der Punkt $A(2|8)$. Erläutere, wie man entscheiden kann, welche der folgenden Punkte dann ebenfalls auf dieser Parabel liegen.
    $B(3|18)$ $C(-2|-8)$ $D(-2|8)$ $E(1|1)$ $F(1|2)$ $G(-3|18)$

15. Die Akashi-Kaikyō-Brücke in Japan gilt als längste Hängebrücke der Welt. Die beiden mittleren Stützpfeiler ragen etwa 250 m über die Fahrbahn empor und haben einen Abstand von etwa 2 km. Der mittlere Brückenbogen verläuft parabelförmig zwischen den beiden höchsten Punkten der Stützpfeiler und berührt an der tiefsten Stelle gerade die Fahrbahn.

    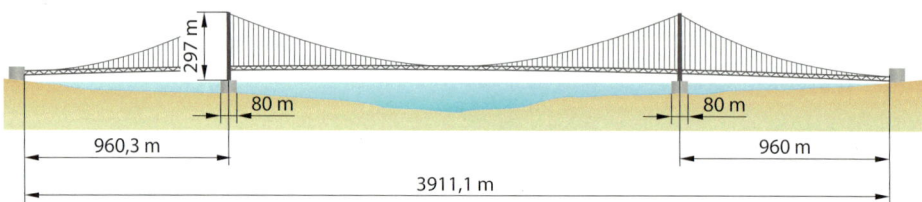

    a) Der mittlere Brückenbogen lässt sich durch eine Funktionsgleichung $h(x) = ax^2$ beschreiben. Gib an, wo der Koordinatenursprung dafür liegen muss.
    b) Bestimme den Zahlenwert von a. Erkläre, welche Bedeutung x und h(x) hier haben.
    c) Berechne, wie hoch die Stützpfeiler gebaut werden müssten, um bei sonst gleicher Bogenform einen Abstand von 2,4 km zu erreichen.
    d) Erkläre, wie sich die Rechnung aus b) verändert, wenn der Brückenbogen an der tiefsten Stelle eine Resthöhe von 20 Metern über der Fahrbahn hat.

● 16. **Ausblick:** Bei einer Funktion f mit $f(x) = x^2$ führt eine Verdopplung (Verdreifachung) der x-Werte zu einer Vervierfachung (Verneunfachung) der Funktionswerte.
    a) Untersuche allgemein, was passiert, wenn man einen x-Wert mit einem Faktor k multipliziert. Vervollständige dazu die Gleichungskette: $f(k \cdot x) = (k \cdot x)^2 = \blacksquare = \blacksquare \cdot f(x)$
    b) Untersuche den Zusammenhang aus a) für die Funktion g mit $g(x) = x^3$. Leite allgemein den Zusammenhang für Funktionen p mit $p(x) = x^n$ ab (n ist eine natürliche Zahl).

6.3 Verschieben der Normalparabel in y-Richtung

■ Sena hat die Normalparabel und zwei weitere Parabeln mit der gleichen Schablone gezeichnet. Beschreibe, worin sich die Parabeln unterscheiden. Bestimme anschließend die zugehörigen Funktionsgleichungen. ■

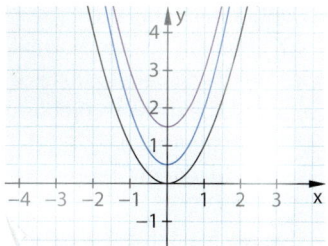

Die Graphen von g mit $g(x) = x^2 + 2$ und h mit $h(x) = x^2 - 1$ unterscheiden sich von der Normalparabel nur durch eine Verschiebung nach oben bzw. unten.

x	−1	0	1	2
$g(x) = x^2 + 2$	1 + 2	0 + 2	1 + 2	4 + 2
$f(x) = x^2$	1	0	1	4
$h(x) = x^2 - 1$	1 − 1	0 − 1	1 − 1	4 − 1

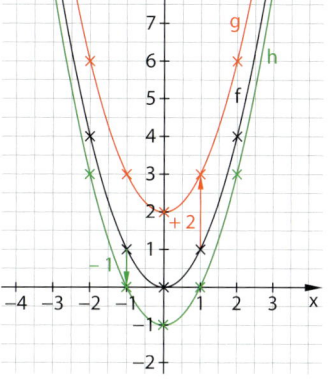

Verschiebt man die Normalparabel um 2 Einheiten nach oben, erhält man den Graphen von g. Durch diese Verschiebung schneidet der Graph die x-Achse nicht mehr.

Verschiebt man die Normalparabel um 1 Einheit nach unten, erhält man den Graphen von h. Durch diese Verschiebung schneidet der Graph die x-Achse in zwei Punkten

Erinnere dich:
Bei linearen Funktionen der Form $f(x) = mx + c$ bestimmt das c die Verschiebung der Ursprungsgerade in y-Richtung.

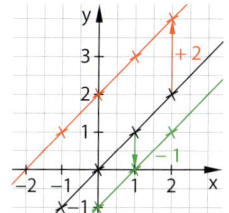

> **Wissen: Verschieben der Normalparabel in y-Richtung**
> Der Graph der Funktion f mit $f(x) = x^2 + c$ entsteht aus der Normalparabel durch Verschiebung um c Einheiten entlang der y-Achse. Der Scheitelpunkt der Parabel liegt bei $S(0|c)$.
>
> | c < 0 | c = 0 | c > 0 |
> |---|---|---|
> | Verschiebung **nach unten**, f hat **zwei** Nullstellen. | Normalparabel, f hat **eine** Nullstelle. | Verschiebung **nach oben**, f hat **keine** Nullstelle. |

Beispiel 1: Der Graph von f entstand aus der Normalparabel, die um 2 Einheiten nach unten verschoben wurde.
a) Gib eine passende Funktionsgleichung für f an.
b) Zeichne den Graphen von f.

Lösung:
a) Die Normalparabel wurde um 2 Einheiten nach unten verschoben. Daher ist $c = -2$.
Die Funktionsgleichung ist dann $f(x) = x^2 - 2$.

b) Zeichne zuerst den Scheitelpunkt $S(0|-2)$ ein. Von dort aus kannst du punktweise die Form der Normalparabel zeichnen. Wenn du zum Beispiel vom Scheitelpunkt aus 2 Einheiten nach rechts gehst, so musst du 4 Einheiten nach oben gehen.

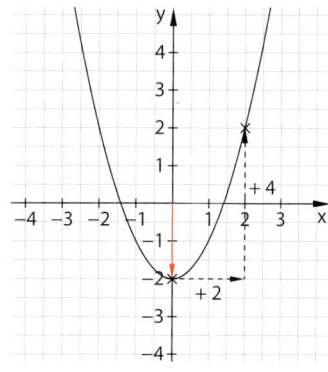

Basisaufgaben

1. Die Graphen der Funktionen f_1 bis f_4 sind durch Verschiebungen aus der Normalparabel entstanden.
   a) Lies die Scheitelpunkte der Graphen ab und beschreibe die Verschiebungen gegenüber der Normalparabel.
   b) Gib zu jedem Graphen die Funktionsgleichung an.

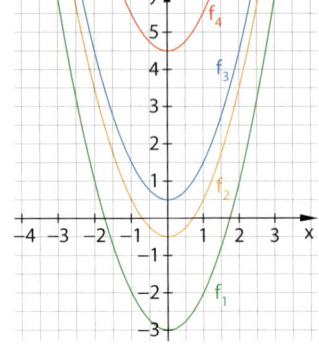

2. Eine Normalparabel wird verschoben. Gib die Funktionsgleichung an.
   a) Verschiebung um 5 Einheiten nach oben
   b) Verschiebung um 12 Einheiten nach unten
   c) Der Scheitelpunkt liegt bei $S(0|-10)$.

3. Betrachte die vier Funktionsgleichungen.
   ① $f(x) = x^2 - 1{,}5$ ② $g(x) = x^2 + 1{,}5$ ③ $h(x) = x^2 + 3{,}5$ ④ $k(x) = x^2 - 3{,}5$
   a) Gib jeweils die Koordinaten des Scheitelpunktes an.
   b) Beschreibe Gemeinsamkeiten und Unterschiede der Funktionsgraphen.

Nullstellen ermitteln

Beispiel 2:
a) Lies die Nullstellen der Funktion f mit $f(x) = x^2 - 3$ am Graphen ab. Berechne sie dann.
b) Begründe, dass die Funktion g mit $g(x) = x^2 + 1$ keine Nullstellen hat.

Lösung:
a) Am Graphen kannst du die Nullstellen nur ungefähr ablesen:
$x_1 = 1{,}7$; $x_2 = -1{,}7$

Ein exaktes Ergebnis bekommst du nur durch eine Rechnung.
Bei einer Nullstelle ist der Funktionswert null. Schreibe als Gleichung und löse nach x auf.

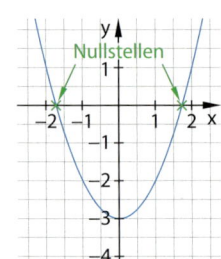

Rechnung:
$f(x) = x^2 - 3$
$x^2 - 3 = 0 \quad |+3$
$x^2 = 3$
$x_1 = +\sqrt{3}$; $x_2 = -\sqrt{3}$

b) Der Graph schneidet die x-Achse nicht, da eine Verschiebung der Normalparabel nach oben vorliegt.

Die Rechnung führt daher auch zu einer falschen Aussage ($x^2 = -1$), denn das Quadrat einer Zahl ist nie negativ.

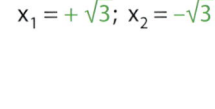

Rechnung:
$g(x) = x^2 + 1$
$x^2 + 1 = 0 \quad |-1$
$x^2 = -1$
keine Lösung

Basisaufgaben

4. Zeichne den Graphen und lies die Nullstellen ab. Berechne sie dann exakt.
   a) $f(x) = x^2 - 9$ b) $g(x) = x^2 - 6{,}25$ c) $h(x) = x^2 - 0{,}25$ d) $k(x) = x^2 - \frac{4}{9}$

5. Begründe grafisch und rechnerisch, dass die Funktion f mit $f(x) = x^2 + 4$ keine Nullstelle hat.

6.3 Verschieben der Normalparabel in y-Richtung

6. **x-Werte bestimmen:** Die Abbildung zeigt die Parabel mit der Funktionsgleichung $f(x) = x^2 + 2$.
   a) Lies aus dem Graphen ab, für welche x-Werte die Funktion f den angegebenen Funktionswert hat.
      ① $y = 6$ ② $y = 3$ ③ $y = 8{,}25$
   b) Rico soll die x-Werte berechnen, die den Funktionswert $y = 123$ haben. Dafür stellt er die Gleichung $x^2 + 2 = 123$ auf. Erkläre seinen Ansatz und löse die Aufgabe.
   c) Berechne für die Funktion g mit $g(x) = x^2 - 4$ die x-Werte zu dem angegebenen y-Wert.
      ① $y = 21$ ② $y = 60$ ③ $y = 8{,}25$

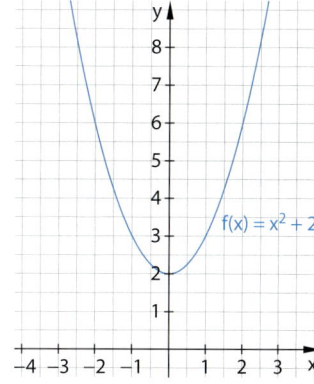

Weiterführende Aufgaben

7. Welche Nullstellen passen zu welcher Funktionsgleichung? Begründe.

   ① $x_1 = 4; x_2 = -4$ ② $x_1 = 4{,}5; x_2 = -4{,}5$ ③ $x = 0$ ④ $x_1 = \sqrt{14}; x_2 = -\sqrt{14}$

   $f(x) = x^2$ $g(x) = x^2 - 14$ $h(x) = x^2 - 16$ $k(x) = x^2 - 20{,}25$

8. Leo überlegt: „Mit $f(x) = 0$ kann ich Nullstellen bestimmen. Wenn ich die Nullstellen kenne, kann ich dann umgekehrt auch die Funktionsgleichung ermitteln?"
   Er notiert sich: „Nullstellen $x_1 = 3$ und $x_2 = -3$. Dann gilt $x^2 = 9$ und damit …"
   a) Vervollständige Leos Notizen und stelle die Funktionsgleichung auf.
   b) Stelle auf diese Weise die Funktionsgleichung zu den Nullstellen auf.
      ① $x_1 = 7; x_2 = -7$ ② $x_1 = \frac{1}{4}; x_2 = -\frac{1}{4}$ ③ $x_1 \approx 8{,}37; x_2 \approx -8{,}37$

9. **Stolperstelle:** Jonas und Maja untersuchen Funktionen mit einer Funktionsgleichung der Form $f(x) = x^2 + c$. Erläutere, welche Fehler sie gemacht haben.
   a) Jonas sagt: „Die Nullstelle liegt bei -9, die Schnittpunkte mit der y-Achse bei 3 und -3."
   b) Maja berechnet die Nullstellen. Ihr Ergebnis lautet $x_1 = -1{,}5$ und $x_2 = 2{,}5$.

10. Der unvollständige Graph gehört zu einer Funktion, deren Gleichung die Form $f(x) = x^2 + c$ hat. Stelle die Funktionsgleichung auf. Erkläre dein Vorgehen.
    a) 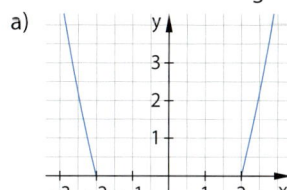   b) 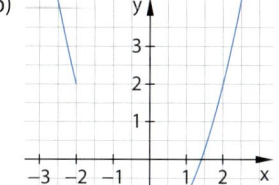   c)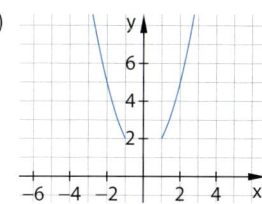

11. **Ausblick:**
    a) Zeige, dass die Funktionen f und g mit $f(x) = 2x^2 - 18$ und $g(x) = x^2 - 9$ dieselben Nullstellen haben.
    b) In der Abbildung haben alle Graphen dieselben beiden Nullstellen. Gib die Funktionsgleichungen an.
    c) Gib die Gleichungen von drei Funktionen an, die jeweils die Nullstellen $x_1 = 5$ und $x_2 = -5$ haben.

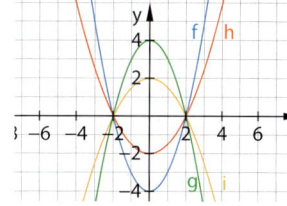

6.4 Verschieben der Normalparabel in x-Richtung

■ Marc und Sina sollen die Normalparabel um eine Einheit entlang der x-Achse nach rechts verschieben. Marc zeichnet zunächst mit Bleistift die Normalparabel ein. Sina wählt einen anderen Ansatz. Beschreibe, wie Marc und Sina vermutlich vorgehen. Erkläre, was sich durch die Verschiebung verändert und was gleich bleibt. ■

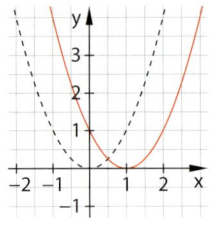
Marc

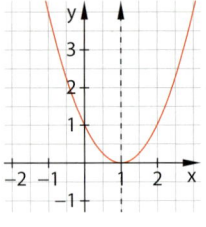
Sina

Ein Verschieben der Normalparabel entlang der x-Achse verschiebt zugeordnete y-Werte.

Verschiebung um 2 Einheiten nach rechts:

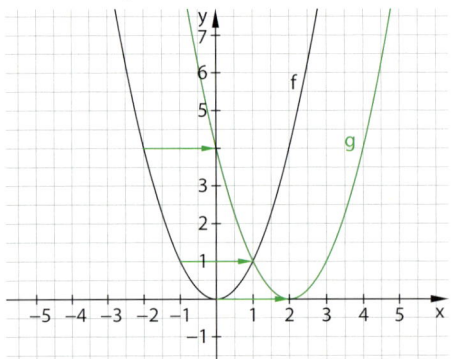

Verschiebung um 1 Einheit nach links:

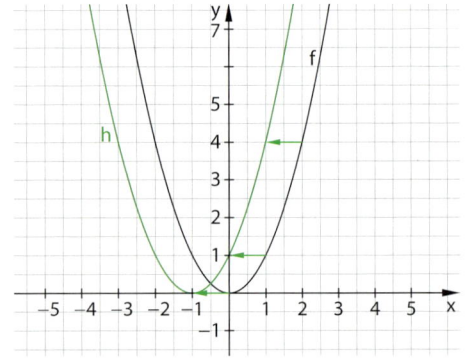

x	−2	−1	0	1	2	3
$f(x) = x^2$	4	1	0	1	4	9
$g(x) = (x - (+2))^2$	16	9	4	1	0	1

x	−3	−2	−1	0	1	2
$f(x) = x^2$	9	4	1	0	1	4
$h(x) = (x - (-1))^2$	4	1	0	1	4	9

Durch die Verschiebung wird jedem x-Wert ein „verschobener" y-Wert zugeordnet. In der Funktionsgleichung muss die Verschiebung vor dem Quadrieren von x subtrahiert werden.

> **Wissen: Verschieben der Normalparabel in x-Richtung**
> Der Graph der Funktion f mit $f(x) = (x - d)^2$ entsteht aus der Normalparabel durch Verschiebung um d Einheiten entlang der x-Achse. Der Scheitelpunkt liegt bei S(d|0).
>
> d > 0   d < 0
> Verschiebung **nach rechts**   Verschiebung **nach links**

Beispiel 1: Die Normalparabel wurde entlang der x-Achse um 3 Einheiten nach links verschoben. Zeichne den Graphen und gib eine passende Funktionsgleichung an.

Lösung:
Bei einer Verschiebung um 3 Einheiten nach links liegt der Scheitelpunkt bei S(−3|0).
Von dort aus kannst du die gewohnte Form der Normalparabel zeichnen.

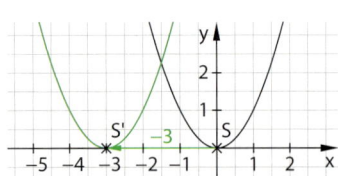

In der Funktionsgleichung wird die Verschiebung um −3 Einheiten direkt vom x abgezogen.

$f(x) = (x - (-3))^2$
$ = (x + 3)^2$

6.4 Verschieben der Normalparabel in x-Richtung

Basisaufgaben

1. a) Lies die Scheitelpunkte der verschobenen Normalparabeln ① bis ⑥ ab.
   b) Ordne die Funktionsgleichungen passenden Graphen zu.

   $f(x) = (x - 3)^2$ $g(x) = (x + 2{,}5)^2$

   $h(x) = \left(x - \frac{3}{4}\right)^2$ $k(x) = \left(x + \frac{3}{4}\right)^2$

   c) Zwei Graphen bleiben in b) übrig. Gib für diese beiden Graphen die Funktionsgleichung an.

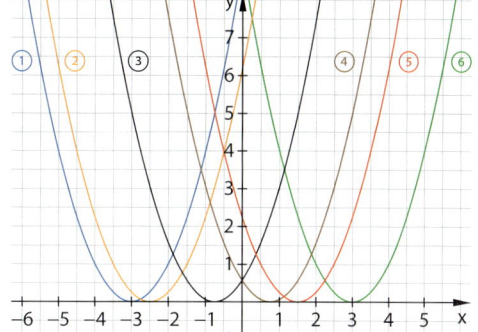

Hinweis:
Die Verschiebung wird von x abgezogen.
$f(x) = (x + 2)^2$
$\quad = (x - (-2))^2$
bedeutet eine Verschiebung nach links und
$g(x) = (x - 2)^2$
$\quad = (x - (+2))^2$
eine Verschiebung nach rechts.

2. a) Zeichne passende Graphen zu den Funktionsgleichungen in ein Koordinatensystem.
   ① $f(x) = (x + 1)^2$ ② $g(x) = (x - 3)^2$ ③ $h(x) = (x - 5)^2$ ④ $k(x) = (x + 3)^2$
   b) Gib jeweils den Scheitelpunkt und die Verschiebung gegenüber der Normalparabel an.
   c) Gib die Nullstellen der Funktionen an.
   d) Zeichne bei den Graphen aus a) jeweils die Symmetrieachse ein.

3. Gib die Funktionsgleichung der Funktion an, deren Graph aus der Normalparabel durch die angegebene Verschiebung entstanden ist.
   a) Die Normalparabel wird um drei Einheiten nach rechts verschoben.
   b) Die Normalparabel wird um sechs Einheiten nach links verschoben.
   c) Der Scheitelpunkt hat die Koordinaten S(−7|0).
   d) Der Scheitelpunkt hat die Koordinaten S(8,5|0).
   e) Die Symmetrieachse liegt bei x = 4.
   f) Die Symmetrieachse liegt bei x = −20.

4. **Punktprobe:** Überprüfe, ob die Punkte A und B auf den Graphen der Funktion f liegen.
   a) $f(x) = (x - 6)^2$; A(1|25), B(4|4)
   b) $f(x) = (x + 10)^2$; A(−4|16), B(2|144)
   c) $f(x) = \left(x + \frac{7}{2}\right)^2$; A$\left(\frac{1}{2}\middle|16\right)$, B$\left(-\frac{3}{4}\middle|\frac{121}{16}\right)$
   d) $f(x) = \left(x - \frac{1}{5}\right)^2$; A$\left(-\frac{4}{5}\middle|-1\right)$, B$\left(-\frac{7}{6}\middle|\frac{28}{30}\right)$

5. Die Wertetabellen gehören zu Funktionen mit einer Gleichung der Form $f(x) = (x - d)^2$. Finde die Funktionsgleichung. Erkläre dein Vorgehen.

   a)
x	−3	−2	−1	0	1
y	0	1	4	9	16

   b)
x	1	2	3	4	5
y	1	0	1	4	9

   c)
x	1	2	3	4	5
y	4	9	16	25	36

   d)
x	−4	−2	0	2	4
y	1	1	9	25	49

6. Tina und Mila sprechen über Parabeln mit einer Gleichung der Form $f(x) = (x - d)^2$.

Eine Parabel kann mehrere Schnittpunkte mit der x-Achse haben. Aber diese Parabeln haben immer genau einen.

Und alle Parabeln haben eine Symmetrieachse. Aber bei diesen Parabeln geht sie immer durch den Schnittpunkt mit der x-Achse.

Haben beide recht? Begünde deine Entscheidung.

Weiterführende Aufgaben

7. **Stolperstelle:** Zwei Schüler haben den Graphen zu $f(x) = \left(x + \frac{5}{2}\right)^2$ gezeichnet. Erkläre, welche Fehler ihnen passiert sind.

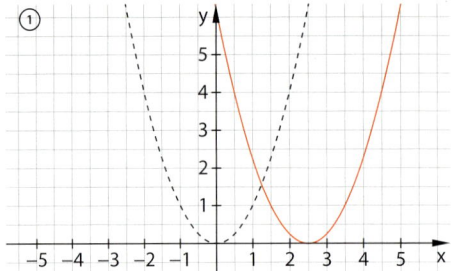
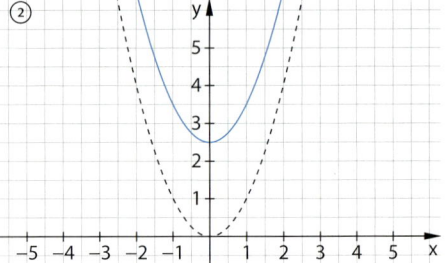

8. Stelle die Funktionsgleichung auf.
   a) Der Graph der Funktion f mit $f(x) = (x - 2)^2$ wird um vier Einheiten nach links verschoben.
   b) Der Graph der Funktion g mit $g(x) = (x + 3)^2$ wird um zehn Einheiten nach links verschoben.
   c) Der Graph einer in x-Richtung verschobenen Normalparabel mit einer Nullstelle bei $x = -15$ wird um 25 Einheiten nach rechts verschoben.
   d) Der Graph einer in x-Richtung verschobenen Normalparabel mit einem Scheitelpunkt bei $S(81|0)$ wird um 80 Einheiten nach links verschoben.

9. Die Gleichung der im Folgenden betrachteten Funktion hat die Form $f(x) = (x - d)^2$.
   a) Die beiden angegebenen Punkte liegen auf dem Graphen der Funktion. Bestimme die Lage der Symmetrieachse und gib die Funktionsgleichung an.
      ① $A(2|1)$ und $B(4|1)$ ② $C(5|9)$ und $D(-1|9)$ ③ $E(5|4)$ und $F(9|4)$
   b) Der Punkt $P(2|9)$ liegt auf dem Graphen der Funktion f. Erkläre, warum es für f zwei mögliche Funktionsgleichungen gibt.
   c) Stelle die beiden Funktionsgleichungen aus b) auf. Erkläre dein Vorgehen.

10. **Funktionenplotter:** Gegeben ist die Funktion f mit $f(x) = (x - 3)^2$.
    Löse die folgenden Aufgaben mithilfe eines Funktionenplotters.
    a) Zeichne den Graphen von f.
    b) Zeichne zusätzlich eine Gerade mit der Gleichung $y = 6{,}25$ ein.
    c) Gesucht werden die x-Werte zum Funktionswert 6,25. Gib mindestens eine Möglichkeit an, wie sich diese ermitteln lassen.
    d) Betrachte die Funktion g mit $g(x) = (x + 1{,}5)^2$. Berechne die fehlenden Koordinaten so, dass die Punkte auf dem Graphen von g liegen.
       $A(\blacksquare|9)$ $B(\blacksquare|12{,}25)$ $C(\blacksquare|2{,}25)$ $D(-1{,}65|\blacksquare)$

11. **Ausblick:** Gegeben ist eine Funktion f mit der Funktionsgleichung $f(x) = (x - d)^2$.
    a) Die Funktion f soll die Nullstelle $x = -3$ haben. Ermittle den Schnittpunkt des Graphen von f mit der y-Achse.
    b) Begründe rechnerisch: Der Schnittpunkt P des Graphen von f mit der y-Achse hat die Koordinaten $P(0|d^2)$.
    c) Betrachte die Funktion g mit $g(x) = a \cdot (x - d)^2$. Berechne für $d = 2{,}5$ den Streckfaktor a so, dass der Schnittpunkt des Graphen von g mit der y-Achse die Koordinaten $P(0|25)$ hat.
    d) Die Parabel, die zur Funktion g gehört, soll die y-Achse im Punkt $P(0|3)$ schneiden. Zeige, dass in diesem Fall $a = \frac{3}{d^2}$ gelten muss ($d \neq 0$).

6.5 Scheitelpunktform

■ Stelle für den Graphen von f eine Funktionsgleichung auf. Kombiniere dafür die Funktionsgleichungen $y = x^2 + 2$ und $y = (x - 2)^2$. Überprüfe deine Vermutung mit einer Wertetabelle. ■

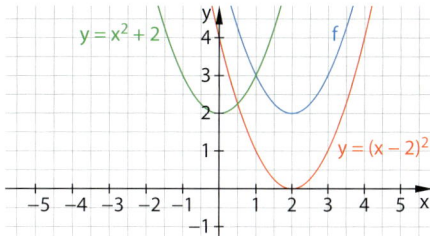

Der Graph jeder quadratischen Funktion ist eine Parabel, die aus der Normalparabel durch Kombination von Verschiebungen, einer Streckung/Stauchung sowie einer Spiegelung entsteht.

> **Wissen: Scheitelpunktform**
> Der Graph der Funktion f mit $f(x) = a \cdot (x - d)^2 + e$ ist eine Parabel mit dem Scheitelpunkt $S(d|e)$. Der Graph von f entsteht aus der Normalparabel
> – durch **Streckung oder Stauchung** mit dem Streckfaktor a,
> – für $a < 0$ zusätzlich durch Spiegelung an der x-Achse,
> – durch **Verschiebung entlang der x-Achse** um d Einheiten,
> – durch **Verschiebung entlang der y-Achse** um e Einheiten.
>
> Hat eine quadratische Funktion eine Funktionsgleichung der Form $f(x) = a \cdot (x - d)^2 + e$, so spricht man von der **Scheitelpunktform,** da man die Koordinaten des Scheitelpunkts aus der Funktionsgleichung direkt ablesen kann.

Beispiel 1: Stelle die Funktionsgleichung auf und zeichne die zugehörige Parabel.
a) Die Normalparabel wird um 3 Einheiten nach links und um 1 Einheit nach unten verschoben.
b) Die Normalparabel wird um 2 Einheiten nach rechts und um 3 Einheiten nach oben verschoben. Zusätzlich wird sie mit dem Faktor –0,5 gestaucht.

Lösung:
a) Funktionsgleichung aufstellen:
3 Einheiten nach links: $f(x) = (x - (-3))^2 \ldots$
1 Einheit nach unten: $f(x) = (x + 3)^2 - 1$

Graph zeichnen:
Markiere zuerst den Scheitelpunkt $S(-3|-1)$.
Zeichne von dort ausgehend den Graphen von f in Form einer Normalparabel.

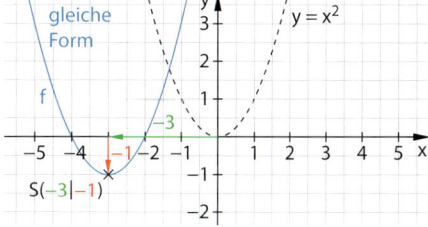

b) Funktionsgleichung aufstellen:
2 Einheiten nach rechts: $f(x) = \ldots (x - 2)^2 \ldots$
3 Einheiten nach oben: $f(x) = \ldots (x - 2)^2 + 3$
Gestaucht um –0,5: $f(x) = -0,5 (x - 2)^2 + 3$

Graph zeichnen:
Markiere zuerst den Scheitelpunkt $S(2|3)$.
Zeichne von dort ausgehend den Graphen von f in Form einer Normalparabel, die mit dem Faktor  gestaucht wurde.

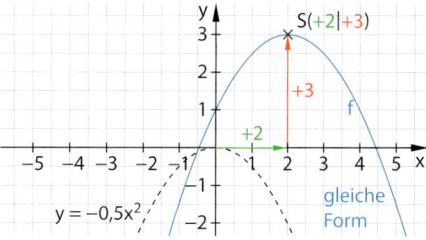

Basisaufgaben

1. Zoe hat beschrieben, wie der Graph der Funktion aus der Normalparabel entsteht. Finde die Fehler und korrigiere sie.
   a) f mit f(x) = (x + 2)² + $\frac{1}{2}$
      Die Normalparabel wird um 2 Einheiten nach rechts und anschließend um 0,5 Einheiten nach unten verschoben.
   b) h mit h(x) = −0,5(x − 1)² − 10
      Die Normalparabel wurde an der y-Achse gespiegelt, um 0,5 Einheiten gestreckt und anschließend um 1 Einheit nach links und um 10 Einheiten nach unten verschoben.

> … mit dem Faktor … gestaucht/gestreckt …
>
> … an der x-Achse gespiegelt …
>
> … um … Einheiten nach links/rechts/oben/unten verschoben …

2. Gegeben sind die Funktionen f, g und h mit den Funktionsgleichungen
   f(x) = (x − 1)² + 1, g(x) = −3x² − 3 und h(x) = −$\frac{1}{2}$(x − 4)² + 4.
   a) Beschreibe, wie die Graphen aus der Normalparabel entstehen. Verwende dabei die Textbausteine rechts.
   b) Zeichne die Graphen der Funktionen.

3. Skizziere in einem Koordinatensystem mit der Längeneinheit 1 cm die Normalparabel. Gib nach jedem der Schritte ① bis ③ den Funktionsterm an und skizziere dann den Graphen.
   a) ① Streckung mit dem Faktor 2
      ② Verschiebung um 4 Einheiten nach links
      ③ Verschiebung um 2 Einheiten nach oben
   b) ① Spiegelung an der x-Achse
      ② Verschiebung um 3 Einheiten nach rechts
      ③ Verschiebung um 2 Einheiten nach unten

4. Lies den Scheitelpunkt und den Streckfaktor der Parabel ab. Gib auch die Funktionsgleichung an.

   a) 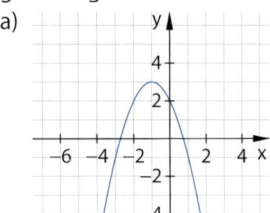   b) 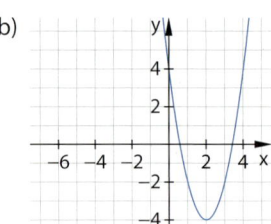   c)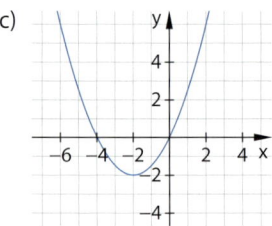

5. Ordne Scheitelpunkt, Streckfaktor und Funktionsgleichung passend zu.

   ① S(−3|5)   ② S(3|−5)   (I) a = 3   Ⓐ f(x) = 3(x − 3)² − 5   Ⓑ g(x) = 5(x + 3)² + 5

   ③ S(3|5)   (II) a = −5   (III) a = 5   Ⓒ h(x) = −5(x − 3)² + 5

6. Tom will den Graphen der Funktion f mit f(x) = −2(x + 3)² + 4 zeichnen. Zunächst markiert er den Scheitelpunkt S. Von dort aus geht er eine Einheit nach links bzw. rechts und 2 Einheiten nach unten. Dadurch erhält er die Punkte A und B der Parabel.

   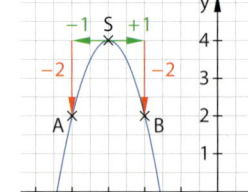

   a) Erkläre, weshalb Tom so vorgeht. Gib an, wie er zwei weitere Punkte der Parabel erhalten kann.
   b) Ermittle auf die gleiche Weise die Koordinaten von fünf Punkten und zeichne jeweils den Graphen.
      ① g(x) = 2(x − 2)² − 3   ② h(x) = −3,5(x + 0,5)² − 1   ③ k(x) = 2,5(x − 4)² − 2,5

6.5 Scheitelpunktform

Nullstellen bestimmen

Beispiel 2: Berechne die Nullstellen der Funktion f mit $f(x) = 2(x-3)^2 - 8$.

Lösung:
Bei einer Nullstelle ist der Funktionswert von f null. Schreibe als Gleichung $f(x) = 0$ und löse nach x auf.

$$2(x-3)^2 - 8 = 0 \qquad |+8$$
$$2(x-3)^2 = 8 \qquad |:2$$
$$(x-3)^2 = 4$$
$$x - 3 = 2 \text{ oder } x - 3 = -2 \qquad |+3$$
$$x_1 = 5 \qquad x_2 = 1$$

f hat die Nullstellen $x_1 = 5$ und $x_2 = 1$.

Hinweis:
Vorrangregeln:
Klammer vor
Potenz vor
Punkt vor
Strich
Beim Auflösen wird die Reihenfolge umgekehrt.

Basisaufgaben

7. Berechne die Nullstellen.
   a) $f(x) = (x-1)^2 - 100$
   b) $g(x) = (x+4)^2 - 1$
   c) $h(x) = 3(x-2)^2 + 75$
   d) $k(x) = -(x+1)^2 + 16$
   e) $l(x) = -3\left(x + \frac{5}{2}\right)^2$
   f) $m(x) = -\frac{3}{2}\left(x - \frac{1}{2}\right)^2 + \frac{75}{8}$

8. Ordne Funktionsgleichung, Nullstellen und Graph einander zu.

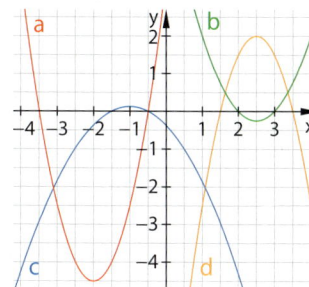

   $f(x) = (x - 2,5)^2 - 0,25$
   $g(x) = 2(x + 2)^2 - 4,5$
   $h(x) = -0,5(x + 1)^2 + 0,125$
   $k(x) = -2(x - 2,5)^2 + 2$

   ① $x_1 = -3,5; x_2 = -0,5$
   ② $x_1 = 2; x_2 = 3$
   ③ $x_1 = 1,5; x_2 = 3,5$
   ④ $x_1 = -1,5; x_2 = -0,5$

Weiterführende Aufgaben

9. a) Gegeben sind die Funktionen f, g und h mit:
   $f(x) = 2(x-4)^2 - 3$,
   $g(x) = -3(x+4)^2 + 4$,
   $h(x) = -0,1(x+1)^2 - 0,25$.
   Entscheide ohne Rechnung, ob die Funktionen Nullstellen haben.
   b) Joris behauptet: „Eine quadratische Funktion hat immer dann Nullstellen, wenn der Streckfaktor und die Verschiebung in y-Richtung unterschiedliche Vorzeichen haben."
   Hat Joris recht? Begründe.

10. a) In der Abbildung rechts wurden vier Parabeln unvollständig gezeichnet. Ermittle aus der Zeichnung die Nullstellen jeder Funktion.
    b) Gegeben sind der Scheitelpunkt einer Parabel und eine Nullstelle. Gib die zweite Nullstelle an. Erkläre dein Vorgehen.
    ① $S(-3|-25); x = -8$
    ② $S(4|-56,25); x = 11,5$
    c) Der Scheitelpunkt einer Parabel und die Nullstellen besitzen eine Regelmäßigkeit. Beschreibe diese Regelmäßigkeit und notiere einen Merksatz dazu.

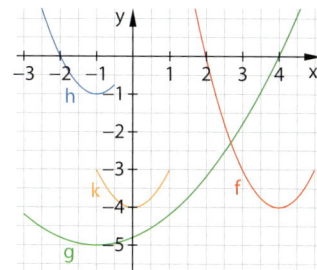

11. Stolperstelle: Erkläre, welche Fehler hier gemacht wurden.
Tina und Marco sollten die Nullstellen von g mit $g(x) = \frac{1}{2}(x+1)^2 - 2$ ermitteln.

a) Tina:

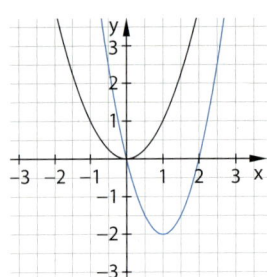

Die Lösungen lauten $x_1 = 0$ und $x_2 = 2$.

b) Marco:

$$f(x) = \frac{1}{2}(x+1)^2 - 2$$

$$\begin{aligned}\frac{1}{2}(x+1)^2 - 2 &= 0 & |-1\\ \frac{1}{2}x^2 - 2 &= 0 & \\ \frac{1}{2}x - 2 &= 0 & |-\frac{1}{2}\\ x - 2 &= 0\end{aligned}$$

Die Lösung lautet $x = 2$.

12. x-Werte rechnerisch bestimmen: Die Punkte A und B sollen auf dem Graphen der Funktion f liegen. Berechne alle möglichen Werte für die fehlende x-Koordinate.
a) $f(x) = (x+1)^2 - 4$; A(■|12), B(■|32)
b) $f(x) = -3x^2 + 10$; A(■|7), B(■|-38)
c) $f(x) = 0{,}25(x-10)^2$; A(■|4), B(■|64)
d) $f(x) = 2(x-2{,}5)^2 - 5$; A(■|3), B(■|19{,}5)

13. Streckfaktor rechnerisch bestimmen: Auf dem Graphen der Funktion f mit
$f(x) = a \cdot (x-3)^2 - 4$ liegt der Punkt A(1|-2).
Mit dieser Information soll der Streckfaktor a bestimmt werden.
Jonas stellt dazu die folgende Gleichung auf: $-2 = a \cdot (1-3)^2 - 4$
a) Erkläre, wie Jonas auf diese Gleichung gekommen ist.
b) Berechne den Streckfaktor, indem du die Gleichung löst.
c) Der angegebene Punkt liegt auf dem Graphen der Funktion.
Berechne den Streckfaktor a.
① $g(x) = a \cdot (x+4)^2 - 1$; B(-3|1)   ② $h(x) = a \cdot (x+4)^2 - 1$; C(4|-3)
③ $k(x) = a \cdot (x-1)^2 - 1$; D(-1|9)   ④ $l(x) = a \cdot (x-0{,}5)^2 + 1{,}5$; E(0|0)

14. Ein DIN-A4-Blatt hat die Maße 21 cm × 29,7 cm. Eine Parabel soll durch die beiden unteren Ecken des Blattes gehen und ihr Scheitelpunkt genau im Mittelpunkt der oberen Kante liegen. Gib die Gleichung der zugehörigen Funktion an, wenn der Ursprung des Koordinatensystems (Längeneinheit 1 cm)
a) in der Ecke links unten liegt und das Blatt Hochformat hat,
b) genau in der Blattmitte liegt und das Blatt Hochformat hat,
c) in der Ecke rechts oben liegt und das Blatt Querformat hat.

15. Es sollen die Nullstellen der Funktion mit der Gleichung $y = (x-d)^2 - 9$ bestimmt werden.
Marco beschreibt seinen Plan:
„Ich bestimme die Nullstellen der Funktion $y = x^2 - 9$. Dann verschiebe ich beide Nullstellen um d nach rechts."
a) Erkläre mithilfe einer geeigneten Skizze, dass Marcos Vorgehen funktioniert.
b) Ermittle mit Marcos Vorgehen die Nullstellen der Funktionen mit den angegebenen Gleichungen.
① $f(x) = (x-3{,}5)^2 - 121$ ② $g(x) = (x-7{,}5)^2 - 225$ ③ $h(x) = (x+3{,}5)^2 - 42{,}25$

6.5 Scheitelpunktform

16. Die abgebildete Brücke führt über den Mittellandkanal. Der Brückenbogen hat eine Spannweite von 55 m.
    Die Fahrbahn befindet sich 5 m über dem Wasser. Der höchste Punkt des Brückenbogens liegt 6,50 m über der Fahrbahn.

    a) Der Verlauf des Brückenbogens wird modelliert als Parabel (Graph der Funktion f). Skizziere sie in einem Koordinatensystem mit dem Ursprung im Scheitelpunkt des Brückenbogens.
    b) Bestimme den Streckfaktor der Parabel aus a), die den Brückenbogen modelliert, und gib die Funktionsgleichung von f an.
    c) Gib die Gleichung von f an, wenn der Ursprung des Koordinatensystems
       ① am linken Schnittpunkt von Fahrbahn und Brückenbogen liegt,
       ② am rechten Schnittpunkt von Fahrbahn und Brückenbogen liegt,
       ③ auf der Wasseroberfläche genau unter dem höchsten Punkt des Brückenbogens liegt.

17. a) Die Flugbahn eines Fußballs wird durch den Graphen der Funktion f mit
    $f(x) = -0{,}02(x-15)^2 + 4{,}5$ beschrieben; x ist die horizontale Entfernung in m, f(x) ist die Höhe in m. Berechne, wie weit und wie hoch der Ball fliegt.
    b) Ein Mitspieler schießt den Ball ebenfalls auf einer parabelförmigen Flugbahn. Der Ball fliegt genau 40 m weit und erreicht im höchsten Punkt 4 m Höhe. Stelle eine Funktionsgleichung in Scheitelpunktform auf, die die Flugbahn des Balls beschreibt.
    c) Berechne, nach welcher Entfernung der Ball aus b) erstmals die Höhe 1,75 m erreicht.

18. Der Graph einer Funktion f mit $f(x) = a(x-d)^2 + e$ soll die Symmetrieachse bei $x = 2$ haben und durch den Koordinatenursprung gehen.

    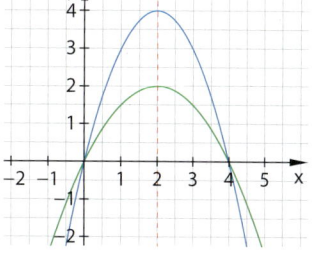

    a) Warum liegt die zweite Nullstelle immer bei $x = 4$? Begründe.
    b) Bestimme die Koordinaten des Scheitelpunkts für den angegeben Wert des Streckfaktors.
       ① $a = -2$ ② $a = 1{,}5$ ③ $a = -5$ ④ $a = \frac{1}{5}$

19. Betrachte die quadratischen Funktionen mit Gleichungen der Form $f(x) = (x-b)^2 - b^2$.

    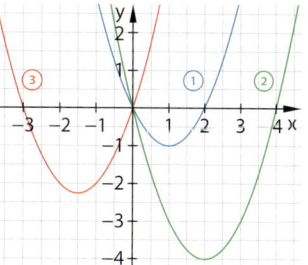

    a) Die drei Graphen in der Abbildung passen für bestimmte Werte von b zur Funktion f. Gib die zugehörigen Werte von b an. Erkläre deine Antwort.
    b) Gib für die abgebildeten Graphen die Nullstellen an. Erkläre, welcher Zusammenhang zwischen dem Wert von b und den Nullstellen besteht.

20. **Ausblick:** Die Parabeln von f_1 mit $f_1(x) = (x-1)^2 + 1$ und f_2 mit $f_2(x) = (x-2)^2 + 2$ haben die gleiche Form, sie unterscheiden sich aber in ihrer Lage. Betrachte nun allgemein Funktionen f_t mit $f_t(x) = (x-t)^2 + t$. Darin ist t eine beliebige, aber feste reelle Zahl.
    a) Gib die Scheitelpunkte von f_1, f_2 und f_t an.
    b) Zeichne die Scheitelpunkte für fünf verschiedene Werte von t in ein Koordinatensystem. Beschreibe die Lage der Scheitelpunkte möglichst genau.
    c) Gib die Funktionsgleichung einer Funktion an, deren Graph aus allen Scheitelpunkten von f_t besteht.
    d) Löse die Aufgabe a) bis c) für $k_t(x) = (x-t)^2 + t^2$. Darin ist t eine beliebige, aber feste reelle Zahl.

Hinweis: Mit einem dynamischen Geometrieprogramm kann man die Parabeln leicht zeichnen. Nutze für t einen Schieberegler.

6.6 Allgemeine Form

■ Der Graph der Funktion f mit f(x) = (x − 1)² und der Graph der Funktion g mit g(x) = x² − 2x + 1 sind im Bild rechts dargestellt. Erkläre die Grafik. ■

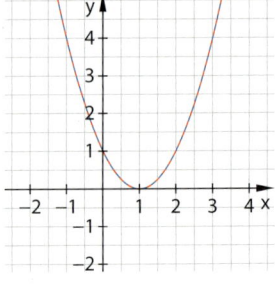

Die Scheitelpunktform einer quadratischen Funktionsgleichung lässt sich durch Auflösen der Klammer und Vereinfachen in die **allgemeine Form** umwandeln.

$$f(x) = 2(x-3)^2 - 11$$
$$= 2(x^2 - 6x + 9) - 11$$
$$= 2x^2 - 12x + 7$$

In der allgemeinen Form der Funktionsgleichung ist der Streckfaktor a = 2 weiterhin direkt ablesbar. Wegen f(0) = 7 sieht man in der allgemeinen Form auch sofort, dass die Parabel die y-Achse im Punkt (0|7) schneidet.

Hinweis:
In der allgemeinen Form ist der Scheitelpunkt **nicht** direkt ablesbar.

> **Wissen: Allgemeine Form**
> Jede Gleichung einer quadratischen Funktion f kann in der **allgemeinen Form**
> **f(x) = ax² + bx + c** dargestellt werden.
> Der **Streckfaktor a** und der **y-Achsenabschnitt c** können am Funktionsterm abgelesen werden.

Von der Scheitelpunktform zur allgemeinen Form

Beispiel 1: Ermittle die allgemeine Form der Funktionsgleichung. Gib dann den Streckfaktor und den y-Achsenabschnitt an.
a) f(x) = (x + 1)² − 3
b) g(x) = −3(x − 2)² + 4

Erinnere dich:
1. binomische Formel
(a + b)² = a² + 2ab + b²

Erinnere dich:
2. binomische Formel
(a − b)² = a² − 2ab + b²

Lösung:

a) Löse die Klammer auf.
Fasse den Term anschließend zusammen.

Den Streckfaktor a = 1 und den y-Achsenabschnitt c = −2 kannst du direkt ablesen.

$$f(x) = (x + 1)^2 - 3$$
$$= x^2 + 2x + 1 - 3$$
$$= x^2 + 2x - 2$$
$$= \underbrace{1}_{a}x^2 + \underbrace{2}_{b}x \underbrace{-2}_{c}$$

b) Hier hat die Klammer den Koeffizienten −3. Setze deshalb eine äußere Hilfsklammer. Löse erst die innere Klammer und dann die Hilfsklammer auf.

Der Streckfaktor a = −3 und der y-Achsenabschnitt c = −8 sind direkt ablesbar.

$$g(x) = -3(x-2)^2 + 4$$
$$= -3((x-2)^2) + 4$$
$$= -3(x^2 - 4x + 4) + 4$$
$$= -3x^2 + 12x - 12 + 4$$
$$= \underbrace{-3}_{a}x^2 + \underbrace{12}_{b}x \underbrace{-8}_{c}$$

Basisaufgaben

1. Ermittle die allgemeine Form. Gib dann den Streckfaktor und den y-Achsenabschnitt an.
   a) f(x) = (x + 2)² − 5
   b) f(x) = 3(x − 5)² − 70
   c) f(x) = 2(x + 4)² − 3
   d) f(x) = 0,1(x + 10)² + 2
   e) f(x) = −$\frac{2}{3}$(x − 1)² + $\frac{1}{4}$
   f) f(x) = −$\left(x - \frac{3}{5}\right)^2$ + $\frac{1}{2}$

6.6 Allgemeine Form

2. Gib den Streckfaktor und den y-Achsenabschnitt an.
a) f(x) = 3x² − 2x + 3
b) g(x) = −x² + 2x
c) h(x) = −(x + 3)² + 4
d) k(x) = 2x² − (x − 2)²
e) f(x) = 3x (x + 2) + 3
f) f(x) = 5x² − 5 − (4x² − 2x)

Hinweis zu 2: Wandle gegebenenfalls zunächst in die allgemeine Form um.

3. a) Lies am Graphen den Scheitelpunkt und den Streckfaktor der Parabel ab und stelle die Funktionsgleichung in Scheitelpunktform auf.
b) Wandle in die allgemeine Form um und ermittle den y-Achsenabschnitt. Kontrolliere mithilfe der Grafik.

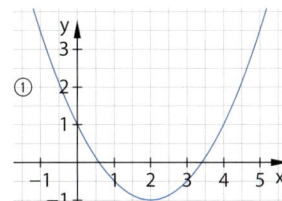
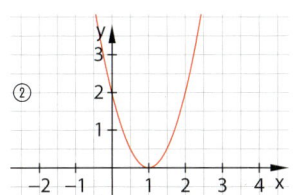
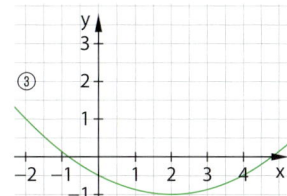

4. Welche Funktionsterme sind äquivalent? Ordne passende Terme einander zu.

① (x + 2)² + 4
② −(x − 1)²
③ (x − 1)²
④ −(x + 2)² − 4

Ⓐ −x² + 2x − 1
Ⓑ x² − 2x + 1
Ⓒ x² + 4x + 8
Ⓓ −x² − 4x − 8

5. Ermittle den Schnittpunkt des Graphen von f mit der y-Achse.
a) f(x) = 2x² − 3x − 1
b) g(x) = 5 (x − 1)² − 0,25
c) h(x) = $\left(\frac{1}{2}x - 1\right)^2 + \frac{3}{4}$

Von der allgemeinen Form zur Scheitelpunktform

Beispiel 2: Ermittle die Scheitelpunktform durch quadratisches Ergänzen.
a) f(x) = x² + 8x − 4
b) g(x) = 0,5x² − 3x + 5

Lösung:
a) Ergänze +16, um die 1. binomische Formel anwenden zu können. +16 musst du mit −16 wieder ausgleichen. Wende dann die 1. binomische Formel an. Fasse zusammen. Du erhältst die Scheitelpunktform.

f(x) = x² + 8x − 4   (a² + 2ab + b²)
= x² + 8x + 16 − 16 − 4
= (x + 4)² − 16 − 4
= (x + 4)² − 20

b) Klammere den Streckfaktor a = 0,5 aus.

g(x) = 0,5x² − 3x + 5   (a² − 2ab + b²)
= 0,5 (x² − 6x + 10)

Ergänze in der Klammer +9. Gleiche die +9 mit −9 wieder aus. Wende dann die 2. binomische Formel an.

= 0,5 (x² − 6x + 9 − 9 + 10)
= 0,5 ((x − 3)² − 9 + 10)

Fasse zusammen und multipliziere danach aus. Du erhältst die Scheitelpunktform.

= 0,5 ((x − 3)² + 1)
= 0,5 (x − 3)² + 0,5

Basisaufgaben

6. Der Streckfaktor wurde ausgeklammert. Ergänze passend.
a) 2x² + 2x + 6 = 2 (x² + ■ + 3)
b) 3x² − 6x − 3 = 3 (■ − ■ −1)
c) −x² + 2x − 4 = ■ (x² − 2x + 4)
d) $-\frac{1}{2}$ x² − 5x + 1 = ■ (■ + 10x + ■)
e) $-\frac{2}{5}$ x² − $\frac{5}{2}$ x + 3 = ■ (■ + ■ + ■)
f) 3x² + 2x + 2 = ■ $\left(■ + ■ + \frac{2}{3} \right)$

Hinweis: Klammert man $\frac{a}{b}$ aus, multipliziert man die Zahlen vor den Summanden mit $\frac{b}{a}$.
$\frac{1}{4}$ x² + $\frac{3}{2}$ = $\frac{1}{4}\left[x^2 + \frac{4}{1} \cdot \frac{3}{2}\right]$
= $\frac{1}{4}\left[x^2 + 6\right]$

7. Klammere den Streckfaktor aus.
   a) f(x) = 2x² + 4x + 5
   b) g(x) = –4x² + 12x – 9
   c) h(x) = 10x² + 5x – 4
   d) i(x) = –$\frac{2}{5}$x² – 4x + 13
   e) k(x) = $\frac{1}{4}$x² – 2x + $\frac{3}{2}$
   f) l(x) = $\frac{1}{2}$x + $\frac{2}{3}$x² + 9

8. Simona wendet die binomischen Formeln rückwärts an. Sie notiert:

   $\sqrt{x^2}$ = |x| (x² – 4x + 4) → (x – 2)² $\sqrt{4}$ = 2

   Kontrolle: (x – 2)² = x² – 4x + 4
   Wende das Verfahren auf den Term an.
   a) x² – 6x + 9
   b) x² + 8x + 16
   c) x² – 3x + $\frac{9}{4}$

9. Wende die 1. oder 2. binomische Formel an, um eine quadratische Klammer zu erzeugen.
   a) f(x) = x² + 2x + 1
   b) g(x) = x² – 2x + 1
   c) h(x) = x² – 6x + 9
   d) i(x) = x² + x + $\frac{1}{4}$
   e) j(x) = x² – 16x + 64
   f) k(x) = x² + $\frac{1}{2}$x + $\frac{1}{16}$

10. Ergänze in beiden Kästchen dieselbe Zahl, sodass du die 1. oder 2. binomische Formel anwenden kannst.
    Gib dann die Scheitelpunktform der Funktion an.
    a) f(x) = x² + 6x
       = x² + 6x + ▪ – ▪
    b) f(x) = x² – 14x + 3
       = x² – 14x + ▪ – ▪ + 3
    c) f(x) = x² + 3x – 7
       = x² + 3x + ▪ – ▪ – 7
    d) f(x) = 4x² + 8x
       = 4(x² + 2x + ▪ – ▪)
    e) f(x) = –2x² + 16x
       = –2(x² – 8x + ▪ – ▪)
    f) f(x) = 5x² + 5x + 10
       = 5(x² + x + ▪ – ▪ + 2)

11. Bringe die Funktionsgleichung in die Scheitelpunktform. Vervollständige dazu Schritt für Schritt die Lücken.
    a) f(x) = x² + 2x – 10
       = x² + 2x … –10
       = (x + 1)² …
    b) g(x) = 2x² – 4x + 8
       = … (x² – 2x + 4)
       = … (x² – 2x … + 4)
       = … (x – 1)² …
    c) h(x) = $\frac{1}{2}$x² – $\frac{3}{2}$x + 2
       = $\frac{1}{2}$ (x² …) + …
       = $\frac{1}{2}$ (x – $\frac{3}{2}$)² …

12. Bringe die Funktionsgleichung in die Scheitelpunktform. Klammere dazu den Streckfaktor aus und ergänze in der Klammer quadratisch, sodass du die binomischen Formeln anwenden kannst.
    a) f(x) = 3x² + 6x + 4
    b) f(x) = –x² + 4x – 1
    c) f(x) = 3x² + 6x – 1
    d) f(x) = 2x² + 8x + 11
    e) f(x) = 0,25x² – 3x + 11
    f) f(x) = –x² + x + $\frac{1}{4}$
    g) f(x) = $\frac{1}{2}$x² + $\frac{1}{2}$x – $\frac{31}{8}$
    h) f(x) = $\frac{1}{4}$x² – $\frac{1}{5}$x + $\frac{26}{25}$
    i) f(x) = $\frac{2}{7}$x² + 4x + 12,5

Weiterführende Aufgaben

13. **Stolperstelle:** Beim Umwandeln in die jeweils andere Form einer Funktionsgleichung sind Nico und Emely Fehler unterlaufen. Finde alle Fehler und verbessere die Lösungen.

    Nico:
    f(x) = –2(x – 3)² + 13
         = –2x² –6x + 9 + 13
         = –2x² – 6x + 21

    Emely:
    g(x) = –2x² + 8x + 5
         = –2(x² + 8x + 4 – 4 + 5)
         = –2((x + 2)²   – 4 + 5)
         = –2(x + 2)² + 1

6.6 Allgemeine Form

14. a) Hagen bestimmt die allgemeine Form für die rote Parabel so:
    1. Ansatz: f(x) = ax² + bx + c
    2. Streckfaktor und y-Achsenabschnitt ablesen:
       Es folgt f(x) = ... x² + bx + ...
    3. Punkt des Graphen einsetzen und b bestimmen.
       Mit A(1|2) folgt
       f(1) = ...   b = ...
    4. Es gilt also f(x) = ...

    Vervollständige Hagens Lösung und gib die Funktionsgleichung an.

    b) Bestimme mit Hagens Methode Funktionsgleichungen zu den restlichen Parabeln.
    c) Bestimme die Scheitelpunktform f(x) = a(x – d)² + e aller Parabeln. Lies hierzu den Scheitelpunkt und den Streckfaktor am Graphen ab.
    d) Vergleiche die Ergebnisse aus c) und b). Rechne dazu eine Form in die andere um.
    e) Erkläre, weshalb man in Hagens Lösungsweg nicht den Schnittpunkt mit der y-Achse verwenden kann, um b zu bestimmen.

15. Bestimme den Schnittpunkt der abgebildeten Parabel mit der y-Achse.

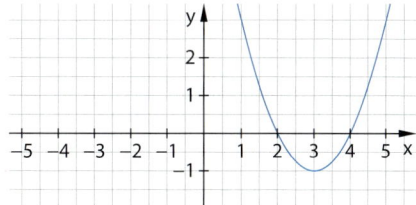

16. Die Parameter der Scheitelpunktform $f_S(x) = a(x - d)^2 + e$ und der allgemeinen Form $f_A(x) = ax^2 + bx + c$ einer quadratischen Funktion sind bis auf den Streckfaktor a unterschiedlich.
    a) Zeige durch Auflösen der Klammer, dass $f_S(x) = ax^2 - (2ad)x + (ad^2 + e)$ gilt.
    b) Bringe $f_A(x) = ax^2 + bx + c$ durch quadratisches Ergänzen in die Scheitelpunktform und zeige, dass für den Scheitelpunkt $S\left(-\frac{b}{2a} \middle| c - \frac{b^2}{4a}\right)$ gilt.
    c) Berechne die Koordinaten des Scheitelpunktes der quadratischen Funktion g mit $g(x) = 2x^2 - 4x - 1$.

17. Lässt man in der allgemeine Form einer quadratischen Funktion f_b mit $f_b(x) = x^2 + bx + 1$ den Parameter b unbestimmt, so ergeben sich je nach dem Zahlenwert von b verschiedene Graphen.
    a) Rechts sind die Graphen der Funktionen f_1, f_2, f_3 und f_4 abgebildet. Gib die Funktionsgleichungen an und ordne die Graphen passend zu.
    b) Beschreibe, welchen Einfluss der Parameter b auf Form und Lage der Parabeln hat.
    c) Erkläre, wie die Funktionsgleichung $f_2(x) = x^2 + 2x + 1$ verändert werden muss, damit ihr Graph um eine Einheit nach links (nach rechts) verschoben wird.

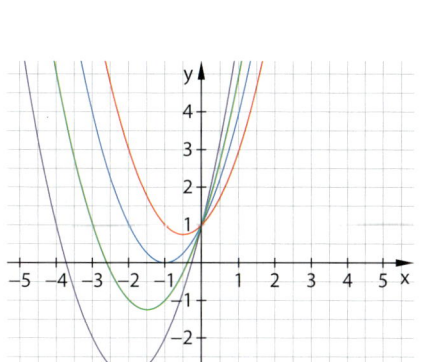

18. **Ausblick:** Jede quadratische Funktion hat eine Gleichung der Form $f(x) = ax^2 + bx + c$.
    a) Jede kubische Funktion hat eine Gleichung der Form $k(x) = ax^3 + bx^2 + cx + d$. Erkläre, wie sich der y-Achsenabschnitt bei einer kubischen Funktion ermitteln lässt.
    b) Gib jeweils den y-Achsenabschnitt der Funktion an.
       ① $h(x) = -x^3 + 2x^2 + 5x + 1$ ② $g(x) = 2x^5 - 3x^4 + 17$ ③ $s(x) = x^4 + x$

6.7 Quadratische Funktionen anwenden

■ Die Flugbahn eines Fußballs wird durch die Funktionsgleichung $h(x) = -0{,}125 \cdot (x-4)^2 + 2$ beschrieben. h gibt die Höhe und x die horizontale Entfernung des Balls vom Passgeber an (jeweils in m). Wie lässt sich die Maximalhöhe, wie die Anfangshöhe berechnen?
Erkläre. ■

> **Wissen: Scheitelpunktform und allgemeine Form nutzen**
> Quadratische Funktionen werden zur Beschreibung von Vorgängen im Alltag oder in der Natur eingesetzt. Je nach Fragestellung eignet sich die Scheitelpunktform oder die allgemeine Form besser.

Beispiel 1: Die Flugbahn eines Diskus lässt sich durch die Funktion h beschreiben mit der allgemeinen Funktionsgleichung $h(x) = -0{,}02x^2 + 0{,}6x + 1{,}5$ bzw. mit der Funktionsgleichung in Scheitelpunktform $h(x) = -0{,}02(x-15)^2 + 6$.
a) Erkläre die Bedeutung der Gleichung $h(8) = 5$.
b) Beschreibe die Form der Flugbahn.
c) Ermittle die Abwurfhöhe und die Flughöhe nach 3 Metern.
d) Ermittle die Maximalhöhe der Flugbahn und die Flugweite des Diskus.

Lösung:

Hinweis:
Die Berechnungen werden ohne Einheiten durchgeführt. Am Ergebnis muss die Einheit aber notiert werden.

a) h gibt die Höhe und x den horizontalen Abstand vom Abwurfort in Metern an. $h(8) = 5$ bedeutet, dass der Diskus in 8 m Abstand zum Abwurfort 5 m über dem Boden fliegt.

b) Die Form der Flugbahn wird durch den Graphen von h beschrieben. Die Flugbahn hat die Form einer nach unten geöffneten Parabel.

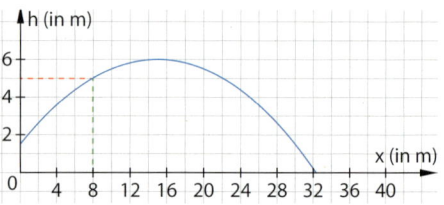

c) Die Abwurfhöhe ist der Funktionswert $h(0)$.
Diesen Wert kannst du in der **allgemeinen Form** ablesen.
Die Flughöhe nach 3 m, also $h(3)$, musst du berechnen.

$h(x) = -0{,}02x^2 + 0{,}6x + \mathbf{1{,}5}$
$h(0) = \mathbf{1{,}5}$
Abwurfhöhe: 1,5 m
$h(3) = -0{,}02 \cdot 3^2 + 0{,}6 \cdot 3 + 1{,}5$
$ = 3{,}12$
Flughöhe nach 3 m: 3,12 m

d) Die Maximalhöhe ist der y-Wert des Scheitelpunktes. Diesen Wert kannst du in der **Scheitelpunktform** ablesen.

$h(x) = -0{,}02(x-15)^2 + \mathbf{6}$
Scheitelpunkt $S(15|6)$
Maximalhöhe: 6 m

Die Flugweite kannst du über die **Nullstellen** von h bestimmen.
Löse die Gleichung $h(x) = 0$.
Die negative Lösung $x_2 \approx -2{,}32$ ergibt in dieser Aufgabe keinen Sinn und muss nicht beachtet werden.

$\begin{aligned} -0{,}02(x-15)^2 + 6 &= 0 &&|-6\\ -0{,}02(x-15)^2 &= -6 &&|:(-0{,}02)\\ (x-15)^2 &= 300\\ x_{1,2} - 15 &= \pm\sqrt{300} \end{aligned}$
$x_1 = 15 + \sqrt{300} \approx 32{,}32$
$x_2 = 15 - \sqrt{300} \approx -2{,}32$ (entfällt)
Flugweite: ca. 32 m

6.7 Quadratische Funktionen anwenden

Basisaufgaben

1. Der Graph der Funktion h mit h(x) = –0,1x² + x + 1 beschreibt die Flugkurve eines Tennisballs. x ist der horizontale Abstand vom Tennisschläger in Metern, und h gibt die Höhe des Balls in Metern an.
   a) Erkläre kurz die Bedeutungen von x und h(x) mit eigenen Worten.
   b) Beschreibe die Form der Flugbahn.
   c) Erkläre die Bedeutung der Gleichung h(1) = 1,9.
   d) Gib an, welcher Wert sich über den Ausdruck h(0) berechnen lässt.
   e) Gib an, mit welchem rechnerischen Ansatz sich die Flugweite des Balls berechnen lässt.

2. Die Flugbahn eines Körpers auf der Erde kann durch den Graphen einer quadratischen Funktion modelliert werden. Beispielsweise könnte die Flugbahn eines Fußballs beschrieben werden durch den Graphen der Funktion f mit f(x) = $-\frac{1}{8}$(x – 4)² + 2.
   a) Ermittle die allgemeine Form der Funktionsgleichung.
   b) Gib an, welche Einheiten für x und f(x) bei der gegebenen Aufgabenstellung sinnvoll sind.
   c) Erkläre, welche der folgenden Eigenschaften der Flugbahn sich mit der Scheitelpunktform und welche mit der allgemeinen Form einfacher bestimmen lassen:
   Anfangshöhe, Maximalhöhe, höchster Punkt der Flugbahn, Flugweite.
   d) Ermittle die Eigenschaften aus Aufgabe c). Vergiss nicht, die Ansätze zu Beginn und die Einheiten beim Ergebnis zu notieren.
   e) Skizziere die Flugbahn des Balls mithilfe der Eigenschaften aus Aufgabe c).

Hinweis zu 2:
Mit „modellieren" meint man in der Mathematik oft „rechnerisch beschreiben".

3. Die Weltrekordweite im Kugelstoßen lag im Jahr 2018 sowohl bei den Frauen als auch den Männern bei etwa 23 Metern. Die Flugkurve des Weltrekordwurfs soll durch den Graphen der Funktion f mit f(x) = – 0,01 · (x – 8,5)² + 2,5 beschrieben werden. f gibt die Höhe und x die horizontale Entfernung der Kugel von der Abwurfstelle in Metern an.
   a) Erkläre, welche Bedeutungen x und f(x) haben.
   b) Berechne, auf welcher Höhe die Kugel abgeworfen wird.
   c) Wandle die Funktionsgleichung in die allgemeine Form um und bestimme damit erneut die Abwurfhöhe.
   d) Gib den horizontalen Abstand an, in dem die Kugel ihre größte Höhe erreicht.
   e) Gib an, mit welchem rechnerischen Ansatz die Flugweite bestimmt werden kann. Berechne anschließend die Flugweite.
   f) Skizziere mithilfe der Ergebnisse die Flugbahn der Kugel.
   g) Die tatsächlichen Rekordweiten der Frauen und Männer liegen bei 22,63 m und 23,12 m. Berechne, um wie viel Prozent das Ergebnis aus e) größer ist als die jeweilige Rekordweite.

Erinnere dich:
Die Zahl 5 ist wegen $\frac{5}{4}$ = 125 %
um 25 % größer als die Zahl 4.

Weiterführende Aufgaben

4. Stolperstelle: Finde alle Fehler in den Rechnungen und der Grafik der abgebildeten Lösung. Notiere die Lösung erneut und korrigiere alle Fehler.

> Ein Frosch springt von einem Ast in einen Tümpel. Die Flugbahn lässt sich beschreiben durch den Graphen der Funktion h mit $h(x) = -\frac{5}{100}(x-3)^2 + 2$. x gibt die horizontale Entfernung vom Absprungort und h die Höhe über dem Tümpel an (beides in dm).
> a) Bestimme die Absprunghöhe des Froschs.
> b) Berechne die maximale Höhe des Froschs über dem Tümpel.
> c) Berechne die horizontale Entfernung des Froschs vom Absprungort, wenn er auf der Wasseroberfläche des Tümpels aufkommt.
> d) Skizziere die Flugbahn des Froschs.
>
> Lösung:
> a) $-\frac{5}{100}(0-2)^2 + 2 = 2$
> b) Scheitelpunkt S(3|2)   Maximalhöhe: 3 m
> c) $h(x) = 0$
> $-\frac{5}{100}(x-3)^2 + 2 = 0 \quad | -2$
> $-\frac{5}{100}(x-3)^2 = -2 \quad | : \left(\frac{-5}{100}\right)$
> $(x-3)^2 = 40$
> $x - 3 = \pm\sqrt{40}$
> $x_1 = 9{,}3; \; x_2 = -3{,}3$
> Entfernung zum Absprungort: 9,3 m und -3,3 m
> d)

5. Ein Ball wird von einem 100 m hohen Turm fallen gelassen. Im freien Fall gilt für die zurückgelegte Strecke s in Metern in Abhängigkeit von der Zeit t in Sekunden die Faustformel $s(t) = 5t^2$.
  a) Gib die Gleichung einer Funktion h(t) an, die die Höhe des Balls in Abhängigkeit von der Zeit während des freien Falls beschreibt.
  b) Erkläre, warum bei der Funktion aus a) die Scheitelpunktform und die allgemeine Form identisch sind.
  c) Bestimme die Höhe, die der Ball nach 2 Sekunden erreicht.
  d) Bestimme die Dauer des freien Falls aus 100 m Höhe.
  e) Gib an, für welche Werte von t die Funktion h die Höhe des Balls beschreibt.

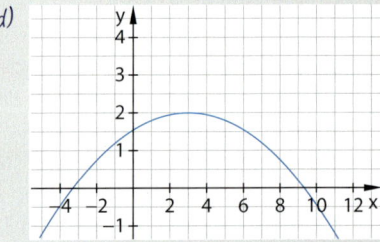

6. Ein Basketballspieler wirft einen Ball. Dessen Flugbahn lässt sich durch den Graphen der Funktion f mit $f(x) = -x^2 + 4x + 2$ beschreiben (x: horizontale Entfernung in m; f(x): Höhe in m).
  a) Erkläre die Bedeutung des Summanden „+ 2" in der Gleichung.
  b) Bestimme die Höhe des Balls bei 1 m und bei 3 m horizontaler Entfernung.
  c) Bestimme mithilfe der Ergebnisse aus b) die Koordinaten des Scheitelpunktes und erkläre seine Bedeutung in dieser Situation.
  d) Ein Basketballkorb hängt in einer Höhe von 3,05 m. Der Spieler steht 4 m vor dem Korb. Der Ring eines Basketballkorbes hat einen Durchmesser von 0,45 m. Fliegt der Ball in den Korb? Begründe.

6.7 Quadratische Funktionen anwenden

7. Der Start eines Flugzeugs lässt sich durch eine Kombination aus zwei linearen und einer quadratischen Funktion beschreiben. Die Funktionen beschreiben die Höhe h über dem Boden (in km) seit dem Beginn der Beschleunigungsphase t (in min) auf der Startbahn.

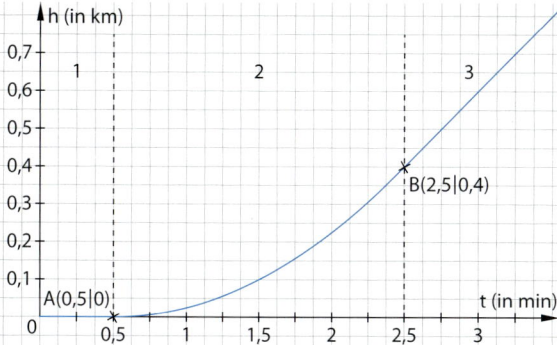

a) Die Abbildung zeigt drei verschiedene Bereiche:
   – Bereich 1 vom Ursprung bis Punkt A zeigt die Beschleunigungsphase auf der Startbahn.
   – Bereich 2 zwischen A und B zeigt das parabelförmige Abheben.
   – Bereich 3 ab B zeigt den geradlinigen Steigflug.
   Gib für jeden Bereich einen geeigneten Funktionsterm und eine passende Definitionsmenge zur Beschreibung der Flugbahn an.
b) Ermittle die Flughöhe nach einer Minute.
c) Der geradlinige Steigflug dauert 20 Minuten, danach geht das Flugzeug in den geradlinigen Reiseflug auf konstanter Höhe über. Berechne, welche Reiseflughöhe erreicht wird. Vergleiche mit der Flughöhe, die das Flugzeug bei einem um 5 % steileren Steigflug erreichen würde.
d) Erkläre, in welchen Eigenschaften die Funktionen zu den Bereichen 2 und 3 bei t = 2,5 min übereinstimmen müssen.

Hinweis zu 7a:
Die Definitionsmenge gibt an, für welche x-Werte eine Funktion gültig ist. Zum Beispiel bedeutet {x ∈ ℝ | 0 ≤ x ≤ 1}, dass die Funktion für alle reellen x-Werte zwischen 0 und 1 gültig ist.

8. Zwischen zwei 12 m auseinanderstehenden Pfeilern wird in 2 m Höhe eine Schnur gespannt. Diese Schnur hängt in der Mitte 1 m durch. Ihr Verlauf kann näherungsweise durch eine nach oben geöffnete Parabel beschrieben werden.
a) Stelle die Funktionsgleichung der Parabel in Scheitelpunktform und in allgemeiner Form auf. Lege dabei den Ursprung des Koordinatensystems in den linken Befestigungspunkt A der Schnur.
b) In 2 m Höhe beträgt der horizontale Abstand gleich hoher Parabelpunkte 12 m. Ermittle, in welcher Höhe der Abstand gleich hoher Parabelpunkte nur noch 6 m beträgt.

9. Ausblick: Das erste Stück einer Achterbahnfahrt kann durch den Graphen der Funktion f mit f(x) = −0,04x³ + 0,6x² + 2 beschrieben werden.
a) Berechne die Anfangshöhe der Achterbahnfahrt.
b) Berechne die Maximalhöhe nach 10 m Fahrt.
c) Am höchsten Punkt der Fahrt ist die Steigung kurzzeitig null. Die Steigung der Bahn lässt sich durch f'(x) = −0,12x² + 1,2x beschreiben. Erkläre, ob das Ergebnis aus b) damit bestätigt wird.

6.8 Einfache quadratische Gleichungen

■ a) Erkläre, welche Gleichung mit welcher grafischen Darstellung gelöst wurde. Gib jeweils die Lösung an.
① $x^2 = 4$ ② $2x^2 = 8$ ③ $2x^2 - 4 = 4$
b) Forme durch Äquivalenzumformungen die Gleichungen ② und ③ in die Gleichung ① um. ■

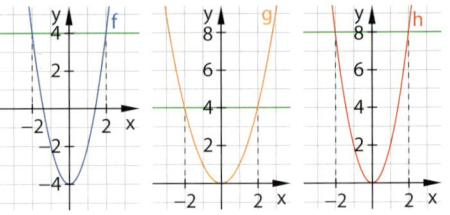

Möchte man bei der Funktion f mit $f(x) = x^2 - 5$ die x-Werte berechnen, an denen der Funktionswert 4 ist, so muss man die Gleichung $x^2 - 5 = 4$ lösen. Diese Gleichung ist nicht eindeutig lösbar, sondern hat genau zwei Lösungen. Die ähnlich aufgebaute Gleichung $x^2 + 5 = 4$ hat dagegen gar keine Lösung.

Erinnere dich:
Gleichungen der Form $7 = 2x + 5$ nennt man **lineare Gleichungen**, da die **höchste Potenz** darin $x = x^1$ ist.

> **Wissen: Quadratische Gleichungen**
> Eine Gleichung wie $5x^2 + x = 2$ nennt man **quadratische Gleichung**, da hier die Variable quadratisch (Hochzahl 2) auftritt, aber nicht in einer höheren Potenz.
> Eine quadratische Gleichung kann entweder **keine**, **eine** oder **zwei Lösungen** haben.

Quadratische Gleichungen lösen

Beispiel 1: Löse die Gleichung.
a) $2x^2 + 2 = 0$ b) $-x^2 - \frac{3}{2} = -\frac{3}{2}$ c) $\frac{1}{4}(x - 4)^2 - 2 = \frac{1}{4}$

Hinweis:
Vorrangregeln:
Klammer vor Potenz vor Punktrechnung vor Strichrechnung

Lösung:
In jeder Gleichung kommt die Variable x nur einmal vor. Daher kannst du die Gleichung lösen, indem du die Vorrangregeln in umgekehrter Reihenfolge anwendest.

a) Sortieren: Alle Zahlen auf eine Seite, den x^2-Term auf die andere.
Isolieren: Dividiere durch die Zahl vor x^2.
Wurzelziehen, wenn möglich.
Die Gleichung hat keine Lösung, denn es gibt keine Zahl, deren Quadrat -1 ist.

$2x^2 + 2 = 0$ $\quad |-2$
$2x^2 = -2$ $\quad |:2$
$x^2 = -1$

$L = \{\ \}$

b) Sortieren: Alle Zahlen auf eine Seite, den x^2-Term auf die andere.
Isolieren: Dividiere durch die Zahl vor x^2.
Wurzelziehen, wenn möglich.

$-x^2 - \frac{3}{2} = -\frac{3}{2}$ $\quad |+\frac{3}{2}$
$-x^2 = 0$ $\quad |\cdot(-1)$
$x^2 = 0$
$x = 0$

Die Gleichung hat nur die Lösung 0.

$L = \{0\}$

c) Sortieren: Alle Zahlen auf eine Seite, den x^2-Term auf die andere.
Isolieren: Dividiere durch die Zahl vor x^2.
Wurzelziehen, wenn möglich.

$\frac{1}{4}(x - 4)^2 - 2 = \frac{1}{4}$ $\quad |+2$
$\frac{1}{4}(x - 4)^2 = \frac{9}{4}$ $\quad |:\frac{1}{4}$
$(x - 4)^2 = 9$
$(x - 4) = \pm 3$ $\quad |+4$
$x_1 = +3 + 4 = 7$
$x_2 = -3 + 4 = 1$

Die Gleichung hat zwei Lösungen.

$L = \{1; 7\}$

6.8 Einfache quadratische Gleichungen

Basisaufgaben

1. Löse die Gleichung.
   a) $x^2 = 4$
   b) $x^2 - 9 = 0$
   c) $x^2 + 2 = 0$
   d) $-x^2 = -16$
   e) $4x^2 + 12 = 0$
   f) $2 = -x^2 + 6$
   g) $2x^2 - \frac{1}{2} = 0$
   h) $x^2 - 105 = -24$
   i) $8 - x^2 = -41$
   j) $7 + 4x^2 = 0$
   k) $\frac{1}{2}x^2 - 50 = 0$
   l) $5x^2 - 605 = 0$

2. Löse die Gleichung.
   a) $(x - 1)^2 = 0$
   b) $(x + 2)^2 = 9$
   c) $49 = (x - 7)^2$
   d) $(x + 0{,}5)^2 - 2{,}25 = 0$
   e) $7(x + 5{,}5)^2 = 0$
   f) $3(x - 4)^2 = 15$
   g) $-8 = -2(x + 1)^2$
   h) $0 = -4(x + 3{,}5)^2 + 25$

3. Beschreibe die Struktur des Terms wie im Beispiel.
   Beispiel: $x \to (x-2) \to (x-2)^2 \to 4(x-2)^2 \to 4(x-2)^2 - 19$
                   Klammer Potenz Punktrechnung Strichrechnung
   a) $4x^2 - 3$
   b) $2(x - 3)^2$
   c) $-(x + 2)^2 - \frac{5}{2}$
   d) $5 - 3(x + 2)^2$

4. Entscheide, ob die Gleichung wie im Beispiel 1 gelöst werden kann. Wenn ja, berechne anschließend ihre Lösungen.
   a) $2x^2 - 1 = 0$
   b) $5x - 3 = 0$
   c) $x^2 + x = 2$
   d) $2x^2 - 5x + 1 = 0$
   e) $x + 5 = x^2$
   f) $-(x - 1)^2 = 3$
   g) $5 - (x + 2)^2 = x$
   h) $(x + 2)(x - 1) = 7$

Quadratische Gleichungen und ihre Lösungen deuten

Beispiel 2: Veranschauliche die Gleichung und ihre Lösungen grafisch.
a) $x^2 - 4 = 0$
b) $(x - 2)^2 = 2$
c) $\frac{1}{2}(x + 1)^2 + 1 = -2$

Lösung:

a) Mit dieser Gleichung berechnest du die Stellen, an denen f mit $f(x) = x^2 - 4$ den Wert 0 annimmt. Die Nullstellen lauten $x_1 = -2$ und $x_2 = +2$.

b) Mit dieser Gleichung berechnest du die Stellen, an denen f mit $f(x) = (x - 2)^2$ den Wert 2 annimmt. Die Lösungen lauten $x_1 \approx 0{,}6$ und $x_2 \approx 3{,}4$.

c) Mit dieser Gleichung berechnest du die Stellen, an denen f mit $f(x) = \frac{1}{2}(x + 1)^2 + 1$ den Wert -2 annimmt. Diese Gleichung hat keine Lösungen.

Erinnere dich:
Der Graph jeder quadratischen Funktion ist eine Parabel.

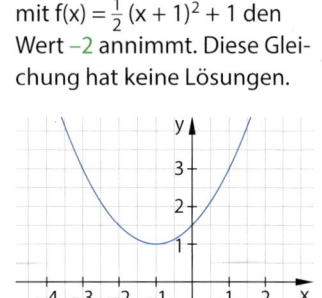

Basisaufgaben

5. Bringe die Gleichung in eine Form wie im Beispiel 2 und veranschauliche die Gleichung grafisch. Gib, wenn vorhanden, die Lösungen an.
   a) $x^2 = 2$
   b) $x^2 - 5 = 0$
   c) $\frac{1}{2}(x - 2)^2 + 1 = -1$

6. Die Gleichungen ① bis ③ wurden grafisch gelöst. Ordne jeder Gleichung die passende Abbildung zu.

① $(x-1)^2 = 4$ ② $(x+1)^2 = 4$ ③ $2(x+1)^2 = 4$

a) 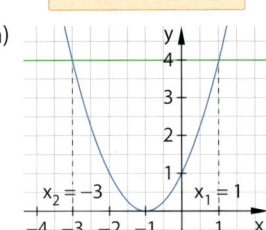   b) 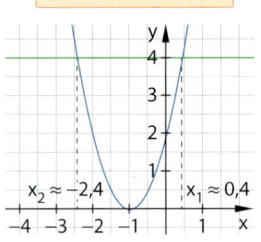   c)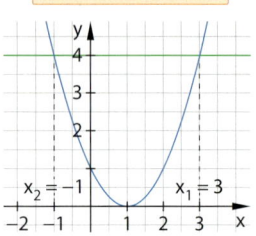

7. Gib ohne zu rechnen die Anzahl der Lösungen an.
   a) $x^2 = 5$ b) $x^2 + 7 = 0$ c) $-9x^2 = 0$ d) $2x^2 - 3 = \frac{1}{3}$ e) $-x^2 + 7 = 7$

8. Eine quadratische Gleichung kann keine, eine oder zwei Lösungen besitzen. Veranschauliche die Aussage mithilfe einer Abbildung. Skizziere dafür eine Parabel und drei geeignete Geraden, die parallel zur x-Achse verlaufen.

Weiterführende Aufgaben

9. Gib zu der Abbildung eine Gleichung an, die als Lösungen die markierten x-Werte hat.
   a) 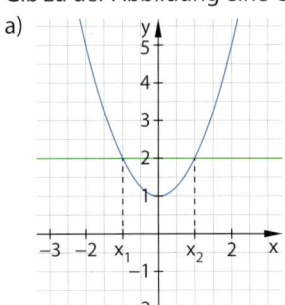   b) 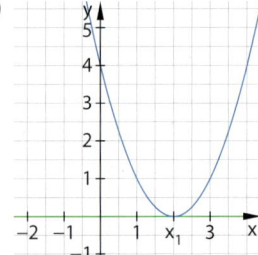   c)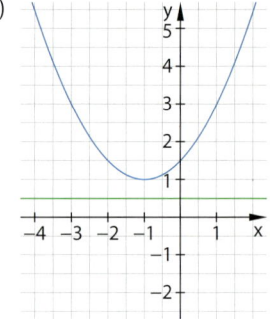

10. **Stolperstelle:** Beschreibe, welche Fehler beim Lösen der Gleichung passiert sind. Löse die Gleichung anschließend richtig.

    a) $(x+1)^2 = 5$ $\quad|-1$
       $x^2 = 4$
       $x = 2$

    b) $2(x+2)^2 - 4 = 4$ $\quad|:2$
       $(x+2)^2 - 4 = 4$ $\quad|+2$
       $(x+2)^2 = 8$ $\quad|:2$
       $(x+2) = 4$ $\quad|-2$
       $x = 6$

    c) $(x-5)^2 - 1 = 9$
       $(x-5) - 1 = 3$ $\quad|+1$
       $x - 5 = 4$ $\quad|+5$
       $x = 9$

11. Gib eine quadratische Gleichung mit der gegebenen Lösungsmenge an.
    a) $L = \{1{,}5; -1{,}5\}$ b) $L = \{0\}$ c) $L = \{\ \}$ d) $L = \{\sqrt{11}; -\sqrt{11}\}$

12. Forme eine Seite der Gleichung mit der 1. oder 2. Binomischen Formel um. Löse dann die Gleichung.
    a) $x^2 + 6x + 9 = 0$ b) $a^2 - 2a + 1 = 0$ c) $0 = x^2 + \frac{2}{3}x + \frac{1}{9}$ d) $x^2 - 8x + 16 = 1$
    e) $16 = x^2 + 10x + 25$ f) $y^2 - 20y + 100 = 2$ g) $x^2 - 3x + 2{,}25 = -2$ h) $0{,}25 + x^2 + x = 2{,}5$

6.8 Einfache quadratische Gleichungen

13. Forme die Gleichung so um, dass in der Gleichung nur ein Summand vorkommt, der x enthält. Ermittle anschließend alle Lösungen.
    a) $2x^2 = x^2$
    b) $x^2 + 5x = 2 + 5x$
    c) $x^2 + x - 2 = 2(x - 1) - x$
    d) $4x^2 - 3x = 3(3 - x)$
    e) $3(x + 5) = \sqrt{9x^2} - 1$
    f) $(2x + 1)^2 + (2x - 1)^2 = 5$
    g) $(x + 1)x - x(x - 1) = (x + 1)^2$
    h) $\sqrt{225} = (x + 1)(x - 1) - (x + 1)^2$

14. a) Sarah antwortet auf die Frage nach ihrem Alter: „Quadriert man mein Alter und addiert 1820, so erhält man 2016. Bei meiner Schwester müsste man 1895 statt 1820 addieren." Berechne: Wie alt ist Sarah? Wie alt ist ihre Schwester?
    b) Tim meint: „Quadriert man mein Alter und dividiert es anschließend durch 4, so erhält man die Quadratzahl, die zwischen 20 und 30 liegt." Berechne: Wie alt ist Tim?

15. Eine quadratische Gleichung kann keine, eine oder zwei Lösungen besitzen. Überprüfe, wie viele Lösungen eine lineare Gleichung besitzen kann. Fertige dazu eine aussagekräftige Zeichnung an.

Erinnere dich:
Jede lineare Funktion hat eine Funktionsgleichung der Form $f(x) = mx + n$. Ihr Graph ist eine Gerade.

16. Verlängert man alle Kanten eines Würfels um 4 cm, so ist der Oberflächeninhalt 2646 cm². Berechne die Kantenlänge des ursprünglichen Würfels.

17. Ein Tunnelquerschnitt kann näherungsweise durch den Graphen der Funktion f mit $f(x) = -\frac{1}{4}(x - 4)^2 + 4$ beschrieben werden.
    a) Skizziere den Tunnelquerschnitt.
    b) Ein 2,5 m breiter Lkw mit quadratischem Querschnitt fährt auf den Tunnel zu. Ermittle zeichnerisch, ob der Fahrer den Tunnel auf seiner Spur passieren kann.
    c) Überprüfe das Ergebnis aus b) rechnerisch.

18. Berechne die beiden Lösungen der Gleichung $2(x - b)^2 = 32$ in Abhängigkeit von b. Untersuche dann, für welche Werte von b
    a) beide Lösungen positiv sind,
    b) $x = 0$ eine Lösung der Gleichung ist,
    c) beide Lösungen größer als 10 sind,
    d) das Produkt beider Lösungen 7 ist.

19. **Ausblick:** Rechts ist der Graph der kubischen Funktion f mit $f(x) = x^3 - 3x + 3$ abgebildet. Erkläre, welche Vermutungen du bezüglich der folgenden Fragen hast:
    – Weshalb heißt die Funktion f kubisch?
    – Wie viele Lösungen hat eine kubische Gleichung maximal, wie viele hat sie minimal?

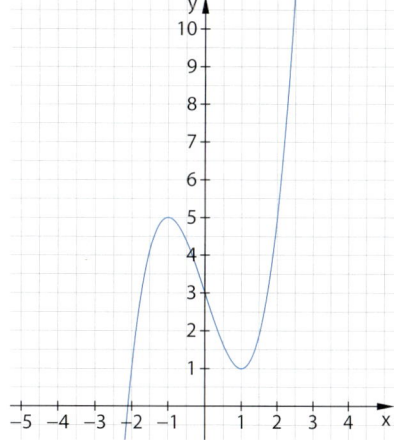

6.9 Der Satz vom Nullprodukt

■ Finde zu jeder Gleichung drei unterschiedliche Paare a und b, sodass die Gleichung erfüllt ist.
Begründe, warum es bei a · b = 0 besonders einfach ist, unterschiedliche Paare zu finden. ■

a · b = 102

a · b = 24

a · b = 0

Eine Gleichung der Form a · b = 0 heißt **Nullprodukt**. Die Gleichung ist bereits dann wahr, wenn nur einer der Faktoren a oder b gleich null ist. Der andere Faktor kann beliebige Werte annehmen.

> **Wissen: Satz vom Nullprodukt**
> Ein Produkt ist genau dann null, wenn mindestens ein Faktor null ist.

Beispiel 1: Nutze den Satz vom Nullprodukt und löse die Gleichung.
a) $(x + 1) \cdot (x - 2) = 0$ b) $2x^2 - x = 0$

Lösung: Du kannst den Satz vom Nullprodukt nur dann anwenden, wenn gilt:
① Eine Seite der Gleichung ist ein Produkt. ② Die andere Seite der Gleichung ist 0.

a) Eine Seite der Gleichung ist 0, die andere ist ein Produkt.
Setze jeden Faktor gleich 0 und löse die entstandenen Gleichungen.

    1. Faktor 2. Faktor
$(x + 1) \cdot (x - 2) = 0$
$x + 1 = 0$ oder $x - 2 = 0$
$x = -1$ $x = 2$
$L = \{-1; 2\}$

b) Keine Seite der Gleichung ist ein Produkt. Klammere x aus, um die linke Seite als Produkt schreiben zu können. Setze jeden Faktor gleich 0 und löse die entstandenen Gleichungen.

$2x^2 - x = 0$ | Ausklammern
$x \cdot (2x - 1) = 0$
$x = 0$ oder $2x - 1 = 0$
                 $x = 0{,}5$
$L = \{0; 0{,}5\}$

Basisaufgaben

1. Nutze den Satz vom Nullprodukt und löse die Gleichung.
   a) $x \cdot (x + 1) = 0$
   b) $(x + 2) \cdot x = 0$
   c) $(x - 13) \cdot (x - 1) = 0$
   d) $\left(x - \frac{3}{2}\right) \cdot x = 0$
   e) $2x \cdot (x + 4) = 0$
   f) $(0{,}5x - 9) \cdot x = 0$
   g) $4x \cdot (x + 1{,}1) = 0$
   h) $\left(x + \frac{15}{12}\right) \cdot x = 0$

2. Löse die Gleichung.
   a) $(2x - 1) \cdot 3 = 0$
   b) $x(x - 1) = 0$
   c) $4x(3x - 1) = 0$
   d) $(x - 8{,}25) \cdot 3x = 0$
   e) $\left(4x - \frac{1}{2}\right)x = 0$
   f) $0 = 4x(4x + 1)$
   g) $0 = (1{,}5 + x)\,x$
   h) $0 = \left(\frac{9}{4} - x\right)(x - \sqrt{5})$

3. Klammere zunächst x aus. Löse dann die Gleichung.
   a) $x^2 - 6x = 0$
   b) $0 = x^2 + 3{,}5x$
   c) $8x + x^2 = 0$
   d) $-1{,}5x + x^2 = 0$
   e) $4x^2 + 36x = 0$
   f) $30x - 2x^2 = 0$
   g) $144x + 60x^2 = 0$
   h) $-0{,}5x^2 - 3x = 0$

Hinweis zu 4:
Forme gegebenenfalls zunächst um wie im Beispiel 1b).

4. Bei welcher Gleichung kannst du den Satz vom Nullprodukt anwenden? Begründe.
   a) $5x(x - 1) = 0$
   b) $5x + (x - 1) = 0$
   c) $5x(x - 1) = 5$
   d) $2x^2 + x = -1$
   e) $2x^2 + 2x + 1 = 0$
   f) $x^2 + 3x + 9 = 0$
   g) $2x^2 - 4x + 2 = 0$
   h) $x - x^2 = 0$

6.9 Der Satz vom Nullprodukt

5. a) Stelle jeweils eine Gleichung mit der gegebenen Lösungsmenge auf.
   ① L = {2; 5}   ② L = {−3,5; 10}   ③ L = {0; 6}   ④ L = {−4; 0}
   b) Gib zu den Lösungsmengen aus a) jeweils eine zweite Gleichung an. Erkläre deine Vorgehensweise.

6. Forme so um, dass auf einer Seite der Gleichung 0 steht. Löse dann die Gleichung. Überprüfe die Lösungen durch Einsetzen in die Ausgangsgleichung.
   a) $42x = x^2$ b) $-x^2 = 2,5x$ c) $6x^2 = 18x$ d) $4y^2 + 3 = 2y + 3$

Weiterführende Aufgaben

7. Ermittle alle Lösungen der Gleichung.
   a) $2(x-5) \cdot (x+17) = 0$ b) $(\sqrt{7} - x) \cdot (x^2 - 1) = 0$ c) $0 = (144 - x^2) \cdot 7x^2$
   d) $x \cdot (x^2 + 1) = 0$ e) $(x^2 - 5) \cdot 3(x^2 - 9) = 0$ f) $0 = 17x \cdot (x^2 + 5) \cdot 3$

8. Ermittle rechnerisch die Nullstellen der Funktion. Überprüfe grafisch mit einer dynamischen Geometriesoftware.
   a) $f(x) = x^2 + 2x$ b) $g(x) = 3x^2 - 3x$
   c) $h(x) = -5x^2 + 20x$ d) $k(x) = -2x - 0,1x^2$

9. **Stolperstelle:** Beschreibe, welche Fehler beim Lösen der Gleichung passiert sind. Löse die Gleichung anschließend richtig.
   a) $(x + 4) \cdot (x - 1) = 0$
      $(x + 4) = 0$ oder $(x - 1) = 0$
      $x_1 = 4$ $x_2 = -1$
   b) $x^2 + x = 0$ | : x
      $x + 1 = 0$
      $x = -1$
   c) $(x + 1) \cdot (x - 5) = -5$
      $(x + 1) = 0$ oder $(x - 5) = 0$
      $x_1 = -1$ $x_2 = 5$

10. a) Erläutere, weshalb man die Gleichung $2x^2 + 4x - 3 = 0$ nicht mit dem Satz vom Nullprodukt lösen kann.
    b) Finde drei weitere Gleichungen, die man nicht mit dem Satz vom Nullprodukt lösen kann.

11. **Satz vom Nullprodukt bei höheren Potenzen:** Der Satz vom Nullprodukt kann auch für höhere Potenzen genutzt werden. Ermittle alle Lösungen der Gleichung, indem du zunächst ausklammerst.
    Beispiel: $4x^3 + 2x^2 = 0$ | $2x^2$ ausklammern
              $2x^2(2x + 1) = 0$ | Satz vom Nullprodukt anwenden
    a) $x^3 + x = 0$ b) $4x^3 + 8x^2 = 0$ c) $x^3 - 2x = 0$
    d) $1,5x^3 - 3x^2 = 0$ e) $\frac{1}{2}x^3 + \frac{1}{4}x = 0$ f) $9x^2 - 18x^4 = 0$
    g) $x^5 - 16x^3 = 0$ h) $22x^4 - 3x^2 = 0$ i) $x^{12} + x^6 = 0$

12. Nutze den Satz vom Nullprodukt und bestimme alle Lösungen der Gleichung.
    a) $x(x-2)(x+5) = 0$ b) $4x(x-9)(x^2-1) = 0$ c) $(x^2+1)(2x^2-1)(x-4) = 0$
    d) $(x-2)^2(x+4) = 0$ e) $(x^2-6x+9)(5-x) = 0$ f) $(x^2-9)(x+7) = 0$

    Hinweis zu 12: Der Satz vom Nullprodukt gilt auch bei mehr als zwei Faktoren.

13. Löse die Gleichung, indem du zunächst ausklammerst
    Beispiel: $x(2-x) - 5(2-x) = 0$ | $(2-x)$ ausklammern
              $(x-5)(2-x) = 0$ | Satz vom Nullprodukt anwenden
    a) $x(x+1) + 3(x+1) = 0$ b) $(x-3) \cdot x + (x-3) \cdot 4 = 0$
    c) $2x(x-2) - 4(x-2) = 0$ d) $2,5(1+x^2) - (1+x^2)5x = 0$
    e) $x(x+7) + 2(x+7) = 0$ f) $2a(a+1) - a(a+1) \cdot 4 = 0$
    g) $8(x^2-1) + x(x^2-1) = 0$ h) $(x-2)^2 + (x-2) = 0$

14. Welche Funktion gehört zu welchem abgebildeten Graphen? Ordne passend zu und begründe.
    a) $f(x) = 0{,}1x^2 + 0{,}6x$
    b) $g(x) = 0{,}1(x^2 - 9)(x + 6)$
    c) $h(x) = x(x + 1)(x - 1)$
    d) $k(x) = x^2 + 4x$
    e) $i(x) = (x - 3)^2$

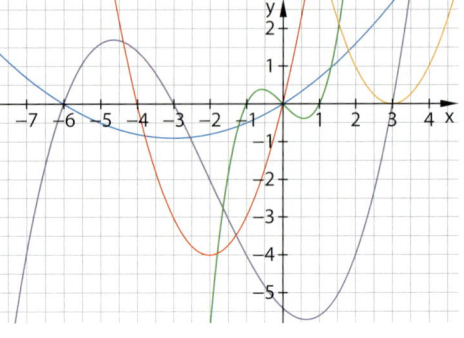

15. Stelle eine Funktionsgleichung auf, die zu den Angaben passt.
    a) Die Funktion hat Nullstellen bei $x_1 = -3$ und $x_2 = 8$.
    b) Der Graph ist eine Parabel mit einer Nullstelle bei $x = 5$.
    c) Die Funktion hat drei Nullstellen bei $x_1 = 1$, $x_2 = -1$ und $x_3 = 3{,}5$.

16. Die Höhe eines Wasserstrahls über dem Boden lässt sich durch die Funktion f mit $f(x) = -0{,}3x^2 + 3x$ beschreiben (Längeneinheit 1 m). Berechne, in welchem Punkt der Wasserstrahl beginnt und wie weit er reicht.

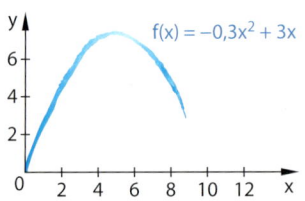

17. Ein Fußballspieler schießt einen Freistoß aus 20 m Entfernung aufs Tor. Die Flugbahn des Balls kann näherungsweise durch den Graphen der Funktion $h(x) = -0{,}02x^2 + 0{,}4x$ beschrieben werden (x horizontale Entfernung vom Freistoßpunkt in m, h(x) Höhe in m).
    a) Erkläre die Bedeutung der Gleichung $h(x) = 0$ in der Situation.
    b) Berechne, ob der Ball noch vor der Torlinie auf dem Boden aufkommt.
    c) Berechne die maximale Flughöhe des Balls und die Entfernung vom Freistoßpunkt, an der der Ball die maximale Flughöhe erreicht.

18. a) Berechne den Flächeninhalt eines Rechtecks mit den Seitenlängen 5 cm und 10 cm.
    b) Die kürzere Seite des Rechtecks soll um x cm verlängert und die längere Seite um x cm verkürzt werden. Gib einen Term für den neuen Flächeninhalt an.
    c) Bestimme, für welche Werte von x der neue Flächeninhalt mit dem ursprünglichen Flächeninhalt übereinstimmt.

19. **Ausblick:** Die Lösungen der folgenden Gleichungen hängen vom Parameter a bzw. b ab.
    a) Untersuche, für welche Werte von a die Gleichung $(x - a)(x - 4) = 0$
       ① genau eine Lösung,
       ② zwei Lösungen,
       ③ keine Lösung hat.
    b) Untersuche, welche Bedingung b erfüllen muss, damit die Gleichung $x^2 + b = 0$ genau eine Lösung (keine Lösung; zwei Lösungen) hat.

6.10 Lösungsformeln für quadratische Gleichungen

■ Finde unter den Zahlen rechts die Lösungen der Gleichung $x^2 - 3x - 10 = 0$. ■

$$-3; -2; 0; 1; 2; 5; 8$$

Gleichungen der Form $x^2 + px + q = 0$ lösen (p-q-Formel)

Jede quadratische Gleichung kann auf die Form $x^2 + px + q = 0$ gebracht werden. Durch quadratisches Ergänzen kann man daraus eine allgemeine Lösungsformel herleiten.

$x^2 + px + q = 0$	$\mid -q$	$x^2 + 4x - 5 = 0$	$\mid +5$
$x^2 + px = -q$	$\mid +\left(\frac{p}{2}\right)^2$	$x^2 + 4x = 5$	$\mid +\left(\frac{4}{2}\right)^2$
$x^2 + px + \left(\frac{p}{2}\right)^2 = \left(\frac{p}{2}\right)^2 - q$	$\mid$ Bin. Formel	$x^2 + 4x + \left(\frac{4}{2}\right)^2 = \left(\frac{4}{2}\right)^2 + 5$	$\mid$ Bin. Formel
$\left(x + \frac{p}{2}\right)^2 = \left(\frac{p}{2}\right)^2 - q$		$(x + 2)^2 = 9$	
$x + \frac{p}{2} = \pm\sqrt{\left(\frac{p}{2}\right)^2 - q}$	$\mid -\frac{p}{2}$	$x + 2 = \pm\sqrt{9}$	$\mid -2$
$x_{1/2} = -\frac{p}{2} \pm \sqrt{\left(\frac{p}{2}\right)^2 - q}$			

Existiert die Wurzel, so sind die Lösungen

$x_1 = -\frac{p}{2} + \sqrt{\left(\frac{p}{2}\right)^2 - q}$ und $x_2 = -\frac{p}{2} - \sqrt{\left(\frac{p}{2}\right)^2 - q}$ $\qquad x_1 = -2 + 3 = 1$ und $x_2 = -2 - 3 = -5$

> **Wissen: p-q-Formel**
> Eine quadratische Gleichung der Form $x^2 + px + q = 0$ hat die Lösungen
> $x_{1/2} = -\frac{p}{2} \pm \sqrt{\left(\frac{p}{2}\right)^2 - q}$.

Beispiel 1: Löse die Gleichung $x^2 - 2x - 3 = 0$.

Lösung:

Notiere p und q.	$p = -2; q = -3$
Setze in die p-q-Formel ein.	$x_{1/2} = -\frac{-2}{2} \pm \sqrt{\left(\frac{-2}{2}\right)^2 - (-3)}$
Berechne x_1 und x_2.	$x_{1/2} = 1 \pm \sqrt{4}$
	$x_{1/2} = 1 \pm 2 \to x_1 = 3; x_2 = -1$

Hinweis: Damit die p-q-Formel angewendet werden kann, muss die rechte Seite der Gleichung 0 sein. Forme daher um, wenn nötig.

Basisaufgaben

1. Schreibe die Werte von p und q auf.
    a) $x^2 + 6x + 9 = 0$ b) $x^2 - 10x + 25 = 0$ c) $x^2 + \frac{6}{5}x + \frac{1}{5} = 0$ d) $x^2 + 20x = 11$

2. Löse die Gleichung mit der p-q-Formel. Ergänze dafür im Heft die Werte von p und q.
    a) $x^2 + 10x + 16 = 0$ b) $x^2 + 3x - 10 = 0$ c) $x^2 + \frac{2}{5}x - \frac{3}{5} = 0$

    $x_{1/2} = -\frac{10}{2} \pm \sqrt{\left(\frac{\blacksquare}{2}\right)^2 - \blacksquare}$ $\qquad x_{1/2} = -\frac{\blacksquare}{2} \pm \sqrt{\left(\frac{-3}{2}\right)^2 - \blacksquare}$ $\qquad x_{1/2} = -\frac{\frac{\blacksquare}{\blacksquare}}{2} \pm \sqrt{(\blacksquare)^2 - \blacksquare}$

3. Löse die Gleichung.
    a) $x^2 - 3x - 4 = 0$ b) $x^2 + 8x + 7 = 0$ c) $x^2 - 16x + 15 = 0$ d) $x^2 + 4x = 5$
    e) $2x^2 + 4x + 2 = 8$ f) $\frac{1}{2}x^2 + \frac{3}{8}x - \frac{7}{8} = 0$ g) $4x^2 - 4x = 8$ h) $-x^2 + 2x + 6 = -9$

Hinweis zu 3e–h:
Gleichungen wie
$2x^2 + 8x - 10 = 0$
kann man so lösen:
1. Division durch a
$2x^2 + 8x - 10 = 0 \mid :2$
$x^2 + 4x - 5 = 0$
2. Anwenden der p-q-Formel mit
$p = 4$ und $q = -5$.

Gleichungen der Form $ax^2 + bx + c = 0$ lösen (a-b-c-Formel)

Jede quadratische Gleichung kann auf die allgemeine Form $ax^2 + bx + c = 0$ gebracht werden. Durch quadratisches Ergänzen kann man dafür eine allgemeine Lösungsformel herleiten.

$$ax^2 + bx + c = 0 \quad | -c$$
$$ax^2 + bx = -c \quad | : a \text{ mit } a \neq 0$$
$$x^2 + \tfrac{b}{a}x = -\tfrac{c}{a} \quad | + \left(\tfrac{b}{2a}\right)^2$$
$$x^2 + \tfrac{b}{a}x + \left(\tfrac{b}{2a}\right)^2 = \left(\tfrac{b}{2a}\right)^2 - \tfrac{c}{a} \quad | \text{ 1. Bin. Formel}$$
$$\left(x + \tfrac{b}{2a}\right)^2 = \left(\tfrac{b}{2a}\right)^2 - \tfrac{c}{a}$$
$$x + \tfrac{b}{2a} = \pm\sqrt{\left(\tfrac{b}{2a}\right)^2 - \tfrac{c}{a}} \quad | -\tfrac{b}{2a}$$
$$x_{1/2} = -\tfrac{b}{2a} \pm \sqrt{\left(\tfrac{b}{2a}\right)^2 - \tfrac{c}{a}}$$

$$2x^2 + 20x + 18 = 0 \quad | -18$$
$$2x^2 + 20x = -18 \quad | : 2$$
$$x^2 + 10x = -9 \quad | + (5)^2$$
$$x^2 + 10x + 25 = 25 - 9 \quad | \text{ 1. Bin. Formel}$$
$$(x + 5)^2 = 16$$
$$x + 5 = \pm 4 \quad | - 5$$
$$x_{1/2} = -5 \pm 4$$

Existiert die Wurzel, so sind die Lösungen:

$$x_1 = -\tfrac{b}{2a} + \sqrt{\left(\tfrac{b}{2a}\right)^2 - \tfrac{c}{a}} \,;\, x_2 = -\tfrac{b}{2a} - \sqrt{\left(\tfrac{b}{2a}\right)^2 - \tfrac{c}{a}}$$

bzw. $x_1 = \dfrac{-b + \sqrt{b^2 - 4 \cdot a \cdot c}}{2a}$; $x_2 = \dfrac{-b - \sqrt{b^2 - 4 \cdot a \cdot c}}{2a}$

$x_1 = -5 + 4 = -1$; $x_2 = -5 - 4 = -9$

> **Wissen: a-b-c-Formel**
> Eine quadratische Gleichung der allgemeinen Form $ax^2 + bx + c = 0$ ($a \neq 0$)
> hat die Lösungen: $x_{1/2} = \dfrac{-b \pm \sqrt{b^2 - 4 \cdot a \cdot c}}{2a}$.

Beispiel 2: Löse die Gleichung $3x^2 + 12x - 15 = 0$.

Lösung:

Notiere a, b und c. $\quad a = 3, b = 12, c = -15$

Setze in die a-b-c-Formel ein. $\quad x_{1/2} = \dfrac{-12 \pm \sqrt{12^2 - 4 \cdot 3 \cdot (-15)}}{2 \cdot 3}$

Berechne x_1 und x_2. $\quad x_{1/2} = \dfrac{-12 \pm \sqrt{324}}{6}$

$\quad x_{1/2} = \dfrac{-12 \pm 18}{6}$

$\quad x_1 = \dfrac{6}{6} = 1$ und $x_2 = \dfrac{-30}{6} = -5$

Basisaufgaben

4. Bringe die Gleichung in die Form $ax^2 + bx + c = 0$ und schreibe die Werte von a, b und c auf.
   a) $2x^2 + 12x + 10 = 0$ b) $-8x - x^2 + 9 = 0$ c) $-\tfrac{4}{5}x + \tfrac{2}{5}x^2 = -\tfrac{2}{5}$ d) $-x = 20 - x^2$

5. Löse die Gleichung mit der a-b-c-Formel. Ergänze dafür im Heft die Werte von a, b und c.
   a) $3x^2 + 4x + 1 = 0$
   $$x_{1/2} = \dfrac{-4 \pm \sqrt{(4)^2 - 4 \cdot (\blacksquare) \cdot 1}}{2 \cdot (\blacksquare)}$$
   b) $-4x^2 - 3x + 1 = 0$
   $$x_{1/2} = \dfrac{-(\blacksquare) \pm \sqrt{(\blacksquare) - 4 \cdot (-4) \cdot 1}}{2 \cdot (-4)}$$
   c) $x^2 - 7x - 8 = 0$
   $$x_{1/2} = \dfrac{-(\blacksquare) \pm \sqrt{(-7)^2 - 4 \cdot (1) \cdot (\blacksquare)}}{2 \cdot (\blacksquare)}$$

Hinweis zu 5c:
Hier wird a = 1 in die a-b-c-Formel eingesetzt, denn $x^2 = 1 \cdot x^2$.

6. Löse die Gleichung.
   a) $2x^2 - 16x - 18 = 0$ b) $-6x^2 - 24x + 30 = 0$ c) $4x^2 + 3x - 1 = 0$
   d) $3x^2 + 12x + 2 = 17$ e) $\tfrac{1}{2}x^2 - \tfrac{1}{2}x - \tfrac{3}{8} = 0$ f) $0{,}6x^2 - 6x - 6{,}6 = 0$

6.10 Lösungsformeln für quadratische Gleichungen

Anzahl der Lösungen quadratischer Gleichungen

Eine quadratische Gleichung kann keine, eine oder zwei Lösungen besitzen. Entscheidend für die Anzahl der Lösungen ist der Term unter der Wurzel in der Lösungsformel. Man nennt ihn **Diskriminante**.

Ist die Diskriminante negativ, so hat die Gleichung keine Lösung, da man aus einer negativen Zahl nicht die Wurzel ziehen kann. Ist die Diskriminante Null, so gibt es genau eine Lösung, denn die Wurzel aus Null ist Null. Ist die Diskriminante positiv, so gibt es genau zwei Lösungen.

Da eine quadratische Gleichung keine, eine oder zwei Lösungen haben kann, ist es sinnvoll, die Lösungsmenge L anzugeben. Hat eine Gleichung keine Lösung, so ist die Lösungsmenge leer und man schreibt: L = { }.

Beispiel 3: Löse die Gleichung. Forme um, wenn nötig.
a) $x^2 + 2x - 3 = 0$ b) $3x^2 + 6x + 3 = 0$ c) $x^2 + 2x + 3 = 0$

Lösung:

a) Setze in die Formel ein. Fasse unter der Wurzel zusammen. Die Diskriminante ist positiv. Die Gleichung hat deshalb **zwei Lösungen.**

    mit p-q-Formel
    $x_{1/2} = -1 \pm \sqrt{4}$
    $x_1 = 1$
    $x_2 = -3$
    $L = \{-3; 1\}$

    mit a-b-c-Formel
    $x_{1/2} = \frac{-2 \pm \sqrt{16}}{2}$
    $x_1 = 1$
    $x_2 = -3$
    $L = \{-3; 1\}$

b) Setze in die Formel ein. Fasse unter der Wurzel zusammen. Die Diskriminante ist 0. Die Gleichung hat deshalb nur **eine Lösung.**

    mit p-q-Formel
    $3x^2 + 6x + 3 = 0$ |: 3
    $x^2 + 2x + 1 = 0$
    $x_{1/2} = -1 \pm \sqrt{0}$
    $x_1 = -1$
    $L = \{-1\}$

    mit a-b-c-Formel
    $x_{1/2} = \frac{-6 \pm \sqrt{0}}{6}$
    $x_{1/2} = -1 \pm \sqrt{0}$
    $x_1 = -1$
    $L = \{-1\}$

c) Setze in die Formel ein. Fasse unter der Wurzel zusammen. Die Diskriminante ist negativ. Die Gleichung hat deshalb **keine Lösung.**

    mit p-q-Formel
    $x_{1/2} = -1 \pm \sqrt{-2}$
    $L = \{\}$

    mit a-b-c-Formel
    $x_{1/2} = \frac{-2 \pm \sqrt{-8}}{2}$
    $L = \{\}$

Basisaufgaben

7. Berechne die Diskriminante und gib die Anzahl der Lösungen an.
    a) $x^2 + 7x + 12 = 0$ b) $2x^2 - 4x + 4 = 0$ c) $x^2 + 8x - 3 = 0$
    d) $4x^2 - 40x + 100 = 0$ e) $x^2 - 8x - 16 = 0$ f) $x^2 - 16 = 0$

8. Ermittle die Lösungsmenge.
    a) $x^2 + 2x - 3 = 0$ b) $x^2 + 4x - 21 = 0$ c) $x^2 - 7x + 12 = 0$ d) $8x - 8 = 6x^2$
    e) $x^2 + 8x - 9 = 0$ f) $-x^2 + 4x + \frac{9}{4} = 0$ g) $3x^2 - 10x + 3 = 0$ h) $x^2 - 6x + 9 = 0$
    i) $x^2 + 2x + 2 = 0$ j) $-2x^2 + 17x - 8 = 0$ k) $-12x^2 + 40x + 7 = 0$ l) $x^2 - 8x + 16 = 0$

9. Ermittle die Lösungsmenge. Wenn du Lösungen gefunden hast, mache die Probe durch Einsetzen in die Ausgangsgleichung.
    a) $x^2 + 2x + 8 = 1$ b) $2x - x^2 = -24$ c) $-18 - 12x = 2x^2$ d) $-x^2 = \frac{1}{2}(16x - 18)$

Weiterführende Aufgaben

10. Löse die Gleichung ① mit quadratischer Ergänzung und ② mit einer Lösungsformel. Prüfe, ob du mit beiden Verfahren die gleichen Lösungen erhältst.
a) $x^2 - 2x - 63 = 0$
b) $x^2 + 20x = -100$
c) $y^2 + y + 2 = 0$
d) $4x^2 + 4x = 48$

11. Fasse zuerst gleichartige Terme zusammen. Löse dann die Gleichung.
a) $x^2 - 4x = 16x + 96$
b) $8y + 84 = 3y^2 - y$
c) $4a - a^2 = 9 - 2a^2$
d) $3x^2 + 2x - 3 = -x^2 + 3$

Hinweis zu 11:
Hier findest du die Lösungen.

12. Stolperstelle: Beim Einsetzen in die Lösungsformel sind Fehler passiert. Verbessere alle Fehler und ermittle die Lösungsmenge
a) $x^2 - x - 8 = 0$
p-q-Formel
$x_{1/2} = -1 \pm \sqrt{1-8}$

b) $2x^2 + 16 - 3x^2 = 0$
a-b-c-Formel
$x_{1/2} = \frac{3 \pm \sqrt{9 - 4 \cdot 2 \cdot 16}}{4}$

c) $3x^2 + 4x = 0$
a-b-c-Formel
$x_{1/2} = \frac{-4 \pm \sqrt{16 - 4 \cdot 3}}{2}$

13. Löse die Gleichung möglichst geschickt, indem du entweder in eine einfache Gleichung umformst, den Satz vom Nullprodukt anwendest oder eine Lösungsformel benutzt.
a) $x^2 + x = 0$
b) $x^2 + 14x = -49$
c) $x^2 + 4 = 3$
d) $(x - 3)^2 = 9$
e) $2(x + 8)^2 = 16$
f) $2(x + 1)(x - 5) = 0$
g) $3x + 7 = 2$
h) $4x^2 = 8x$

14. a) Gib die Diskriminante der Gleichung $x^2 - 3x + k = 0$ an.
b) Bestimme, für welche Werte von k die Gleichung aus a)
① genau eine Lösung, ② zwei Lösungen und ③ keine Lösung hat.
c) Untersuche mit dem Verfahren aus a) und b) die folgenden Gleichungen auf Lösbarkeit.
① $x^2 + 10x + k = 0$
② $x^2 - 2x + k - 3 = 0$
③ $x^2 + 8x + k = -16$

15. a) Bei einem Quadrat wird eine Seite um 6 cm verlängert. Das so entstandene Rechteck hat einen Flächeninhalt von 160 cm². Berechne die Seitenlänge und den Flächeninhalt des Ausgangsquadrats.
b) Wird bei einem Quadrat die eine Seite um 3 cm verkürzt und die andere verdoppelt, so ist der Flächeninhalt des dabei entstehenden Rechtecks um 16 cm² größer als der des Quadrats. Berechne die Seitenlänge des Quadrats.

16. In der Fahrschule lernt man, dass sich der Anhalteweg näherungsweise aus dem Reaktionsweg $s_R = \frac{3}{10}v$ und dem Bremsweg $s_B = \frac{1}{100}v^2$ ermitteln lässt (Wege in m; Geschwindigkeit v in km/h).
a) Stelle eine Faustformel auf, die den Anhalteweg in Abhängigkeit von der Geschwindigkeit angibt. Lasse Maßeinheiten weg.
b) Berechne mit der Faustformel den Anhalteweg für eine Geschwindigkeit von 50 km/h.
c) Berechne: Wie schnell darf man fahren, wenn der Anhalteweg kleiner als 50 m sein soll?

17. Hannah meint: „Um die Lösung von $2x^2 + 6x + 4 = 0$ zu berechnen, dividiere ich durch 2. Daher sind auch die Funktionen f mit $f(x) = 2x^2 + 6x + 4$ und g mit $g(x) = x^2 + 3x + 2$ gleich."
Nimm begründet Stellung dazu.

6.10 Lösungsformeln für quadratische Gleichungen

18. Ein Feuerwerkskörper bewegt sich auf einer Flugbahn, die annähernd durch den Graphen der Funktion f mit $f(x) = -0{,}5x^2 + 25x + 0{,}98$ beschrieben werden kann. Dabei ist x die horizontale Entfernung vom Abschussort in Metern und f(x) die Höhe in Meter.
 a) Beurteile, ob die Abschusshöhe realistisch ist.
 b) Berechne, in welcher Höhe sich der Feuerwerkskörper befindet, wenn die horizontale Entfernung vom Abschussort 5 m ist.
 c) Berechne, in welcher Entfernung vom Abschussort der abgebrannte Rest auf der Erde landen müsste, wenn er sich ungehindert genau auf dieser Bahn bewegen würde.
 d) Ermittle die maximale Höhe der Flugbahn.
 e) Prüfe, ob man befürchten muss, dass der Feuerwerkskörper ein Fenster in 8 m Höhe und 40 m Entfernung vom Abschussort trifft.

19. Betrachte die Gleichung $x^2 + k \cdot x + 20 = 0$.
 a) Ermittle, für welche Werte von k die Gleichung keine Lösung hat.
 b) Prüfe, ob die Gleichung genau eine Lösung haben kann.
 c) Eine Lösung dieser Gleichung soll $x_1 = -4$ sein. Ermittle die zweite Lösung.

20. Quadratische Gleichungen aufstellen
 a) Catalina stellt eine quadratische Gleichung mit den Lösungen $x_1 = 4$ und $x_2 = -2$ auf (siehe rechts). Erläutere ihr Vorgehen und begründe, dass es zu einer richtigen Lösung führt.
 b) Stellt quadratische Gleichungen auf. Kontrolliert euch gegenseitig.
  ① Lösungen $x_1 = 1$ und $x_2 = 12$ ② Lösungen $x_1 = -5$ und $x_2 = -3$
  ③ drei quadratische Gleichungen mit genau einer Lösung
  ④ drei quadratische Gleichungen, die keine Lösung haben
 c) Stelle einen Funktionsterm einer Funktion f auf, deren Nullstellen bei $x_1 = 2$ und $x_2 = -3$ liegen. Erläutere dein Vorgehen.

$x_1 = 4$ und $x_2 = -2$
$(x - 4) \cdot (x + 2) = 0$ | Ausmultiplizieren
$x^2 - 4x + 2x - 8 = 0$ | Zusammenfassen
$x^2 - 2x - 8 = 0$ | $+8$
$x^2 - 2x = 8$ | $\cdot 3$
$3x^2 - 6x = 24$

21. Ausblick: Der französische Mathematiker François Viète – meist Vieta genannt – fand im 16. Jahrhundert für quadratische Gleichungen der Form $x^2 + px + q = 0$ einen einfachen Zusammenhang zwischen den Parametern p und q und den Lösungen x_1 und x_2, der als **Satz von Vieta** bekannt ist: $p = -(x_1 + x_2)$, $q = x_1 \cdot x_2$. Das Produkt der Lösungen ist q, und die Gegenzahl ihrer Summe ist p.
Mit dem Satz von Vieta kann man quadratische Gleichungen lösen.
 a) Für $q = +7$ kommen als ganzzahlige Faktoren nur $+1$ und $+7$ oder -1 und -7 in Frage. Die Summen sind dann 8 oder -8, entsprechend die Gegenzahlen. Für $q = -7$ sind es $+1$ und -7 oder -1 und $+7$, die Gegenzahlen der Summen sind dann -6 oder 6.
 Gib möglichst schnell die Lösungen der folgenden Gleichungen an.
  ① $x^2 - 8x + 7 = 0$ ② $x^2 + 8x + 7 = 0$ ③ $x^2 - 6x - 7 = 0$ ④ $x^2 + 6x - 7 = 0$
 b) Löse die folgenden Gleichungen mit diesem Verfahren.
  ① $x^2 + 3x + 2 = 0$ ② $x^2 - 2x + 1 = 0$ ③ $x^2 - 12x - 13 = 0$
  ④ $x^2 - 8x + 12 = 0$ ⑤ $x^2 - 12x - 28 = 0$ ⑥ $2x^2 - 16x + 14 = 0$
 c) Der Satz von Vieta eignet sich auch gut, um zu überprüfen, ob man eine quadratische Gleichung richtig gelöst hat. Gib an, ob die folgenden Lösungsmengen korrekt sind.
  ① $x^2 + x - 12 = 0$ L = {−4; 3}   ② $x^2 - 7x - 12 = 0$ L = {3; 4}

6.11 Schnittpunkte von Graphen

■ Christian will die Nullstellen der quadratischen Funktion f mit der Gleichung $f(x) = x^2 + 4x$ ermitteln.
a) Lies im Bild rechts ab, an welchen Stellen der Graph von f die x-Achse schneidet.
b) Erläutere eine Möglichkeit, die Nullstellen der Funktion f zu berechnen. ■

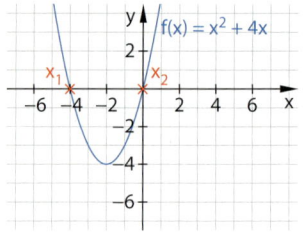

Nullstellen quadratischer Funktionen mit einer Lösungsformel berechnen

Der Graph der Funktion f mit $f(x) = x^2 - 2x - 3$ schneidet die x-Achse in den Punkten $P_1(-1|0)$ und $P_2(3|0)$. Die Nullstellen der Funktion sind $x_1 = -1$ und $x_2 = 3$. Sie können grafisch durch Ablesen am Graphen ermittelt werden.
Um die Nullstellen von f zu berechnen, können zum Beispiel die Lösungsformeln für quadratische Gleichungen genutzt werden. Wie viele Nullstellen eine quadratische Funktion hat, kann dann an der Diskriminante abgelesen werden.

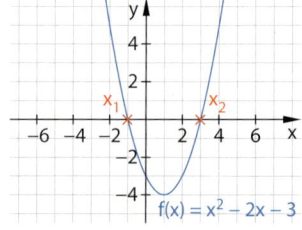

> **Wissen: Nullstellen quadratischer Funktionen berechnen**
> Nullstellen quadratischer Funktionen können mit den Lösungsverfahren für quadratische Gleichungen berechnet werden, zum Beispiel mit der p-q-Formel oder der a-b-c-Formel. Man löst dafür die Gleichung $f(x) = 0$.

Beispiel 1: Berechne, wenn vorhanden, die Nullstellen der quadratischen Funktion f mit der angegebenen Funktionsgleichung.

a) $f(x) = x^2 - x - 2$ b) $f(x) = x^2 - 2x + 5$

Lösung:	mit p-q-Formel	mit a-b-c-Formel
a) Setze $f(x) = 0$. Setze dann in die Lösungsformel ein. Die Diskriminante ist positiv, also hat f zwei Nullstellen. Berechne die Lösungen.	$x^2 - x - 2 = 0$ $x_{1/2} = \frac{1}{2} \pm \sqrt{\frac{1}{4} + 2}$ $x_1 = \frac{1}{2} + \sqrt{\frac{9}{4}} = 2$ $x_2 = \frac{1}{2} - \sqrt{\frac{9}{4}} = -1$	$x^2 - x - 2 = 0$ $x_{1/2} = \frac{1 \pm \sqrt{1 - 4 \cdot 1 \cdot (-2)}}{2 \cdot 1}$ $x_1 = \frac{1 + \sqrt{9}}{2} = \frac{1 + 3}{2} = 2$ $x_2 = \frac{1 - \sqrt{9}}{2} = \frac{1 - 3}{2} = -1$
b) Setze $f(x) = 0$. Setze dann in die Lösungsformel ein. Die Diskriminante ist negativ, also hat f keine Nullstellen.	$x^2 - 2x + 5 = 0$ $x_{1/2} = 1 \pm \sqrt{1 - 5}$ $x_{1/2} = 1 \pm \sqrt{-4}$	$x^2 - 2x + 5 = 0$ $x_{1/2} = \frac{2 \pm \sqrt{4 - 4 \cdot 1 \cdot 5}}{2 \cdot 1}$ $x_{1/2} = \frac{2 \pm \sqrt{-16}}{2}$

Basisaufgaben

1. Berechne, wenn vorhanden, die Nullstellen der quadratischen Funktion f.
   a) $f(x) = x^2 + 3x + 2$ b) $f(x) = x^2 - 6x + 15$ c) $f(x) = 2x^2 - 14x + 24$

2. Berechne, wenn vorhanden, die Nullstellen der quadratischen Funktion f.
   a) $f(x) = x^2 - 7x + 12{,}25$ b) $f(x) = 3x^2 - 12x - 12$ c) $f(x) = x^2 + 12x + 21$

3. Eine quadratische Funktion f hat eine Gleichung der Form $f(x) = x^2 + 12x + \blacksquare$.
   a) Finde für ■ eine Zahl, sodass die Funktion genau eine Nullstelle hat.
   b) Finde für ■ drei Zahlen, sodass die Funktion zwei Nullstellen hat.
   c) Finde für ■ drei Zahlen, sodass die Funktion keine Nullstellen hat.

Schnittpunkte von Graphen rechnerisch ermitteln

In einem **Schnittpunkt** zweier Graphen stimmen bei **gleichem x-Wert** auch die **y-Werte** überein. Schnittpunkte lassen sich rechnerisch exakt, zeichnerisch aber nur näherungsweise ermitteln.

> **Wissen: Schnittpunkte von Graphen**
>
> Für die Schnittpunkte der Graphen zweier Funktionen f und g gilt:
>
> 1. Die x-Werte der Schnittpunkte sind die Lösungen der Gleichung $f(x) = g(x)$.
>
> 2. Die y-Werte der Schnittpunkte erhält man durch Einsetzen der x-Werte in $f(x)$ oder $g(x)$.

Beispiel 2: Berechne die Schnittpunkte der Graphen von f und g.
a) $f(x) = 3(x-1)^2$, $g(x) = 27$ b) $f(x) = x^2$, $g(x) = x$ c) $f(x) = \frac{1}{2}x^2 + 2x + 2$, $g(x) = x + 6$

Lösung:

a) Löse die Gleichung $f(x) = g(x)$. Du erhältst die x-Werte der Schnittpunkte. Setze die x-Werte in $f(x)$ oder $g(x)$ ein. Hier ist das Einsetzen in $g(x)$ einfacher. Du erhältst die y-Werte der Schnittpunkte.

$f(x) = g(x)$: $3(x-1)^2 = 27$
$x_1 = 4$ $x_2 = -2$
$g(4) = 27$ $g(-2) = 27$
Schnittpunkte: $S_1(4|27)$ $S_2(-2|27)$

b) Hier kannst du den Satz vom Nullprodukt verwenden, um $f(x) = g(x)$ zu lösen.

$f(x) = g(x)$: $x^2 = x$
$x(x-1) = 0$
$x_1 = 0$ $x_2 = 1$
$f(0) = 0$ $f(1) = 1$
Schnittpunkte: $S_1(0|0)$ $S_2(1|1)$

c) Hier gilt $a \neq 0$, $b \neq 0$ und $c \neq 0$. Löse mit einer Lösungsformel.

$f(x) = g(x)$: $\frac{1}{2}x^2 + 2x + 2 = x + 6$
$\frac{1}{2}x^2 + x - 4 = 0$
$x_1 = 2$ $x_2 = -4$
$g(2) = 8$ $g(-4) = 2$
Schnittpunkte: $S_1(2|8)$ $S_2(-4|2)$

Hinweis: Mit einem Funktionenplotter kannst du deine Lösungen überprüfen.

a)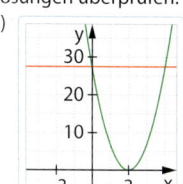

b)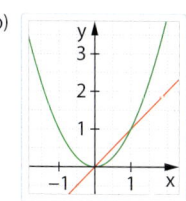

c)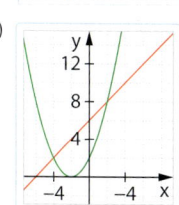

Basisaufgaben

4. Berechne die Schnittpunkte der Graphen von f und g. Beachte Beispiel 2a).
   a) $f(x) = x^2$, $g(x) = 4$ b) $f(x) = 3(x-3)^2$, $g(x) = 3$ c) $f(x) = \frac{1}{4}(x-1)^2 - 2$, $g(x) = -1$

5. Berechne die Schnittpunkte der Graphen von f und g. Nutze den Satz vom Nullprodukt.
   a) $f(x) = x^2$, $g(x) = -x$ b) $f(x) = \frac{1}{3}x^2$, $g(x) = \frac{1}{2}x$ c) $f(x) = \frac{1}{5}x^2 - 2x$, $g(x) = -\frac{2}{3}x$

6. Berechne die Schnittpunkte der Graphen von f und g. Nutze eine Lösungsformel.
   a) $f(x) = x^2 + x$, $g(x) = 12$
   b) $f(x) = 2x^2$, $g(x) = 8x - 6$
   c) $f(x) = x^2$, $g(x) = x + \frac{3}{4}$

7. Die Gleichung kann mithilfe der Abbildung rechts näherungsweise gelöst werden. Verwende ein Geodreieck.
   a) $x^2 = 2$
   b) $x^2 = \frac{1}{2}x + 3$
   c) $x^2 + \frac{1}{4}x - 4 = 0$

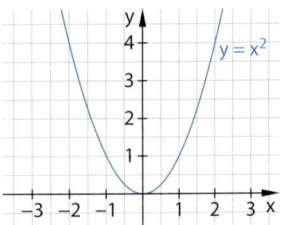

8. Ermittle näherungsweise die Schnittpunkte der beiden Graphen mithilfe einer Zeichnung.
   a) $f(x) = x^2$, $g(x) = x + 2$
   b) $f(x) = x^2$, $g(x) = -x + 1$
   c) $f(x) = x^2$, $g(x) = -x^2 + 2$

Hinweis zu 6:
Hier findest du x- und y-Werte für a) – d).

−16   −2
 0   1
−2   0
        −16
 1
 0   2

9. Ermittle, falls vorhanden, die Schnittpunkte der Graphen von f und g. Überlege zunächst, mit welcher Regel sich die Gleichung lösen lässt.
   a) $f(x) = x^2$
      $g(x) = x$
   b) $f(x) = -4x^2$
      $g(x) = -16$
   c) $f(x) = x^2 - 2x + 1$
      $g(x) = -x$
   d) $f(x) = x^2 + 2x$
      $g(x) = -2x - 4$
   e) $f(x) = 6x^2 - 1$
      $g(x) = 3$
   f) $f(x) = 0{,}25x^2 + x - 5$
      $g(x) = -x - 8$
   g) $f(x) = 3x^2 + 1$
      $g(x) = 2x^2 + 2x$
   h) $f(x) = x^2 - 9$
      $g(x) = -x^2 + 5$
   i) $f(x) = -0{,}25x^2 - 1$
      $g(x) = x^2 + 3$

10. Ermittle die Lösungen der Gleichung. Erkläre, wie man die Gleichung grafisch deuten und lösen kann.
    a) $3x^2 - 12x - 7 = 8$
    b) $2x^2 + 10x + 25 = 13$
    c) $4x^2 - 10x + 1 = 5 + 5x$
    d) $x^2 = x$
    e) $2x^2 - 4x + 1 = -x^2$
    f) $-0{,}75x^2 + 4x = 0{,}25x^2 + 6x$

Weiterführende Aufgaben

11. Hier sind jeweils zwei Graphen abgebildet.

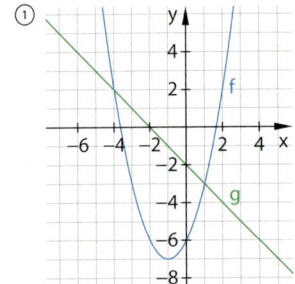
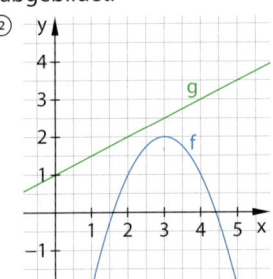
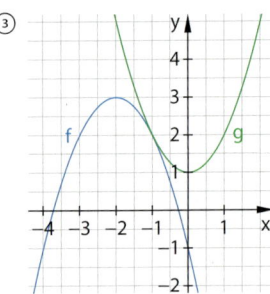

   a) Gib, falls vorhanden, die Schnittpunkte an.
   b) Gib passende Funktionsgleichungen zu den abgebildeten Graphen von f und g an.
   c) Überprüfe deine Ergebnisse aus a), indem du die Schnittpunkte rechnerisch bestimmst.

12. Gib zwei Funktionsgleichungen an, sodass die zugehörigen Graphen den angegebenen Schnittpunkt S haben. Dabei soll mindestens eine Funktion quadratisch sein. Gib, falls vorhanden, auch die Koordinaten eines zweiten Schnittpunkts an.
    a) $S(0|0)$
    b) $S(0|-2)$
    c) $S(1|2)$
    d) $S(-5|-1)$

6.11 Schnittpunkte von Graphen

13. **Stolperstelle** Tim, Alina und Jana lösen die gleiche Aufgabe: „Bestimme die Schnittpunkte der Funktionen f mit $f(x) = 0{,}5x^2$ und g mit $g(x) = 3$."
    Erkläre, welche Fehler sich eingeschlichen haben, und korrigiere sie.

    Tim:
    $f(x) = 0$: $\quad 0{,}5x^2 = 0$
    $\qquad\qquad x_1 = 0$
    $f(0) = 0 \to S_1(0|0)$
    $g(x) = 0$: $\quad 3 \neq 0$

    Alina:
    $f(x) = g(x)$:
    $0{,}5x^2 = 3$
    $x^2 = 6$
    $x_1 = \sqrt{6}$, $x_2 = -\sqrt{6}$

    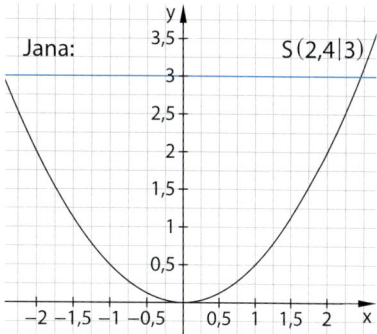

14. Eine lineare Gleichung kann keine oder eine Lösung besitzen. Eine quadratische Gleichung kann keine, eine oder zwei Lösungen besitzen.
    a) Erkläre anhand der beiden Aussagen, wie viele Schnittpunkte zwei Geraden, zwei Parabeln oder eine Parabel und eine Gerade haben können.
    b) Fertige für jeden Fall eine aussagekräftige Skizze an.

15. Mark soll die Gleichung $4x^2 - 8x + 4 = 16$ grafisch lösen. Vor dem Zeichnen formt er die Gleichung in $x^2 = 2x + 3$ um.
    a) Zeige, dass die beiden Gleichungen äquivalent sind.
    b) Zeichne ein Koordinatensystem und stelle dort die Gleichung $x^2 = 2x + 3$ grafisch dar. Lies die Lösungen der Gleichung ab.
    c) Welche Vorteile hat das Vorgehen von Mark, wenn kein Funktionenplotter zur Verfügung steht? Erläutere.
    d) Löse die Gleichungen grafisch, indem du wie Mark jeweils die Normalparabel und eine passende Gerade zeichnest.
    ① $9x^2 + 7 = 16$ ② $16x^2 - 24x + 8 = 0$ ③ $26x^2 - 25x + 4 = x^2 + 154$

16. Ein Ballon fliegt über ein parabelförmiges Tal. Ein Fahrgast blickt aus dem Ballon in Richtung des Tals. Ermittle rechnerisch, ob der Fahrgast die tiefste Stelle des Tals von der Position B aus bereits sehen kann.

    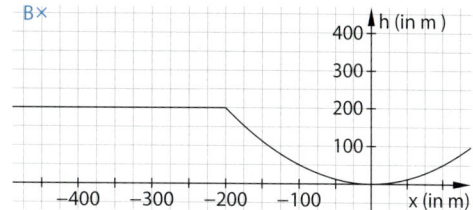

17. **Ausblick:** In der Abbildung sind drei Parabeln dargestellt.
    a) Ermittle die Funktionsgleichungen der drei Parabeln.
    b) Zeige, dass sich die Funktion h aus der Differenz der anderen beiden Funktionen ergibt.
    c) Vergleiche die Schnittstellen der Graphen von f und g mit den Nullstellen des Graphen von h.
    d) Ermittle jeweils die Schnittstellen der Graphen der Funktionen f und g mit den angegebenen Gleichungen.
    ① $f(x) = x^2 - 3$
    $\quad g(x) = -x^2 + 5$
    ② $f(x) = 0{,}25x^2 + x - 5$
    $\quad g(x) = -x - 8$
    ③ $f(x) = -5x^2 - 4x$
    $\quad g(x) = 3x^2 - 4$

    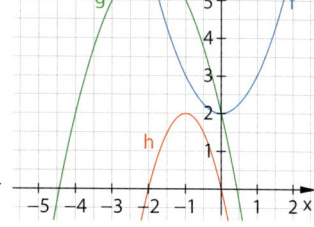

    e) Gib jeweils zu den Funktionen f und g aus d) die Gleichung einer Funktion h an, sodass die Funktion h genau an den Schnittstellen der Graphen von f und g Nullstellen hat.
    f) Begründe: Alle Lösungen von quadratischen Gleichungen der Form $f(x) = g(x)$ können sowohl als Schnittstellen von Graphen als auch als Nullstellen einer Parabel interpretiert werden.

Streifzug

6. Quadratische Funktionen und Gleichungen

Optimierungsprobleme

■ Beschreibe jeweils, welche Gemeinsamkeiten und Unterschiede es zwischen dem Modell und dem realen Objekt gibt.
Erkläre, wodurch sich ein Modell auszeichnet. Finde weitere Beispiele für Modelle. ■

Viele alltägliche Problemstellungen kann man lösen, indem man ein mathematisches Modell bildet. Die Lösung im Modell überträgt man dann auf den realen Sachverhalt.

Beispiel 1:
Optimieren durch Modellieren mit einer quadratischen Funktion

Problem:
Ein dreieckiges Grundstück liegt an einer rechtwinkligen Straßenkreuzung, es ist an den beiden Straßen 120 m bzw. 80 m lang. Auf dem Grundstück soll eine rechteckige Lagerhalle mit einer möglichst großen Grundfläche gebaut werden. Die Seiten der Lagerhalle verlaufen parallel zu den Straßen.

Mathematisches Modell bilden:
Übertrage das Grundstück in ein Koordinatensystem (Längeneinheit 1 m). Das rote Rechteck stellt die Lagerhalle dar.
Die schräge Dreieckseite kannst du mit einer Geradengleichung der Form $y = mx + n$ modellieren.
y-Achsenabschnitt: $n = 80$ Steigung $m = -\frac{80}{120} = -\frac{2}{3}$
Daraus ergibt sich: $y = -\frac{2}{3}x + 80$

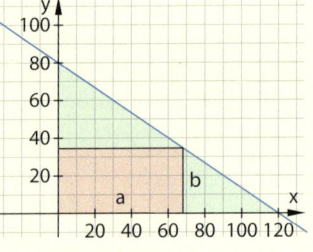

Ist a die Länge des Rechtecks, gilt für die Breite $b = -\frac{2}{3}a + 80$. Die Funktion A mit $A(a) = a \cdot (-\frac{2}{3}a + 80)$ gibt den Flächeninhalt des Rechtecks in Abhängigkeit von a an.

Lösung im Modell bestimmen:
Berechne, bei welchem Wert für a die Funktion A den größten Funktionswert (**Maximum**) hat. Dazu kannst du den Graphen von A zeichnen. Das Maximum befindet sich am Scheitelpunkt (60|2400).
Für die Länge $a = 60$ hat das Rechteck den maximalen Flächeninhalt 2400.
Für die Breite ergibt sich: $b = -\frac{2}{3} \cdot 60 + 80 = 40$

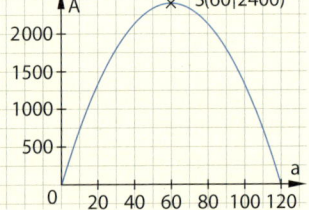

Lösung interpretieren: Die Lagerhalle muss 60 m lang und 40 m breit sein. Sie hat dann einen maximalen Flächeninhalt von 2400 m².

Wissen: Optimierungsprobleme mithilfe quadratischer Funktionen lösen
Bei **Optimierungsproblemen** wird das **Minimum** (der kleinste Wert) oder das **Maximum** (der größte Wert) einer Größe gesucht. Kann man die Situation mit einer quadratischen Funktion modellieren, befindet sich das Minimum oder das Maximum immer am **Scheitelpunkt**.

Aufgaben

1. a) Gesucht ist die Zahl, für die die Summe aus dem Quadrat der Zahl und dem Achtfachen der Zahl am kleinsten ist. Erläutere die Vorgehensweise von Henry und Mats und gib die gesuchte Zahl sowie die minimale Summe an.

    Henry: $x^2 + 8x$
    $= x^2 + 8x + 16 - 16$
    $= (x+4)^2 - 16$
    Scheitelpunkt $S(-4|-16)$

    Mats: $x^2 + 8x = 0$
    $x(x+8) = 0 \quad x_1 = 0 \quad x_2 = -8$
    Mittelwert: $\frac{0+(-8)}{2} = -4$
    Minimum: $(-4)^2 + 8 \cdot (-4) = -16$

    b) Ermittle die Zahl, für die das Ergebnis am kleinsten ist, sowie das minimale Ergebnis. Gehe sowohl wie Henry als auch wie Mats vor.
    ① Summe aus dem Quadrat einer Zahl und dem Zehnfachen der Zahl
    ② Produkt aus dem Vierfachen einer Zahl und der um 2 verminderten Zahl.
    ③ Produkt aus der um 3 verminderten und der um 2 vermehrten Zahl.

    Hinweis zu 1 b):
    Hier findest du die Lösungen zu b).

2. a) Zeichne die Graphen der Funktionen mit den angegebenen Gleichungen mit einem Funktionenplotter. Gib an, ob die Parabel am Scheitelpunkt ein Minimum oder ein Maximum hat
    ① $f(x) = x^2 + 14x + 49$ ② $g(x) = -3x^2 - 15x$ ③ $h(x) = -2x^2 + 4x + 6$
    b) Ermittle das Minimum bzw. Maximum der Funktionen aus a) rechnerisch.
    c) Finde heraus, wie du mit einem Funktionsplotter das Minimum oder Maximum einer quadratischen Funktion möglichst genau grafisch ermitteln kannst. Beschreibe das Vorgehen.

3. Betrachte ein Rechteck mit den Seitenlängen a = 12 cm und b = 3 cm. Die Seite a wird um eine beliebige Länge x verkürzt und die Seite b um die gleiche Länge verlängert. Für welchen Wert von x wird der Flächeninhalt A des veränderten Rechtecks am größten?
    a) Untersuche die Situation, indem du die Tabelle für ganzzahlige Werte von x fortsetzt.
    b) Stelle für den Flächeninhalt einen Term in Abhängigkeit von x auf.
    c) Ermittle den Scheitelpunkt der quadratischen Funktion, die zum Term aus b) gehört.
    d) Gib den gesuchten Wert von x und den zugehörigen maximalen Flächeninhalt an.

x in cm	a in cm	b in cm	Flächeninhalt A in cm²
0	12	3	36
1	11	4	44
2	10	5	50
...	...	...	...

4. Ein Dreieck hat die Grundseite g = 10 cm und die Höhe h = 7 cm. Die Grundseite wird um eine Länge x verlängert, die Höhe wird um die Hälfte dieser Länge verkürzt. Ermittle x so, dass der Flächeninhalt des Dreiecks so groß wie möglich wird.

5. Auf der abgebildeten Wiese soll eine möglichst große rechteckige Fläche für Tiere eingezäunt werden. Der rechte obere Eckpunkt E der Fläche soll auf der Strecke $\overline{CD}$ liegen.
    a) Überführe die Abbildung in ein geeignetes Koordinatensystem.
    b) Untersuche, wo der Punkt E liegen muss, damit die Fläche für die Tiere so groß wie möglich wird.

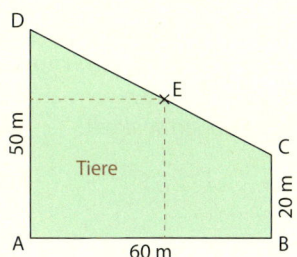

6.12 Wurzelfunktionen

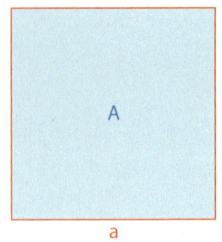

■ Hannes betrachtet die Beziehungen zwischen der Seitenlänge a eines Quadrats und dessen Flächeninhalt A mithilfe von zwei Funktionen, zu denen er Wertetabellen erstellt hat.

a) Vergleiche beide Funktionen anhand der Wertetabellen.
b) Beschreibe, welche Beziehungen zwischen den beiden Wertetabellen bzw. Funktionen bestehen. ■

Wertetabelle ①:

a (in cm)	0,5	1	2	3	4	5
A (in cm²)	0,25	1	4	9	16	25

Wertetabelle ②:

A (in cm²)	0,25	1	4	9	16	25
a (in cm)	0,5	1	2	3	4	5

Quadratische Funktionen umkehren: Wurzelfunktionen

Bei einigen Funktionen ist es sinnvoll, die umgekehrte Zuordnung zu untersuchen. Wird dem Wert x der Wert y zugeordnet, so ordnet die umgekehrte Zuordnung dem Wert y den Wert x zu.

Funktion f:
Seitenlänge a eines Quadrats
→ *Flächeninhalt A eines Quadrats*

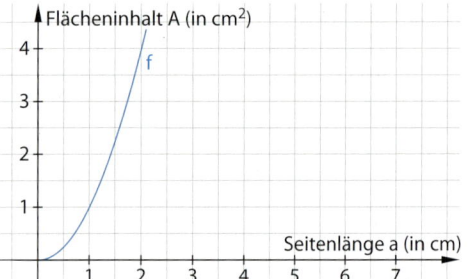

Umkehrzuordnung:
Flächeninhalt A eines Quadrats
→ *Seitenlänge a eines Quadrats*

Diese Umkehrzuordnung ist **eindeutig**, denn zu jedem Flächeninhalt A lässt sich genau eine Seitenlänge a angeben, nämlich die Wurzel aus A. Es handelt sich daher um die Umkehrfunktion „$\bar{f}$ zu f". Die Umkehrfunktion $\bar{f}$ ist hier eine Wurzelfunktion.

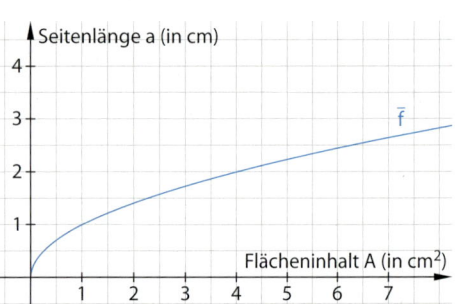

Hinweis
Die **Umkehrzuordnung** einer Funktion f ist **nicht immer eindeutig** und daher auch nicht immer einer Funktion.

Allgemein gilt: Vertauscht man die x- und y-Werte einer Funktion f, so erhält man die Umkehrzuordnung zu f. Wenn diese Umkehrzuordnung eindeutig ist, dann ist sie die **Umkehrfunktion $\bar{f}$ zur Funktion f**.
Man spricht für $\bar{f}$: „f quer".

Das Vertauschen von x- und y-Wert bedeutet grafisch eine Achsenspiegelung an der 1. Winkelhalbierenden.
Man erhält daher den Graphen von $\bar{f}$, indem man den Graphen von f an der 1. Winkelhalbierenden spiegelt.

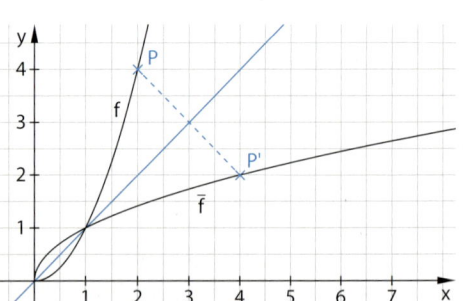

6.12 Wurzelfunktionen

Wissen: Wurzelfunktionen

Funktionen, in deren Funktionsterm eine Wurzel vorkommt, heißen **Wurzelfunktionen**.
Die Funktion f mit $f(x) = \sqrt{x}$ ist die einfachste Wurzelfunktion. Sie ist nur für $x \geq 0$ definiert.
Man erhält die Funktion f als Umkehrfunktion der quadratischen Funktion g mit $g(x) = x^2$.

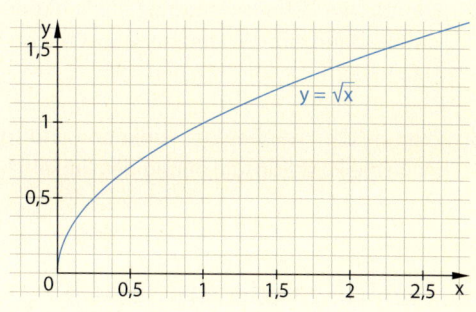

Beispiel 1: Gegeben ist die Funktion f mit $f(x) = x^2 - 2$.
a) Stelle die Funktionsgleichung der Umkehrfunktion $\bar{f}$ auf.
b) Gib die Definitionsmengen von f und $\bar{f}$ an.

Lösung:

a) Notiere die Funktionsgleichung in der Schreibweise y = ...
Vertausche die Variablen x und y.
Löse die entstehende Gleichung nach y auf, um die gewohnte Darstellung einer Funktionsgleichung zu erhalten.
Damit die Umkehrzuordnung eindeutig ist, wird nur $y = +\sqrt{x+2}$ betrachtet, aber nicht $y = -\sqrt{x+2}$.
Notiere die Umkehrfunktion.

$f(x) = x^2 - 2$
$y = x^2 - 2$
$x = y^2 - 2$

$y^2 = x + 2$
$y = \sqrt{x + 2}$

$\bar{f}(x) = \sqrt{x + 2}$

b) Untersuche, für welche Zahlen x die Funktionen f und $\bar{f}$ definiert sind. Achte dabei auf Terme unter einem Wurzelzeichen (Radikand).

f ist für alle reellen Zahlen x definiert.
Man schreibt kurz: $D = \{x \in \mathbb{R}\}$.

$\bar{f}$ ist nur für reelle Zahlen $x \geq -2$ definiert, da der Term unter dem Wurzelzeichen nicht negativ werden darf.
Man schreibt kurz: $D = \{x \in \mathbb{R} \mid x \geq -2\}$.

Hinweis zum Beispiel b:
Im Beispiel wird die Definitionsmenge der Umkehrzuordnung so eingeschränkt, dass sie eine Funktion ist. Wenn nötig, wird hinter dem senkrechten Strich die einschränkende Bedingung notiert.

Basisaufgaben

1. Ermittle, wenn möglich, für welche fehlenden Werte die Punkte auf dem Graphen der Funktion f mit $f(x) = \sqrt{x}$ liegen.
   A(0,25|■)   B(■|4)   C(■|0)   D(■|−9)

2. Prüfe die Aussage. Begründe.
   Je größer der Wert von x ist, desto größer ist der Wert von $\sqrt{x}$.

3. Durch die Wertetabelle wird eine Funktion f dargestellt. Kehre die Funktion um und zeichne den Graphen der Umkehrfunktion in ein Koordinatensystem.

a)

x	0	0,5	1	1,5	2	3
f(x)	3	3,25	4	5,25	7	12

b)

x	0	0,5	1	1,5	2	2,5
f(x)	0	1	2	4,5	8	12,5

4. Ermittle die Definitionsmenge der Funktion f mit der angegebenen Gleichung. Erstelle dann eine Wertetabelle und zeichne den Graphen der Funktion.
   a) $f(x) = \sqrt{x+3}$ b) $f(x) = \sqrt{x-2}$ c) $f(x) = \sqrt{2x}$ d) $f(x) = 2 \cdot \sqrt{x-2}$

5. Zeichne den Graphen der Funktion f und spiegle ihn an der 1. Winkelhalbierenden. Stelle die Funktionsgleichung der Umkehrfunktion auf.
   a) $f(x) = 1{,}5x + 1$ b) $f(x) = x^2 - 2$ c) $f(x) = \frac{1}{4}x^2$ d) $f(x) = (x+2)^2 + 3$

Weiterführende Aufgaben

6. Gegeben ist die Funktion f mit $f(x) = \sqrt{x}$.
   a) Ermittle die x-Werte, für die $f(x) \geq 10$ gilt.
   b) Ermittle die x-Werte, für die $f(x) \leq 0{,}1$ gilt.

7. Ordne den Graphen A bis C jeweils die passenden Graphen der Umkehrfunktionen ① bis ③ zu.

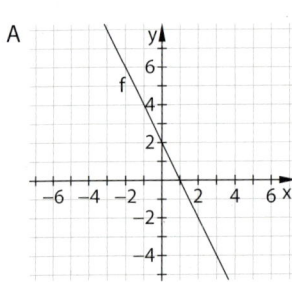
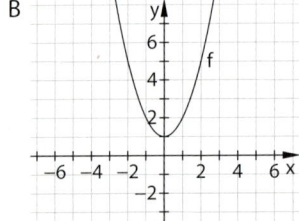
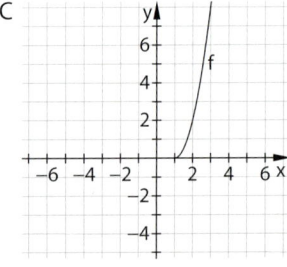
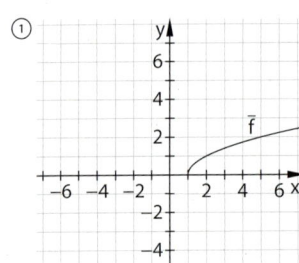
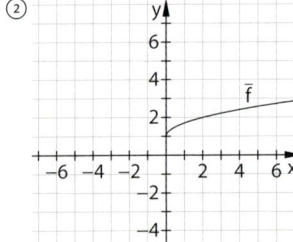
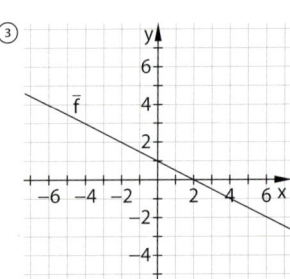

8. Gegeben ist die Funktionsgleichung von f. Ermittle die Umkehrfunktion von f rechnerisch. Gib auch die Definitionsmenge von $\bar{f}$ an.
   a) $f(x) = x^2 + 2$ b) $f(x) = 5x^2$ c) $f(x) = -\frac{1}{2}x^2 + 4$ d) $f(x) = 3x + 2$

Hinweis zu 9:
Hier wird mit einer Faustformel gearbeitet. Lasse beim Rechnen die Einheiten weg.

9. Stelle dir vor, du stehst am Meer. Die Sichtweite kann näherungsweise durch den Graphen der Funktion f mit $f(x) = 3{,}9 \cdot \sqrt{x}$ beschrieben werden. Darin steht x für die Augenhöhe in m und f(x) für die Sichtweite in Kilometern.
   a) Gib einen Bereich mit sinnvollen Werten für x an. Zeichne den Graphen der Funktion f in diesem Bereich mit einem Funktionenplotter.
   b) Lies eine Näherungslösung am Graphen ab. Beachte den Unterschied zwischen Augenhöhe und Körpergröße.
      ① Wie weit kann ein Mensch schauen, der eine Augenhöhe von 1,60 m hat?
      ② Wie weit kann ein Mensch schauen, der 1,90 m groß ist?
      ③ Welche Augenhöhe hat ein Mensch, der eine Sichtweite von 5 km hat?
      ④ Wie groß ist ein Mensch, der eine Sichtweite von 5,3 km hat?

6.12 Wurzelfunktionen

10. **Stolperstelle:** Ceylan zeichnet den Graphen der Funktion f mit $f(x) = \sqrt{x+1}$. Nico betrachtet die Zeichnung und meint: „Du darfst die Funktion nur bis zur y-Achse zeichnen, da Wurzeln nicht für negative Zahlen definiert sind." Nimm dazu Stellung.

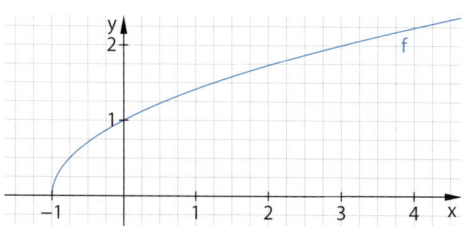

11. Ein Sportler springt von einem Sprungturm. Der dabei zurückgelegte Weg wird durch die Funktion h mit der Gleichung $h(t) = 5t^2$ modelliert. (t ist die Sprungzeit in Sekunden, h ist der zurückgelegte Weg in m.)
    a) Zeichne den Graphen der Funktion für $0\,s \leq t \leq 2\,s$. Lies am Graphen ab: Aus welcher Höhe springt der Sportler, wenn er 1 Sekunde in der Luft ist? Kontrolliere rechnerisch.
    b) Zeichne den Graphen der Umkehrfunktion $\overline{h}$. Lies am Graphen ab, wie lange ein Springer, der vom 10-m-Turm springt, in der Luft ist.
    c) Ermittle die Gleichung der Umkehrfunktion $\overline{h}$.

Hinweis zu 11:
Hier wird mit einer Faustformel gearbeitet. Lasse beim Rechnen die Einheiten weg.

12. a) Stelle für die Zuordnungen *Kantenlänge a → Würfelvolumen V* und *Würfelvolumen V → Kantenlänge a* jeweils eine Wertetabelle auf.
    b) Zeichne die Graphen der Zuordnungen in ein Koordinatensystem. Prüfe, ob sie durch Spiegelung an der 1. Winkelhalbierenden auseinander hervorgehen.

13. **Verschieben und Strecken von Wurzelfunktionen**
    a) Ordne den Funktionsgleichungen den zugehörigen Graphen zu.
    $f(x) = \sqrt{x} + 1 \qquad g(x) = \sqrt{x+1}$
    $h(x) = 2\sqrt{x} \qquad i(x) = -\sqrt{x}$
    Erläutere jeweils, wie der Graph aus dem Graphen der Funktion k mit $k(x) = \sqrt{x}$ entstanden ist.
    b) Skizziere den Graphen der Funktion m mit $m(x) = -2\sqrt{x-3} + 4$

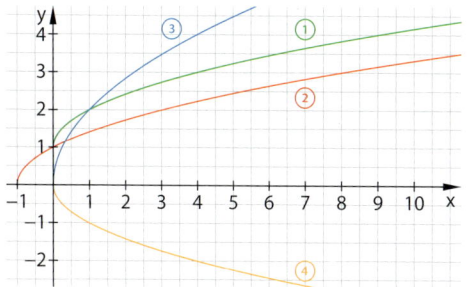

14. **Ausblick:**
    Der rot markierte Teil des gotischen Spitzbogenfensters wird durch die Funktion f mit $f(x) = -x^2 - x + 8$ beschrieben.
    a) Gib den kleinsten und den größten x-Wert an, für den der rot markierte Teilbogen dargestellt ist.
    b) Ermittle die Gleichung einer Funktion, mit der der grün markierte Teilbogen beschrieben werden kann.
    c) Ermittle die Gleichungen der Funktionen für die restlichen Teilbögen.

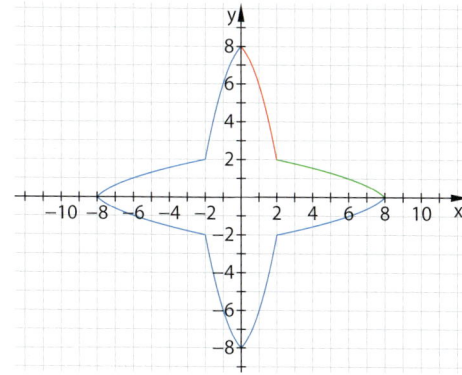

Streifzug

6. Quadratische Funktionen und Gleichungen

Wurzelgleichungen

■ Löse das Zahlenrätsel. ■

Wenn man zu einer Zahl 1 addiert und dann die Quadratwurzel zieht, erhält man 4.

Gleichungen, in denen Variable unter dem Wurzelzeichen vorkommen, nennt man **Wurzelgleichungen**.
Zum Lösen von Wurzelgleichungen versucht man, die Wurzel zu entfernen. Dafür kann man die Wurzel auf einer Seite isolieren und dann die beiden Seiten der Gleichung quadrieren.
Aber Achtung: **Das Quadrieren von beiden Seiten einer Gleichung ist keine Äquivalenzumformung,** denn das Potenzieren beseitigt beispielsweise Vorzeichenunterschiede zwischen den beiden Seiten der Gleichung. Deshalb muss man durch eine Probe überprüfen, ob die gefundenen Lösungen auch Lösungen der Ausgangsgleichung sind.

Hinweis:
Beim Quadrieren beider Gleichungsseiten können zusätzliche Lösungen entstehen, aber keine verschwinden.

Wissen: Lösen von Wurzelgleichungen
Beim Lösen von Wurzelgleichungen kann man wie folgt vorgehen:
1. Forme die Gleichung so um, dass der Wurzelterm allein auf einer Seite steht.
2. Quadriere die beiden Seiten der Gleichung.
3. Da das Quadrieren von beiden Seiten einer Gleichung keine Äquivalenzumformung ist, können Lösungen dazukommen. Führe eine Probe durch. Gib die Lösungsmenge an.

Beispiel 1: Löse die Wurzelgleichung. Gib auch den Definitionsbereich der Gleichung an.
a) $\sqrt{4x - 8} = 8$
b) $\sqrt{x^2 - 9} + x = 1$

Lösung:

a) Ermittle den Definitionsbereich: Der Radikand muss größer oder gleich 0 sein.

$4x - 8 \geq 0 \quad | +8$
$4x \geq 8 \quad | :4$
$x \geq 2 \quad D = \{x \mid x \geq 2\}$

Quadriere beide Seiten der Gleichung, um das Wurzelzeichen zu entfernen. Löse die Gleichung nach x auf.

$\sqrt{4x - 8} = 8 \quad |(\;)^2$
$4x - 8 = 64 \quad | +8; :4$
$x = 18$

Führe eine Probe durch: Setze x = 18 in die Ausgangsgleichung ein. Prüfe ob 18 aus dem Definitionsbereich ist. Gib die Lösungsmenge an.

Probe: $\sqrt{4 \cdot 18 - 8} = \sqrt{72 - 8} = \sqrt{64} = 8$ ✓
$18 \geq 2$, also ist 18 aus dem Definitionsbereich.
Lösungsmenge: $L = \{18\}$

b) Ermittle den Definitionsbereich. Der Radikand muss größer oder gleich 0 sein. Da das Quadrat einer negativen Zahl positiv ist, darf x auch negativ sein.

$x^2 - 9 \geq 0 \quad | +9$
$x^2 \geq 9 \quad | \sqrt{\;}$
$|x| \geq \sqrt{9} = 3 \quad D = \{x \mid |x| \geq 3\}$

Isoliere den Wurzelterm und quadriere dann beide Seiten. Löse die Gleichung nach x auf.

$\sqrt{x^2 - 9} + x = 1 \quad | -x$
$\sqrt{x^2 - 9} = 1 - x \quad |(\;)^2$
$x^2 - 9 = (1 - x)^2 \quad |$ Bin. Formel
$x^2 - 9 = 1 - 2x + x^2 \quad | -x^2; +9; +2x$
$x = 5$

Führe eine Probe durch. Setze x = 5 in die Ausgangsgleichung ein.

Probe: $\sqrt{5^2 - 9} + 5 = \sqrt{25 - 9} + 5 = \sqrt{16} + 5$
$= 4 + 5 = 9 \neq 1$
5 ist **keine** Lösung der Ausgangsgleichung.

Gib die Lösungsmenge an.

Lösungsmenge: $L = \{\;\}$

Streifzug

Aufgaben

1. Löse die Gleichung im Kopf.
   a) $\sqrt{x} = 16$
   b) $\sqrt{a} = 4$
   c) $\sqrt{x} = 0{,}25$
   d) $\sqrt{x} - 1 = 5$
   e) $\sqrt{a} + 6 = 6$
   f) $\sqrt{2x} = 1$
   g) $\sqrt{x} - 1 = 4$
   h) $\sqrt{x+3} = 3$

2. Löse die Gleichung. Notiere den Definitionsbereich und führe eine Probe durch.
   a) $\sqrt{x-3} = 2$
   b) $3 \cdot \sqrt{x+1} = \sqrt{x-7}$
   c) $\sqrt{5x-4} = 2 \cdot \sqrt{x}$
   d) $\sqrt{5x+5} = 5$
   e) $3 \cdot \sqrt{x-1} = 2 \cdot \sqrt{2x-1}$
   f) $\sqrt{4x^2-5} = 2 \cdot x - 1$

3. Löse die Gleichung.
   a) $\sqrt{4x-8} = 64$
   b) $\sqrt{x^2+20} = x + 10$
   c) $\sqrt{x^2+2} = \sqrt{2}$

4. Überprüfe die Lösungen. Berichtige sie und beschreibe die Fehler.
   a) $\sqrt{x+1} + 2 = 4$
      $x + 1 + 4 = 16$
      $x = 11$
      $L = \{11\}$
   b) $\sqrt{2x} + \sqrt{x-1} = 3$
      $2x + x - 1 = 9$
      $3x = 10$
      $x = \frac{10}{3}$
      $L = \left\{\frac{10}{3}\right\}$
   c) $\sqrt{3x-2} + 4 = 3$
      $\sqrt{3x-2} = -1$
      $3x - 2 = 1$
      $3x = 3$
      $x = 1, L = \{1\}$

5. Begründe ohne Rechnung, dass die Gleichung $\sqrt{x-4} + 2 = 1$ keine Lösung hat.

6. Löse die Zahlenrätsel.
   a) Wenn man vom Vierfachen einer Zahl 8 subtrahiert und anschließend die Wurzel zieht, erhält man 32.
   b) Wenn man zum Quadrat einer Zahl 60 addiert und anschließend die Wurzel zieht, erhält man dasselbe, als wenn man zur Zahl 4 addiert.
   c) Wenn man zum Quadrat einer Zahl 2 addiert und anschließend die Wurzel zieht, erhält man dasselbe, als wenn man zum Quadrat der Zahl 1 addiert und dann die Wurzel zieht.

7. Formuliere ein Zahlenrätsel, das auf die Gleichung $\sqrt{x-4} = 6$ führt.

8. Löse die Gleichung.
   a) $\sqrt{\frac{1}{2}x - 8} + 8 = 9$
   b) $\sqrt{\frac{x-5}{x+7}} = 12$
   c) $\sqrt{x^2 - \frac{x}{2}} = x + \frac{1}{2}$
   d) $\sqrt{\frac{2x+2}{2x-1}} = \sqrt{\frac{3x+1}{3x+3}}$
   e) $\sqrt{2x^2+6} - \sqrt{4x^2+2} = 0$
   f) $-14 = 6 - 4\sqrt{100x+5}$

9. Die Zeit T (in Sekunden), in der ein Pendel einmal hin und her schwingt, hängt von der Länge l (in Meter) des Pendels ab. Es gilt: $T = 2\pi\sqrt{\frac{l}{g}}$ mit $g = 9{,}81 \frac{m}{s^2}$.
   Ein Pendel schwingt 30-mal in einer Minute hin und her. Berechne die Länge des Pendels.

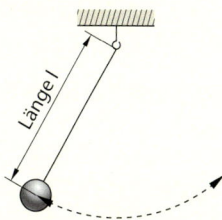

10. **Forschungsauftrag:** Löse die Wurzelgleichungen.
    a) $\frac{3}{\sqrt{x-1}} - \sqrt{x-4} = \sqrt{x-1}$
    b) $\sqrt{x-3} + \sqrt{x+2} = \sqrt{4x-3}$
    c) $\sqrt{x-9} \pm \sqrt{x-4} = -1$

6.13 Vermischte Aufgaben

1. Betrachte die quadratischen Funktionen mit einer Gleichung der Form $f(x) = a \cdot (x-2)^2 + e$ mit $a > 0$ und $e < 0$.
   a) Zeichne die folgenden Parabeln.
      ① $a = 1; e = -2$ ② $a = 3; e = -3$ ③ $a = 0{,}5; e = -1$ ④ $a = 5; e = -5$
   b) Gib an, welche dieser Parabeln die gleichen Nullstellen haben.
   c) Prüfe die Aussage: Die Nullstellen bleiben gleich, wenn der Streckfaktor und die Verschiebung in y-Richtung mit dem gleichen Faktor multipliziert werden.

2. Quadratzahlen kann man auf zwei Arten berechnen:
   1. direkt: $4^2 = 4 \cdot 4 = 16$ oder
   2. als Summe: $1 + 3 + 5 + 7 = 16$.

   a) Erprobe an 6^2, 8^2 und 10^2, ob das Verfahren auch für weitere Quadratzahlen funktioniert.
   b) Diese Eigenschaft kann man nutzen, um Normalparabeln schnell zu skizzieren. Beschreibe ein mögliches Verfahren.

3. Hält man einen Gartenschlauch schräg nach oben, entsteht eine annähernd parabelförmige Wasserfontäne. Die „Bewegung" eines solchen Wasserstrahls wurde mit einer Stroboskopaufnahme festgehalten (s. Bild).

   💥 Erstelle eine Wertetabelle aus den Koordinaten der Punkte in der Grafik.

   💥 Stelle zu dem Wasserstrahl die Gleichung einer passenden Parabel auf. Verwende dafür den Scheitelpunkt und den Anfangspunkt bei $x = 0$.
   Berechne damit die Funktionswerte bei $x = 0{,}1; x = 0{,}2; \ldots; x = 0{,}9$ und vergleiche mit den Punkten in der Grafik.

   💥 Angenommen, die Bewegung kann durch die Gleichung $f(x) = -3x^2 + 1{,}8x + 1{,}2$ beschrieben werden. Berechne, in welcher Höhe der Gartenschlauch gehalten wird und nach wie viel Metern horizontaler Entfernung das Wasser auf dem Boden aufkommt.

   💥 Überlege, welche Vorgänge durch Parabeln beschreibbar sind. Nenne mindestens drei Beispiele.

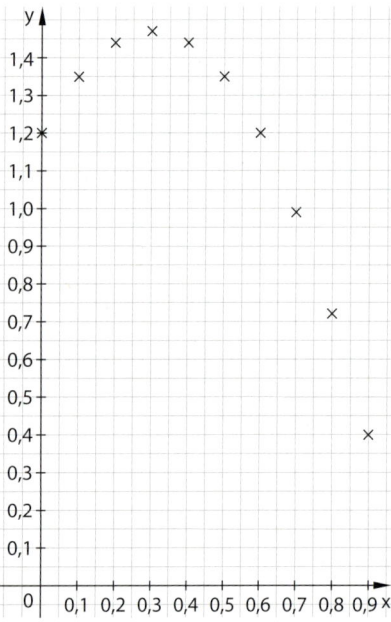

4. Die Flugkurve eines Tennisballs kann durch die Funktion f mit $f(x) = -0{,}1x^2 + x + 2{,}5$ beschrieben werden. Die x-Werte geben die horizontale Entfernung des Tennisballs in Metern an, die f(x)-Werte die Höhe des Balls in Metern. Berechne:
   a) Wie hoch ist der Ball beim Aufschlag?
   b) Wie hoch ist der Ball nach drei Metern?
   c) Nach wie viel Metern ist der Ball 3,40 m hoch?
   d) Nach wie viel Metern kommt der Ball wieder auf dem Boden auf?
   e) Wie hoch fliegt der Tennisball maximal?

6.13 Vermischte Aufgaben

5. Vervollständige die Gleichung im Heft.
   a) $x^2 + 24x = (x + \blacksquare)^2 - 144$ b) $x^2 + 11x = (x + 5{,}5)^2 - \blacksquare$ c) $x^2 + 15x = \left(x + \frac{\blacksquare}{2}\right)^2 - \blacklozenge$

6. Wähle ein geeignetes Lösungsverfahren. Begründe deine Wahl. Löse dann die Gleichung.
   a) $0 = x^2 - 7x + 12$
   b) $x^2 - 2x - 63 = 0$
   c) $x^2 + 8x = -16$
   d) $(x - 3)^2 = 0$
   e) $5x^2 = 25x + 30$
   f) $17(x - 0{,}12)(x + 0{,}89) = 0$
   g) $432 = (9x - 81)(x - 7)$
   h) $8(x^2 - 12x + 28) = 8$
   i) $0{,}5(x - 12) = 4(x - 1)^2$
   j) $(x - 5)(x + 9) = 0$
   k) $(x - 7)^2 = 0$
   l) $(x + 3)(x - 7) - 1 = -1$
   m) $x^2 = 441$
   n) $3x^2 - 3x - 90 = 0$
   o) $3{,}75x^2 - 0{,}125x = -0{,}25x$

Hinweis 6: Beachte die Methodenkarte 9C auf Seite 233.

7. Löse die Gleichung.
   a) $(x + 2)^2 - 2(2x + 1) = 18$
   b) $x(x + 5) - 3(x + 8) = 2x + 57$
   c) $(x + 1)^2 + (x - 1)^2 = 100$
   d) $2(x - 3)^2 + 5(x - 1)^2 = (x - 11)^2 + 1252$

8. Der Flächeninhalt eines Dreiecks beträgt 5,98 cm². Die Grundseite ist um 2 cm länger als die zugehörige Höhe. Wie lang sind beide Seiten?

9. Vervollständige die Gleichung im Heft.
   a) $x^2 + 2x + 1 = (x + 1)(x + \blacksquare)$
   b) $x^2 + 4x + 3 = (x + 1)(x + \blacksquare)$
   c) $x^2 - 2x - 3 = (x + 1)(x + \blacksquare)$
   d) $x^2 + px + \blacksquare = \left(x + \frac{p}{2}\right)(x + \blacksquare)$

10. Löse das Zahlenrätsel.
   a) Subtrahiert man vom Vierfachen des Quadrats der gesuchten Zahl ihr Vierfaches, so erhält man ihr Zehnfaches.
   b) Das verdoppelte Quadrat der gesuchten Zahl ist ebenso groß wie das Vierfache der gesuchten Zahl.

11. Gegeben sind zwei quadratische Funktionen f und g.
   a) Bestimme jeweils den Scheitelpunkt der Parabeln und gib die Funktionsgleichung in Scheitelpunktform an.
   b) Forme die Scheitelpunktform jeweils in die allgemeine Form um.
   c) Berechne die Schnittpunkte von f und g.
   d) Gib die Funktionsgleichung einer quadratischen Funktion h an, deren Graph keinen (bzw. genau einen) Schnittpunkt mit f hat.

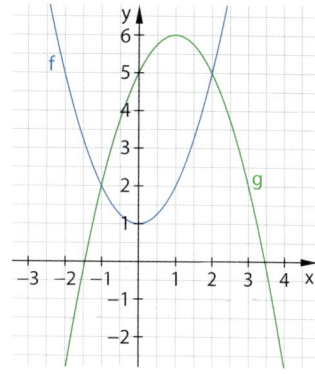

12. Gegeben sind die rechts abgebildeten Graphen zweier Funktionen.
   a) Ermittle die Gleichungen der zugehörigen Funktionen.
   b) Beschreibe möglichst viele Arten, wie man durch die Veränderung von jeweils einem Wert in einer der Funktionsgleichungen erreichen kann, dass die Graphen genau einen Schnittpunkt haben.

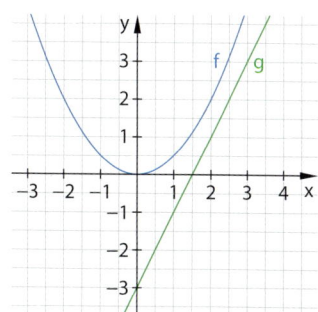

Prüfe dein neues Fundament

Lösungen
↗ S. 249

1. Der Punkt P liegt auf der Normalparabel. Bestimme fehlende Werte, wenn möglich.
   a) P(3,5|■)   b) P(■|1,96)   c) P(■|0)   d) P(0|■)   e) P(■|–1)

2. Zeichne den Graphen der Funktion mit der angegebenen Gleichung mithilfe einer Wertetabelle.
   a) $f(x) = x^2$ b) $g(x) = 3x^2$ c) $h(x) = -0,5x^2$ d) $k(x) = -2x^2$ e) $l(x) = 0,2x^2$

3. Beschreibe die Verschiebung gegenüber der Normalparabel, gib den Scheitelpunkt an und zeichne den Graphen der Funktion.
   a) $f(x) = x^2 + 2$ b) $g(x) = (x + 1)^2$ c) $h(x) = (x - 2)^2 - 1$ d) $k(x) = \left(x + \frac{1}{2}\right)^2 - \frac{9}{4}$

4. a) Stelle jeweils die Funktionsgleichung der verschobenen Normalparabel auf.
     ① Verschiebung der Normalparabel um 4 Einheiten nach unten und um 7 Einheiten nach links
     ② Der Scheitelpunkt liegt bei S(–1,5|3,5).
     ③ Der Graph enthält die Punkte P(–2|–5,25), Q(–1|–6,25) und R(0|–5,25).
   b) Berechne die Nullstellen der Funktionen aus a).

5. Zeichne den Graphen der Funktion mit der angegebenen Gleichung. Gib zuerst die Koordinaten des Scheitelpunkts an.
   a) $f(x) = 2(x - 2)^2 + 1$ b) $g(x) = -(x - 1)^2 - 1$ c) $h(x) = 0,25(x - 4)^2 - 2$

6. a) Gib die Funktionsgleichung zur rechts abgebildeten Parabel an.
   b) Berechne die x-Werte, bei denen die Funktion den Funktionswert 11,25 hat.

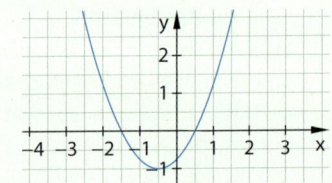

7. Auf dem Graphen einer quadratischen Funktion liegen der Scheitelpunkt S und Punkt P. Berechne die Nullstellen der Funktion.
   a) S(0|–2) und P(2|0)   b) S(3|–2) und P(7|0)   c) S(2|12) und P(1|9)

8. Der Brückenbogen mit den gegebenen Maßen hat die Form einer Parabel.
   a) Stelle eine Funktionsgleichung der Parabel auf, wenn der Koordinatenursprung ① im Scheitelpunkt, ② links unten am Beginn des Bogens liegt.
   b) Berechne für den Fall ① die Länge der Stützen, die 29 m vom Scheitelpunkt entfernt beginnen.

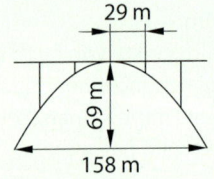

9. Gib an, in welcher Form die Funktionsgleichung angegeben ist. Wandle sie in die fehlenden beiden Formen um.
   a) $f(x) = 2(x - 1)^2 - 18$ b) $g(x) = x^2 - 14x + 45$ c) $h(x) = -3(x + 4)(x - 2)$

10. Die Funktion f mit $f(x) = -0,002x^2 + 0,6x$ beschreibt die Flugbahn eines Golfballs.
    a) Berechne, wie weit der Golfball fliegt.
    b) Berechne die maximale Höhe des Golfballs während des Flugs.

11. Löse die Gleichung rechnerisch.
    a) $x^2 - 0,04 = 0$ b) $9x^2 - 225 = 0$ c) $7x^2 + 7x = 0$ d) $3x^2 + 6 = 33$

Prüfe dein neues Fundament

12. Ermittle die Lösungen der Gleichung rechnerisch.
    a) $x^2 + 4x + 3 = 0$
    b) $x^2 + 6x + 11 = 0$
    c) $0{,}5x^2 - 3x + 2{,}5 = 0$
    d) $2x^2 - 28x + 96 = 0$
    e) $\frac{1}{3}x^2 - \frac{8}{3}x + 5 = 0$
    f) $0{,}25x^2 + 1{,}5x + 1{,}75 = 0$

    Lösungen ↗ S. 249

13. Ein Rechteck hat die Seiten a = 6 cm und b = 4 cm. Beide Seiten werden um die Länge x verlängert, sodass sich der Flächeninhalt des Rechtecks verdoppelt. Ermittle x mithilfe einer Gleichung.

14. Ein Quadrat hat den Flächeninhalt 100 cm². Nun wird eine Seite des Quadrats um eine Länge x verkürzt, die andere Seite wird um das Doppelte dieser Länge x verlängert, sodass ein Rechteck entsteht.
    a) Ermittle x so, dass der Flächeninhalt des Rechtecks so groß wie möglich wird.
    b) Berechne: Wie ändert sich das Ergebnis in a), wenn eine Seite des Quadrats um eine Länge x verkürzt und die andere Seite um das Fünffache der Länge x verlängert wird?

15. a) Ermittle, welche quadratische Gleichung in der Abbildung grafisch gelöst wird.
    b) Lies die Lösung ab und mache eine rechnerische Probe.

    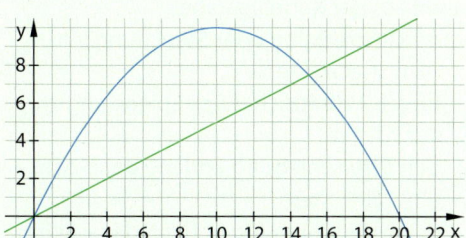

16. Ermittle die Schnittpunkte der Graphen von f und g rechnerisch. Kontrolliere deine Ergebnisse mit einem Funktionenplotter.
    a) $f(x) = x^2 + 2x + 1$; $g(x) = 4$
    b) $f(x) = x^2 + 2x + 1$; $g(x) = -x^2 + 2x + 1$
    c) $f(x) = x^2 - 2x + 1$; $g(x) = -x + 1$
    d) $f(x) = -2x^2 + x - 1$; $g(x) = -x^2 + 1$

17. Zeichne den Graphen der Funktion f mit $f(x) = x^2 - 1$ und spiegle ihn an der 1. Winkelhalbierenden.
    Stelle die Funktionsgleichung der Umkehrfunktion auf.

Wiederholungsaufgaben

1. Ein Energieversorgungsunternehmen verlangt von seinen Gaskunden 3,50 € als Grundgebühr im Monat und 7,3 ct pro verbrauchte KWh. Berechne, wie hoch die Gasrechnung im Monat Dezember ist, in dem 280 KWh verbraucht wurden.

2. Berechne die Lösungsmenge des Gleichungssystems. $\begin{vmatrix} 2x - 6y = 1 \\ x - y = 1 \end{vmatrix}$

3. Im Dreieck ABC ist γ = 90°, $w_β$ ist die Winkelhalbierende von β. Berechne die Größen der Winkel α und β.

   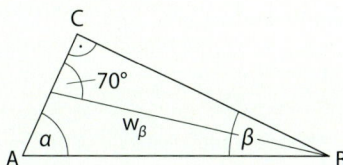

4. Beim Kauf eines Gebrauchtwagens werden 30 % angezahlt. Dies sind 4 200 €. Berechne den Kaufpreis des Fahrzeugs.

Zusammenfassung

Quadratische Funktion f mit $f(x) = x^2$ und Normalparabel; allgemeine Form	Der Graph der quadratischen Funktion f mit der Gleichung $f(x) = x^2$ heißt **Normalparabel**. Die Normalparabel ist symmetrisch zur y-Achse und hat im Ursprung den tiefsten Punkt (Scheitelpunkt). Jede quadratische Funktion f kann in der **allgemeinen Form $f(x) = ax^2 + bx + c$** dargestellt werden. Der **Streckfaktor a** und der **y-Achsenabschnitt c** können am Funktionsterm abgelesen werden.	$f(x) = x^2$ 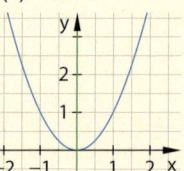 Symmetrieachse S(0|0)
Scheitelpunktform einer beliebigen quadratischen Funktion	Der Graph der Funktion f mit $f(x) = a \cdot (x - d)^2 + e$ ist eine Parabel mit dem Scheitelpunkt S(d|e). Der Graph von f entsteht aus der Normalparabel – durch **Streckung oder Stauchung** mit dem Streckfaktor a, – für a < 0 zusätzlich durch Spiegelung an der x-Achse, – durch **Verschiebung entlang der x-Achse** um d Einheiten, – durch **Verschiebung entlang der y-Achse** um e Einheiten.	$f(x) = -(x-1)^2 + 2$ 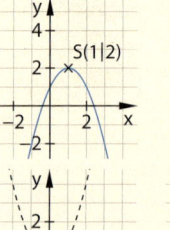
Nullstellen einer quadratischen Funktion	Eine Funktion hat die **Nullstelle x_N**, wenn $f(x_N) = 0$ ist. Die Nullstelle ist die x-Koordinate des Schnittpunktes des Graphen mit der x-Achse. Eine quadratische Funktion hat zwei Nullstellen oder eine Nullstelle oder keine Nullstelle.	$f(x) = x^2 - 1$ $f(x) = x^2$ $f(x) = x^2 + 1$ zwei Null- eine Null- keine Null- stellen stelle stellen
Quadratische Gleichungen	Gleichungen der Form $ax^2 + bx = c$ mit $a \neq 0$ heißen **quadratische Gleichungen**, da die Variable quadratisch, aber nicht in höherer Potenz auftritt. Eine quadratische Gleichung kann **keine Lösung, eine Lösung oder zwei Lösungen** haben.	$x^2 + 3x + 4 = -1$ hat keine Lösung: L = { } $x^2 - 2x + 1 = 0$ hat eine Lösung: L = {1} $x^2 + 4x - 1 = 20$ hat zwei Lösungen: L = {-7; 3}
a-b-c-Formel und p-q-Formel	Die Lösungen einer quadratischen Gleichung der Form $ax^2 + bx + c = 0$ können mit der a-b-c-Formel berechnet werden: $x_{1/2} = \dfrac{-b \pm \sqrt{b^2 - 4 \cdot a \cdot c}}{2a}$ Sie können auch mithilfe der p-q-Formel $x_{1/2} = -\dfrac{p}{2} \pm \sqrt{\dfrac{p^2}{4} - q}$ berechnet werden. Falls $a \neq 1$ ist, muss zuvor die Gleichung durch a dividiert werden.	$2x^2 + 3x - 2 = 0$ $x_{1/2} = \dfrac{-3 \pm \sqrt{3^2 - 4 \cdot 2 \cdot (-2)}}{2 \cdot 2}$ $x_1 = -2;\ x_2 = 0{,}5$ $2x^2 + 3x - 2 = 0 \quad \vert : 2$ $x^2 + \dfrac{3}{2}x - 1 = 0$ $x_{1/2} = -\dfrac{3}{4} \pm \sqrt{\dfrac{9}{16} + 1}$ $x_{1/2} = -\dfrac{3}{4} \pm \dfrac{5}{4}$ $x_1 = -2;\ x_2 = 0{,}5$

7. Mehrstufige Zufallsexperimente

Die Wahrscheinlichkeit für den Einschlag eines Asteroiden mit einem Durchmesser von 50 cm beträgt pro Jahr 0,1 %.
Wie wahrscheinlich ist es, dass die Erde in zwei aufeinanderfolgenden Jahren von solchen Asteroiden getroffen wird?

Nach diesem Kapitel kannst du …

- mehrstufige Zufallsexperimente in einem Baumdiagramm übersichtlich darstellen,
- Wahrscheinlichkeiten für mehrstufige Zufallsexperimente berechnen.

Dein Fundament

7. Mehrstufige Zufallsexperimente

Lösungen
↗ S. 250

Brüche, Dezimalzahlen, Prozentangaben

1. Gib als Dezimalzahl sowie in Prozentschreibweise an.
   a) $\frac{1}{2}$ b) $\frac{3}{4}$ c) $\frac{7}{10}$ d) $\frac{3}{50}$ e) $\frac{18}{20}$ f) $\frac{12}{40}$

2. Gib als Bruch an und kürze vollständig.
   a) 0,2   b) 0,25   c) 0,02   d) 0,125   e) 0,72   f) 0,06

3. Gib als Bruch und als Dezimalzahl an.
   a) 1%   b) 25%   c) 75%   d) 40%   e) 22%   f) 30%

4. Berechne die fehlenden Angaben in jeder Spalte.

	a)	b)	c)	d)	e)	f)	g)	h)
Prozentangabe	10%				8%			125%
Bruch mit Nenner 100		$\frac{20}{100}$						
Bruch (gekürzt)				$\frac{4}{5}$			$\frac{3}{2}$	
Dezimalzahl			0,04			0,6		

Mit Brüchen, Dezimalzahlen und Prozenten rechnen

5. Berechne.
   a) $\frac{5}{7} \cdot \frac{5}{7}$ b) $\frac{5}{9} + \frac{2}{9}$ c) $\frac{3}{4} + \frac{2}{3}$ d) $\frac{2}{3} \cdot \frac{3}{4}$ e) $\frac{3}{5} + \frac{9}{15}$
   f) $\frac{4}{7} \cdot \frac{14}{13}$ g) $\frac{2}{5} + \frac{2}{5} \cdot \frac{1}{2}$ h) $\left(\frac{2}{5} + \frac{2}{5}\right) \cdot \frac{1}{2}$ i) $\frac{3}{4} \cdot \frac{4}{5} + \frac{3}{5} \cdot \frac{1}{4}$ j) $\frac{5}{6} \cdot \frac{5}{12}$

6. Multipliziere.
   a) 0,8 · 0,5   b) 0,6 · 0,2   c) 0,25 · 0,3   d) 0,7 · 0,02   e) 0,17 · 0 · 0,3

7. Berechne.
   a) 10% von 600 Schülern
   b) 30% von 120 Möglichkeiten
   c) 43% von 1000 Schrauben
   d) 0,7% von 1 000 000 Flaschen

8. Übertrage in dein Heft und setze anstelle von ■ das passende Zeichen <, > oder = ein.
   a) $\frac{3}{4}$ ■ $\frac{3}{4} \cdot \frac{1}{2}$ b) $\frac{3}{4}$ ■ $\frac{3}{4} : \frac{1}{2}$ c) $\frac{4}{7} : \frac{1}{2}$ ■ $\frac{4}{7} \cdot 2$ d) $\frac{3}{5} + \frac{1}{5}$ ■ $\frac{3}{5} - \frac{2}{10}$ e) $\frac{2}{5} : \frac{3}{7}$ ■ $\frac{2}{5} \cdot \frac{3}{7}$

9. Berechne.
   a) $\frac{1}{3}$ von 12   b) $\frac{2}{5}$ von 35   c) $\frac{1}{2}$ von $\frac{1}{4}$ d) $\frac{3}{8}$ von $\frac{5}{12}$ e) $\frac{3}{4}$ von $\frac{12}{13}$

10. Berechne den Prozentsatz.
    a) 15 € von 60 €   b) 24 t von 120 t   c) 2 € von 200 €   d) 48 von 1200
    e) 1 min von 1 h   f) 380 m von 2 km   g) 120 € von 100 €   h) 288 ct von 72 €

11. In der Klasse 9a beträgt der Anteil der Jungen 60%. Außerdem gehen 10 Mädchen in die 9a. Berechne, wie viele Jungen in die 9a gehen.

Dein Fundament

Zufallsexperimente

Lösungen
↗ S. 250

12. Entscheide, ob es sich um ein Zufallsexperiment handelt. Begründe.
    a) Aus einem Schuhschrank werden im Dunkeln zwei Schuhe genommen.
    b) Am 24. 12. ist schulfrei.
    c) Aus einer Spielesammlung wird mit verbundenen Augen eine Halmafigur herausgenommen.
    d) Eine Stoppuhr wird gestoppt.

13. Gib die möglichen Ergebnisse an.
    a) Das Glücksrad in der Abbildung wird gedreht.
    b) Zwei Münzen werden geworfen.
    c) Es werden zwei Murmeln aus einem Beutel gezogen, in dem sich zwei rote, zwei grüne und zwei gelbe Murmeln befinden.

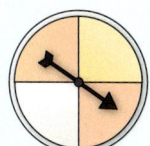

14. Gib an, was die größeren Chancen beim einmaligen Würfeln mit einem Spielwürfel hat.
    ① Würfeln einer Primzahl   ② Würfeln einer durch 3 teilbaren Zahl
    Begründe deine Antwort, indem du die Anzahl der möglichen Ergebnisse betrachtest.

Laplace-Experimente

15. Entscheide und begründe, ob es sich um ein Laplace-Experiment handelt.
    a) Eine Münze wird geworfen.
    b) Eine Reißzwecke wird geworfen.
    c) Ein quaderförmiger Baustein wird geworfen.
    d) Aus 32 Spielkarten wird eine Karte gezogen.

16. a) Handelt es sich beim Drehen des jeweiligen Glücksrades um ein Laplace-Experiment? Begründe.
    b) Gib für jedes Glücksrad die Wahrscheinlichkeit für „Gelb" an.
    c) Zeichne ein Glücksrad mit vier Farben und acht Feldern, mit dem man ein Laplace-Experiment durchführen kann.

17. Gib ein Laplace-Experiment mit folgender Wahrscheinlichkeit für jedes Ergebnis an.
    a) 50 %   b) $\frac{1}{6}$ c) 0,25   d) $\frac{1}{36}$

Vermischtes

18. Ordne der Größe nach. Beginne mit der kleinsten Zahl.
    a) 0,7; 50 %; $\frac{9}{8}$; $1\frac{3}{4}$ b) 125 %; 0,9; $1\frac{1}{2}$; 1,7; 1 %   c) 0,75; $0{,}1^2$; $\frac{1}{10}$; $1\frac{1}{4}$; 120 %

19. Ermittle, wie viele passende Zahlen es gibt.
    a) Die Zahl soll vierstellig sein. Die Zehnerstelle soll doppelt so groß sein wie die Einerstelle. Die Hunderterstelle soll doppelt so groß sein wie die Zehnerstelle.
    b) Die Zahlen sollen dreistellig sein und durch 5 teilbar.
    c) Die Zahlen sollen fünfstellig sein, die Tausenderstelle 4 und die Hunderterstelle 8 haben.

7.1 Baumdiagramme

■ Eine Cafeteria bietet Menüs an:
Hauptgericht: Fleisch, vegan oder Fisch,
Salat: grün oder gemischt,
Nachtisch: Obst oder Pudding.
Ermittle, wie viele unterschiedliche Menüs möglich sind.
a) Hauptgericht und Salat oder Nachtisch
b) Hauptgericht, Salat und Nachtisch ■

Hinweis:
Bei einem Baumdiagramm muss man immer darauf achten, ob die Wahl auf einer Stufe die weiteren Wahlmöglichkeiten einschränkt.

Jonas, Maria und Tim wollen Elfmeterschießen üben. Sie möchten wissen, viele Möglichkeiten es gibt, einen Schützen und einen Torwart zu bestimmen. In dieser Situation werden schrittweise Auswahlen getroffen. Sie lassen sich mithilfe eines **Baumdiagramms** anschaulich darstellen.

Es gibt drei Möglichkeiten, einen Schützen zu bestimmen. Anschließend gibt es nur noch zwei Möglichkeiten für den Torwart, da der Schütze nicht gleichzeitig Torwart sein kann.

Jeder Pfad durch den Baum entspricht einer Kombination Schütze – Torwart. Es gibt in dieser Situation sechs Möglichkeiten.

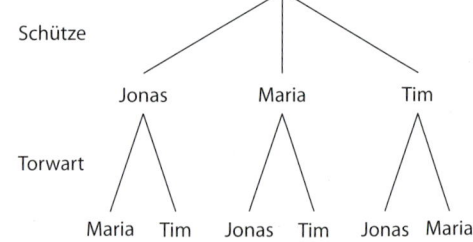

> **Wissen: Baumdiagramm – Zählprinzip**
> Situationen mit verschiedenen Auswahlmöglichkeiten kann man in einem Baumdiagramm übersichtlich darstellen.
> Die **Gesamtzahl der Möglichkeiten** entspricht der Anzahl der Baumenden auf der letzten Stufe der Auswahl.
> Sie ist gleich dem Produkt aus den Anzahlen der Möglichkeiten auf jeder Stufe.

> **Beispiel 1:** Ben kann aus vier T-Shirts (blau, rot, gelb, schwarz) und zwei Hosen (blau, weiß) auswählen. Wie viele Möglichkeiten hat Ben, die Kleidungsstücke zu kombinieren? Zeichne dazu ein Baumdiagramm.
>
> **Lösung:**
> Es gibt vier Möglichkeiten, ein T-Shirt auszuwählen, und zwei Möglichkeiten, eine Hose auszuwählen. Die Anzahl Hosen ist unabhängig von der Wahl des T-Shirts.
> Multipliziere die Anzahl der Möglichkeiten in beiden Stufen, um die Anzahl aller Möglichkeiten zu erhalten.
>
>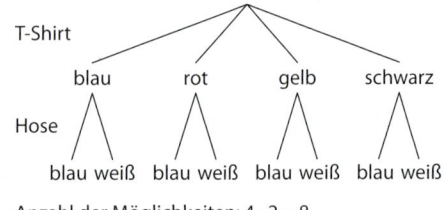
>
> Anzahl der Möglichkeiten: 4 · 2 = 8

Hinweis zu 1 a):
Notiere auf der ersten Stufe die Auswahl von Sara und darunter auf der zweiten Stufe die Auswahl von Linus.

Basisaufgaben

1. Sara und Linus spielen „Papier, Schere, Stein".
   a) Stelle die möglichen Kombinationen als Baumdiagramm dar.
   b) Gib an, bei wie vielen Kombinationen Sara gewinnt (Linus gewinnt, das Spiel unentschieden endet).

7.1 Baumdiagramme

2. Ein Passwort besteht aus den Buchstaben H, U, T. Jeder Buchstabe kommt genau einmal vor. Stelle die möglichen Passwörter in einem Baumdiagramm dar und ermittle ihre Anzahl.

3. Beim Werfen einer Münze kann diese „Kopf" oder „Zahl" zeigen. Eine Münze wird viermal nacheinander geworfen.
   a) Zeichne ein vierstufiges Baumdiagramm mit allen möglichen Ergebnissen.
   b) Gib an: Wie viele Möglichkeiten gibt es insgesamt?

Weiterführende Aufgaben

4. In einem Salsa-Kurs sind 12 Jungen und 14 Mädchen. Gib an: Wie viele mögliche Tanzpaare gibt es?

5. **Stolperstelle:** In der Klasse 9c sollen aus 20 Schülern ein Schülersprecher und ein Stellvertreter gewählt werden. Lenny meint: „Für jeden Posten gibt es 20 mögliche Schüler. Insgesamt sind es also 20 · 20 = 400 Möglichkeiten."
   Erkläre, warum das nicht stimmt, und korrigiere.

6. Ermittle: Wie viele verschiedene dreistellige Zahlen lassen sich aus den Ziffern 1, 2, 3, 4 und 5 bilden,
   a) wenn jede Ziffer mehrfach vorkommen kann,
   b) wenn jede Ziffer nur einmal vorkommen darf?

7. Bei einem Musikfestival treten sechs Musikgruppen auf. Ermittle: Wie viele Möglichkeiten gibt es für die Reihenfolge, in der die Gruppen auftreten?

8. Anna hat für ihr Fahrrad ein vierstelliges Zahlenschloss mit den Ziffern von 0 bis 9.
   a) Berechne, wie viele verschiedene Zahlenkombinationen sie im Schloss einstellen kann.
   b) Vergleiche die Anzahl möglicher Zahlenkombinationen aus a) mit einem dreistelligen Zahlenschloss (einem fünfstelligen Zahlenschloss).

9. In Phils Zimmer hängen vier Bilder. Er überlegt, die Bilder umzuhängen.
   a) Ermittle: Wie viele Möglichkeiten gibt es, die vier Bilder auf die vier Plätze zu verteilen?
   b) Ermittle: Wie ändert sich die Anzahl der Möglichkeiten, wenn Phil nur drei Bilder wieder aufhängt? Erläutere deine Lösung.

10. Bei einem Volleyball-Turnier soll jedes Team einmal gegen jedes andere Team spielen. Ermittle: Wie viele Spiele gibt es insgesamt, wenn sechs Teams (zehn Teams) teilnehmen? Erläutere deine Lösung.

11. **Ausblick:**
    a) Finde zu den Baumdiagrammen rechts jeweils eine passende Auswahlsituation.
    b) Denke dir eine Auswahlsituation aus und beschreibe sie durch einen Text. Zeichne dazu ein passendes Baumdiagramm. Überprüft gegenseitig, ob Text und Diagramm zueinander passen.

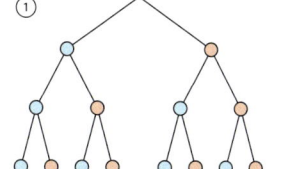 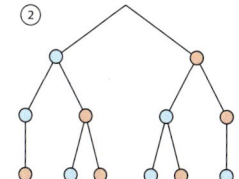

7.2 Wahrscheinlichkeiten und Baumdiagramme

■ In einer Lostrommel liegen noch 5 Lose. Chris, Mia, Loreen, Paula und Karl dürfen ziehen. Alle wissen, dass noch genau 2 Gewinne enthalten sind. Chris und Mia ziehen zuerst und haben beide ein Gewinnlos.
Jetzt beschweren sich die drei anderen und sagen: „Wir hatten ja gar keine Chance, den Gewinn zu ziehen."
Was sagst du dazu? ■

Ein Zufallsexperiment, bei dem aus einer Lostrommel nacheinander mehrere Lose gezogen werden oder bei dem mehrfach gewürfelt wird, nennt man ein **mehrstufiges Zufallsexperiment**. Die Ergebnisse dieser Zufallsexperimente sind **zusammengesetzte Ergebnisse**, zum Beispiel beim Ziehen von 5 Losen (Gewinn | Niete | Gewinn | Niete | Niete) oder beim zweifachen Würfeln (3 | 5).

Pfadmultiplikationsregel

Besonders übersichtlich lassen sich mehrstufige Zufallsexperimente in einem **Baumdiagramm** darstellen. So kann man beispielsweise das zweifache Werfen einer Münze durch das folgende Baumdiagramm darstellen.

Zu jedem der Ergebnisse gehört ein **Pfad**, der oben an der „Wurzel" beginnt und bis nach unten durchläuft. Der Pfad für das Ergebnis (Kopf | Kopf) ist blau gefärbt.

Beim 1. und beim 2. Wurf sind die Teilergebnisse „Kopf" oder „Zahl" mit einer Wahrscheinlichkeit von $\frac{1}{2}$ (50 %) möglich.
Die Wahrscheinlichkeiten werden jeweils an den Zweigen notiert.

Die Wahrscheinlichkeit für das Ergebnis (Kopf | Kopf) beträgt 50 % von 50 %, also 25 %, also $\frac{1}{2} \cdot \frac{1}{2} = \frac{1}{4} = 25\%$.

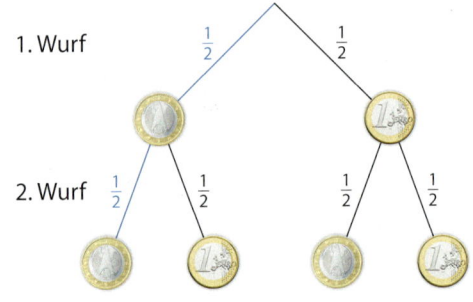

Ergebnis	Wahrscheinlichkeit
(Kopf | Kopf)	$\frac{1}{2} \cdot \frac{1}{2} = \frac{1}{4} = 25\%$
(Kopf | Zahl)	$\frac{1}{2} \cdot \frac{1}{2} = \frac{1}{4} = 25\%$
(Zahl | Kopf)	$\frac{1}{2} \cdot \frac{1}{2} = \frac{1}{4} = 25\%$
(Zahl | Zahl)	$\frac{1}{2} \cdot \frac{1}{2} = \frac{1}{4} = 25\%$

Hinweis:
Beachte, ob die Wahrscheinlichkeiten auf der 2. Stufe des Baumes von der 1. Stufe abhängen.

> **Wissen: Pfadmultiplikationsregel**
> Die **Wahrscheinlichkeit für ein zusammengesetztes Ergebnis** erhält man, indem man die Einzelwahrscheinlichkeiten längs des zugehörigen Pfades multipliziert.

Für mehrstufige Zufallsexperimente gilt:
- Die Wahrscheinlichkeiten der zusammengesetzten Ergebnisse am Ende der Pfade addieren sich zu 1 (zu 100 %).
- Die Summe der Wahrscheinlichkeiten unter jeder Verzweigung ist 1 (100 %).

7.2 Wahrscheinlichkeiten und Baumdiagramme

Beispiel 1: Das Glücksrad wird zweimal gedreht.
Wie groß ist die Wahrscheinlichkeit dafür, dass man zweimal
die Farbe Rot erhält?
Erstelle ein Baumdiagramm und berechne die gesuchte
Wahrscheinlichkeit.

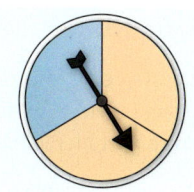

Lösung:
Die Wahrscheinlichkeit für die Farbe Rot
beträgt $\frac{2}{3}$ bei der ersten und $\frac{2}{3}$ bei der zweiten Drehung.

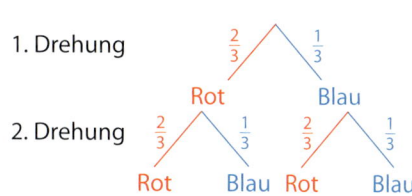

Multipliziere die Einzelwahrscheinlichkeiten, um die Wahrscheinlichkeit für zweimal
Rot zu erhalten.

$P(\text{Rot} \mid \text{Rot}) = \frac{2}{3} \cdot \frac{2}{3} = \frac{4}{9}$

Basisaufgaben

1. Karla zieht zweimal hintereinander eine Kugel und legt sie wieder
zurück. Als Ergebnis notiert sie (Gelb | Gelb).
   a) Was bedeutet das zusammengesetzte Ergebnis (Gelb | Gelb)?
   Erstelle ein Baumdiagramm und beschreibe mit eigenen Worten.
   b) Schreibe alle zusammengesetzten Ergebnisse auf, bei denen zuerst eine blaue Kugel
   gezogen wird. Notiere wie Karla.

2. Das Glücksrad wird zweimal gedreht.
   a) Zeichne das zugehörige Baumdiagramm und trage die
   Wahrscheinlichkeiten an den Zweigen ein.
   b) Welche zusammengesetzten Ergebnisse sind möglich?
   Berechne jeweils die Wahrscheinlichkeit.
   c) Kontrolliere deine Rechnung, indem du prüfst, ob die Summe
   aller Wahrscheinlichkeiten 1 (100%) ergibt.

3. Jannes trifft den Korb beim Basketball-Freiwurf mit einer Wahrscheinlichkeit von 0,6 und
verfehlt ihn mit einer Wahrscheinlichkeit von 0,4. Er wirft dreimal.
   a) Zeichne ein Baumdiagramm mit Wahrscheinlichkeiten.
   b) Berechne die Wahrscheinlichkeit dafür, dass Jannes dreimal trifft.
   c) Berechne die Wahrscheinlichkeit für das Ergebnis (Korb | Korb | kein Korb).

4. Die beiden Glücksräder werden gleichzeitig gedreht.
   a) Zeichne ein Baumdiagramm mit der
   Farbe des linken Glücksrads als
   1. Stufe und mit der Farbe des rechten
   Glücksrads als 2. Stufe. Trage die
   Wahrscheinlichkeiten ein.
   b) Zeichne ein Baumdiagramm mit der Farbe des rechten Glücksrads als 1. Stufe und mit
   der Farbe des linken Glücksrads als 2. Stufe. Trage die Wahrscheinlichkeiten ein.
   c) Berechne die Wahrscheinlichkeit dafür, dass beide Glücksräder Rot zeigen. Verwende
   einmal das Baumdiagramm aus a) und einmal das aus b). Vergleiche die Ergebnisse.

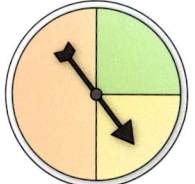
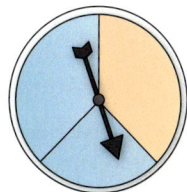

Pfadadditionsregel

Wirft man eine Münze zweimal, so gibt es zwei Möglichkeiten, einmal „Kopf" und einmal „Zahl" zu erhalten. Man wirft erst „Kopf" und dann „Zahl" oder umgekehrt erst „Zahl", dann „Kopf". Man spricht hier von einem Ereignis, das aus mehreren Ergebnissen bestehen kann.

Entsprechend gibt es zum Ereignis „einmal Kopf, einmal Zahl" auch zwei Pfade im Baumdiagramm.
Die Wahrscheinlichkeit für „einmal Kopf, einmal Zahl" ergibt sich als Summe der Wahrscheinlichkeiten dieser beiden Pfade.

P(„einmal Kopf, einmal Zahl") = P(Kopf | Zahl) + P(Zahl | Kopf) = $\frac{1}{2} \cdot \frac{1}{2} + \frac{1}{2} \cdot \frac{1}{2} = \frac{1}{4} + \frac{1}{4} = \frac{1}{2}$

> **Wissen: Pfadadditionsregel**
> Die **Wahrscheinlichkeit für ein Ereignis** erhält man, indem man die Wahrscheinlichkeiten der zugehörigen Pfade addiert.

Beispiel 2: Ein Glücksrad wird zweimal gedreht. Wie groß ist die Wahrscheinlichkeit dafür, dass man zweimal dieselbe Farbe erhält?

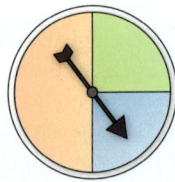

Lösung:
Es gibt drei Möglichkeiten: Zweimal erscheint Rot, zweimal erscheint Grün oder zweimal erscheint Blau.

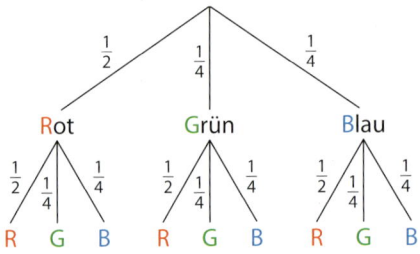

Die Wahrscheinlichkeiten für die einzelnen Pfade werden einzeln berechnet und dann addiert.

E: zweimal dieselbe Farbe

P(E) = P(R | R) + P(G | G) + P(B | B)
= $\frac{1}{2} \cdot \frac{1}{2} + \frac{1}{4} \cdot \frac{1}{4} + \frac{1}{4} \cdot \frac{1}{4}$
= $\frac{1}{4} + \frac{1}{16} + \frac{1}{16} = \frac{3}{8} = 37{,}5\,\%$

Hinweis: Man schreibt für ein Ereignis häufig kurz E und für die Wahrscheinlichkeit des Ereignisses P(E).

Basisaufgaben

5. Das Glücksrad aus Beispiel 2 wird dreimal gedreht. Schreibe alle zusammengesetzten Ergebnisse auf, die zu dem genannten Ereignis gehören.
   Beispiel: „Insgesamt zweimal Blau und einmal Grün" besteht aus den Ergebnissen
   (Blau | Blau | Grün); (Blau | Grün | Blau); (Grün | Blau | Blau).
   a) beim 1. und 2. Drehen Rot, beim 3. Drehen eine andere Farbe
   b) dreimal Blau
   c) drei verschiedene Farben
   d) keine Farbe mehrfach
   e) insgesamt genau zweimal Grün

7.2 Wahrscheinlichkeiten und Baumdiagramme

6. Philipps Spielzeugkiste ist voll von Plastikschrauben: 20 mit dem Durchmesser 6 mm, 40 mit dem Durchmesser 8 mm und 60 mit dem Durchmesser 10 mm. In einer anderen Kiste befindet sich jeweils dieselbe Zahl von Muttern, die über die Schrauben von entsprechender Größe passen. Philipp entnimmt zufällig eine Schraube und eine Mutter. Berechne die Wahrscheinlichkeit dafür, dass beide zusammenpassen.

7. Die Wahrscheinlichkeit für eine Jungengeburt beträgt ca. 51,3 %. Mit welcher Wahrscheinlichkeit hat eine Familie mit drei Kindern genau zwei Söhne? Zeichne zuerst ein Baumdiagramm.

Baumdiagramme mit abhängigen Stufen

Beispiel 3: Aus einer Kiste mit fünf neuen und drei gebrauchten Tennisbällen werden zwei Bälle entnommen. Wie groß ist die Wahrscheinlichkeit dafür, dass es ein gebrauchter und ein neuer Ball sind? Zeichne zuerst ein Baumdiagramm.

Lösung:
Du musst beim zweiten Zug berücksichtigen, dass der zuerst gezogene Ball nicht wieder zurückgelegt wird.

Es gibt zwei Fälle:

① Der zuerst gezogene Ball ist gebraucht. Dann gibt es noch 2 gebrauchte und 5 neue Bälle in der Kiste.

② Der zuerst gezogene Ball ist neu. Dann gibt es noch 3 gebrauchte und 4 neue Bälle in der Kiste.

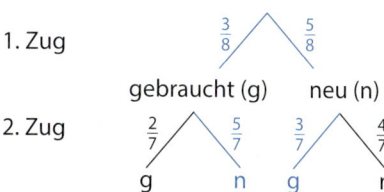

E: einmal gebraucht, einmal neu

$P(E) = P(g \mid n) + P(n \mid g)$

$= \frac{3}{8} \cdot \frac{5}{7} + \frac{5}{8} \cdot \frac{3}{7}$

$= \frac{15}{56} + \frac{15}{56} = \frac{15}{28} \approx 54\,\%$

Erinnere dich:
Die Summe der Wahrscheinlichkeiten unter jeder Verzweigung ist 1.

Basisaufgaben

8. In einem Gefäß liegen drei weiße und zwei schwarze Kugeln. Zwei Kugeln werden nacheinander zufällig entnommen.
   a) Zeichne ein Baumdiagramm und berechne die Wahrscheinlichkeit dafür, dass zwei gleiche Kugeln gezogen werden, wenn gezogene Kugeln zurückgelegt (nicht zurückgelegt) werden.
   b) Erkläre anschaulich, warum die Wahrscheinlichkeit in dem einen Fall größer ist.

9. In einem Behälter liegen 12 Glühlampen, darunter sind 3 defekte Glühlampen. Man entnimmt dem Behälter zwei Glühlampen. Zeichne ein Baumdiagramm und berechne die folgenden Wahrscheinlichkeiten.
   a) Beide Glühlampen sind defekt.
   b) Genau eine der beiden entnommenen Glühlampen ist defekt.
   c) Beide Glühlampen funktionieren.

Hinweis zu 9:
Hier findest du die gerundeten Wahrscheinlichkeiten.

54,5 %
40,9 %
4,5 %

10. In der Klasse 9c sind 12 Jungen und 13 Mädchen. Zwei Schüler aus der Klasse sollen zufällig ausgewählt werden. Berechne die Wahrscheinlichkeit dafür, dass man einen Jungen und ein Mädchen wählt. Zeichne zuerst ein Baumdiagramm.

Weiterführende Aufgaben

11. Drei Karten werden gemischt, sie enthalten die Ziffern 2, 3 und 7. Eine Karte wird gezogen und auf den Tisch gelegt. Danach wird eine zweite Karte gezogen und hinter die erste Karte gelegt, sodass eine zweistellige Zahl entsteht.
    a) Zeichne ein Baumdiagramm. Gib an, welche zweistelligen Zahlen entstehen können. Berechne, wie groß die Wahrscheinlichkeit dafür ist, dass die Zahl 37 zu sehen ist.
    b) Berechne die Wahrscheinlichkeit dafür, dass die Zahl durch 9 teilbar ist.

12. Prinz Leo und Prinzessin Lea leben in einem fernen Land. Wenn die Prinzessin von ihrem Prinzen einen Brief erhält, schreibt sie mit einer Wahrscheinlichkeit von 70 % einen Antwortbrief. Jetzt hat der Prinz ihr wieder einen Brief geschrieben. Berechne: Mit welcher Wahrscheinlichkeit bekommt er eine Antwort, wenn nur 80 % der abgeschickten Briefe wirklich zugestellt werden und der Rest auf dem Postweg verloren geht?

13. **Stolperstelle:** Stell dir vor, du hast zwei Beutel Lose. In einem Beutel gibt es zwei Nieten und einen Gewinn. Im zweiten Beutel befinden sich drei Nieten und drei Gewinne. Es wird zufällig ein Beutel ausgewählt und aus diesem ein Los gezogen.
Niklas überlegt: „Insgesamt gibt es vier Gewinne und neun Lose. Die Wahrscheinlichkeit für einen Gewinn ist also $\frac{4}{9}$."
Überlege, ob Niklas recht hat. Ermittle die Wahrscheinlichkeit, indem du ein zweistufiges Baumdiagramm zeichnest.

14. Ein Glücksrad mit den Farben Blau und Rot wird zweimal gedreht. Die zusammengesetzten Ergebnisse aus Blau und Rot haben folgende Wahrscheinlichkeiten:

Ergebnis	(Blau | Blau)	(Rot | Blau)	(Blau | Rot)	(Rot | Rot)
Wahrscheinlichkeit	$\frac{1}{16}$	$\frac{3}{16}$	$\frac{3}{16}$	$\frac{9}{16}$

   a) Erstelle das zugehörige Baumdiagramm.
   b) Zeichne ein passendes Glücksrad.

15. a) Übertrage das Baumdiagramm ins Heft und ergänze die fehlenden Wahrscheinlichkeiten.
    b) Erfinde zum Baumdiagramm eine passende Aufgabenstellung und berechne die Lösung.

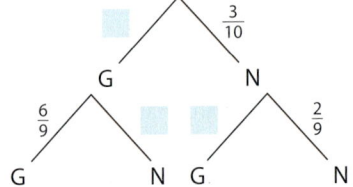

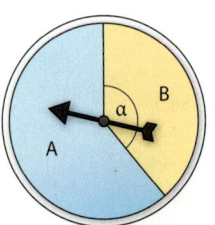

16. Bei einem Glücksrad mit zwei unterschiedlich gefärbten Sektoren A und B beträgt die Größe des Winkels α = 140°. Berechne die Wahrscheinlichkeit dafür, dass bei zweimaligem Drehen unterschiedliche Sektoren angezeigt werden.

17. In der Klasse 9d sind 15 Jungen und 15 Mädchen. Zwei Fünftel der Klasse tragen Ohrringe. Thommy behauptet: „Die Wahrscheinlichkeit für ein Mädchen ist $\frac{1}{2}$, die Wahrscheinlichkeit dafür, dass es Ohrringe trägt, $\frac{2}{5}$. Also ist insgesamt die Wahrscheinlichkeit dafür, dass eine zufällige Person ein Mädchen mit Ohrringen ist, $\frac{1}{2} \cdot \frac{2}{5} = \frac{1}{5}$." Was meinst du dazu?

7.2 Wahrscheinlichkeiten und Baumdiagramme

18. Ein Sportschütze trifft beim ersten Schuss mit einer Wahrscheinlichkeit von 0,8. War der erste Versuch ein Treffer, so trifft der Schütze beim zweiten Versuch mit der gleichen Wahrscheinlichkeit. Geht der erste Schuss daneben, dann verringert sich die Treffsicherheit beim zweiten Versuch um 10 % des ursprünglichen Wertes. Der Schütze schießt zweimal. Berechne die Wahrscheinlichkeit des folgenden Ereignisses: „Es wurde genau ein Treffer erzielt."

19. Sascha und Alex sind für das Klassenbuch zuständig. Derjenige von beiden, der morgens zuerst in der Schule ist, bringt es vom Verwaltungsbereich in den Klassenraum. Für jeden von beiden gilt, dass er mit einer Wahrscheinlichkeit von 1 % zu spät kommt.
    a) Berechne mithilfe eines Baumdiagramms die Wahrscheinlichkeit dafür, dass das Klassenbuch an einem bestimmten Schultag nicht pünktlich im Klassenraum ist.
    b) Überlege, ob das rechnerische Ergebnis auch dann zutrifft, wenn Sascha und Alex Zwillinge sind.

● 20. Nimm Folgendes an: Scheint an einem Tag die Sonne, so scheint am nächsten Tag mit einer Wahrscheinlichkeit von 80 % auch die Sonne, andernfalls regnet es. Regnet es an einem Tag, so wiederholt sich am nächsten Tag mit einer Wahrscheinlichkeit von 50 % dieses Wetter, sonst scheint die Sonne.
    a) Heute scheint die Sonne. Markus will übermorgen eine Gartenparty geben. Berechne, mit welcher Wahrscheinlichkeit er mit dem Wetter Glück hat.
    b) Es regnet am Donnerstag. Mirjam will jetzt den Termin für ihre kurzfristig geplante Gartenparty festlegen. Kann sie eher für Samstag oder für Sonntag mit schönem Wetter rechnen? Begründe deine Aussage.

● 21. Bei einem Tennisturnier wird über drei Gewinnsätze gespielt. Bei einem Spiel gewinnt derjenige Spieler, der zuerst drei Sätze gewinnt.
    a) Beim Endspiel der Herren kann man davon ausgehen, dass der Favorit jeden Satz mit einer Wahrscheinlichkeit von 60 % gewinnt. Ermittle die Wahrscheinlichkeit dafür, dass der vermeintlich schwächere Spieler beim Endspiel siegt.

    b) Beim Herren-Doppel treffen im Finale zwei gleichstarke Teams aufeinander. Beim Stand von 2 : 1 muss die Partie abgebrochen werden. Sie kann wegen schlechten Wetters nicht beendet werden. Wie soll die Siegprämie von 200 000 € aufgeteilt werden? Begründe deine Entscheidung, indem du die Gewinnwahrscheinlichkeiten betrachtest.

● 22. **Ausblick:** 0,1 % der Bevölkerung hat eine bestimmte Allergie. Um festzustellen, ob man selbst davon betroffen ist, kann man einen Test machen. Der Test ist allerdings nicht fehlerfrei: Bei einem Prozent der Personen, die die Allergie nicht haben, zeigt der Test dennoch die Allergie an („falsch positiv"), umgekehrt hat der Test bei einem Prozent der Allergiker ein „falsch negatives" Ergebnis.
    a) 100 000 Menschen machen einen Allergietest. Ermittle mit einem Baumdiagramm, welche zusammengesetzten Ergebnisse möglich sind und für wie viele der Getesteten diese Kombinationen jeweils zutreffen müssten.
    b) Hannas Test ist „positiv", zeigt also die Allergie an. Ermittle mit dem Ergebnis aus a) die Wahrscheinlichkeit, dass sie tatsächlich Allergikerin ist.

7.3 Sinnvoller Umgang mit Baumdiagrammen

■ Jana und Jonas stehen auf dem Schulfest beim Glücksrad. Wer beim zweimaligen Drehen zweimal die 10 erhält, bekommt einen Preis. Jonas sagt: „Um die Wahrscheinlichkeit für einen Preis zu berechnen, müssen wir ein Baumdiagramm zeichnen." Jana meint: „Das geht nicht, es hat ja 10 · 10 Pfade." Kannst du das Rechenproblem lösen? ■

Verkürzte Baumdiagramme

Beispiel 1: Ermittle die Wahrscheinlichkeit, mit der beim dreifachen Wurf mit einem Spielwürfel genau zweimal eine 6 gewürfelt wird.

Lösung:
Es ist nicht nötig, im Baumdiagramm Pfade für alle Ergebnisse 1 bis 6 anzugeben, da nur das Ergebnis 6 interessiert. Es genügt, die beiden Fälle „6" und „keine 6" zu unterscheiden.
Zum Ereignis „genau zweimal 6" gehören die drei zusammengesetzten Ergebnisse (6 | 6 | keine 6), (6 | keine 6 | 6) und (keine 6 | 6 | 6). Es ist ausreichend, nur die zugehörigen Pfade zu zeichnen und ihre Wahrscheinlichkeiten zu bestimmen.

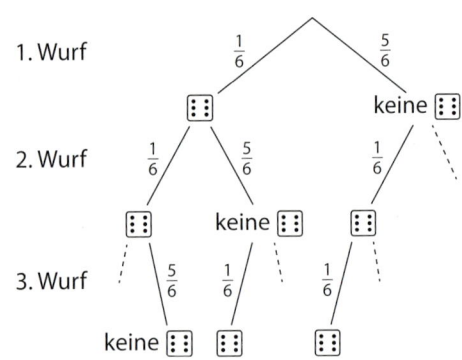

E: genau zweimal 6

$P(E) = P(6 \mid 6 \mid \text{keine } 6) + P(6 \mid \text{keine } 6 \mid 6)$
$\quad + P(\text{keine } 6 \mid 6 \mid 6)$

$= \frac{1}{6} \cdot \frac{1}{6} \cdot \frac{5}{6} + \frac{1}{6} \cdot \frac{5}{6} \cdot \frac{1}{6} + \frac{5}{6} \cdot \frac{1}{6} \cdot \frac{1}{6}$

$= \frac{5}{216} + \frac{5}{216} + \frac{5}{216} = \frac{15}{216} \approx 6{,}9\,\%$

Die gesuchte Wahrscheinlichkeit ergibt sich durch Addition der Wahrscheinlichkeiten der drei Ergebnisse.

> **Wissen: Sinnvoller Umgang mit Baumdiagrammen**
> Möchte man die Wahrscheinlichkeit eines Ereignisses bestimmen, genügt es, nur den Teil des Baumdiagramms mit den zugehörigen Pfaden zu zeichnen bzw. manche Ergebnisse zusammenfassen.

Basisaufgaben

1. Ermittle die Wahrscheinlichkeit dafür, dass man jedes Mal eine Sechs erhält, wenn man viermal einen Spielwürfel wirft. Zeichne dafür nur den Teil eines Baumdiagramms, der für die Bestimmung der Wahrscheinlichkeit nötig ist.

2. Bei einem Quiz sollen fünf gegebene Flüsse der Länge nach geordnet werden, vom kürzesten bis zum längsten. Ermittle, mit welcher Wahrscheinlichkeit ein ahnungsloser Kandidat, der die Flüsse rein zufällig ordnet, die richtige Reihenfolge erhält.

7.3 Sinnvoller Umgang mit Baumdiagrammen

3. In einem Gefäß befinden sich vier Kugeln mit den Zahlen 1 bis 4. Es wird zweimal eine Kugel zufällig gezogen und wieder zurückgelegt. Die Schüler der Klasse 9a sollen berechnen, wie groß die Wahrscheinlichkeit ist, erst eine gerade und dann eine ungerade Zahl zu ziehen.

   a) Beurteile die Lösungen von Simon und Emma. Sind sie richtig? Worin unterscheiden sie sich?

   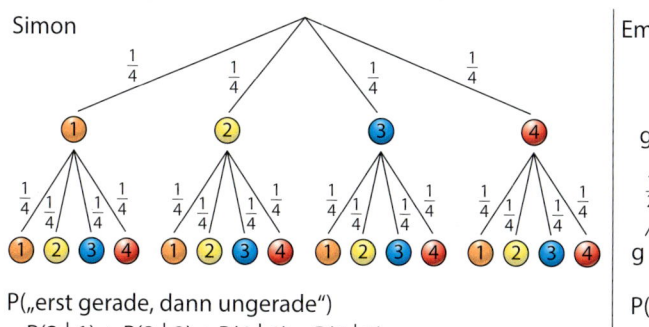

   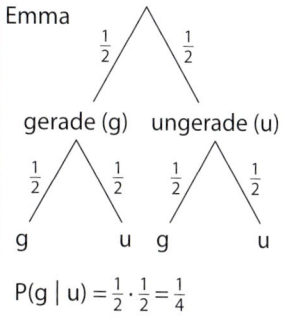

   Simon

   P(„erst gerade, dann ungerade")
   $= P(2 \mid 1) + P(2 \mid 3) + P(4 \mid 1) + P(4 \mid 3)$
   $= \frac{1}{4} \cdot \frac{1}{4} + \frac{1}{4} \cdot \frac{1}{4} + \frac{1}{4} \cdot \frac{1}{4} + \frac{1}{4} \cdot \frac{1}{4} = 4 \cdot \frac{1}{16} = \frac{1}{4}$

   Emma

   $P(g \mid u) = \frac{1}{2} \cdot \frac{1}{2} = \frac{1}{4}$

   b) Das Baumdiagramm von Elisa hat nur einen Pfad. Kann das richtig sein? Begründe.

Wahrscheinlichkeit des Gegenereignisses

Pascal ist Basketballfan. Sein Lieblingsteam benötigt in den nächsten beiden Spielen zwei Siege. Er nimmt an, dass das Team jedes Spiel mit einer Wahrscheinlichkeit von 70 % gewinnt. Nun möchte er die Wahrscheinlichkeit für folgende Ereignisse berechnen.

E_1: Das Team gewinnt beide Spiele. E_2: Das Team gewinnt höchstens ein Spiel.

Das Ereignis E_2 tritt genau dann ein, wenn das Ereignis E_1 nicht eintritt. Man sagt, E_2 ist das **Gegenereignis** zu E_1.

Aus dem Baumdiagramm sieht man:
$P(E_1) = 0{,}7 \cdot 0{,}7 = 0{,}49 = 49\%$
$P(E_2) = 0{,}7 \cdot 0{,}3 + 0{,}3 \cdot 0{,}7 + 0{,}3 \cdot 0{,}3 = 0{,}51 = 51\%$

Zum Ereignis E_2 gehören genau die Pfade, die nicht zum Ereignis E_1 gehören. Da sich die Wahrscheinlichkeiten bei allen vier Pfaden zu 1 addieren, muss gelten:
$P(E_1) + P(E_2) = 1$
Man kann daher die Wahrscheinlichkeit für E_2 auch so berechnen:
$P(E_2) = 1 - P(E_1) = 1 - 0{,}49 = 0{,}51$

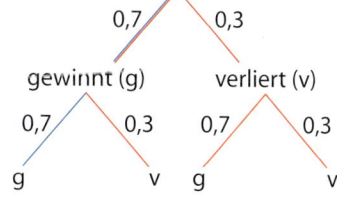

> **Wissen: Wahrscheinlichkeit des Gegenereignisses**
> Das **Gegenereignis** $\bar{E}$ zu einem Ereignis E tritt genau dann ein, wenn das Ereignis E nicht eintritt. Für seine Wahrscheinlichkeit gilt:
>
> $P(\bar{E}) = 1 - P(E)$

Beispiel 2: Ermittle die Wahrscheinlichkeit, mit der beim dreifachen Wurf mit einem Spielwürfel mindestens eine 6 gewürfelt wird.

Lösung:
Du kannst dir hier viel Arbeit sparen, indem du zunächst die Wahrscheinlichkeit für das Gegenereignis bestimmst, also die Wahrscheinlichkeit dafür, dreimal hintereinander keine 6 zu würfeln.

Im Baumdiagramm brauchst du nur den Pfad für das Gegenereignis zu zeichnen. Bei allen anderen Pfaden wird mindestens eine 6 gewürfelt.

Die Summe der Wahrscheinlichkeiten von Ereignis und Gegenereignis beträgt 1. Daher kannst du nun die Wahrscheinlichkeit für das Ereignis, dass mindestens eine 6 gewürfelt wird, aus der Wahrscheinlichkeit für das Gegenereignis berechnen.

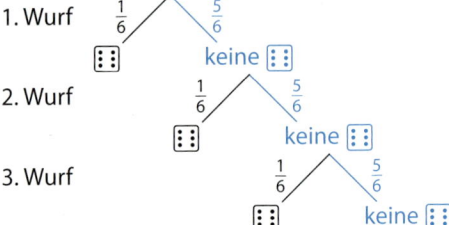

Gegenereignis $\overline{E}$: dreimal keine 6

$P(\overline{E}) = \frac{5}{6} \cdot \frac{5}{6} \cdot \frac{5}{6} = \frac{125}{216} \approx 58\,\%$

Ereignis E: mindestens eine 6

$P(E) = 1 - P(\overline{E}) = 1 - \frac{125}{216} = \frac{91}{216} \approx 42\,\%$

Basisaufgaben

4. Gib das Gegenereignis mit Worten an.
   a) Ein Würfel wird dreimal geworfen. Es kommt mindestens zweimal eine gerade Augenzahl.
   b) Aus einem Beutel mit acht farbigen Kugeln werden zwei Kugeln entnommen, beide Kugeln sind gelb.
   c) Eine zufällig ausgewählte natürliche Zahl zwischen 1 und 49 ist kleiner als 20.
   d) Bei der zufälligen Auswahl zweier Schüler der Klasse 9a werden ein Mädchen und ein Junge gewählt.
   e) Eine Münze wird zehnmal geworfen, es fällt höchstens sechsmal Wappen.
   f) Beim Ziehen von acht Losen sind es mindestens fünf Gewinne.
   g) Ein Würfel wird fünfmal geworfen. Es fällt genau zweimal eine Sechs.

5. Das abgebildete Glücksrad wird zweimal gedreht und jeweils die Farbe notiert.
   a) Bilde aus den sechs Ereignissen drei Paare, bestehend aus einem Ereignis und einem Gegenereignis.

    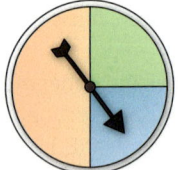

   b) Berechne die Wahrscheinlichkeiten der Ereignisse aus a).

6. In einem Gefäß liegen drei rote, drei blaue und drei weiße Kugeln. Viktoria zieht drei Kugeln ohne Zurücklegen. Berechne die Wahrscheinlichkeit dafür, dass sie
   a) drei rote Kugeln,
   b) mindestens eine rote Kugel zieht.

7.3 Sinnvoller Umgang mit Baumdiagrammen

Weiterführende Aufgaben

7. Bei der Produktion von Handyakkus sind durchschnittlich 2 % defekt. In einer Packung werden vier Akkus geliefert. Berechne die Wahrscheinlichkeit dafür, dass in der Packung mindestens ein defekter Akku ist.

8. In einer Lostrommel liegen 200 Lose, 50 davon sind Gewinnlose. Nicole kauft 4 Lose. Berechne, wie groß die Wahrscheinlichkeit für die folgenden Ereignisse ist.
   a) kein Gewinnlos   b) genau ein Gewinnlos   c) mindestens ein Gewinnlos

9. **Stolperstelle:** Karim spielt häufig Schach gegen seinen Computer, aber meistens verliert er. Er überlegt: „Angenommen, ich gewinne jedes Spiel zu 10 %, dann ist die Wahrscheinlichkeit dafür, dass ich bei fünf Spielen wenigstens einmal gewinne, fünfmal so hoch. Sie beträgt dann immerhin 50 %." Stimmt die Behauptung von Karim? Begründe deine Entscheidung mithilfe eines geeigneten Baumdiagramms.

10. Der Zimmerkellner eines Hotels soll vier Gästen Tabletts mit Frühstück vor die jeweilige Zimmertür stellen, nämlich je eins mit französischem, holländischem, Gourmet-Frühstück und Fitness-Frühstück. Leider hat er völlig vergessen, welches Frühstück zu welchem Zimmer gehört und stellt die Tabletts zufällig vor den vier Türen ab. Berechne, mit welcher Wahrscheinlichkeit alle Tabletts vor dem richtigen Zimmer stehen.

11. Ein Multiple-Choice-Test hat drei Fragen. Pro Frage muss man „richtig" oder „falsch" ankreuzen. Eine Person, die die Antworten nicht weiß und deshalb rät, füllt den Test aus. Ermittle die Wahrscheinlichkeiten für die folgenden Ereignisse.
    a) alle Antworten richtig
    b) mindestens eine Antwort falsch
    c) höchstens eine Antwort falsch
    d) richtige Antwort bei der ersten Frage
    e) nur die erste Frage falsch
    f) häufiger falsch als richtig geraten
    g) die zweite Frage falsch
    h) nicht nur falsch geraten
    i) genauso oft richtig wie falsch geraten
    j) häufiger richtig als falsch geraten

Hinweis zu 11: Hier findest du die Lösungen.

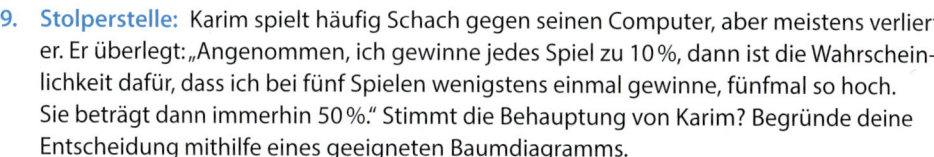

50 %
50 %   0 %
87,5 %
50 %
50 %
12,5 %
87,5 %
50 %
12,5 %

12. Ein Würfel wird dreimal geworfen. Berechne die Wahrscheinlichkeit dafür, dass die Augensumme mindestens 5 beträgt.

13. Elias behauptet, dass auch der dreifache Münzwurf ein Laplace-Experiment ist. Überprüfe seine Behauptung, indem du ein Baumdiagramm zeichnest und für jedes zusammengesetzte Ergebnis die Wahrscheinlichkeit berechnest.

14. Zwei Würfel werden geworfen.
    a) Berechne die Wahrscheinlichkeit dafür, dass die Augensumme 7 ist. Zeichne dazu ein zweistufiges Baumdiagramm.
    b) In der Tabelle kann man alle möglichen Ergebnisse beim Werfen zweier Würfel darstellen. Zum Beispiel zeigt das grüne Feld das Ergebnis 5 und 3, das blaue Feld zeigt das Ergebnis 4 und 6. Beschreibe, wie man hiermit die Wahrscheinlichkeit für die Augensumme 7 berechnen könnte.
    c) Berechne mithilfe der Tabelle die Wahrscheinlichkeit für die Augensumme 11.

Hinweis zu 14: Das gleichzeitige Würfeln kann auch stufenweise im Baumdiagramm dargestellt werden, als ob die Würfel einzeln nacheinander geworfen werden.

15. **Ausblick:** Max hat sechs der Zahlen von 1 bis 49 auf seinem Lottoschein angekreuzt und sieht sich jetzt die Ziehung der Lottozahlen im Fernsehen an. Ermittle mit einem vereinfachten Baumdiagramm die Wahrscheinlichkeit dafür, dass er auf seinem Schein
    a) sechs Richtige hat,   b) keine Zahl richtig hat.

7.4 Simulation von Zufallsexperimenten

■ Über Funk gesendete Nachrichten bestehen aus einzelnen Signalen. Eine Funkstation geht davon aus, dass jedes sechste Signal falsch übertragen wird. Eine Nachricht kann nicht mehr entschlüsselt werden, wenn mindestens 20 % der Signale fehlerhaft sind. Beschreibe, wie man Spielwürfel nutzen kann, um die Wahrscheinlichkeit dafür, dass eine Nachricht aus zehn Signalen nicht mehr zu entschlüsseln ist, zu schätzen. ■

Bei vielen zufälligen Vorgängen können Wahrscheinlichkeiten nicht oder nur mit erheblichem Aufwand berechnet werden. Außerdem gibt es zufällige Vorgänge, die nur schwer in der Realität durchzuführen sind. Es ist einfacher, solche Vorgänge mit einem Experiment zu simulieren.

Zufallsexperimente simulieren

Hinweis:
Für Simulationen genutzte Zufallsgeräte müssen Vorgänge mit der geforderten Wahrscheinlichkeit simulieren können.

> **Wissen: Simulation von Zufallsexperimenten**
> Bei einer Simulation wird ein Zufallsexperiment durch einen gleichwertigen Versuch, der einfacher durchführbar ist, nachgeahmt. Dabei verwendet man übliche Zufallsgeräte wie Würfel, Münzen, Glücksräder oder Spielkarten. Man kann auch Zufallszahlen von Taschenrechnern oder Computerprogrammen (Tabellenkalkulation) nutzen.

Beispiel 1: Gib Beispiele für Simulationen von Zufallsexperimenten an.

Wahrscheinlichkeit	kann simuliert werden durch
50 % für die Geburt eines Mädchens	„Kopf" bei Münzwurf
$\frac{1}{3}$ für einen Sitzplatz am Fenster	Augenzahl 1 oder 2 beim Werfen eines Spielwürfels
0,9 für die Pünktlichkeit der Bahn	9 Felder eines Glücksrads mit 10 gleich großen Feldern

Basisaufgaben

1. Beschreibe ein Experiment mit einem Zufallsgerät, mit dem der angegebene Vorgang simuliert werden kann.
   a) Schießen eines Elfmeters mit einer Trefferwahrscheinlichkeit von 0,7
   b) Teilnahme am Schulessen mit einer Wahrscheinlichkeit von 35 %

2. Entscheide, ob das angegebene Zufallsexperiment für eine Simulation der Teilnahme am Lauftraining mit einer Teilnahmewahrscheinlichkeit von 80 % geeignet ist.
   a) Aus einem Gefäß mit 8 verschiedenfarbigen Kugeln wird zufällig eine Kugel entnommen.
   b) Beim Würfeln mit einem Spielwürfel wird ermittelt, ob genau eine der Zahlen 1, 2, 3 oder 4 geworfen wurde.
   c) Mit einer Tabellenkalkulation wird eine ganzzahlige Zufallszahl von 1 bis 10 erzeugt. Dann wird geprüft, ob diese Zahl kleiner oder gleich 8 ist.

3. Prüfe, ob sich mit einem Ikosaeder-Würfel („Zwanzigflächner") ein Laplace-Experiment mit zehn (vier, fünf, sechs, zwei) möglichen Ergebnissen simulieren lässt.

7.4 Simulation von Zufallsexperimenten

Wahrscheinlichkeiten durch Simulationen schätzen

Wissen: Wahrscheinlichkeiten durch Simulationen schätzen
Wird die Simulation eines Zufallsexperiments sehr häufig wiederholt, können die relativen Häufigkeiten als Schätzwerte für die Wahrscheinlichkeiten des ursprünglichen Experiments verwendet werden.

Beispiel 2: Modellierungskreislauf

Problem:
Ein Biathlet trifft beim Stehendschießen mit einer Wahrscheinlichkeit von 75 %. Er hat 5 Schuss für 5 Scheiben. Wie hoch ist die Wahrscheinlichkeit für 5 Treffer?

Simulation (Modell):
Die 5 Schuss werden durch ein fünfmaliges verdecktes Ziehen einer Figur simuliert. Das Ziehen einer roten Figur entspricht einem Treffer, denn P („rote Figur") = $\frac{3}{4}$ = 75 %. Gesucht ist also die Wahrscheinlichkeit für „5-mal rot".

Lösung interpretieren:
Die relative Häufigkeit ist ein Schätzwert für die Wahrscheinlichkeit des Problems.

Die Wahrscheinlichkeit dafür, dass der Biathlet alle 5 Scheiben trifft, ist etwa 23 %.

Lösung im Modell bestimmen:
Wiederhole die Simulation möglichst oft und bestimme die relative Häufigkeit für „5-mal rot".
Sind bei 30 Wiederholungen der Simulation 7-mal alle 5 gezogenen Figuren rot, so ist die relative Häufigkeit $\frac{7}{30} \approx 0{,}23 = 23\,\%$.

Basisaufgaben

4. Auf der Fahrt zur Arbeit muss Frau Anders fünf Ampeln überqueren, die offensichtlich nicht aufeinander abgestimmt sind.
Jede der Ampeln schaltet unabhängig von den anderen mit einer Wahrscheinlichkeit von 0,5 auf Grün.
Ermittle durch Simulation einen Schätzwert für die Wahrscheinlichkeit, dass alle fünf Ampeln bei einer Fahrt von Frau Anders auf Grün stehen.

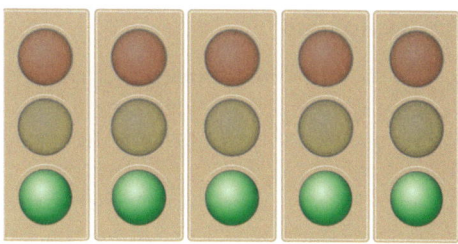

5. Bei einer Umfrage gab $\frac{1}{3}$ der Befragten an, dass sie Taxifahrten auch mit ihrem Smartphone bezahlen würden. Beschreibe eine Simulation zur Ermittlung eines Schätzwertes für die Wahrscheinlichkeit, dass mindestens sechs von zehn Fahrgästen das Smartphone zum Bezahlen nutzen, falls das Umfrageergebnis stimmt.

6. Eine Mutter bringt ihren vier Kindern vier Geschenke mit. Jedes Kind soll ein Geschenk auswählen. Nimm an, dass diese Wahl rein zufällig erfolgt. Schätze mit einer Simulation die Wahrscheinlichkeit dafür, dass jedes Kind ein anderes Geschenk wählt, sodass es keinen Streit gibt.

Simulationen mit einer Tabellenkalkulation durchführen

Mit Tabellenkalkulationen lassen sich Zufallszahlen erzeugen und Simulationen durchführen. Da man eine Simulation ohne Zeitaufwand sehr oft wiederholen kann, erhält man schnell gute Schätzwerte für die Wahrscheinlichkeiten.

Beispiel 3: Eine Münze wird zweimal geworfen.
Gesucht ist die Wahrscheinlichkeit, dass genau eine der Münzen „Zahl" zeigt. Ermittle einen Schätzwert für diese Wahrscheinlichkeit durch 500 Simulationen mit einer Tabellenkalkulation.

Lösung:
Das Werfen von „Zahl" kann durch die Zufallszahl 1, das Werfen von „Kopf" durch die Zufallszahl 0 simuliert werden. Die Formel „=ZUFALLSBEREICH (von;bis)" erzeugt zufällig eine ganze Zahl zwischen zwei vorgegebenen Zahlen.
Bilde die Summe der beiden Zufallszahlen. Ist sie 1, entspricht das dem Fall, dass genau eine der Münzen „Zahl" zeigt.

Kopiere die ersten drei Felder der 2. Zeile durch Ziehen an der rechten unteren Ecke bis zur Zeile 501.

Hinweis:
Mit der Taste <F9> können beliebig viele Neuberechnungen durchgeführt werden.

Nutze die Formel „=ZÄHLENWENN (von:bis;1)", um die Häufigkeit der 1 bei der Summe zu erhalten. Dividiere sie durch die Anzahl der Versuche, um die relative Häufigkeit zu bestimmen.

Als Schätzwert für die Wahrscheinlichkeit kannst du etwa 0,5 = 50 % angeben.

Basisaufgaben

TK 7. Eine Münze wird zweimal geworfen. Gesucht ist die Wahrscheinlichkeit dafür, dass genau zwei Münzen „Zahl" zeigen. Ermittle einen Schätzwert für diese Wahrscheinlichkeit durch Simulation mit einer Tabellenkalkulation. Vergleiche mit dem berechneten Wert.

TK 8. Kai will wissen, wie wahrscheinlich es ist, bei zwei Würfen mit einem Spielwürfel zweimal hintereinander eine Sechs zu würfeln. Ermittle einen Schätzwert durch Simulation mit einer Tabellenkalkulation. Vergleiche mit dem berechneten Wert.

TK 9. a) Simuliere das 1000-malige Drehen des Glücksrads mit einer Tabellenkalkulation.
b) Berechne für jede Farbe die relative Häufigkeit nach 100 und nach 1000 Simulationen.
c) Untersuche, ob die relativen Häufigkeiten bei 100 oder bei 1000 Versuchen stärker von den berechneten Wahrscheinlichkeiten abweichen. Vergleicht die Ergebnisse in eurer Klasse.

7.4 Simulation von Zufallsexperimenten

Weiterführende Aufgaben

10. Bei einem Spiel muss mit einem Oktaeder (Achtflächner) gewürfelt werden, um zufällig eine der Zahlen von 1 bis 8 zu erhalten. Der Oktaeder ist verschwunden, es sind aber zehn verschiedene Spielsteine, ein Kartenspiel und zwei Tetraeder mit Zahlen von 1 bis 4 vorhanden.
   Beschreibe, wie man mit diesen Gegenständen das Würfeln mit dem Oktaeder simulieren kann.

11. **Stolperstelle:** Mats möchte eine Uhr kaufen, die er in einer Zeitschrift gesehen hat. Er hat bereits in drei Geschäften vergeblich nach der Uhr gefragt. Es gibt noch vier weitere Geschäfte in seiner Nähe. Um die Chance zu bestimmen, dass wenigstens eines dieser Geschäfte die Uhr hat, will er vier Münzen werfen. Was meinst du dazu?

12. Nach dem Wetterbericht beträgt die Wahrscheinlichkeit für Regen am Samstag 70 % und am Sonntag 60 %. Ermittle durch eine Simulation einen Schätzwert für die Wahrscheinlichkeit, dass es an wenigstens einem der beiden Tage trocken bleibt.
    a) Simuliere den tausendfachen Wurf eines Würfels mit einer Tabellenkalkulation.
    b) Berechne nach 10, 100, 200, 500 und 1000 Versuchen die bis dahin zutreffende relative Häufigkeit für die Augenzahl 6 und stelle die Ergebnisse in einem Liniendiagramm dar.

13. Eine Firma wirbt damit, dass in jeder sechsten Müsli-Packung eine Sammelfigur liegt. Es soll bestimmt werden, wie viele Packungen man durchschnittlich kaufen muss, bis man eine Figur bekommt.
    a) Stelle zuerst eine Vermutung auf.
    b) Führe eine Simulation mit einem Spielwürfel durch und ermittle damit einen Schätzwert für die durchschnittliche Anzahl an Packungen.

14. Wie groß ist die Wahrscheinlichkeit dafür, dass von sechs Schülern mindestens zwei im gleichen Monat Geburtstag haben?
    a) Betrachte das Tabellenblatt und erläutere, wie dort die Geburtsmonatsfrage simuliert wird.
    b) Erstelle selbst ein Tabellenblatt für 25 Versuche.
    c) Erläutere, wie man damit einen Näherungswert für die gesuchte Wahrscheinlichkeit finden kann.

	A	B	C	D	E	F	G
1	1.Versuch	11	7	6	8	3	8
2	2.Versuch	9	4	2	7	12	11
3	3.Versuch	6	4	12	7	4	2
4	4.Versuch	8	2	3	3	4	2

B1   fx   =ZUFALLSBEREICH(1;12)

15. **Ausblick:** Beim Würfeln mit zwei Würfeln gibt es für die Augensummen 9 und 10 die beiden Möglichkeiten $4 + 5 = 9$ und $3 + 6 = 9$ sowie $6 + 4 = 10$ und $5 + 5 = 10$. Miriam hat 100-mal gewürfelt und vermutet, dass die Augensumme 9 wahrscheinlicher ist.
    a) Führe dieses Zufallsexperiment selbst durch und simuliere dann 1000 Versuche mit einer Tabellenkalkulation. Vergleiche deine Ergebnisse mit Miriams Vermutung.
    b) Begründe, dass die Augensumme 9 eine höhere Wahrscheinlichkeit hat als die Augensumme 10.

Streifzug

7. Mehrstufige Zufallsexperimente

Abgedreht!

■ Auf der Rückseite deines Buches findest du ein Glücksrad: Der äußere Ring enthält vier Bereiche mit den Zahlen 1 bis 4. Du benötigst einen Bleistift und ein wenig Übung, um es zu benutzen. Platziere den Bleistift auf dem Feld und drehe ihn um die Mitte. Es zählt die Zahl, auf die seine Spitze danach zeigt. Liegt der Bleistift nach dem Drehen außerhalb des Spielfeldes, muss nochmals gedreht werden.

Bestimme die Wahrscheinlichkeit, die Zahl 4 zu treffen, zuerst rechnerisch und dann experimentell. ■

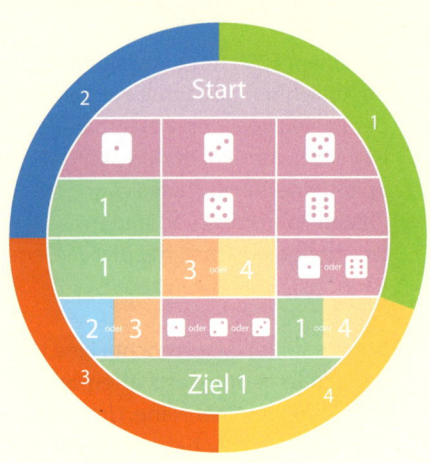

Erinnere dich:
Wird ein Experiment häufig durchgeführt, kann man auf die Wahrscheinlichkeit eines Ereignisses schließen.

Die Spielfelder findet ihr auf der Rückseite eures Buches. Sie bestehen aus einem äußeren Ring und dem eigentlichen Spielfeld in der Mitte. Der Ring dient als Glücksrad.

Wissen: Abgedreht!
Spielmaterial: Bleistift und Würfel, einige Münzen oder Spielsteine; zwei Spielfelder
Bis zu vier Mitspieler pro Gruppe sind möglich.
Zu Beginn liegen alle Spielsteine auf dem Startfeld.

Der erste Spieler platziert seinen Spielstein sichtbar für die anderen auf der Linie zwischen Start und der ersten Spielzeile, sodass er damit einen Tipp abgibt. In der ersten Zeile kann er auf die Augenzahlen 1, 3 oder 5 setzen. Anschließend wird das Spielgerät, hier der Würfel, einmal benutzt. Trifft man die getippte Augenzahl, darf die Spielfigur ganz auf das Feld gesetzt werden. Ansonsten gibt der nächste Spieler seinen Tipp ab und würfelt.

Hinweis:
Man muss üben, den Bleistift in der Mitte um die eigene Achse wie einen Uhrzeiger zu drehen und damit den äußeren Ring als Glücksrad zu benutzen.

In der nächsten Runde kann wieder auf alle drei Felder der folgenden Zeile getippt werden. Nicht alle Spielfelder beziehen sich auf Würfelergebnisse: Um die Zahlen 1, 2, 3 oder 4 zu treffen, nutzt ihr das zweite Buch als Glücksrad. Platziert den Bleistift auf dem Feld und dreht ihn um die Mitte. Liegt der Bleistift anschließend außerhalb des Spielfeldes, wird nochmals gedreht. Sonst zählt die Zahl, auf die die Bleistiftspitze zeigt.

Die Spieler ziehen Zeile für Zeile nach unten. Bei Feldern mit mehreren Würfeln oder Zahlen setzt man automatisch auf alle diese Ergebnisse. Gewonnen hat, wer zuerst das Ziel erreicht.

Beispiel 1: Spielsteine setzen
Tippe zu Beginn, dass die Drei gewürfelt wird. Ziehe weiter, wenn die Drei tatsächlich gefallen ist. Tippe dann, dass die Sechs gewürfelt wird.

Lösung:
Der Spielstein wird auf die Linie zwischen Start und dem Würfelergebnis Drei gesetzt.

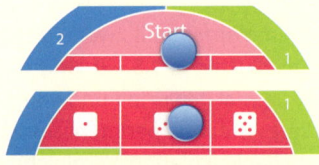

Ist die Drei tatsächlich gefallen, darf der Spielstein in die nächste Zeile auf die Drei gesetzt werden.

Der Spielstein wird auf die Linie vor das Würfelergebnis Sechs gesetzt.

Streifzug

Basisaufgabe

1. Beende das Spiel, indem zunächst die Sechs gewürfelt wird, dann nacheinander auf 1, 1 oder 4 und schließlich auf 1 getippt wird.

Beispiel 2: Chancen beurteilen

Auf welches Feld sollte der Spieler hier als nächstes setzen? Bestimme die Wahrscheinlichkeit der Ereignisse in der nächsten Zeile.

Lösung:

Die Felder 2 und 3 bilden beim Glücksrad zusammen genau einen Halbkreis, deswegen ist die Wahrscheinlichkeit $\frac{1}{2}$.   P (2 oder 3) = 0,5
Das gleiche gilt für 1 oder 4.   P (1 oder 4) = 0,5

Beim Würfel gibt es sechs Einzelereignisse. Drei davon sind angegeben, deswegen beträgt die Wahrscheinlichkeit $\frac{3}{6} = \frac{1}{2}$ P(Augenzahl 1 oder 2 oder 3) = 0,5

Der Spieler hat bei keinem der Felder einen Vorteil.   Alle drei Felder sind gleich wahrscheinlich.

Basisaufgabe

2. Auf welches Feld sollte der Spieler hier als nächstes setzen? Berechne die Wahrscheinlichkeiten der Ereignisse in der nächsten Zeile.

   a)   b)

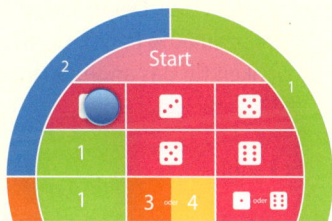

Weiterführende Aufgaben

3. **Spielvariante Turnier**
   Habt ihr das Spiel 1- oder 2-mal gespielt, könnt ihr zur Turniervariante übergehen. Nun spielen alle Gruppen gegeneinander und die Mitglieder einer Gruppe gemeinsam als ein Team. Ziel ist es, einen möglichst guten Weg vom Start zum Ziel zu finden. Für die gesamte Klasse wird in jeder Runde einmal gewürfelt und einmal gedreht.

4. a) Skizziert auf einem Blatt das Spielfeld. Schreibt dort andere mögliche Ereignisse hinein.
   b) Tauscht das eigene Spielfeld mit einer anderen Gruppe und spielt damit.
   c) Notiert eure Beobachtungen.

5. **Forschungsauftrag:** Erfindet euer eigenes Abgedreht-Spiel mit eigenen Zufallsgeräten.

Hinweis zu 5:
Eine Kopiervorlage mit leeren Feldern gibt es im Serviceband.

7.5 Vermischte Aufgaben

1. Jedes Jahr nehmen zehn Schulen an einem Schulwettbewerb teil. Die besten drei Schulen werden mit einer Gold-, einer Silber- und einer Bronzemedaille ausgezeichnet.
   a) Ermittle, wie viele Möglichkeiten es für die ersten drei Plätze gibt.
   b) Angenommen alle Schulen sind gleich gut und die Platzierung ist zufällig: Wie wahrscheinlich ist es dann, dass die ersten drei Plätze dieselben sind wie im letzten Jahr? Betrachte die Platzierung als Laplace-Experiment und berechne so die Wahrscheinlichkeit.
   c) Bestimme die Wahrscheinlichkeit aus b) mit einem Baumdiagramm.

2. Einen Körper, der vier gleichseitige Dreiecke als Seitenflächen hat, nennt man Tetraeder. Beim Würfeln mit einem Tetraeder bleibt stets eine Spitze oben liegen. Die Augenzahlen auf einem solchen Spielwürfel sind deshalb an den Seitenflächen unten abzulesen.

   🔹 Wie wahrscheinlich ist es, bei zweimaligem Würfeln jeweils eine gerade Augenzahl zu werfen? Zeichne ein Baumdiagramm und berechne die Wahrscheinlichkeit.

   🔸 Ermittle die Wahrscheinlichkeit dafür, dass die Augensumme beim zweimaligen Würfeln durch 3 teilbar ist.

   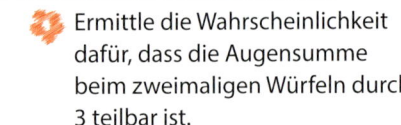

   🔹 Die Wahrscheinlichkeit für ein Ereignis beträgt $\frac{3}{16}$. Welches Ereignis könnte dieser Wahrscheinlichkeit zugrunde liegen? Begründe.

   🔹 Das Ergebnis eines Wurfes mit zwei Tetraedern ist die Differenz der Augenzahlen. Hierbei gilt stets: größere minus kleinere Augenzahl. Stelle die möglichen Ergebnisse strukturiert (z. B. mithilfe einer Tabelle) dar und gib an, welche Differenz die größte Wahrscheinlichkeit hat.

3. Vivien fragt einen zufällig ausgewählten Passanten nach einer Straße. Der Passant ist zu 80 % ein Einheimischer. Während ein Einheimischer die Straße zu 80 % kennt, kennt eine andere Person sie nur zu 20 %. Berechne die Wahrscheinlichkeit für das angegebene Ereignis.
   a) Ein Einheimischer kennt die Straße nicht.
   b) Der Passant ist ein Einheimischer, der die Straße nicht kennt.
   c) Der Passant kennt die Straße nicht.

4. Alina hört die Playlist mit ihren vier Lieblingssongs. Da sie die Zufallswiedergabe eingestellt hat, werden die vier Titel in zufälliger Reihenfolge abgespielt.
   a) Ermittle die Wahrscheinlichkeit dafür, dass die Reihenfolge der Titel die gleiche ist wie davor.
   b) Erläutere, wie sich diese Wahrscheinlichkeit ändert, wenn die Playlist nicht vier, sondern neun Titel enthält.

5. a) Ermittle die Wahrscheinlichkeit, beim zweimaligen (viermaligen) Werfen eines Würfels wenigstens einmal eine Sechs zu würfeln.
   b) Ermittle, wie oft man einen Würfel werfen muss, um mit einer Wahrscheinlichkeit von mindestens 80 % wenigstens einmal eine Sechs zu würfeln.
   c) Ermittle, wie oft man eine Münze werfen muss, um mit einer Wahrscheinlichkeit von mindestens 80 % wenigstens einmal „Zahl" zu werfen.

7.5 Vermischte Aufgaben

6. In einer Schale liegen vier Kugeln, die mit N, N, I, A beschriftet sind. Mit welcher Wahrscheinlichkeit zeigen die Kugeln in der gezogenen Reihenfolge ihren Namen, wenn Ina genau dreimal zufällig zieht und
   a) die Kugeln nach dem Ziehen zurücklegt,
   b) die Kugeln nach dem Ziehen nicht zurücklegt?

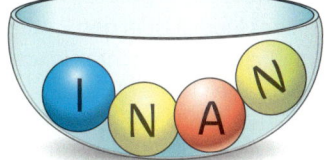

7. Eine Münze wird viermal geworfen. Ermittle die Wahrscheinlichkeit dafür, dass man mindestens einmal „Zahl" erhält.

8. Silke ist Torhüterin im Fußball. Sie überlegt sich: „Bisher habe ich 20 % aller Elfmeter gehalten. Das bedeutet, dass ich im Durchschnitt von fünf Elfmetern genau einen halte."
   a) Berechne die Wahrscheinlichkeit dafür, dass Silke tatsächlich genau einen von fünf Elfmetern hält, wenn sie jeden Elfmeter mit einer Wahrscheinlichkeit von 20 % pariert. Schätze zunächst, bevor du rechnest.
   b) Steht das Ergebnis von a) im Widerspruch zu Silkes Überlegung? Begründe deine Meinung.

9. Galtonbretter sind Nagelbretter, bei denen kleine Kugeln an mehreren gleichartigen Nägeln nach links (L) bzw. rechts (R) abgelenkt werden. Beim einfachen Galtonbrett ist die Wahrscheinlichkeit für eine Links- bzw. Rechtsablenkung gleich.
   a) Gib an: Wo landen Kugeln, deren Weg sich beschreiben lässt mit LRRL oder RRLL?
   b) Berechne die folgenden Wahrscheinlichkeiten.
      ① Die Kugel fällt nach ganz links.
      ② Die Kugel fällt in das zweite Fach von rechts.
   c) Halte eine Präsentation über Galtonbretter. Informiere dich dazu im Internet. Präsentiere dabei auch die Aufgabe und deinen Lösungsweg.

10. Erik hat beim Mini-Biathlon eine Trefferquote von 90 % beim Liegend- und von 75 % beim Stehendschießen. Es wird jeweils dreimal geschossen. Für jeden Fehlschuss muss man eine Strafrunde laufen. Ermittle die Wahrscheinlichkeit dafür, dass Erik
    a) nach dem Liegendschießen keine Strafrunde laufen muss,
    b) nach dem Stehendschießen zwei Strafrunden zu absolvieren hat,
    c) in beiden Schießdurchgängen keinen Fehler macht.

11. Beim Roulette landet die Kugel in einem von 37 Fächern, die von 0 bis 36 nummeriert sind. Ein Spieler besitzt zu Beginn einen Chip und setzt diesen auf „Impair", sodass er bei einer geraden Zahl seinen Einsatz verliert, bei einer ungeraden Zahl seinen Einsatz zurück- und einen zweiten Chip dazubekommt. Sofern er noch Chips hat, setzt er erneut einen auf „Impair". Nach spätestens drei (vier) Spielen hört er auf. Ermittle, welche Zahl von Chips er dann besitzen kann und wie groß die Wahrscheinlichkeit dafür jeweils ist.

Prüfe dein neues Fundament

7. Mehrstufige Zufallsexperimente

Lösungen ↗ S. 251

1. Ein Autohändler bietet einen Kleinwagen, eine Limousine, einen Kombi und ein SUV an. Jedes Modell ist in den Farben weiß, rot, grün, blau, silber und schwarz erhältlich.
   a) Frau Rubin möchte ein rotes Auto kaufen. Gib an, zwischen wie vielen Modellen sie wählen kann.
   b) Herr Groß interessiert sich für einen Kombi. Gib an, wie viele Wahlmöglichkeiten er hat.
   c) Gib an, wie viele Autos der Händler ausstellen muss, wenn jedes Modell in jeder Farbe zu sehen sein soll.

2. In einer Schale liegen vier Kugeln mit den Ziffern von 1 bis 4. Es wird eine Kugel gezogen und deren Ziffer notiert. Von den restlichen Kugeln wird eine zweite gezogen und deren Ziffer hinter die erste Ziffer geschrieben.
   Gib an, wie viele zweistellige Zahlen dabei entstehen können. Zeichne ein Baumdiagramm mit allen Möglichkeiten.

3. Herr Roward kauft zwei neue Glühlampen. Jede neue Glühlampe funktioniert zu 95 %, zu 5 % ist sie bereits defekt. Berechne die Wahrscheinlichkeit dafür, dass beide Glühlampen defekt sind.

4. Ein Skatspiel enthält 32 Karten, unter denen acht Herz-Karten sind. Es wird dreimal zufällig eine Karte gezogen und gleich wieder in den Stapel zurückgesteckt.
   a) Zeichne ein dreistufiges Baumdiagramm.
   b) Berechne die Wahrscheinlichkeit dafür, dass drei Herz-Karten gezogen werden.
   c) Berechne die Wahrscheinlichkeit dafür, dass genau eine Herz-Karte gezogen wird.

5. In einem Gefäß befinden sich fünf gelbe und zwei rote Kugeln. Es werden nacheinander zufällig zwei Kugeln gezogen.
   a) Vervollständige das Baumdiagramm im Heft.
   b) Wird die erste gezogene Kugel wieder in das Gefäß zurückgelegt? Begründe.
   c) Berechne die Wahrscheinlichkeit dafür, dass beide Kugeln verschiedenfarbig sind.

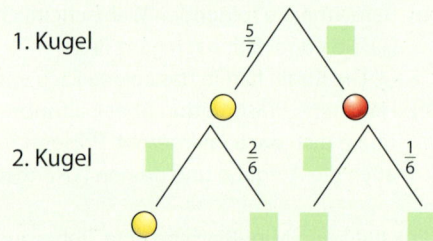

6. Berechne die Wahrscheinlichkeit dafür, dass beim Werfen zweier Würfel die Augensumme mindestens 11 ist. Zeichne ein Baumdiagramm, das nur die Pfade enthält, die zum gesuchten Ereignis gehören.

7. Henri tippt beim Pferderennen den Sieger und den Zweitplatzierten. Da die zehn Pferde etwa gleich schnell sind, kann man annehmen, dass sie in zufälliger Reihenfolge ins Ziel kommen. Bestimme die Wahrscheinlichkeiten für folgende Ereignisse.
   a) Henri tippt den Sieger und den Zweitplatzierten richtig.
   b) Henri tippt nur den Sieger richtig.
   c) Henri tippt nur den Zweitplatzierten richtig.

Prüfe dein neues Fundament

8. In einer Schublade liegen sechs blaue und sechs schwarze Socken. Xaver greift hinein und nimmt ohne hinzuschauen zufällig zwei Socken heraus. Gib an, wie groß die Wahrscheinlichkeit dafür ist, dass beide Socken die gleiche Farbe haben.

   Lösungen ↗ S. 251

9. In einer Lostrommel befinden sich vier Lose: ein Gewinnlos und drei Nieten. Vier Kinder dürfen nacheinander je ein Los ziehen. Cansu behauptet: „Das erste Kind hat eine höhere Gewinnchance als alle anderen Kinder." Überprüfe dies mit einem Baumdiagramm.

10. Eine Münze wird dreimal geworfen. Berechne die Wahrscheinlichkeiten für die folgenden Ereignisse. Erläutere, wie du vorgegangen bist.
    a) Man erhält mehr als zweimal „Zahl". b) Man erhält mindestens einmal „Zahl".
    c) Man erhält höchstens zweimal „Kopf". d) Man erhält genau einmal „Kopf".

11. Mira bearbeitet einen Single-Choice-Test mit vier Fragen. Bei jeder Frage gibt es drei Antwortmöglichkeiten, von denen genau eine richtig ist. Da Mira die Antworten nicht weiß, kreuzt sie bei jeder Frage zufällig eine Antwort an.
    Ermittle die Wahrscheinlichkeit dafür, dass Mira mindestens eine Frage falsch beantwortet.

12. Das Glücksrad wird mehrmals gedreht. Berechne die Wahrscheinlichkeit dafür, dass der Zeiger spätestens beim dritten Drehen auf Blau stehen bleibt.

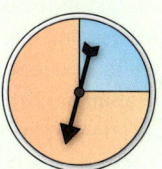

TK 13. Simuliere das Werfen eines Spielwürfels in einer Tabellenkalkulation.
   a) Gib die relative Häufigkeit des Ereignisses „Augenzahl kleiner als 5"
      nach 100 Würfen (nach 200 Würfen; nach 300 Würfen) an.
   b) Vergleiche mit der Wahrscheinlichkeit, eine Augenzahl kleiner als 5 mit einem Spielwürfel zu werfen.

Wiederholungsaufgaben

1. Gib die Funktionsgleichungen zu den Funktionsgraphen an.

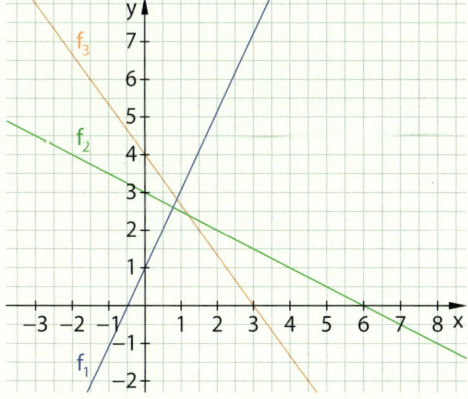

2. Peter erzählt seinem Freund: „In meiner Klasse sind 40 % Mädchen und 15 Jungen." Berechne, wie viele Mädchen in seiner Klasse sind.

3. Finde die Fehler in den folgenden Rechnungen und verbessere sie.
   a) $\frac{2}{7} + \frac{3}{8} = \frac{5}{15}$
   b) $\frac{4}{5} - \frac{1}{4} = \frac{3}{20}$
   c) $\frac{8}{9} : \frac{2}{9} = \frac{4}{9}$
   d) $5 \cdot \frac{2}{9} = \frac{10}{45}$

Zusammenfassung

7. Mehrstufige Zufallsexperimente

Baumdiagramme, Zählprinzip

Ein Vorgang, aus dem sich unterschiedliche **Kombinationsmöglichkeiten** ergeben, kann gut in einem mehrstufigen **Baumdiagramm** dargestellt werden.
Die **Gesamtzahl der Möglichkeiten** entspricht der Anzahl der Baumenden.

Die Gesamtzahl ist das Produkt aus den Anzahlen der Möglichkeiten auf jeder Stufe.

Wie viele Möglichkeiten gibt es, drei Hemden und zwei Krawatten zu kombinieren?

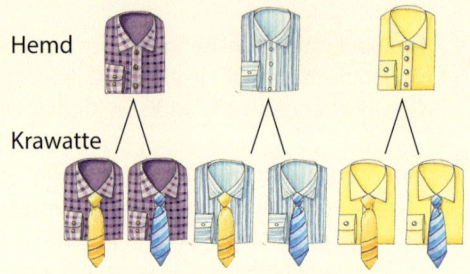

Es gibt $3 \cdot 2 = 6$ Möglichkeiten.

Mehrstufige Zufallsexperimente, Pfadregeln

Setzt sich ein Zufallsexperiment aus mehreren Teilexperimenten zusammen, so nennt man es **mehrstufiges Zufallsexperiment**. Mehrstufige Zufallsexperimente kann man übersichtlich in einem Baumdiagramm darstellen. Zu jedem Pfad in einem Baumdiagramm gehört genau ein Ergebnis, das sich aus den Ergebnissen der Teilexperimente zusammensetzt.

Aus einer Urne mit drei schwarzen und zwei roten Kugeln werden zwei Kugeln gezogen:

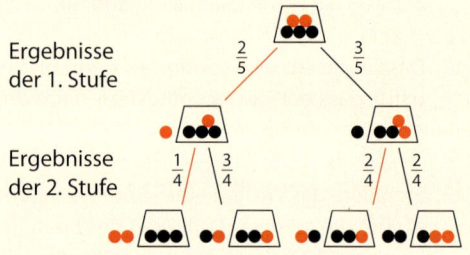

$P(\text{rot} \mid \text{rot}) = \frac{2}{5} \cdot \frac{1}{4} = \frac{1}{10} = 0{,}1 = 10\%$

Pfadmultiplikationsregel
Die **Wahrscheinlichkeit für ein zusammengesetztes** Ergebnis erhält man aus dem Produkt der Einzelwahrscheinlichkeiten längs des zugehörigen Pfades.

Pfadadditionsregel
Die **Wahrscheinlichkeit für ein Ereignis** erhält man, indem man die Wahrscheinlichkeiten der zugehörigen Pfade addiert.

E: Beide Kugeln sind verschiedenfarbig

$P(E) = P(\text{rot} \mid \text{schwarz}) + P(\text{schwarz} \mid \text{rot})$
$= \frac{2}{5} \cdot \frac{3}{4} + \frac{3}{5} \cdot \frac{2}{4} = \frac{3}{10} + \frac{3}{10} = \frac{6}{10} = 0{,}6 = 60\%$

Gegenereignis, verkürzte Baumdiagramme

Manchmal ist es einfacher, die Wahrscheinlichkeit eines Ereignisses über das Gegenereignis zu bestimmen.
Das **Gegenereignis** $\bar{E}$ zu einem Ereignis E tritt genau dann ein, wenn das Ereignis E nicht eintritt. Für seine Wahrscheinlichkeit gilt:
$P(\bar{E}) = 1 - P(E)$

Möchte man die Wahrscheinlichkeit eines Ereignisses bestimmen, genügt es, nur den Teil des Baumdiagramms mit den zugehörigen Pfaden zu zeichnen.

Ermittle die Wahrscheinlichkeit dafür, dass beim dreifachen Wurf mit einem Spielwürfel mindestens eine Sechs gewürfelt wird.

Ereignis E: mindestens eine Sechs
Gegenereignis $\bar{E}$: dreimal keine Sechs

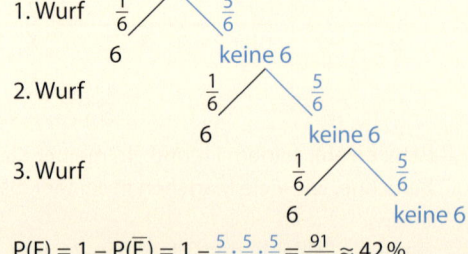

$P(E) = 1 - P(\bar{E}) = 1 - \frac{5}{6} \cdot \frac{5}{6} \cdot \frac{5}{6} = \frac{91}{216} \approx 42\%$

8. Komplexe Aufgaben

Die folgenden Aufgaben verbinden Kapitel dieses Buches und methodische Kompetenzen.

1. Endgeschwindigkeit im freien Fall

Galileo Galilei (1564–1642) erkannte 1590 die Gesetze des freien Falls: Alle Körper fallen im Vakuum unabhängig von ihrer Gestalt, Zusammensetzung und Gewicht gleich schnell. Das bedeutet, dass sie mit der gleichen Geschwindigkeit v am Boden auftreffen, wenn sie aus der gleichen Höhe h fallengelassen werden.

Es gilt auf der Erde die Faustformel $v = \sqrt{20 \cdot h}$, wobei h in Metern und v in Metern pro Sekunde angegeben wird.

Andreas hat im Rahmen seiner Facharbeit Messreihen durchgeführt. Für eine kleine Stahlkugel, die er im Treppenhaus der Schule fallen ließ, erhielt er folgende Messwerte:

h (in m)	1	1,5	2	2,5	3	3,5	4	5
v (in m/s)	4,43	5,42	6,26	7,00	7,67	8,29	8,86	9,90

a) Begründe, dass das Wertepaar (0|0) in die Messreihe passt.
b) Zeichne den Graphen, der die Geschwindigkeit als Funktion der Fallhöhe darstellt.
c) Trägt man v als Funktion von $\sqrt{h}$ auf, so erhält man eine proportionale Funktion.
   Begründe dies.
   Zeichne den Graphen der Funktion und ermittle die Steigung.
   Gib die Gleichung an, die die Messwerte beschreibt.

2. Gleichung einer Tangente an die Parabel mit $y = a \cdot x^2$

a) Experimentiere mithilfe einer dynamischen Geometriesoftware, die Tangenten an einen Graphen zeichnen kann.
   - Zeichne damit zuerst den Graphen der Funktion mit der Gleichung $y = \frac{1}{3} \cdot x^2$ und einen Punkt P auf der Parabel.
   - Konstruiere die Tangente an die Parabel im Punkt P.
   - Verschiebe P auf der Parabel und beobachte, wie sich dabei die Tangente verändert.
b) Lasse die Koordinaten des Punktes P und den Ordinatenabschnitt der Tangente vom Programm anzeigen. Welchen Zusammenhang kann man feststellen? Verändere den Streckfaktor der Parabel. Bleibt der Zusammenhang erhalten?

Hinweis zu 2 b:
Im kartesischen Koordinatensystem wird die x-Achse auch Abszissenachse und die y-Achse auch Ordinatenachse genannt.

c) Zeichne jetzt den Graphen der Funktion mit der Gleichung $y = \frac{1}{2} \cdot x^2$ und darauf einen Punkt P in ein Koordinatensystem. Konstruiere dann nach der folgenden Anleitung die Tangente t an die Parabel im Punkt P:
   - Zeichne durch P eine Senkrechte zur y-Achse und bezeichne den Schnittpunkt der Geraden und der y-Achse als S.
   - Spiegele S am Koordinatenursprung, bezeichne den Bildpunkt mit P′.
   - Zeichne eine Gerade t durch P′ und P.
   - Wähle weitere Punkte auf der Parabel und konstruiere dazu jeweils in derselben Art eine Gerade.
   - Erläutere mithilfe einer Rechnung:
     Der Punkt B (3|4,5) liegt auf der Parabel mit $y = \frac{1}{2} \cdot x^2$. Die konstruierte Gerade hat die Gleichung $y = \frac{9}{3} \cdot x - 4,5$. Diese Gerade hat mit der Parabel einen einzigen Schnittpunkt (B), also ist sie die Tangente an die Parabel in B.
d) Bestätige das Ergebnis durch die Wahl eines weiteren Punktes auf der Parabel.
e) Prüfe, ob Behauptung allgemein für jeden beliebigen Punkt auf der Parabel gilt.

3. Zugunglück

Bei einem schweren Eisenbahnunglück am 24.07.2013 sind im Nordwesten Spaniens rund 80 Fahrgäste eines Schnellzuges ums Leben gekommen. Außerdem wurden knapp 200 Reisende verletzt. Der Zug war an einer Stelle, an der die Gleise in einer relativ engen Kurve verlaufen, entgleist und umgestürzt. Der Lokführer gestand nach Angaben von Ermittlern ein, viel zu schnell gefahren zu sein. Der Zug sei mit rund 190 Kilometern in der Stunde unterwegs gewesen, obwohl in der Unglückskurve höchstens Tempo 80 zulässig gewesen sei, bestätigte er den Ermittlern.

Eine Kurve ist ein Kreisbogen mit Radius r. Auf ein Fahrzeug, dessen Masse m beträgt, muss eine Kraft F wirken, damit es die Kurve durchfahren kann. Bei einem Zug muss sie durch den Kontakt der Schienen mit den Rädern aufgebracht werden. Sie ist abhängig von der Geschwindigkeit.

Erinnere dich:
Statt Masse wird umgangssprachlich meist der Begriff Gewicht verwendet.

a) Für diese Kraft gilt $F(v) = \frac{m}{r} \cdot v^2$. Untersuche, wievielmal größer die Kraft bei einer Geschwindigkeit von 190 km/h verglichen mit der Kraft bei 80 km/h ist, wenn Masse und Radius übereinstimmen.
Gib dafür das Verhältnis der beiden Kräfte $F(190)$ und $F(80)$ an.

Hinweis zu 3:
Für Vergleiche empfiehlt es sich, Verhältnisse statt absoluter Werte zu verwenden.

b) Um die Kurve mit 190 km/h durchfahren zu können, müsste diese einen entsprechend größeren Radius haben. Verwende dein Ergebnis aus a). Erstelle eine maßstäbliche Zeichnung der Schienen von zwei 90°-Kurven im selben Maßstab, die für eine Höchstgeschwindigkeit von 80 km/h bzw. von 190 km/h geeignet wären.

c) Für den Zug kann man die Kraft mit der Gleichung $f(x) = a \cdot x^2$ berechnen. Erläutere anhand geeigneter Graphen den Einfluss des Parameters a auf den Verlauf des Graphen. Deute das Ergebnis in diesem Zusammenhang.

4. Parabel als Multiplikationsmaschine

Mithilfe einer Normalparabel kannst du zeichnerisch das Produkt zweier Zahlen a und b bestimmen. Hierzu verbindest du die Punkte A und B auf der Parabel, die an der Stelle a bzw. b liegen, und prüfst, wo die Verbindungsgerade die y-Achse schneidet. Der y-Achsenabschnitt ist dann das Ergebnis der Multiplikation von a und b, allerdings mit anderem Vorzeichen, also $(-a \cdot b)$. Haben beide Zahlen dasselbe Vorzeichen, so kann man einen Faktor in negativer Richtung auftragen.

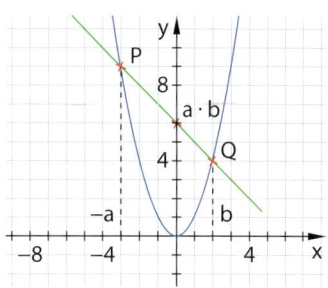

a) Überprüfe die Aussage zeichnerisch anhand der Werte $a = 3$ und $b = 2$ auf beide Arten.
b) Ermittle mithilfe einer Normalparabel das Produkt.
① $(-4) \cdot 2$; ② $4 \cdot (-2)$; ③ $(-4) \cdot (-2)$; ④ $3 \cdot 3$; ⑤ $(-3) \cdot (-3)$
c) Stelle allgemein die Geradengleichung für die Gerade durch zwei Punkte A und B auf. Zeige damit, dass der y-Achsenabschnitt immer $(-a \cdot b)$ beträgt.

5. Wer wird Millionär?

Bei der Fernseh-Quizsendung „Wer Wird Millionär?" muss ein Kandidat Fragen beantworten. Bei jeder Frage sind vier Antworten vorgegeben, von denen genau eine richtig ist. Beantwortet der Kandidat 15 Fragen richtig, gewinnt er 1 Million Euro. Beantwortet er eine Frage falsch, ist das Spiel für ihn zu Ende.

a) Bestimme die Wahrscheinlichkeit, die Million zu gewinnen, wenn der Kandidat bei jeder Frage die Antwort durch Werfen eines Tetraederwürfels zufällig auswählt. Ist diese Wahrscheinlichkeit größer oder kleiner als die Wahrscheinlichkeit, 6 Richtige im Lotto 6 aus 49 zu haben?

b) Die Fragen im Fernseh-Quizz werden von Stufe zu Stufe schwerer. Ein Kandidat schafft mit seinem guten Allgemeinwissen und mithilfe der Joker die 16 000-€-Gewinn-Stufe. Berechne die Wahrscheinlichkeit für den Millionengewinn, wenn er für die nächsten fünf Fragen einen Tetraederwürfel nutzt, um die richtige Antwort zu finden.

c) Ein Kandidat hat die 500-€-Gewinn-Stufe erreicht. Die 16 000 Euro schafft er nur, wenn er die nächsten 5 Fragen richtig beantwortet. Antwortet er einmal falsch, scheidet er aus. Sein Gewinn fällt dann auf 500 Euro zurück. Berechne die Wahrscheinlichkeit, dass sein Gewinn bei 500 Euro bleibt, wenn der Kandidat bei jeder Frage die Antwort zufällig mit dem Tetraeder wählt.

d) Die ersten 5 Fragen bis zur Stufe von 500 Euro sind ziemlich einfach. Berechne die Wahrscheinlichkeit, dass ein Kandidat diese Stufe erreicht, wenn er die erste Frage zu 99 %, die zweite zu 98 % und die drei nächsten Fragen zu 97 %, 96 % bzw. 95 % richtig beantwortet.
Elena behauptet: „Im Schnitt beantwortet der Kandidat die Fragen zu 97 % richtig. Ich erhalte genau das gleiche Ergebnis, wenn ich davon ausgehe, dass er jede der 5 Fragen zu 97 % richtig beantwortet." Hat Elena recht?

e) Bevor ein Kandidat am eigentlichen Quiz teilnehmen darf, muss er sich gegen vier andere Kandidaten durchsetzen. Hierbei muss er vier Begriffe, denen die Buchstaben A, B, C, D zugeordnet sind, schneller als die anderen in die richtige Reihenfolge bringen. Es gibt Kandidaten, die – um möglichst schnell zu sein – eine zufällige Reihenfolge der Buchstaben A, B, C, D wählen. Berechne die Wahrscheinlichkeit, dass diese zufällig gewählte Reihenfolge korrekt ist.

6. Zufallsquader

Mithilfe von drei Würfeln kann man Zufallsquader erzeugen: Mit dem ersten Würfel wird die erste, mit dem zweiten die zweite und mit dem dritten die dritte Kantenlänge (in cm) erwürfelt.

a) Gib das kleinst- und das größtmögliche Volumen eines solchen Zufallquaders an.

b) Berechne die Wahrscheinlichkeit dafür, dass ein Quader entsteht, dessen Volumen genau 2 cm³ (4 cm³ ; 6 cm³ ; 24 cm³) beträgt.

c) Berechne die Wahrscheinlichkeit dafür, dass das Volumen weniger als 10 cm³ beträgt.

d) Berechne die Wahrscheinlichkeit dafür, dass das Volumen höchstens 150 cm³ beträgt.

9. Methoden

Kopiere die Seiten in diesem Abschnitt und schneide die Methodenkarten aus. Dann kannst du die Karten länger verwenden und mit eigenen Notizen ergänzen.

Methodenkarte 9 A: Einsatz einer Formelsammlung e-22

Mit einer Formel kannst du Ergebnisse schneller berechnen, als wenn du jedes Mal erneut einen Lösungsweg überlegst. Formeln stehen in den Wissenskästen dieses Buchs, in einer gedruckten Formelsammlung oder in einer Formelsammlung im Internet.

Wissenskästen im Buch nutzen. Die wichtigsten Ergebnisse und Formeln werden in diesem Buch in Wissenskästen zusammengefasst. Suche im Inhaltsverzeichnis nach dem Themengebiet, zu dem du eine Formel benötigst, und halte nach Wissenskästen Ausschau.

Formelheft führen. Zusätzlich zu deinem Heft kannst du ein kleines Formelheft führen. Trage neue Formeln aus dem Unterricht in dieses Heft ein und verwende es, um bereits besprochene Formeln nachzuschlagen.

Formelsammlungen nutzen. Falls dir eine Formelsammlung zur Verfügung steht, mache dich mit dem Aufbau der Formelsammlung vertraut. Oft sind Formelsammlungen sehr umfangreich. Nutze das Inhaltsverzeichnis, um gezielt nach bestimmten Formeln zu suchen.

Terme, Gleichungen, Funktionen	**28**
Rechengesetze	28
Umformen von Termen	29
Gleichungen	30
Zuordnungen	37
Lineare Funktionen	39
Quadratische Funktionen	43
Exponentialfunktionen	46
Trigonometrische Funktionen	47

Methodenkarte 9 B: Zeichnen von Parabeln

Je nachdem, in welcher Form der Funktionsterm einer Parabel angegeben ist, lässt sich die Parabel wie folgt zeichnen:

1. Allgemeine Form $f(x) = a \cdot x^2 + b \cdot x + c$
   a) Stelle eine Wertetabelle auf. Setze hierzu geeignete x-Werte in den Term ein, etwa $x = -3; x = -2; x = -1; x = 0; x = 1; x = 2 \ldots$
   b) Trage die Wertepaare aus der Wertetabelle in ein Koordinatensystem ein.
   c) Verbinde die Punkte durch eine Kurve. Je kürzer die Abstände zwischen den x-Werten sind, desto genauer wird die Zeichnung.

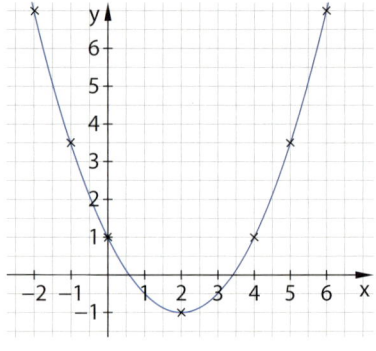

2. Scheitelpunktform $f(x) = a \cdot (x - d)^2 + e$
   a) Der Scheitelpunkt $S(d|e)$ lässt sich direkt ablesen und einzeichnen. Weitere Punkte auf der Parabel erhält man so wie in b) und c) beschrieben.
   b) Gehe vom Scheitelpunkt eine Einheit nach rechts bzw. links und dann a Einheiten nach oben (falls a negativ ist: nach unten) und trage jeweils einen Punkt ein.
   c) Gehe vom Scheitelpunkt aus zwei Einheiten nach rechts bzw. links, und dann $a \cdot 4$ Einheiten nach oben (falls a negativ ist: nach unten). Trage jeweils einen Punkt ein.
   d) Verbinde die Punkte durch eine Kurve.

Methodenkarte 9 C: Lösen quadratischer Gleichungen

Zu jeder quadratischen Gleichung kann man eine entsprechende Funktion angeben. Mit deren Graphen kann man die quadratische Gleichung grafisch lösen.
Eine quadratische Gleichung kann in verschiedenen Formen vorliegen. Von der Form hängt der günstigste Lösungsweg ab. Hier einige Beispiele:

1. Beispiel: $x^2 - 4 = 0$
   Methode: nach x umstellen und Wurzelziehen.
   Da kein lineares Glied $b \cdot x$ vorkommt, kann nach x^2 aufgelöst werden:
   $x^2 = 4$.
   Du erhältst $x = -2$ oder $x = 2$ als Lösungen der Gleichung, $L = \{-2; 2\}$.

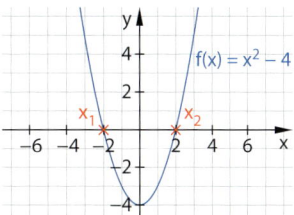

2. Beispiel: $(x - 2) \cdot (x + 3) = 0$
   Methode: Satz vom Nullprodukt anwenden.
   Das Produkt wird null, wenn einer der beiden Faktoren gleich null wird, d.h. wenn $x - 2 = 0$ oder $x + 3 = 0$ gilt.
   Also ist die Gleichung erfüllt, wenn $x = 2$ oder wenn $x = -3$ ist, $L = \{-3; 2\}$.

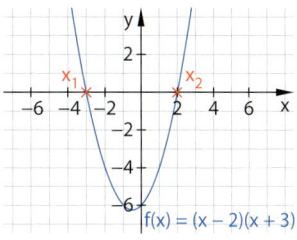

3. Beispiel: $x^2 + 4x = 0$
   Methode: x Ausklammern.
   Da kein konstantes Glied c vorkommt, kann x ausgeklammert werden:
   $x \cdot (x + 4) = 0$.
   Nach der Regel vom Nullprodukt
   gilt: $x = 0$ oder $x = -4$, $L = \{-4; 0\}$.

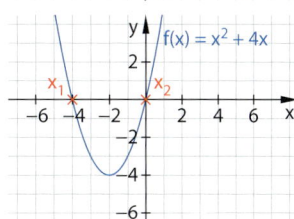

4. Beispiel: $x^2 - 6x + 9 = 0$
   Methode: Binomische Formel rückwärts.
   Wende die Binomischen Formeln „rückwärts" an.
   Es ist $x^2 - 6x + 9 = (x - 3)^2$.
   Also ist $x = 3$ die Lösung Gleichung, $L = \{3\}$.

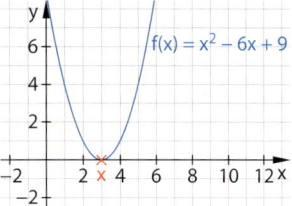

5. Beispiel: $x^2 + 3 = 0$
   Diese Gleichung hat keine Lösung, da das Quadrat einer Zahl nicht negativ sein kann.

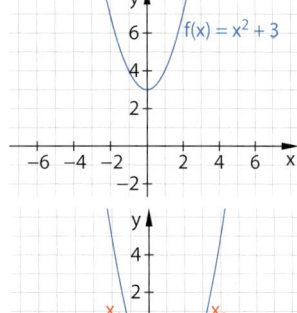

6. Beispiel: $x^2 - 2x - 3 = 0$
   Methode: Lösungsformel.
   Falls dir nicht direkt eine schnellere Lösung einfällt, verwende die p-q-Formel oder die a-b-c-Formel:

   a-b-c-Formel: $x_{1/2} = \dfrac{-(-2) \pm \sqrt{2^2 - 4 \cdot 1 \cdot (-3)}}{2 \cdot 1}$,
   also $x_1 = -1$ und $x_2 = 3$, $L = \{-1; 3\}$
   p-q-Formel: $x_{1/2} = 1 \pm \sqrt{1 + 3}$,
   also $x_1 = -1$ und $x_2 = 3$, $L = \{-1; 3\}$

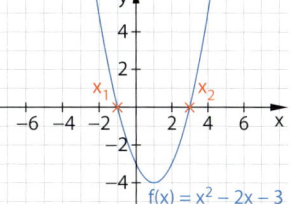

Methodenkarte 9 D: Funktionen plotten, Schnittpunkte ermitteln

Mit einem Computer oder Tablet-PC mit einem Funktionenplotter lassen sich Graphen von Funktionen leicht darstellen und deren Schnittpunkt grafisch ermitteln. Funktionenplotter sind zum Beispiel in dynamischen Geometrieprogrammen (**DGS**) enthalten.

Funktionen plotten
1. Klicke in die Eingabezeile.
2. Gib den Funktionsterm in der Form f(x) = 3*x-1 oder y = 3*x-1 ein und bestätige die Eingabe.
3. Um einen bestimmten Ausschnitt zu betrachten, kannst du den dargestellten Bereich verschieben.
4. Mit dem Lupenwerkzeug kannst du hinein- und hinauszoomen.

Schnittpunkte konstruieren und ablesen
1. Plotte die Funktionen wie oben beschrieben
2. Lege den dargestellten Bereich so fest, dass der gesuchte Schnittpunkt erkennbar ist.
3. Konstruiere den Schnittpunkt, indem du das Werkzeug „Schnittpunkt" wählst und die beiden Graphen anklickst. Klicke dann auf den Schnittpunkt und lies die Koordinaten ab (Aktiviere dazu ggf. die Algebra-Ansicht. Dort stehen die Koordinaten.)

Methodenkarte 9 E: Graphen mit einem Funktionenplotter transformieren

Mit einem Computer oder Tablet-PC mit einem modernen Funktionenplotter lassen sich Graphen und deren Transformationen einfach darstellen.

- Erstelle ein leeres Dokument.

- Gib einen Funktionsterm, z. B. f(x) = x^2, ein. Der Graph wird gezeichnet.

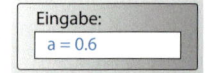

- Definiere nun Variablen a, b, c und d. Hierzu genügt es oft, diesen Variablen einen Wert zuzuweisen, indem du sie jeweils in die Eingabezeile einträgst.

- Die Variablen können jeweils als Schieberegler sichtbar gemacht werden. Dazu klickst du in der Übersicht der Objekte auf jede Variable mit der rechten Maustaste, woraufhin sich das Kontextmenü für weitere Einstellungsmöglichkeiten öffnet.

- Trage die Funktion g(x) = a · f(b · x + c) + d in die Eingabezeile ein. Die transformierte Funktion wird gezeichnet.
Änderst du nun die Werte der Variablen über die Schieberegler, erkennst du die Veränderungen am Graphen.

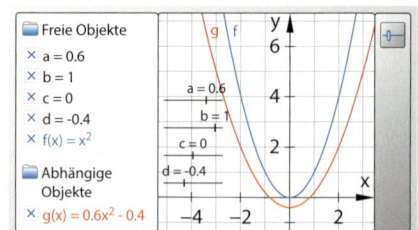

10. Anhang

Lösungen zu
- Dein Fundament
- Prüfe dein neues Fundament

Stichwortverzeichnis

Bildnachweis

Lösungen zu Kapitel 1: Funktionen

Dein Fundament (S. 6/7)

S. 6, 1.
a) $x = \frac{1}{3}$ b) $x = -\frac{1}{2}$ c) $x_1 = 0; x_2 = 3$
d) $x_1 = -1; x_2 = 5$

S. 6, 2.
a) $x = -\frac{13}{3}$ b) $x = 2$ c) $x = 4$ d) $x = 4,5$

S. 6, 3.
x: Alter von Anja
$x + \frac{1}{2}x = 18$, also $x = 12$.
Anja ist 12 Jahre alt und Paul ist 6 Jahre alt.

S. 6, 4.
a) $3x + 6 = 15$; $x = 3$ b) $5x - 2x = 4x$; $x = 0$
c) $\frac{1}{2}x + \frac{1}{4}x = 9$; $x = 12$
d) $4x - 5x = -x$, jede Zahl erfüllt die Gleichung.

S. 6, 5.
a) Monat → Sonnenscheindauer auf Mallorca (in h)
b) Im Juli scheint die Sonne am längsten, im Oktober, November, Dezember und Januar am kürzesten.
c)

Monat	Jan.	Feb.	März	April
Sonnenschein-dauer (in h)	6	7	7	8

Monat	Mai	Juni	Juli	Aug.
Sonnenschein-dauer (in h)	8	9	10	9

Monat	Sep.	Okt.	Nov.	Dez.
Sonnenschein-dauer (in h)	7	6	6	6

S. 6, 6.
a) Die höchste Temperatur von 20 °C wurde gegen 15 Uhr gemessen, die niedrigste Temperatur von etwa 7 °C wurde kurz nach 4 Uhr gemessen.
b) Alle Temperaturen kann man nur ungefähr angeben.

Uhrzeit	0:00	1:00	2:00	3:00	4:00	5:00
Temperatur (in °C)	16,5	16	14	10	8	10,5

Uhrzeit	6:00	7:00	8:00	9:00	10:00	11:00
Temperatur (in °C)	12	13,5	15	16,5	17,5	18

Uhrzeit	12:00	13:00	14:00	15:00	16:00	17:00
Temperatur (in °C)	18,7	19	19,5	20	18	18

Uhrzeit	18:00	19:00	20:00	21:00	22:00	23:00
Temperatur (in °C)	17,5	17	16	14	14	14

S. 6, 7.

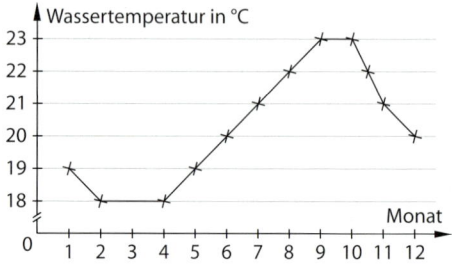

S. 6, 8.
$K = 39 + 0,23 \cdot (163 - 150) = 41,99$
Familie Blum muss 41,99 € bezahlen.

S. 6, 9.
a) proportionale Zuordnung
   Proportionalitätsfaktor: 0,7

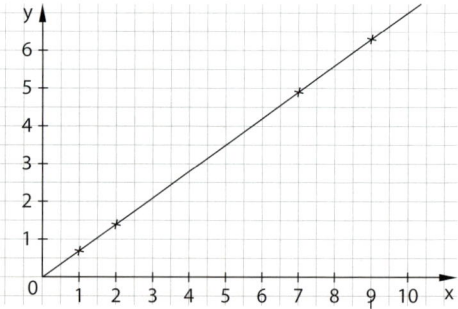

b) antiproportionale Zuordnung

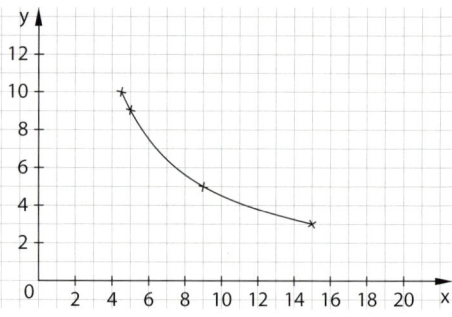

c) Es liegt weder eine proportionale noch eine antiproportionale Zuordnung vor.

S. 7, 10.
a)

x	1	2	3	6	7	8
y	2	4	6	12	14	16

b)

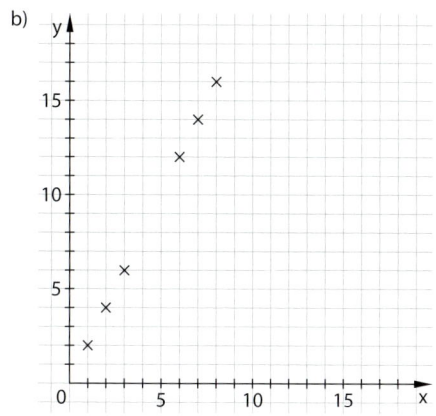

S. 7, 11.
a)
x	5	18	16	12
y	2,5	9	8	6

b)
x	5	8	9	12
y	14,4	9	8	6

S. 7, 12.
a) weder proportional noch antiproportional
b) weder proportional noch antipropotional (wegen des Grundpreises)
c) proportional
d) antiproportional
e) proportional
f) antiproportional

S. 7, 13.
$14 \cdot 32 = 16 \cdot x \Rightarrow x = 28$
Sie können täglich 28 € ausgeben.

S. 7, 14.
a)
Länge a	1 m	2 m	3 m	4 m	8 m	10 m	18 m
Breite b	36 m	18 m	12 m	9 m	4,5 m	3,6 m	2 m

b) $A = 36 \, m^2$ c) $a = 2,4 \, m$ d) $a = 6 \, m$
e)

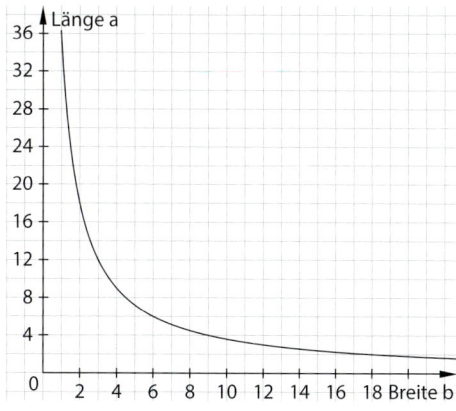

S. 7, 15.
a) a = 3   b) a = −3   c) a = 6   d) a = $\frac{1}{3}$
e) a = −1   d) keine Zahl möglich

S. 7, 16.
Nach 6 Minuten: 80°C
Nach 9 Minuten: 110°C, das ist aber praktisch nicht möglich.

S. 7, 17.
A: 1. Quadrant   B: 2. Quadrant
C: y-Achse   D: 4. Quadrant
E: x-Achse   F: 3. Quadrant

Prüfe dein neues Fundament (S. 36/37)

S. 36, 1.
a) Nicht eindeutig, da mehrere Schüler die gleiche Höhe gesprungen sein können.
b) Eindeutig, einer Anzahl Eiskugeln ist nur ein Preis zugeordnet.

S. 36, 2.
a)
x	−2	−1	0	1	2	3	4
y = 1,5x + 1	−2	−0,5	1	2,5	4	5,5	7

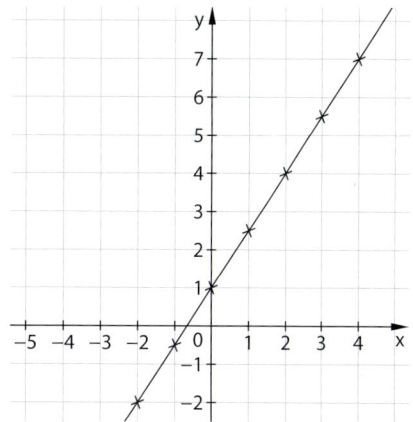

b)
x	−2	−1	0	1	2	3	4
y = −2x + 1	5	3	1	−1	−3	−5	−7

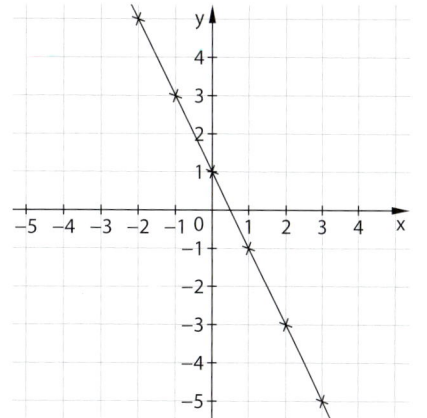

c)

x	−2	−1	0	1	2	3	4
y = 0,5x − 1	−2	−1,5	−1	−0,5	0	0,5	1

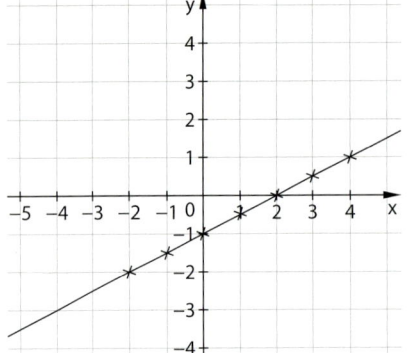

S. 36, 3.
a) $y = -2x$ b) $y = x$ c) $y = 2x$

S. 36, 4.
a)

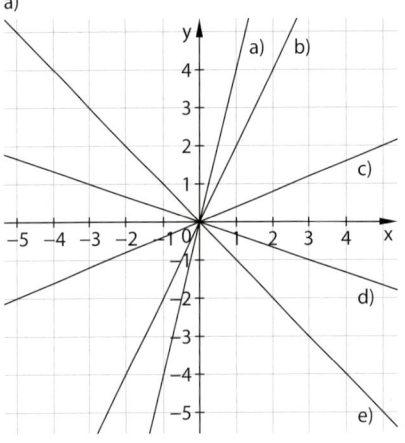

S. 36, 5.
a) Die Tabelle gibt Werte für das Auto mit einem Verbrauch von 8 Litern auf 100 km an.
b) Der Graph stellt die Werte für das Auto mit einem Verbrauch von 8 Litern auf 100 km dar.

S. 36, 6.

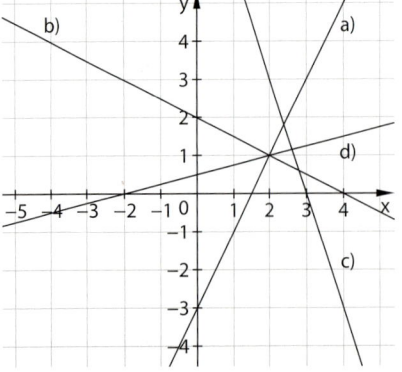

S. 36, 7.
a) $y = 0,5x - 1$ b) $y = -\frac{1}{3}x + 1$
c) $y = 1,25x + 1,5$

S. 36, 8.
a) $y = 0,5x + 3$ b) $y = \frac{5}{12}x - \frac{3}{2}$
c) $y = -\frac{8}{3}x - 1$ d) $y = -2,6x - 23$

S. 36, 9.
a)

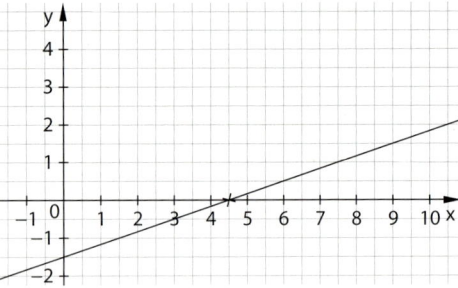

Nullstelle: $x = 4,5$

b)

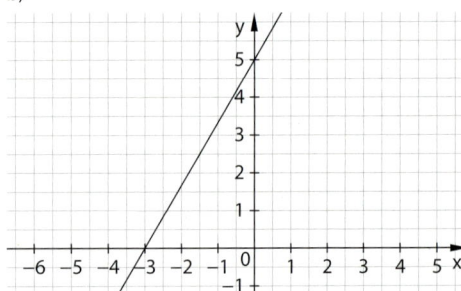

Nullstelle: $x = -3$

c)

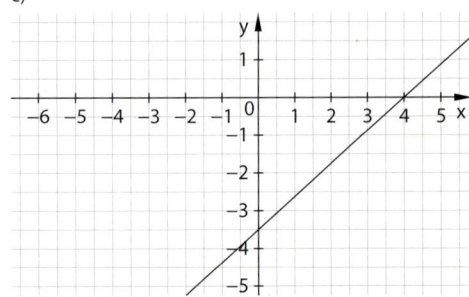

Nullstelle: $x = 4$

d)

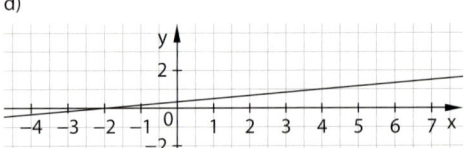

Nullstelle: $x = -2$

S. 37, 10.
a) $x = 3$ b) $x = 5$
c) $x = -2$ d) $x = 6$

Lösungen

S. 37, 11.

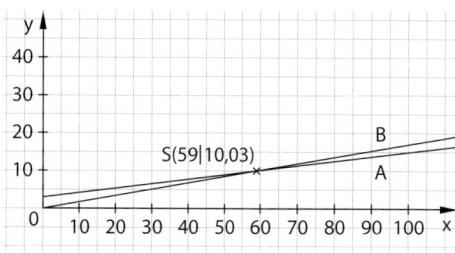

Bis 58 Abzüge ist Anbieter B günstiger, bei 59 Abzügen kostet es bei beiden Anbietern das Gleiche, ab 60 Abzügen ist Anbieter A günstiger.

S. 37, 12.
a) x = 60; die Höhe des Flugzeugs beträgt nach 60 min 0, dann ist es also gelandet.
(Zu Beginn befand sich das Flugzeug in 12 000 m Höhe, es sank 200 Meter pro Minute)
b) 1000 = –200x + 12 000 ⇒ x = 55, d. h., 5 Minuten vor der Landung beträgt die Flugzeughöhe 1000 m.

S. 37, 13.
$0 = \frac{99}{100}x + \frac{100}{99} \Rightarrow x = -\frac{100}{99} : \frac{99}{100} \approx -1{,}020\,304\,051$

Wiederholungsaufgaben

S. 37, 1.
a) 43 900 b) 108,0 c) 4,790

S. 37, 2.
Der gemessene Abstand entspricht in der Realität einer Luftlinie von 300 km.

S. 37, 3.

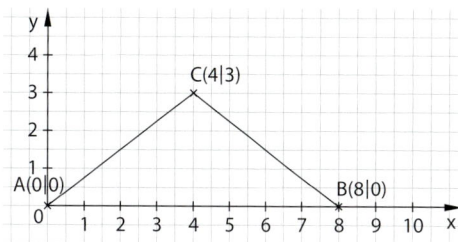

Flächeninhalt: A = 12 cm²
Umfang: u = 18 cm

S. 37, 4.
a) $\frac{43}{30}$ b) $\frac{7}{30}$ c) $\frac{1}{2}$ d) $\frac{25}{18}$

S. 37, 5.
x + 10y – 2

S. 37, 6.
Arithmetisches Mittel: 172 cm, Maximum: 183 cm, Minimum: 157 cm, Spannweite: 26 cm, Median: 176 cm

S. 37, 7.
a) x = 4 b) x = $-\frac{4}{3}$ c) x = $\frac{2}{3}$ d) x = –2

Lösungen zu Kapitel 2: Lineare Gleichungssysteme

Dein Fundament (S. 40/41)

S. 40, 1.
a) –9   b) –2,3
c) 1   d) –8
e) –12   f) 4
g) 6   h) 6

S. 40, 2.
a) falsch, 39   b) falsch, 30
c) falsch, 28   d) falsch, –34

S. 40, 3.
a) Term > 0: z. B. x = 1; Term < 0: z. B. x = –4; Term = 0: x = –3
b) Term > 0: z. B. a = 5; Term < 0: z. B. a = –1; Term = 0: a = 4
c) Term > 0: z. B. a = –1; Term < 0: z. B. a = 1; Term = 0: a = 0
d) Term > 0: z. B. x = 1; Term < 0: unmöglich; Term = 0: x = 0

S. 40, 4.
a) ≈ –7,112   b) ≈ 2,901
c) ≈ –1,343   d) ≈ 1,686

S. 40, 5.
a) x = 1,5: y = 4,5; x = 3: y = 9
b) x = 1,5: y = 2; x = 3: y = 1
c) x = 1,5: y = 2,25; x = 3: y = 9
d) x = 1,5: y = –5; x = 3: y = –8

S. 40, 6.
a) x = 5   b) x = 1
c) x = 8   d) x = –6
e) x = $\frac{3}{2}$ f) x = –2
g) x = 0   h) x = 0

S. 40, 7.
a) b = $\frac{A}{a}$ b) a = $\frac{u}{4}$
c) $h_c = \frac{2A}{c}$ d) γ = 180° – α – β
e) a = $\frac{u-b}{2}$ f) G = $\frac{V}{h}$
g) k = $\frac{y}{x}$ h) x = k · $\frac{1}{y}$

S. 40, 8.
a) x = 7 – y; y = 7 – x   b) x = –3y; y = $-\frac{1}{3}$x
c) x = y + 3; y = x – 3   d) x = 6 – y; y = 6 – x

S. 40, 9.
x: Anteil von Frau Blum in €
x + 2x + $\frac{1}{2}$x = 21 000
Frau Blum: 6000 €; Frau Friedrich: 12 000 €; Herr Müller: 3000 €

S. 40, 10.
x: Vermögen des Vaters in Gulden
$\frac{1}{4}$x + $\frac{1}{5}$x + $\frac{1}{6}$x + 92 = x; x = 240

S. 41, 11.

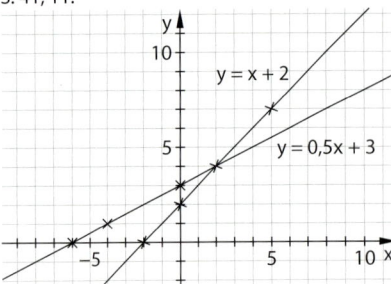

S. 41, 12.
①: f_3; ②: f_1; ③: f_2; ④: f_4

S. 41, 13.

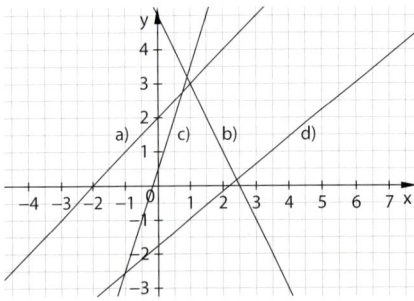

S. 41, 14.
a) Der y-Achsenabschnitt ist gleich. $f(x) = -\frac{1}{3}x + 1$; $g(x) = x + 1$; $h(x) = -2x + 1$; $i(x) = \frac{1}{2}x + 1$
b) Alle Graphen haben die gleiche Steigung.
$k(x) = x + 1$; $l(x) = x - \frac{1}{2}$; $m(x) = x - 1{,}5$; $n(x) = x - 3$

S. 41, 15.
a) ③ und ④   b) Nach 180 Minuten.

S. 41, 16.

x	−1	0	1	2	3
y = x + 1	0	1	2	3	4

x	−1	0	1	2	3
y = 2x − 1	−3	−1	1	3	5

Vermischtes

S. 41, 17.
a) fehlerhaft, richtig: $2x = 5x - 1$
b) fehlerhaft, richtig: $x = 2x + 3$
c) richtig   d) richtig

S. 41, 18.
Der Oberflächeninhalt vervierfacht sich.

S. 41, 19.
a) Herr Blum fuhr etwa 12,1 km.
b) Frau Blum zahlte 19,49 €.

Prüfe dein neues Fundament (S. 64/65)

S. 64, 1.
a) x: Anzahl der gekauften Getränke;
y: Anzahl der Gebäckbeutel
$x \cdot 1\,€ + y \cdot 2\,€ = 40\,€$ (Falls das gesamte Geld ausgegeben wird.)
b)

x (Getränke)	0	2	4	6	8	10	12
y (Gebäckbeutel)	20	19	18	17	16	15	14

x (Getränke)	14	16	18	20	22	24	26
y (Gebäckbeutel)	13	12	11	10	9	8	7

x (Getränke)	28	30	32	34	36	38	40
y (Gebäckbeutel)	6	5	4	3	2	1	0

c) (20|10) ist eine Lösung,
da $20 \cdot 1\,€ + 10 \cdot 2\,€ = 40\,€$
(10|20) ist keine Lösung,
da $10 \cdot 1\,€ + 20 \cdot 2\,€ = 50\,€ \neq 40\,€$
(36|2) ist eine Lösung,
da $36 \cdot 1\,€ + 2 \cdot 2\,€ = 40\,€$

S. 64, 2.
a) ① passt zu dieser Situation
② passt zu dieser Situation
③ passt nicht zu dieser Situation, da die Variablen nicht übereinstimmen
④ passt zu dieser Situation
b) L kann keine Lösungsmenge sein, da der Preis eines Brötchens nicht negativ sein kann.
Lösung: {(0,75|0,55)}

S. 64, 3.
a)

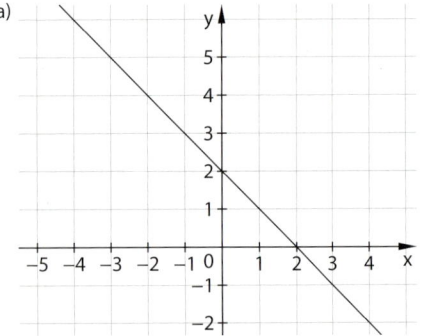

Beispiele für drei mögliche Lösungen:
$x = 0$; $y = 2$ und $x = 2$; $y = 0$ und $x = 1$; $y = 1$

b)

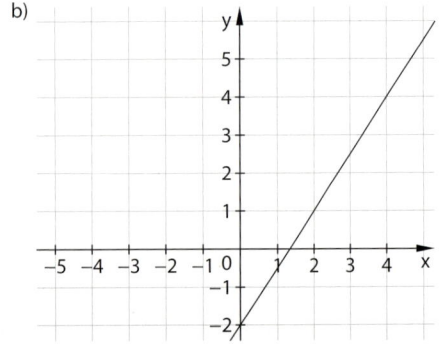

Beispiele für drei mögliche Lösungen:
x = 0; y = −2
x = 2; y = 1
x = 4; y = 4

c)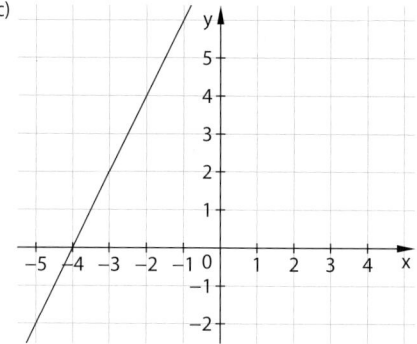

Beispiele für drei mögliche Lösungen:
x = −2, y = 4
x = −3, y = 2
x = −4; y = 0

d)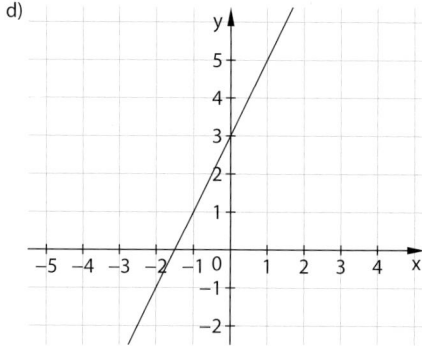

Beispiele für drei mögliche Lösungen:
x = 0; y = 3
x = −1; y = 1
x = −2; y = −1

S. 64, 4.
$\begin{vmatrix} x + 2y = 5 \\ 3x - y = 1 \end{vmatrix}$

S. 64, 5.
a)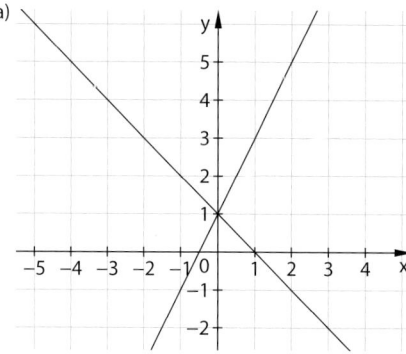

x = 0; y = 1

b)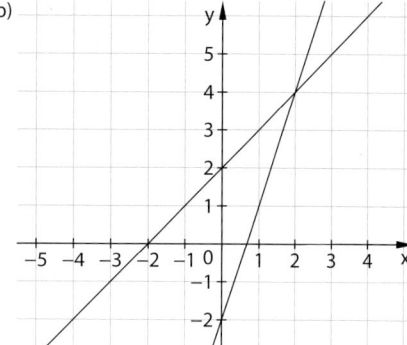

x = 2; y = 4

c)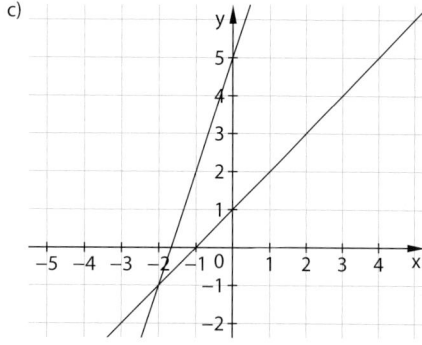

x = −2, y = −1

d)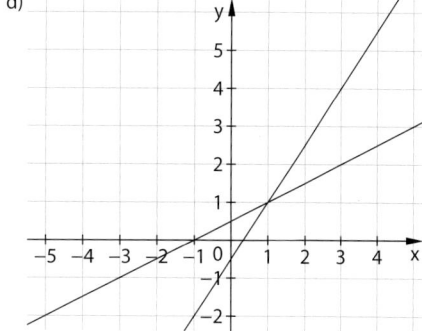

a = 1; b = 1

S. 64, 6.
a) x = 1; y = 3   b) x = −2; y = 3
c) x = −3; y = 5   d) x = −1; y = 2
e) x = 2; y = 2   f) x = 3; y = −1
g) x = −1; y = 4   h) a = 6; b = 0

S. 64, 7.
a) unendlich viele   b) keine
c) keine   d) unendlich viele

S. 64, 8.
a) x = 1; y = 1   b) keine Lösung
c) u = −8; v = −8   d) keine Lösung
e) x = 8,4; y = 0,8   f) a = −2; b = 12
g) L = {(x|y)|y = $\frac{2}{5}$x + 2}   h) x = 12; y = −5

S. 64, 9.
Das Grundstück ist 45 m mal 18 m groß.

S. 65, 10.
a) Die beiden Zahlen lauten 46 und 4.
b) Die beiden Zahlen lauten 8 und 17.
c) Alle Zahlen x und y, deren Summe 23 ist.
   Also L = $\{(x|y) \mid x + y = 23\}$.

S. 65, 11.
$2 \cdot a + 2 \cdot 1{,}5 \cdot a = 1{,}8$; $a = 0{,}36$ m

S. 65, 12.
$x \cdot 203 + y = 39{,}16$
$x \cdot 267 + y = 49{,}40$

Lösen des linearen Gleichungssystems ergibt eine Grundgebühr von 6,68 € und einen Preis pro kWh von 0,16 €.

Wiederholungsaufgaben (S. 65)

S. 65, 1.
a) 2000 m b) 2000 dm³
c) 0,00487 t

S. 65, 2.
a) u = 6a + 4b b) u = 100 cm

S. 65, 3.
a) A: $\frac{1}{10}$; B: $\frac{4}{10} = \frac{2}{5}$; C: $\frac{7}{10}$; D: $\frac{11}{10} = 1\frac{1}{10}$
b) A: $\frac{3}{12} = \frac{1}{4}$; B: $\frac{4}{12} = \frac{1}{3}$; C: $\frac{6}{12} = \frac{1}{2}$; D: $\frac{10}{12} = \frac{5}{6}$
c) A: $\frac{1}{3}$; B: $\frac{5}{3} = 1\frac{2}{3}$; C: $\frac{5}{2} = 2\frac{1}{2}$; D: $\frac{11}{3} = 3\frac{2}{3}$

S. 65, 4.
$\alpha_1 = 160°$; $\alpha_2 = 30°$; $\alpha_3 = 20°$; $\alpha_4 = 30°$; $\alpha_5 = 30°$

S. 65, 5.
a) 0,9 b) −9,9
c) −24,3 d) $-\frac{5}{6}$

Lösungen zu Kapitel 3: Ähnlichkeit

Dein Fundament (S. 68/69)

S. 68, 1.
a) x = 6 b) x = 19,8
c) x = 0,2 d) x = 5
e) x = 2,5 f) x = 2

S. 68, 2.
a) x = 2 b) x = −3
c) x = −2,5 d) x = 10
e) x = −24 f) x = 7

S. 68, 3.
a) z. B. a = 2; b = 2; c = 12 b) z. B. a = 6; b = 60; c = 2
c) z. B. a = 35; b = 1; c = 7 d) z. B. a = 6; b = 10; c = 3

S. 68, 4.
a) 73 mm b) 500 m c) 0,25 m
d) 3,2 m e) 0,7 dm f) 750 m
g) 500 mm h) 0,025 m i) 0,05 m
j) 12,5 dm

S. 68, 5.
a) 37 cm² = 3700 mm²
b) 2,5 m² = 25 000 cm²
c) 320 000 cm² = 32 m²
d) 5 dm² = 50 000 mm²
e) $\frac{1}{4}$ dm² = 25 cm²
f) 76 890 mm² = 768,9 cm²

S. 68, 6.
a) 5,7 m = 570 cm b) 4,5 m = 450 cm
c) 0,4 m² = 40 dm² d) 2 m
e) 2 m = 20 dm f) 4,5 km = 4500 m
g) 300 mm = 30 cm h) 3 m²

S. 68, 7.

Maßstab	Entfernung	
	Karte	Wirklichkeit
a) 1 : 100 000	3 cm	3 km
b) 1 : 250 000	3 cm	7,5 km
c) 1 : 250 000	10 cm	25 km
d) 1 : 1 000 000	5 cm	50 km
e) 1 : 25 000	2 cm	500 m
f) 1 : 25 000	4 cm	1 km
g) 1 : 50 000 000	4 mm	200 km
h) 1 : 100	1 cm	1 m

S. 68, 8.
Eine Karobreite entspricht 5 mm.
① 1 : 100   ② 10 : 1
③ 1 : 10 000   ④ 1 : 1

Seite 69, 9.
a) Deckungsgleich sind folgende Figuren:
   Figuren ① und ④
   Figuren ③ und ⑤
   Sie gehen durch Verschieben und Drehen auseinander hervor.
b) zeichnerische Lösung

Seite 69, 10.
a) Nach Kongruenzsatz (wsw) sind beide Dreiecke kongruent.
b) Beide Dreiecke sind nicht kongruent, weil kein Kongruenzsatz gilt.
c) Nach Kongruenzsatz (wsw) sind beide Dreiecke kongruent.

S. 69, 11.
a) wahr:
   Kongruenzsatz sss
b) falsch:
   Diese Dreiecke sind nicht kongruent. Gegenbeispiel: Dreieck ABC mit a = b = c = 6 cm und $\alpha = \beta = \gamma = 60°$ und Dreieck DEF mit d = e = f = 8 cm und $\delta = \varepsilon = \varphi = 60°$
c) falsch:
   Gegenbeispiel: Die Rechtecke mit a = 5 cm, b = 1 cm sowie a = 2 cm, b = 4 cm haben zwar den gleichen Umfang, sind aber nicht kongruent.

Lösungen

S. 69, 12.
a) Zeichne zunächst eine der gegebenen Seiten und trage die beiden anderen Seitenlängen mit dem Zirkel an den Endpunkten ab. Der Schnittpunkt der Kreise ist der dritte Eckpunkt des Dreiecks, da die Dreiecksungleichung erfüllt ist.
b) Zeichne zuerst die Seite c mit der Länge 4,5 cm. Die Endpunkte der Seite sind A und B. Trage im Punkt A den Winkel α = 68° an. Schlage dann um den Punkt A einen Kreis mit dem Radius b = 3 cm. Der Schnittpunkt des Kreises mit dem freien Schenkel des Winkels α ist der Punkt C des Dreiecks ABC. Verbinde den Punkt C mit dem Punkt B, um die Seite a zu zeichnen.

S. 69, 13.
a) Mit diesen Größen lässt sich kein Dreieck eindeutig konstruieren, da nicht beide Winkel an der Seite c anliegen (sws).
b) Sind drei Winkel gegeben, so ist eine eindeutige Konstruktion nicht möglich.
c) Mit diesen Größen lässt sich kein Dreieck konstruieren, denn die Dreiecksungleichung ist nicht erfüllt: a + b = 4 cm + 2 cm < 7 cm = c. Es müsste aber a + b > c sein.
d) Es liegt der Fall sws vor. Das Dreieck ist eindeutig konstruierbar. Zeichne zuerst die Seite c = 4 cm. Die Endpunkte der Seite sind A und B. Trage in B den Winkel β = 35° an. Schlage um B einen Kreis mit dem Radius a = 3 cm. Der Schnittpunkt des Kreises mit dem freien Schenkel von β ist der Punkt C des Dreiecks. Verbinde die Punkte C und A, um die Seite b zu zeichnen.

S. 69, 14.
a) A = 3 cm²; u = 8 cm b) A = 1,5 cm²; u = 6 cm
c) A = 5,5 cm²; u = 10 cm d) A = 3,25 cm²; u = 9 cm
e) A = 7,1 cm²; u = 9,4 cm

S. 69, 15.
a) A = 0,49 m² b) A = 12 m²
c) A = 10 cm² d) A = 100 cm² = 1 dm²

S. 69, 16.
a) Franks Zimmer ist 0,09 m² größer.
b) Beide Zimmer haben jeweils einen Umfang von 11,2 m.

Prüfe dein neues Fundament (S. 92/93)

S. 92, 1.
Viereck ③ wurde mit dem Faktor 0,5 maßstäblich verkleinert.

S. 92, 2.
a) k = 0,5

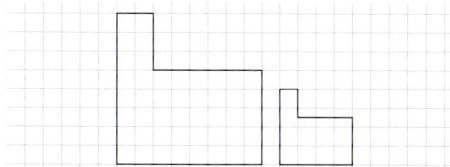

b) k = 2

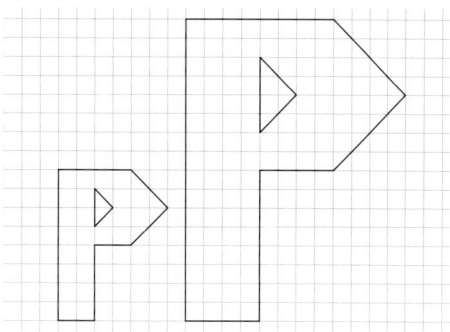

S. 92, 3.
a) Nur das Foto mit den Maßen 10 cm x 15 cm gibt das ganze Bild wieder, da das Seitenverhältnis mit dem Original übereinstimmt. $\left(\frac{10}{15} = \frac{230}{345}\right)$
b) Für das Foto mit den Maßen 10 cm x 15 cm ist $k = \frac{10}{23} \approx 0{,}43$.

S. 92, 4.
a) maßstäbliche Veränderung (k = 0,5)
b) keine maßstäbliche Veränderung
c) maßstäbliche Vergrößerung (k = 1,5)

S. 92, 5.
Lösungsbeispiele:
a)

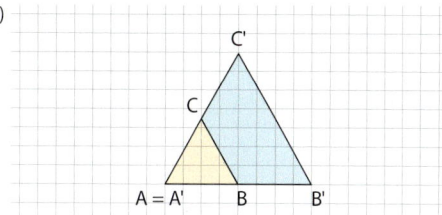

b)

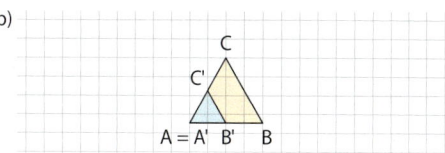

c)

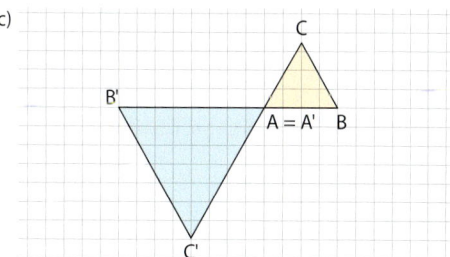

S. 92, 6.
a) k = −1 b) k = −0,5
c) k = 0,5 d) k = 1,5

Lösungen

S. 92, 7.
a) Gleichseitige Dreiecke haben drei Innenwinkel der Größe 60°. Sie entsprechen sich also in den Winkeln und sind alle (nach dem Ähnlichkeitssatz www) zueinander ähnlich.
b) Gleichschenklig-rechtwinklige Dreiecke haben immer einen Innenwinkel der Größe 90° und zwei Innenwinkel der Größe 45°. Da die Winkel einander entsprechen, sind sie alle (nach dem Ähnlichkeitssatz www) zueinander ähnlich.
c) Das stimmt nicht. Gegenbeispiel:
Dreieck ABC mit b = 3 cm; γ = 90°; a = 4 cm
Dreieck DEF mit e = 3 cm; φ = 90°; a = 6 cm
Beide Dreiecke sind rechtwinklig, aber nicht zueinander. Es ist α ≠ δ und β ≠ ε.
d) Das stimmt nicht. Gegenbeispiel:
Dreieck ABC mit γ = 50°; β = 50° und α = 80°
Dreieck ABC mit γ = 50°; β = 65° und α = 65°
Beide Dreiecke stimmen in γ überein und sind gleichschenklig. Sie sind aber nicht zueinander ähnlich.

S. 92, 8.
a) x = –2   b) x = 0   c) x = 2

S. 93, 9.
a) ≈ 0,67 cm   b) ≈ 1,06 cm   c) 3 cm

S. 93, 10.
a) 4 m   b) ≈ 26,33 m

S. 93, 11.
a) Gebäudehöhe 6,3 m   b) Gebäudehöhe 33,75 m

S. 93, 12.
Das Modell ist etwa 10,8 Meter hoch.

Wiederholungsaufgaben (S. 93)

S. 93, 1.
a) $x_0 = 2$ b) $x_0 = 8$

S. 93, 2.
$P_{\text{keine Niete}} = \frac{40+10}{200} = \frac{1}{4}$

S. 93, 3.
Das kalorienreduzierte Eis enthält etwa 41 % der Kalorien der Vanille-Eiscreme, also etwa 59 % weniger.

Kapitel 4: Quadratwurzeln – Reelle Zahlen

Dein Fundament (S. 96/97)

S. 96, 1.
a) ja (6 · 6)   b) nein   c) ja (9 · 9)
d) ja (11 · 11)   e) nein   f) nein

S. 96, 2.
a) 1, 3   b) 16, 25   c) 49, 64
d) 81, 100   e) 81, 100   f) 225, 256

S. 96, 3.
a) 4, 16   b) 25   c) 4, 9, 16
d) 4, 25, 100   e) 4, 9, 25, 100   f) 4, 9, 16, 25, 100

S. 96, 4.
a) 7 · 7 = 49
b) (–10) · (–10) · (–10) = –1000
c) 0,2 · 0,2 · 0,2 = 0,008
d) (3 + 5) · (3 + 5) = 8 · 8 = 64
e) (–1) · (–1) + (–1) · (–1) · (–1) = 0
f) $\frac{1}{2} \cdot \frac{1}{2} = \frac{1}{4}$ g) 5 · 5 · 5 · 5 = 625
h) $\frac{2}{3} \cdot \frac{2}{3} \cdot \frac{2}{3} = \frac{8}{27}$ i) $\frac{3 \cdot 3 \cdot 3 \cdot 3}{3 \cdot 3} = 9$
j) $\frac{5 \cdot 5}{125} = \frac{1}{5}$

S. 96, 5.

	Überschlag	Ergebnis
a) $1{,}54^2$	$1{,}5^2 = 2{,}25$	2,3716
b) $(-0{,}27)^2$	$(-0{,}3)^2 = 0{,}09$	0,0729
c) $0{,}19^3$	$0{,}2^3 = 0{,}008$	0,006 859
d) $8{,}005^2$	$8^2 = 64$	64,080 025
e) $0{,}029^2$	$0{,}03^2 = 0{,}0009$	0,000 841

S. 96, 6.
Endziffer 1: $1{,}9^2$ Endziffer 2: $1{,}8^3$
Endziffer 3: $0{,}3^5$ Endziffer 5: 15^4; $232{,}5^2$
Endziffer 6: 134^4; 14^2 Endziffer 9: 2327^2

S. 96, 7.
a) $2 - 1{,}3^2 = 0{,}31$ $2 - 1{,}4^2 = 0{,}04$
   $2 - 1{,}41^2 = 0{,}0119$ $2 - 1{,}414^2 = 0{,}000604$
b) $5 - 2{,}1^2 = 0{,}59$ $5 - 2{,}2^2 = 0{,}16$
   $5 - 2{,}23^2 = 0{,}0271$ $5 - 2{,}236^2 = 0{,}000304$
Die Ergebnisse nähern sich immer mehr der 0.

S. 96, 8.
a) $(-0{,}1)^2 < \left(\frac{1}{3}\right)^2 < (-9)^2 < 12^2 < 17^2$
b) $0{,}1^3 < 0{,}5^2 < (-1)^2 < 1{,}5^2 < 5^2$
c) $(-1)^3 < \left(\frac{1}{2}\right)^2 < 0{,}5^2 < \frac{3}{3^2} < (-2)^2$
d) $(-3)^3 < -0{,}2^3 < \frac{1}{5} < 0{,}9^2 < (-4)^2$

S. 96, 9
a) –361   b) 0,49   c) 512   d) 0,008

S. 96, 10.
a) 9000   b) 10   c) 49   d) 10 000
e) 0,17   f) 64   g) 0,01   h) 0,0001

S. 96, 11.
a) 2 · 2 · 3   b) 2 · 2 · 2 · 5   c) 2 · 7 · 7
d) 2 · 2 · 3 · 5 · 5   e) 3 · 3 · 5 · 5   f) 2 · 2 · 2 · 2 · 7

S. 97, 12.
a) $9\,\text{cm}^2$ b) $0{,}25\,\text{m}^2$ c) $1{,}44\,\text{km}^2$
d) $1\,\text{m}^2$ e) $1{,}21\,\text{dm}^2$

S. 97, 13.
a) 5 cm   b) 10 m   c) 9 km
d) 12 dm   e) 100 m

S. 97, 14.
$49\,\text{cm}^2$

S. 97, 15.
$27\,\text{cm}^3$

S. 97, 16.
0,5 cm

S. 97, 17.
Lösungen der Gleichungen:
a) 4 b) –5; 5 c) –9; 9 d) –1; 0

S. 97, 18.
a) L = {7} b) L = { } c) L = {1} d) L = $\mathbb{Q}$

S. 97, 19.
Die Behauptung ist falsch, denn 60 ist nicht durch 7, 8, 9 und 11 teilbar.

S. 97, 20.
Beispielsweise 2, 6, 10

S. 97, 21.

Produkt aus Faktor 10	10·10·10	10·10·10·10·10·10	10·10·10·10·10	10·10	10·10·10·10·10·10·10·10
Potenzschreibweise (Basis 10)	10^3	10^6	10^5	10^2	10^8
in Worten	tausend	eine Million	hunderttausend	einhundert	hundert Millionen

S. 97, 22.
Die Seitenlängen betragen 5 cm und 8 cm.

S. 97, 23.
4 cm

S. 97, 24.
a) $\frac{9}{4}$ b) $\frac{1}{4}$ c) $\frac{3}{49}$
d) $\frac{57}{100}$ e) $\frac{25}{12}$

S. 97, 25.
a) $9 + 6x + x^2$ b) $b^2 - 8b + 16$ c) $a^2 - 81$
d) $9y^2 + 36y + 36$ e) $u^2 - 8uv + 16v^2$

Prüfe dein neues Fundament (S. 114/115)

S. 114, 1.
a) 25 b) 0,16 c) 1 d) $\frac{1}{400}$
e) 0,09 f) 16 g) 2,25

S. 114, 2.
a) 9 b) $\frac{5}{8}$ c) 0,4
d) nicht definiert
e) 7 f) 600 g) 0.2

S. 114, 3.
$\sqrt{529} = 23$; $\sqrt{576} = 24$; $\sqrt{1444} = 38$; $\sqrt{169} = 13$;
$\sqrt{1521} = 39$; $\sqrt{81} = 9$; $\sqrt{144} = 12$; $\sqrt{1681} = 41$

S. 114, 4.
a) $4 < \sqrt{22} < 5$ b) $10 < \sqrt{107} < 11$ c) $3 < \sqrt{13{,}7} < 4$
d) $2 < \sqrt{2{,}1 \cdot 2{,}9} < 3$ e) $5 < \sqrt{\frac{100}{3}} < 6$

S. 114, 5.
a) Richtig, die Quadratwurzel ist per Definition nicht negativ.
b) Für negative Zahlen gilt die Aussage nicht, denn es gilt z.B. für –3: $\sqrt{(-3)^2} = \sqrt{9} = 3 \neq -3$

S. 114, 6.
Flächeninhalt: 100 cm²; Seitenlänge Quadrat: 10 cm

S. 114, 7.
Seitenlänge einer Fliese: 15 cm. Die Wand ist 2,25 m lang und 1,05 m hoch.

S. 114, 8
a) $x_1 = \sqrt{7}$; $x_2 = -\sqrt{7}$ b) $x_1 = 13$; $x_2 = -13$
c) keine Lösung d) $x_1 = 7$; $x_2 = -7$
e) $y_1 = \sqrt{5}$; $y_2 = -\sqrt{5}$

S. 114, 9.
Es gibt drei Möglichkeiten:
– zwei Lösungen für $a > 0$; z. B. $x^2 = 4$ mit L = {2; –2}
– eine Lösung für $a = 0$; z. B. $x^2 = 0$ mit L = {0}
– keine Lösung für $a < 0$; z. B. $x^2 = -4$ mit L = .

S. 114, 10.
z.B.: $x^2 = 441$ oder $x^2 - 441 = 0$

S. 114, 11.
a) 4 b) nicht definiert c) 10
d) 25 e) 200 f) 10
g) 70 h) 48 i) 50
j) 22

S. 114, 12.
a) 10 b) $\frac{1}{2}$ c) nicht definiert
d) $\frac{2}{7}$ e) $\frac{11}{19}$ f) 0,4
g) $\frac{8}{3}$ h) $\frac{11}{13}$ i) $\frac{3}{2}$
j) $\frac{3}{7}$

S. 115, 13.
a) $2\sqrt{13}$ b) $4\sqrt{6}$ c) $\frac{\sqrt{3}}{2}$
d) $\frac{\sqrt{2}}{8}$ e) $\frac{4}{7} \cdot \sqrt{\frac{10}{3}}$

S. 115, 14.
a) 29 b) 3,4 c) 1
d) $2\sqrt{2}$ e) $\sqrt{3}$

S. 115, 15.
a) $2\sqrt{13}$ b) $3 + 4\sqrt{3}$ c) $-2\sqrt{2}$
d) $\sqrt{5} + \sqrt{10} + 5\sqrt{2}$ e) $14 + \sqrt{14}$ f) $10\sqrt{5}$
g) $23\sqrt{5}$ h) $2{,}5\sqrt{11}$

Wiederholungsaufgaben (S. 115)

S. 115, 1.
a) z.B. Kreisdiagramm

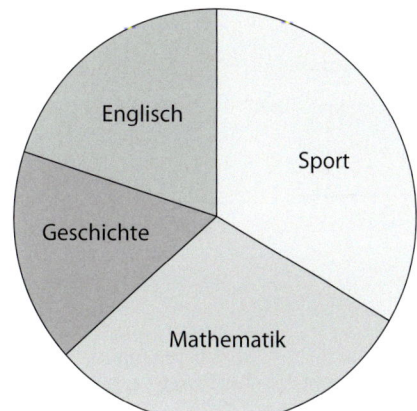

b)

	Englisch	Geschichte	Mathematik	Sport
absolute Häufigkeit	24	20	36	40
relative Häufigkeit	0,2	≈ 0,167	0,3	≈ 0,333
rel. Häufigkeit in Prozent	20 %	≈ 16,7 %	30 %	≈ 33,3 %

S. 115, 2.
x = −2; y = 3

S. 115, 3.
um 25 %

S. 115, 4.
a) z. B. 6 cm lang und 10 cm breit (Maßstab 1 : 100)
b) 210 m³

S. 115, 5.
Dauer eines Spielfilms: 100 min
Alter der Katze: 8 Jahre
Dicke einer 1-Euro-Münze: 2 mm
Größe eines Fußballplatzes: 7000 m²
Entfernung von Berlin nach München: 500 km
Flächengröße von Deutschland: 350 000 km²
Oberfläche einer 1-Euro-Münze: 10 cm²
Rauminhalt eines Schiffscontainers: 70 m³
Volumen eines Wassereimers: 10 ℓ
Gewicht eines Brotes: 1 kg
Gewicht eines Pkw: 1 t
Rauminhalt einer Zahnpastatube: 75 mℓ

Lösungen zu Kapitel 5: Satzgruppe des Pythagoras

Dein Fundament (S. 118/119)

S. 118, 1. z. B.
a)
b)
c)

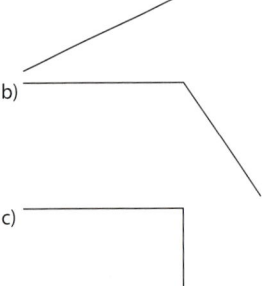

S. 118, 2.
a) 45°, spitz   b) 135°, stumpf
c) 225°, überstumpf   d) ≈ 26,56°, spitz

S. 118, 3.
a) $\alpha_1 = \alpha_3 = \beta_1 = \beta_3 = 110°$; $\alpha_2 = \alpha_4 = \beta_2 = \beta_4 = 70°$
b) $\alpha_4 = \beta_2 = 76°$ c) $\beta_1 = \alpha_1 = 100°$

S. 118, 4.
a) u = 20 cm; A = 21 cm²
b) u = 44 cm; A = 121 cm²
c) u = 24 cm; A = 24 cm²

S. 118, 5.
a) ① unregelmäßig; ② unregelmäßig; ③ gleichschenklig; ④ gleichseitig; ⑤ unregelmäßig; ⑥ gleichschenklig
b) ① rechtwinklig; ② stumpfwinklig; ③ spitzwinklig; ④ spitzwinklig; ⑤ spitzwinklig; ⑥ rechtwinklig

S. 118, 6.
a) γ = 72°; längste Seite: c
b) γ = 50°; längste Seite: b
c) α = 60°, alle Seiten gleich lang
d) β = γ = 45°; längste Seite: a
e) α = 30°; β = 60°; γ = 90°, längste Seite: c

S. 118, 7.
a) Zeichnen einer Seite, Kreise schlagen, deren Radien den Längen der anderen beiden Seiten entsprechen und deren Mittelpunkte die beiden Endpunkte der ersten Seite sind. Der Schnittpunkt der Kreise ist der dritte Eckpunkt des Dreiecks.
b) Eine der beiden gegebenen Seiten zeichnen, daran im Punkt A den gegebenen Winkel abtragen. Um A einen Kreis, dessen Radius die Länge der anderen Seite ist, schlagen. Der Schnittpunkt des Kreises mit dem freien Schenkel des Winkels ist der dritte Eckpunkt des Dreiecks.

S. 118, 8.
a) 5 cm   b) 1,3 dm   c) 0,9 m   d) 0,2 km

S. 119, 9.
a) x = −4,5   b) $x_1 = 3$; $x_2 = -3$
c) x = 2   d) x = 3

S. 119, 10.
a) $a = b - c^2$; $c = \pm\sqrt{b-a}$ b) $b = \frac{a^2}{c}$; $c = \frac{a^2}{b}$
c) $a = \frac{25}{b^2}$; $b = \pm\frac{5}{\sqrt{a}}$
d) $a = \pm\sqrt{25-b}$; $b = 25 - a^2$

S. 119, 11.
a) L = {6; −6}   b) L = { }
c) L = {√0,5; −√0,5}   d) L = {√3; −√3}

S. 119, 12.
a) $x^2 + 7x + 10$ b) $xy - 3x + 7y - 21$
c) $ab + 4a - 6b - 24$ d) $6a - 3b^2 + 3b - 6ab$

S. 119, 13.
a) 10 cm; 100 cm; 0,1 cm; 100 000 cm; 5 cm; 75 cm; 7,5 cm; 1 500 cm
b) 100 cm²; 0,01 cm²; 10 000 cm²; 1200 cm²; 500 cm²; 0,25 cm²; 10 cm²; 300 cm²

S. 119, 14.
a) 0,25 dm; 0,15 m; 20 cm; 350 mm; 0,01 km; 12 m; 1350 cm; 140 dm
b) 0,1 dm²; 2500 mm²; 200 cm²; 0,07 m²; 10 dm²; 0,3 m²; 5000 cm²; 150 dm²

Lösungen

S. 119, 15.
a) ① $A = 1{,}5\,\text{cm}^2$ ② $A = 3{,}125\,\text{cm}^2$
   ③ $A = 3{,}75\,\text{cm}^2$ ④ $A = 2{,}625\,\text{cm}^2$
   ⑤ $A = 1{,}5\,\text{cm}^2$
b) (bei Vierecken: Lösungsbeispiele)

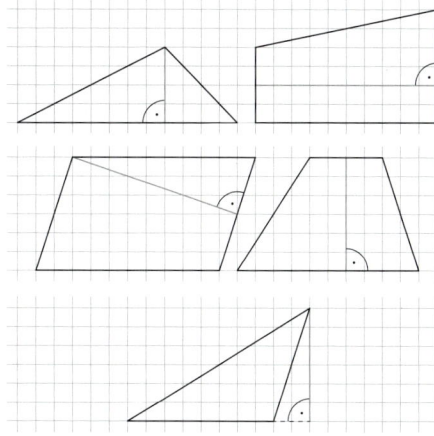

S. 119, 16.
a) Wenn eine Zahl durch 6 teilbar ist, dann ist sie auch durch 3 teilbar.
   Voraussetzung: Die Zahl ist durch 6 teilbar.
   Behauptung: Die Zahl ist durch 3 teilbar.
b) Wenn drei Winkel die Innenwinkel eines Dreiecks sind, dann ist ihre Summe 180°.
   Voraussetzung: Drei Winkel sind Innenwinkel eines Dreiecks. Behauptung: Die ist Summe ist 180°.
c) Wenn zwei Winkel Scheitelwinkel sind, dann sind sie gleich groß.
   Voraussetzung: Zwei Winkel sind Scheitelwinkel.
   Behauptung: Sie sind gleich groß.
d) Wenn zwei Zahlen Quadratzahlen sind, dann ist auch ihr Produkt eine Quadratzahl.
   Voraussetzung: Zwei Zahlen sind Quadratzahlen.
   Behauptung: Ihr Produkt ist eine Quadratzahl.
e) Wenn zwei Winkel Wechselwinkel an geschnittenen Parallelen sind, dann sind sie gleich groß.
   Voraussetzung: Zwei Winkel sind Wechselwinkel an geschnittenen Parallelen.
   Behauptung: Sie sind gleich groß.

S. 119, 17.
Die Behauptung von Michael ist richtig:
$5^2 + 12^2 = 25 + 144 = 169 = 13^2$.
Weitere Beispiele zwischen 2^2 und 11^2
$3^2 + 4^2 = 9 + 16 = 25 = 5^2$
$6^2 + 8^2 = 36 + 64 = 100 = 10^2$

Prüfe dein neues Fundament (S. 140/141)

S. 140, 1.
Frau Meier kann die Längen der Seiten sowie die Länge der Diagonalen messen. Ist der Satz des Pythagoras erfüllt ist, so ist der Holzrahmen rechteckig.

S. 140, 2.
a) $c = 10\,\text{cm}$ b) $b \approx 286\,\text{mm}$
c) $c \approx 3{,}84\,\text{cm}$ d) $b \approx 5{,}32\,\text{dm}$
e) $a \approx 5{,}55\,\text{cm}$ f) $b \approx 14{,}21\,\text{cm}$

S. 140, 3.
a) Jan: 150 m; Luca: $\approx 111{,}8\,\text{m}$
b) Wenn beide gleich schnell laufen, ist Jan auch genau 111,8 m gelaufen, wenn Luca am Ziel ist. Er hat dann also noch etwa 38,2 m vor sich, unabhängig von der Geschwindigkeit.

S. 140, 4.
a) waagrechte Strecke: 3000 m;
   Länge der Straße $\approx 3015\,\text{m}$
b) Steigung: 9 %; Länge der Straße $\approx 2008\,\text{m}$

S. 140, 5.
a) $\sqrt{8^2 + 15^2} = 17$: Das Dreieck ist rechtwinklig, der rechte Winkel ist γ.
b) $\sqrt{2^2 + 1^2} \neq 5$: Das Dreieck ist nicht rechtwinklig.
c) $\sqrt{13^2 + 84^2} = 85$: Das Dreieck ist rechtwinklig, der rechte Winkel ist β.
d) $\sqrt{3{,}8^2 + 4{,}5^2} \approx 5{,}89$: Das Dreieck ist rechtwinklig.
e) $\sqrt{4{,}1^2 + 5{,}7^2} \neq 53{,}4$: Das Dreieck ist nicht rechtwinklig, falls 5,89 eine passende gerundete Seitenlänge ist, denn $\sqrt{34{,}69} \approx 5{,}89$.
f) $\sqrt{0{,}5^2 + 0{,}29^2} \neq 0{,}7$: Das Dreieck ist nicht rechtwinklig.

S. 140, 6.
Das Dreieck ist nicht rechtwinklig. Es hat die Seitenlängen 4 cm, $\sqrt{7{,}0625}\,\text{cm}$ und $\sqrt{9{,}0625}\,\text{cm}$. Damit ist die Gleichung $a^2 + b^2 = c^2$ nicht erfüllt. Sie muss den Punkt C auf dem Thaleskreis wählen. Würde der Punkt C auf dem linken benachbarten Gitterpunkt des Karorasters liegen, wäre das Dreieck rechtwinklig.

S. 141, 7.

	a	b	c	α	β	γ
a)	3 cm	4 cm	5 cm	36,87°	53,13°	90°
b)	4 cm	5 cm	3 cm	53,13°	90°	36,87°
c)	2 cm	3 cm	4 cm	34°	67°	79°
d)	5 cm	7,07 cm	5 cm	45°	90°	45°
e)	10,15 cm	4,1 cm	6,43 cm	89,94°	41,72°	48,34°

a), b) und d) sind rechtwinklig, da jeweils ein Winkel 90° ist.

Seite 141, 8.
a) $q = 9\,\text{cm}$ b) $h = 10\,\text{cm}$ c) $c = 22{,}5\,\text{cm}$

Seite 141, 9.
a) $h = 6\,\text{cm}$ b) $p = 8\,\text{cm}$
c) $c = 8\,\text{m}$; $b = \sqrt{32}\,\text{m} \approx 5{,}66\,\text{m}$
d) $p = 3{,}6\,\text{dm}$; $q = 6{,}4\,\text{dm}$
e) $p = 4\,\text{cm}$; $h = \sqrt{20}\,\text{cm} \approx 4{,}47\,\text{cm}$
f) $h = 12\,\text{cm}$

Lösungen

Seite 141, 10.

	a	b	c	p	q	h
a)	4 cm	8,06 cm	9 cm	1,78 cm	7,22 cm	3,58 cm
b)	46,48 cm	12 cm	48 cm	45 cm	3 cm	11,62 cm
c)	5,83 cm	9,72 cm	11,33 cm	3 cm	8,33 cm	5 cm
d)	5,34 cm	5,27 cm	7,5 cm	3,8 cm	3,7 cm	3,75 cm
e)	4,62 cm	8 cm	9,24 cm	2,31 cm	6,93 cm	4 cm

Wiederholungsaufgaben (S. 141)

S. 141, 1.
a), c) antiproportional
b), d), e) weder proportional noch antiproportional
f) proportional

S. 141, 2.
a) ④   b) ②   c) ①   d) ③

S. 141, 3.
a) 83,050   b) 83,05   c) 83,0

Kapitel 6: Quadratische Funktionen

Dein Fundament (S. 144/145)

S. 144, 1.
a) 1; 4; 9; 16; 25; 36; 49; 64; 81; 100; 121; 144; 169; 196; 225; 256; 289; 324; 361; 400
b) 0,36   c) 225   d) 1,44   e) 0,0025
f) 360 000   g) $\frac{4}{81}$ h) 256

S. 144, 2.
a) 11   b) 15   c) 90   d) $\frac{14}{19}$
e) 0,2   f) 1,6   g) n. l.

S. 144, 3.
a) $x = 10$ b) $x = 2$ c) $x = -4$
d) $x = -1$ e) $x = 0$ f) $x = -4$
g) $L = \mathbb{R}$ h) $x = 8$

S. 144, 4.
a) $x = -6$ b) $x = 4$
c) $x_1 = 2; x_2 = -2$ d) $x_1 = 3; x_2 = -3$
e) $x = 0$ f) $x_1 = 2; x_2 = -1$

S. 144, 5.
a) $-4; 4$ b) 3   c) n. l.   d) $-5; 5$
e) 0   f) n. l.   g) $-2; 2$ h) 0; 1

S. 144, 6.
a) $(2|1)$ b) $(0|3)$ c) $\left(\frac{1}{2}\Big|\frac{5}{2}\right)$ d) $(2,3|0,7)$

S. 144, 7.
a) $4 + 4x + x^2$ b) $a^2 - 4a + 4$
c) $a^2 - 9$ d) $4a^2 + 4ab + b^2$
e) $a^2 - 4b^2$ f) $4 - 2x + \frac{1}{4}x^2$
g) $16 - 4x^2$ h) $\frac{1}{4}u^2 - 2uv + 4v^2$
i) $2x^2 + 6x$ j) $\frac{4}{9}u^2 + 4uv + 9v^2$

S. 144, 8.
a) $x^2 + 6x + 9 = (x + 3)^2$
b) $a^2 + 12a + 36 = (a + 6)^2$
c) $25u^2 - 60uv + 36v^2 = (5u - 6v)^2$
d) $36 + 12x + x^2 = (x + 6)^2$
e) $(2u + v)(2u - v) = -v^2 + 4u^2$
f) $9x^2 + y^2 + 6xy = (3x + y)^2$
g) $a^2 + b^2 + 2ab = (a + b)^2$
h) $(2x + y)^2 = 4x^2 + 4xy + y^2$

S. 144, 9.
a) $(a - b)^2$ b) $(x + y)^2$
c) $(a + 2)^2$ d) $(3 - x)(3 + x)$
e) $(3a + 2b)^2$

S. 144, 10.
$A_{\text{Quadrat}} = a^2$; $A_{\text{Rechteck}} = (a - 1)(a + 1) = a^2 - 1$
Das Rechteck ist eine Flächeneinheit kleiner als das Quadrat.

S. 145, 11.

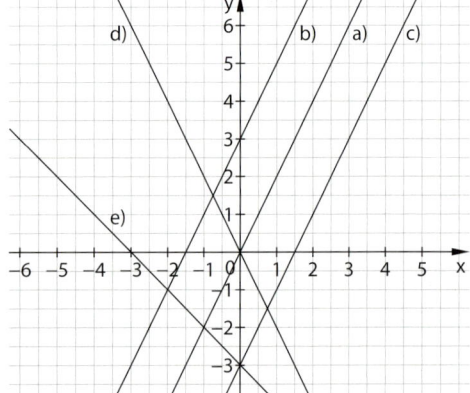

S. 145, 12.
a) ②   b) ①
c) $m = 1, n = 1, S_y(0|1), x_N = -1$ d) ③

S. 145, 13.
a) $(2|0,5)$ b) $(-1|2)$
c) $(0|1,5)$ d) $(3|0)$

S. 145, 14.

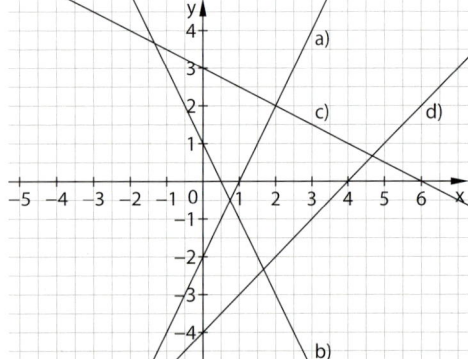

Schnittpunkte mit den Koordinatenachsen:
a) $(0|-2); (1|0)$ b) $(0|1); (0,5|0)$
c) $(0|3); (6|0)$ d) $(0|-4); (4|0)$

Lösungen

S. 145, 15.
a) x = 1   b) x = 8   c) x = 1   d) x = 3

S. 145, 16.
y = 2x − 4

S. 145, 17.
a) (−1|3)   b) (2|−1)
c) kein Schnittpunkt

S. 145, 18.
a), b), e) auf der Geraden
c), d) nicht auf der Geraden

S. 145, 19.
m: Steigung; n: y-Achsenabschnitt

S. 145, 20.
a) 1,96 dm²   b) $\sqrt{52}$ cm² ≈ 7,21 cm

S. 145, 21.
a = 4 cm

S. 145, 22.
Kapital nach einem Jahr: 15 000 € · 1,027 = 15 405 €
Zinsen für Monate 13−15:
Z = 15 405 € · 0,027 · 0,25 ≈ 103,98 €
Kapital nach 15 Monaten: 15 508,98 €

Prüfe dein neues Fundament (S. 198/199)

S. 198, 1.
a) P(3,5|12,25)   b) P(1,4|1,96) oder P(−1,4|1,96)
c) P(0|0)   d) P(0|0)   e) nicht möglich

S. 198, 2.

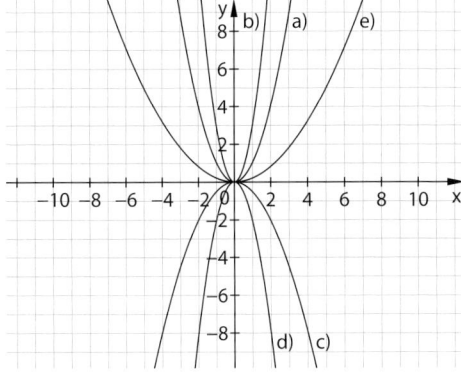

S. 198, 3.
a) 2 Einheiten nach oben; S(0|2)
b) 1 Einheit nach links; S(−1|0)
c) 2 Einheiten nach rechts und 1 Einheit nach unten; S(2|−1)
d) 0,5 Einheiten nach links und 2,25 Einheiten nach unten; S(−0,5|−2,25)

S. 198, 4.
a) ① f(x) = (x + 7)² − 4
   ② f(x) = (x + 1,5)² + 3,5
   ③ f(x) = (x + 1)² − 6,25
b) ① x_1 = −5; x_2 = −9
   ② keine Nullstellen
   ③ x_1 = 1,5; x_2 = −3,5

S. 198, 5.
Scheitelpunkte:
a) S(2|1)   b) S(1|−1)   c) S(4|−2)

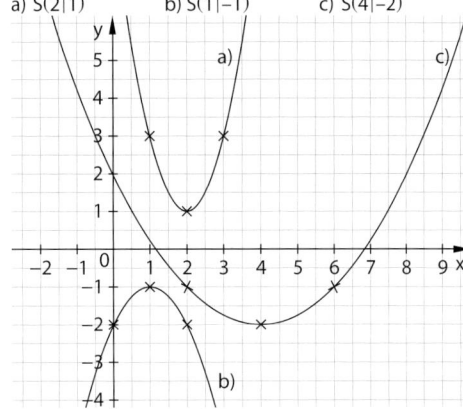

S. 198, 6.
a) f(x) = (x + 0,5)² − 1   b) x_1 = 3; x_2 = −4

S. 198, 7.
a) x_1 = 2; x_2 = −2   b) x_1 = 7; x_2 = −1   c) x_1 = 0; x_2 = 4

S. 198, 8.
a) ① f(x) = −$\frac{69}{79^2}$x²   ② f(x) = −$\frac{69}{79^2}$(x − 79)² + 69
b) rund 9,30 m

S. 198, 9.
a) Scheitelpunktform gegeben
   allgemeine Form: f(x) = 2x² − 4x − 16
   faktorisierte Form: f(x) = 2(x − 4)(x + 2)
b) allgemeine Form gegeben
   Scheitelpunktform: g(x) = (x − 7)² − 4
   faktorisierte Form: g(x) = (x − 9)(x − 5)
c) faktorisierte Form gegeben
   allgemeine Form: h(x) = −3x² − 6x + 24
   Scheitelpunktform: h(x) = −3(x + 1)² + 27

S. 198, 10.
a) Nullstellen: x_1 = 0; x_2 = 300
   Der Ball fliegt 300 m weit.
b) Scheitelpunkt: S(150|45)
   Der Ball fliegt 45 m hoch.

S. 198, 11.
a) x_1 = 0,2; x_2 = −0,2   b) x_1 = 5; x_2 = −5
c) x_1 = 0; x_2 = −1   d) x_1 = 3; x_2 = −3

S. 199, 12.
a) x_1 = −3; x_2 = −1   b) keine Lösung
c) x_1 = 5; x_2 = 1   d) x_1 = 8; x_2 = 6
e) x_1 = 5; x_2 = 3   f) x_1 = −3 + $\sqrt{2}$; x_2 = −3 − $\sqrt{2}$

S. 199, 13.
2 · 24 = (x + 6)(x + 4)
0 = x² + 10x − 24 x_1 = 2; x_2 = −12
Nur positive Lösung sinnvoll, daher x = 2.

S. 199, 14.
a) A(x) = (10 − x)(10 + 2x) = −2x² + 10x + 100
   Scheitelpunktform: A(x) = −2$\left(x - \frac{5}{2}\right)^2$ + 112,5
   A wird maximal im Scheitelpunkt S(2,5|112,5).
   Also ist x = 2,5.

b) A(x) = (10 − x)(10 + 5x) = −5x² + 40x + 100
Scheitelpunktform: A(x) = −5(x − 4)² + 180
A wird maximal im Scheitelpunkt S(4|180).
Also ist x = 4.

S. 199, 15.
a) $-\frac{1}{10}(x-10)^2 + 10 = \frac{1}{2}x$
b) $x_1 = 0$; $x_2 = 15$
Probe für x_1: $-\frac{1}{10}(0-10)^2 + 10 = 0$ ⟶ $\frac{1}{2} \cdot 0 = 0$
Probe für x_2: $-\frac{1}{10}(15-10)^2 + 10 = 7{,}5$ ⟶ $\frac{1}{2} \cdot 15 = 7{,}5$

S. 199, 16.
a) $S_1(1|4)$; $S_2(-3|4)$ b) S (0|1)
c) $S_1(0|1)$; $S_2(1|0)$ d) keine Lösung

S. 199, 17.
zeichnerische Lösung; $f(x) = \sqrt{x+1}$

Wiederholungsaufgaben (S. 199)

S. 199, 1.
23,94 €

S. 199, 2.
x = 1,25; y = 0,25

S. 199, 3.
α = 50°, β = 40°

S. 199, 4.
Der Wagen kostet 14 000 €.

Kapitel 7:
Mehrstufige Zufallsexperimente

Dein Fundament (S. 202/203)

S. 202, 1.
a) $\frac{1}{2} = 0{,}5 = 50\%$ b) $\frac{3}{4} = 0{,}75 = 75\%$
c) $\frac{7}{10} = 0{,}7 = 70\%$ d) $\frac{3}{50} = \frac{6}{100} = 0{,}06 = 6\%$
e) $\frac{18}{20} = \frac{9}{10} = 0{,}9 = 90\%$ f) $\frac{12}{40} = \frac{3}{10} = 0{,}3 = 30\%$

S. 202, 2.
a) $\frac{2}{10} = \frac{1}{5}$ b) $\frac{25}{100} = \frac{1}{4}$ c) $\frac{2}{100} = \frac{1}{50}$
d) $\frac{125}{1000} = \frac{1}{8}$ e) $\frac{72}{100} = \frac{18}{25}$ f) $\frac{6}{100} = \frac{3}{50}$

S. 202, 3.
a) $\frac{1}{100} = 0{,}01$ b) $\frac{25}{100} = 0{,}25$ c) $\frac{75}{100} = 0{,}75$
d) $\frac{40}{100} = 0{,}4$ e) $\frac{22}{100} = 0{,}22$ f) $\frac{30}{100} = 0{,}3$

S. 202, 4.

	a)	b)	c)	d)
Prozentangabe	10 %	20 %	4 %	80 %
Bruch mit Nenner 100	$\frac{10}{100}$	$\frac{20}{100}$	$\frac{4}{100}$	$\frac{80}{100}$
Bruch (gekürzt)	$\frac{1}{10}$	$\frac{1}{5}$	$\frac{1}{25}$	$\frac{4}{5}$
Dezimalzahl	0,1	0,2	0,04	0,8

	e)	f)	g)	h)
Prozentangabe	8 %	60 %	150 %	125 %
Bruch mit Nenner 100	$\frac{8}{100}$	$\frac{60}{100}$	$\frac{150}{100}$	$\frac{125}{100}$
Bruch (gekürzt)	$\frac{2}{25}$	$\frac{3}{5}$	$\frac{3}{2}$	$\frac{5}{4}$
Dezimalzahl	0,08	0,6	1,5	1,25

S. 202, 5.
a) $\frac{25}{49}$ b) $\frac{7}{9}$ c) $\frac{17}{12}$ d) $\frac{1}{2}$ e) $\frac{6}{5}$
f) $\frac{8}{13}$ g) $\frac{3}{5}$ h) $\frac{2}{5}$ i) $\frac{3}{4}$ j) 2

S. 202, 6.
a) 0,4   b) 0,12   c) 0,075   d) 0,014
e) 0

S. 202, 7.
a) 60 Schüler   b) 36 Möglichkeiten
c) 430 Schrauben   d) 7000 Flaschen

S. 202, 8.
a) $\frac{3}{4} > \frac{3}{4} \cdot \frac{1}{2}$ b) $\frac{3}{4} < \frac{3}{4} : \frac{1}{2}$ c) $\frac{4}{7} : \frac{1}{2} = \frac{4}{7} \cdot 2$
d) $\frac{3}{5} + \frac{1}{5} > \frac{3}{5} - \frac{1}{10}$ e) $\frac{2}{5} : \frac{3}{7} > \frac{2}{5} \cdot \frac{3}{7}$

S. 202, 9.
a) 4   b) 14   c) $\frac{1}{8}$ d) $\frac{5}{32}$ e) $\frac{9}{13}$

S. 202, 10.
a) 25 %   b) 20 %   c) 1 %   d) 4 %
e) $\frac{1}{60} = 1{,}\overline{6}\%$ f) 19 %   g) 120 %   h) 4 %

S. 202, 11.
15 Jungen gehen in die 9a.

S. 203, 12.
a) Das „Ziehen" von zwei Schuhen im Dunkeln hat Eigenschaften, die gegen ein Zufallsexperiment sprechen. Z. B. kann man anhand der Form die Schuhart ertasten, und in der Regel sind die Schuhe im Schrank paarweise geordnet. Damit ist das „Ziehen" nicht rein zufällig, sondern beeinflusst.
b) Es handelt sich nicht um ein Zufallsexperiment. Am 24.12. (Heiligabend) ist immer schulfrei.
c) Es handelt sich um ein Zufallsexperiment. Jede Figur hat die gleiche Wahrscheinlichkeit, gezogen zu werden.
d) Es handelt sich nicht um ein Zufallsexperiment. Die von der Stoppuhr gezeigte Zahl hängt von der verstrichenen Zeit ab.

S. 203, 13.
a) Drei mögliche Ergebnisse:
„Das Glücksrad bleibt auf Orange stehen",
„Das Glücksrad bleibt auf Weiß stehen",
„Das Glücksrad bleibt auf Rot stehen" .
b) Zwei mögliche Ergebnisse:
„Beide Münzen zeigen Zahl",
„Beide Münzen zeigen Kopf", „Eine Münze zeigt Kopf, die andere Münze zeigt Zahl".
c) Sechs mögliche Ergebnisse:
„Es werden zwei rote Murmeln gezogen",
„Es werden zwei gelbe Murmeln gezogen",
„Es werden zwei grüne Murmeln gezogen",

„Es wird eine rote und eine grüne Murmel gezogen",
„Es wird eine rote und eine gelbe Murmel gezogen",
„Es wird eine grüne und eine gelbe Murmel gezogen".

S. 203, 14.
Es gibt drei mögliche Primzahlen (1; 3; 5) und zwei durch drei teilbare Zahlen (3; 6). Somit ist
P(Primzahl) = $\frac{3}{6} = \frac{1}{2}$ und P(durch 3 teilbare Zahl) = $\frac{2}{6} = \frac{1}{3}$
Daher wird mit größerer Wahrscheinlichkeit eine Primzahl gewürfelt.

S. 203, 15.
a) Es handelt sich um ein Laplace-Experiment. Beide Seiten einer fairen Münze haben beim Wurf die gleiche Wahrscheinlichkeit.
b) Es handelt sich nicht um ein Laplace-Experiment. Die Wahrscheinlichkeit, auf der Rückseite zu landen, ist bei der Reißzwecke kleiner als die, auf der Nadelspitze zu landen.
c) Es handelt sich nicht um ein Laplace-Experiment. Der Baustein ist nicht würfelförmig. Damit ist die Wahrscheinlichkeit, dass der Baustein beim Wurf auf einer größeren Seitenfläche landet, größer als die Wahrscheinlichkeit für eine kleinere Seitenfläche.
d) Es handelt sich um ein Laplace-Experiment. Die Wahrscheinlichkeit für jede mögliche Karte ist gleich groß.

S. 203, 16.
a) Es handelt sich bei Glücksrad ① um ein Laplace-Experiment, da alle Felder gleich groß sind und somit mit gleicher Wahrscheinlichkeit auftreten.
Bei Glücksrad ② ist die Wahrscheinlichkeit nicht für jede Farbe gleich groß. Somit handelt es sich nicht um ein Laplace-Experiment. Die Farbe Rot kommt beispielsweise häufiger vor als die Farbe Grün, sodass die Wahrscheinlichkeit, Rot zu erzielen, größer ist.
b) Glücksrad ①: P(Gelb) = $\frac{1}{4}$
Glücksrad ②: P(Gelb) = $\frac{1}{8}$
c) Beispiel:

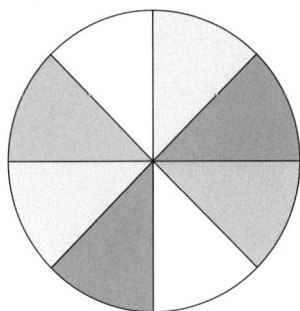

Zu beachten ist, dass der Anteil der Farben jeweils gleich groß sein muss.

S. 203, 17.
Beispiele:
a) Eine Münze wird geworfen.
b) Ein Spielwürfel wird geworfen.
c) Ziehen einer Karte von Pik, Karo, Kreuz oder Herz aus einem Kartenspiel.
d) Zufälliges Wählen einer natürlichen Zahl von 1 bis 36.

S. 203, 18.
a) 50 % < 0,7 < $\frac{9}{8}$ < $1\frac{3}{4}$
b) 1 % < 0,9 < 125 % < $1\frac{1}{2}$ < 1,7
c) $0{,}1^2$ < $\frac{1}{10}$ < 0,75 < 120 % < $1\frac{1}{4}$

S. 203, 19.
a) 18 Möglichkeiten
b) 180 Möglichkeiten
c) 900 Möglichkeiten

Prüfe dein neues Fundament (S. 224/225)

S. 224, 1.
a) Frau Rubin kann zwischen vier Autos wählen: Dem roten Kleinwagen, der roten Limosine, dem roten Kombi und dem roten SUV.
b) Herr Groß hat die Wahl zwischen sechs verschiedenfarbigen Kombis.
c) Der Händler muss insgesamt 4 · 6 = 24 Autos ausstellen, damit jeder Wagen in jeder Farbe vertreten ist.

S. 224, 2.
Es gibt 4 · 3 = 12 verschiedene zweistellige Zahlen, die entstehen können.

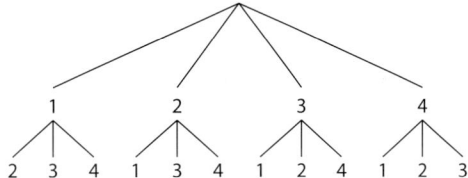

S. 224, 3.
Die Wahrscheinlichkeit, dass beide Glühlampen defekt sind, beträgt
0,05 · 0,05 = $\frac{1}{400}$ = 0,0025 = 0,25 %.

S. 224, 4.
a) H $\hat{=}$ Herz
    $\overline{H}$ $\hat{=}$ nicht Herz

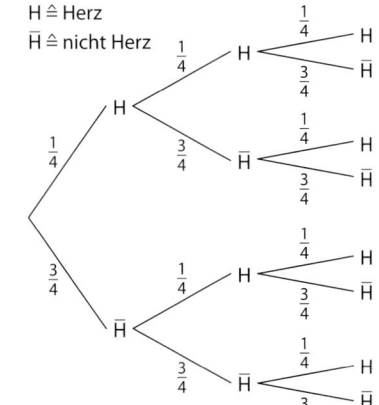

b) P(drei Mal Herz) = $\frac{1}{4} \cdot \frac{1}{4} \cdot \frac{1}{4} = \frac{1}{64} \approx 0{,}0156 = 1{,}56\%$
c) P(ein Mal Herz) = $\frac{1}{4} \cdot \frac{3}{4} \cdot \frac{3}{4} + \frac{3}{4} \cdot \frac{1}{4} \cdot \frac{3}{4} + \frac{3}{4} \cdot \frac{3}{4} \cdot \frac{1}{4} = \frac{27}{64}$
$\approx 0{,}422 = 42{,}2\%$

S. 224, 5.
a)

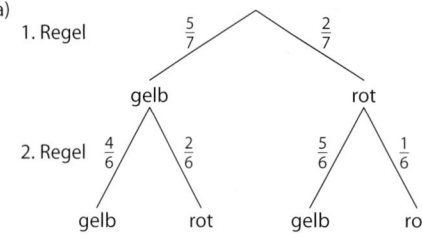

1. Regel — gelb $\frac{5}{7}$, rot $\frac{2}{7}$
2. Regel — gelb $\frac{4}{6}$, rot $\frac{2}{6}$ | gelb $\frac{5}{6}$, rot $\frac{1}{6}$

b) Nein, die Kugel wird nicht wieder zurückgelegt. Der Nenner wird bei den Wahrscheinlichkeiten im 2. Durchgang um eins kleiner – also gibt es eine um eine Kugel kleinere Grundgesamtheit.
c) P(zwei verschiedenfarbige Kugeln)
= $\frac{5}{7} \cdot \frac{2}{6} + \frac{2}{7} \cdot \frac{5}{6} = \frac{10}{21} \approx 0{,}476 = 47{,}6\%$

S. 224, 6.

1. Würfel — 2. Würfel

P(Augensumme ≥11) = $\left(\frac{1}{6} \cdot \frac{1}{6}\right) \cdot 3 = \frac{1}{12} \approx 0{,}0833 \approx 8{,}3\%$
Die Wahrscheinlichkeit, beim Werfen zweier Würfel eine Augensumme von mindestens 11 zu werfen, beträgt etwa 8,3%.

S. 224, 7.
a) E: Henri tippt sowohl den Erst- als auch den Zweitplatzierten richtig.
P(E) = $\frac{1}{10} \cdot \frac{1}{9} = \frac{1}{90} \approx 0{,}0111 = 1{,}11\%$
b) E: Henri tippt nur den Sieger richtig.
P(E) = $\frac{1}{10} \cdot \frac{8}{9} = \frac{4}{45} \approx 0{,}0888 = 8{,}88\%$
c) E: Henri tippt nur den Zweitplatzierten richtig.
P(E) = $\frac{9}{10} \cdot \frac{1}{9} = \frac{1}{10} = 0{,}1 = 10\%$

S. 225, 8.
P(zwei gleichfarbige Socken)
= $2 \cdot \frac{6}{12} \cdot \frac{5}{11} = \frac{5}{11} \approx 0{,}4545 = 45{,}45\%$.

S. 225, 9.
Cansu hat unrecht.
Die Gewinnchance eines Kindes ergibt sich aus dem Produkt der zugehörigen Pfadwahrscheinlichkeiten. Diese können aus dem Baumdiagramm abgelesen werden.
P (1. Kind) = $\frac{1}{4}$
P (2. Kind) = $\frac{3}{4} \cdot \frac{1}{3} = \frac{1}{4}$,

P (3. Kind) = $\frac{3}{4} \cdot \frac{2}{3} \cdot \frac{1}{2} = \frac{1}{4}$
P (4. Kind) = $\frac{3}{4} \cdot \frac{2}{3} \cdot \frac{1}{2} \cdot 1 = \frac{1}{4}$
Somit haben alle Kinder die gleiche Chance.

S. 225, 10.
a) „mehr als zweimal Zahl" bedeutet „dreimal Zahl":
P(E) = $\frac{1}{8} = 12{,}5\%$
b) „mindestens einmal Zahl" ist das Gegenereignis zu „dreimal Kopf": P(E) = $1 - \frac{1}{8} = \frac{7}{8} = 87{,}5\%$
c) „höchstens zweimal Kopf" bedeutet „mindestens einmal Zahl": P(E) = $\frac{7}{8} = 87{,}5\%$
d) P(E) = $\frac{3}{8} = 37{,}5\%$

S. 225, 11.
P(mindestens eine Frage falsch) = 1 − P(alle Antworten korrekt) = $1 - \frac{1}{81} = \frac{80}{81} \approx 0{,}9877 = 98{,}77\%$
Mit einer Wahrscheinlichkeit von 98,77% beantwortet Mira mindestens eine Frage falsch.

S. 225, 12.
Die Wahrscheinlichkeit für mindestens einmal Blau bei drei Drehungen liegt bei $1 - \left(\frac{3}{4}\right)^3 \approx 57{,}8\%$

S. 225, 13.
a) Lösung am Computer
b) Die Wahrscheinlichkeit beträgt $\frac{2}{3}$. Die relativen Häufigkeiten aus a) nähern sich mit zunehmender Anzahl an Würfeln im Allgemeinen der berechneten Wahrscheinlichkeit an.

Wiederholungsaufgaben (S. 225)

S. 225, 1.
$f_1(x) = 2x + 1$
$f_2(x) = -0{,}5x + 3$
$f_3(x) = -\frac{4}{3}x + 4$

S. 225, 2.
60% der Klasse entspricht 15 Jungen.
Die Gesamtschülerzahl der Klasse sind dann:
60% — 15 Schüler
1% — $\frac{15}{60}$ Schüler
100% — $\frac{15}{60} \cdot 100 = 25$
Die Klasse besteht aus 25 Schülern. Es gibt somit 10 Mädchen.

S. 225, 3.
a) $\frac{2}{7} + \frac{3}{8} = \frac{16}{56} + \frac{21}{56} = \frac{37}{56}$
b) $\frac{4}{5} - \frac{1}{4} = \frac{16}{20} - \frac{5}{20} = \frac{11}{20}$
c) $\frac{8}{9} : \frac{2}{9} = \frac{8}{9} \cdot \frac{9}{2} = \frac{72}{18} = 4$
d) $\frac{5 \cdot 2}{9} = \frac{10}{9}$

Stichwortverzeichnis

a-b-c-Formel 180
abhängige Stufen im Baumdiagramm 209
Additionsverfahren 55, 58
ähnlich 71, 80
Ähnlichkeitsabbildung 76
Ähnlichkeitsfaktor 71
Ähnlichkeitssatz 80
allgemeine Form einer quadratischen Funktion 164, 165

Baumdiagramm 204, 206, 209, 212
Bruchgleichung 78

Diskriminante 181

Einsetzungsverfahren 52, 58

Funktion 8
– aufstellen 17, 22, 27
– Darstellungen 9, 12
– lineare 20, 21
– proportionale 11
– quadratische 146, 149, 153, 156, 159, 164
– Schreibweise f(x) = … 28
Funktionsgleichung 12, 21

Gegenereignis 213
Gleichsetzungsverfahren 50, 58
Gleichung, quadratische s. quadratische Gleichung
grafisches Lösen
– einer linearen Gleichung 44
– eines linearen Gleichungssystems 47
Graph einer Funktion 9, 12, 21, 22

Höhensatz 132, 133
Hypotenuse 120, 132
Hypotenusenabschnitt 132, 134

Intervallschachtelung 108
Irrationale Zahlen 110, 112

Kathete 120, 134
Kathetensatz 134, 135
Kubikwurzeln 101, 107

Längenverhältnis 70, 83
lineare Gleichung mit zwei Variablen 42, 46
– grafisch lösen 44
Lineares Gleichungssystem 46
– Additionsverfahren 55, 58
– Einsetzungsverfahren 52, 58
– Gauß-Verfahren 60
– Gleichsetzungsverfahren 50, 58
– grafisch lösen 47
– Lösungsfälle 47, 58
Lösung einer linearen Gleichung 42
Lösung eines linearen Gleichungssystems 46
Lösungsmenge 47, 58, 102, 181

Maßstab 70, 74

Normalparabel 146, 149
Nullstelle 153
– bestimmen 154, 161, 186

p-q-Formel 179
Pfad 206
Pfadadditionsregel 208
Pfadmultiplikationsregel 206
Potenzieren 98
Proportionalitätsfaktor 11, 12, 16
Punktprobe 14, 152, 157

quadratische Funktion 149, 153, 156
– allgemeine Form 164, 165
– Normalparabel 146
– Scheitelpunktform 159, 164, 165
quadratische Gleichung 102, 172
– Form $x^2 = a$ 102
– Lösungsfälle 102, 173, 181
– Lösungsformeln 179, 180
Quadratwurzel 99
– Berechnen durch Zerlegen 105
– Rechengesetze 104
– zusammenfassen 106
Quadrieren 98

Radikand 99
Rationale Zahlen 110
rechnerisches Lösen eines linearen Gleichungssystems 50, 52, 55, 58
Reelle Zahlen 110, 112

Satz des Pythagoras 120
– Umkehrung 128
Satz vom Nullprodukt 176
Scheitelpunkt 146
Scheitelpunktform 159
Scheitelpunktform 159, 164, 165
Schnittpunkte von Graphen 184
Simulation von Zufallsexperimenten 216
Spiegeln der Normalparabel 149, 159
Stauchen der Normalparabel 149, 159
Strahlensatz 83, 85
– Umkehrung 89
Strecken der Normalparabel 149, 159
Streckfaktor 149, 150
Streckfaktor 74
Streckzentrum 74

Tabellenkalkulation 218

Umkehrfunktion 192
Umkehrung
– 1. Strahlensatz 89
– Satz des Pythagoras 128
Ursprungsgerade 12

Variable 42, 46
Vergrößern 70, 74

Verhältnis von Längen 70, 83
Verkleinern 70, 74
Verschieben der Normalparabel 153, 156, 159

Wahrscheinlichkeit 206, 208, 213
Wertepaar 46
Widerspruchsbeweis 112

Wurzelfunktion 192
Wurzelgesetze 104, 105, 106
Wurzelziehen 99

y-Achsenabschnitt 21
zentrische Streckung 74
Zuordnung, eindeutige 8

Bildquellenverzeichnis

Technische Zeichnungen: Christian Böhning, Zweiband Media

Illustrationen: Gudrun Lenz, Niels Schröder

Cover: shutterstock/KarSol
S. 5/oben rechts/Shutterstock.com/Samara, 7/mitte rechts/stock.adobe.com/Oleksandr Shevchenko, 11/oben rechts, oben mitte/stock.adobe.com/iconshow, 13/oben rechts/stock.adobe.com/digitalstock, 13/oben mitte/stock.adobe.com/Makuba, 13/oben links/Shutterstock.com/iko, 13/oben mitte/Shutterstock.com/Chrisbm, 14/unten rechts/stock.adobe.com/Schlierner, 20/oben rechts/Shutterstock.com/Delmas Lehman, 21/oben rechts/Shutterstock.com/Patryk Kosmider, 22/mitte rechts/stock.adobe.com/brodehl, 25/unten rechts/Shutterstock.com/Teresa Kasprzycka, 29/mitte/stock.adobe.com/Turi, 30/unten rechts/Shutterstock.com/worradirek, 32/unten rechts/stock.adobe.com/Marco Speranza, 33/unten rechts/stock.adobe.com/Heike Jestram, 34/unten rechts/stock.adobe.com/hansmuench, 35/unten rechts/stock.adobe.com/Buesi, 36/oben links/stock.adobe.com/unpict, 39/oben mitte, oben rechts/Shutterstock.com/Cristal Tann, 40/unten rechts/Shutterstock.com/Robert Kneschke, 42/oben rechts/Shutterstock.com/Monkey Business Images, 46/oben rechts/Shutterstock.com/Novikov Aleksey, 54/mitte rechts/stock.adobe.com/nitinut380, 54/unten rechts/Shutterstock.com/StacieStauffSmith Photos, 57/oben mitte/stock.adobe.com/cynoclub, 59/unten rechts/Shutterstock.com/Robert Mandel, 62/mitte/shutterstock/leonori, 63/mitte rechts/Fotolia/fotograupner, 64/oben rechts/stock.adobe.com/ikonoklast_hh, 67/oben rechts/stock.adobe.com/slalomgigante, 72/unten rechts/Shutterstock.com/Christian Musat, 73/mitte rechts, mitte/Shutterstock.com/Syda Productions, 78/oben rechts, mitte rechts/Shutterstock.com/oneinchpunch, 88/mitte rechts/Shutterstock.com/THEJAB, 91/mitte rechts/stock.adobe.com/sauletas, 95/oben mitte/Shutterstock.com/aodaodaodaod, 95/oben mitte/Shutterstock.com/aodaodaodaod, 101/oben rechts/Shutterstock.com/Brian Burton Arsenault, 114/mitte rechts/Shutterstock.com/Junior Braz, 117/oben mitte/Shutterstock.com/Radovan1, 126/mitte links/Shutterstock.com/steamroller_blues, 126/unten rechts/stock.adobe.com/Ingo Bartussek, 127/oben mitte/Shutterstock.com/Andrii Muzyka, 127/mitte/Shutterstock.com/Edler von Rabenstein, 139/unten mitte/Shutterstock.com/Fotografiecor.nl, 143/oben mitte, oben rechts/stock.adobe.com/livetraveling, 146/oben rechts/Shutterstock.com/Africa Studio, 149/oben links/stock.adobe.com/lekcets, 149/oben rechts/Shutterstock.com/Yaroslav Makar, 151/unten mitte/stock.adobe.com/magann, 152/oben rechts/Shutterstock.com/Romolo Tavani, 162/unten rechts/Shutterstock.com/Sheftsoff Stock Photo, 163/oben mitte/stock.adobe.com/panoramarx, 169/mitte/Shutterstock.com/BIGANDT.COM, 169/oben mitte/Shutterstock.com/Maxisport, 170/mitte rechts/Shutterstock.com/f11photo, 170/unten rechts/Shutterstock.com/dotshock, 175/oben mitte/Shutterstock.com/Mila Supinskaya, 175/mitte/Shutterstock.com/Mrak.hr, 178/mitte rechts/stock.adobe.com/LVDESIGN, 182/unten rechts/Shutterstock.com/michaeljung, 183/oben mitte/stock.adobe.com/flyinger, 188/oben rechts/Shutterstock.com/andersphoto, 188/oben rechts/Shutterstock.com/haveseen, 188/oben rechts/Shutterstock.com/WDG Photo, 188/oben mitte/stock.adobe.com/vovan, 196/unten rechts/Shutterstock.com/Alex Ionas, 198/mitte rechts/stock.adobe.com/schlichteasy, 201/mitte/Shutterstock.com/Vladi333, 203/oben mitte/stock.adobe.com/Michael Tieck, 204/oben rechts/stock.adobe.com/Gerhard Seybert, 205/mitte rechts/Shutterstock.com/Fotyma, 211/oben mitte/stock.adobe.com/ARochau, 211/mitte/Shutterstock.com/Amma Cat, 216/oben rechts/stock.adobe.com/hywards, 216/unten rechts/stock.adobe.com/Grum_l, 217/unten mitte/stock.adobe.com/LaCatrina, 217/oben rechts/stock.adobe.com/ohenze, 218/oben rechts/stock.adobe.com/janvier, 218/oben rechts, mitte rechts/Cornelsen/Felix Arndt, 219/oben mitte/Spielkarten: stock.adobe.com/Michael Brown Schachfiguren: stock.adobe.com/Christos Georghiou Tetraederwürfel: stock.adobe.com/Grum_l, 219/mitte/Shutterstock.com/Iakov Filimonov, 222/mitte/Shutterstock.com/MilanB, 222/unten rechts/stock.adobe.com/Wouter Tolenaars, 223/unten mitte/picture-alliance/dpa / Sören Stache, 224/unten rechts/Shutterstock.com/gabriel12, 227/oben mitte/Shutterstock.com/Inc, 229/oben mitte/Shutterstock.com/designbydx, 230/oben rechts/Shutterstock.com/MilanB, 230/unten rechts/Shutterstock.com/ConstantinosZ, 231/oben mitte/stock.adobe.com/Picture-Factory, 235/oben mitte/stock.adobe.com/leedsn, 256/unten links/PEFC Deutschland e.V.

Fundamente
| der Mathematik |

Autoren Stefan Altherr, Kathrin Andreae, Nina Ankenbrand, Dr. Frank Becker, Björn Beling, Prof. Dr. Ralf Benölken, Frauke Böttcher, Dr. Detlef Dornieden, Jochen Dörr, Günter Dreeßen-Meyer, Dr. Rolf Ebel, Dr. Wolfram Eid, Dr. Lothar Flade, Daniel Geukes, Klara Götte, Silke Göttge-Piller, Anneke Haunert, Gerhard Hillers, Matthias Hofstetter, Christof Höger, Bernhard Hummel, Walter Klages, Anna-Kristin Kracht, Brigitta Krumm, Nina Kühn, Dr. Hubert Langlotz, Micha Liebendörfer, Arne Mentzendorff, Martina Müller, Thorsten Niemann, Yvonne Ofner, Dr. Andreas Pallack, Dr. habil. Manfred Pruzina, Melanie Quante, Dr. Ulrich Rasbach, Nadeshda Rempel, Wolfgang Ringkowski, Anna-Kristin Rose, Reinhard Schmidt, Dr. Marco Schmidt, Andreas von Scholz, Sebastian Schweitzer, Christian Theuner, Alexander Uhlisch, Jonas Vogl, Dr. Christian Wahle, Anja Widmaier, Florian Winterstein, Anne-Kristina Wolff, Dr. Sandra Wortmann, Dr. Wilfried Zappe

Berater Jochen Dörr
Herausgeber Dr. Andreas Pallack
Redaktion Matthias Felsch
Illustration Gudrun Lenz (S. 45: Gerlinde Keller, S. 206 und S. 223: Niels Schröder)
Grafik Christian Böhning
Umschlaggestaltung hawemannundmosch GbR
Layoutkonzept klein & halm GbR
Technische Umsetzung zweiband.media, Berlin

Begleitmaterialien zum Lehrwerk	
für Schülerinnen und Schüler	
Arbeitsheft Klasse 9	978-3-06-008018-2
für Lehrerinnen und Lehrer	
Serviceband Klasse 9	978-3-06-040290-8
Begleitmaterial auf USB-Stick	978-3-06-040296-0
Lösungsheft Klasse 9	978-3-06-009575-9

www.cornelsen.de

Die Webseiten Dritter, deren Internetadressen in diesem Lehrwerk angegeben sind, wurden vor Drucklegung sorgfältig geprüft. Der Verlag übernimmt keine Gewähr für die Aktualität und den Inhalt dieser Seiten oder solcher, die mit ihnen verlinkt sind.

1. Auflage, 3. Druck 2024

Alle Drucke dieser Auflage sind inhaltlich unverändert und können im Unterricht nebeneinander verwendet werden.

© 2019 Cornelsen Verlag GmbH, Berlin

Das Werk und seine Teile sind urheberrechtlich geschützt. Jede Nutzung in anderen als den gesetzlich zugelassenen Fällen bedarf der vorherigen schriftlichen Einwilligung des Verlages. Hinweis zu §§ 60a, 60b UrhG: Weder das Werk noch seine Teile dürfen ohne eine solche Einwilligung an Schulen oder in Unterrichts- und Lehrmedien (§ 60b Abs. 3 UrhG) vervielfältigt, insbesondere kopiert oder eingescannt, verbreitet oder in ein Netzwerk eingestellt oder sonst öffentlich zugänglich gemacht oder wiedergegeben werden. Dies gilt auch für Intranets von Schulen und anderen Bildungseinrichtungen.

Allgemeiner Hinweis zu den in diesem Lehrwerk abgebildeten Personen:
Soweit in diesem Buch Personen fotografisch abgebildet sind und ihnen von der Redaktion fiktive Namen, Berufe, Dialoge und Ähnliches zugeordnet oder diese Personen in bestimmte Kontexte gesetzt werden, dienen diese Zuordnungen und Darstellungen ausschließlich der Veranschaulichung und dem besseren Verständnis des Buchinhalts.

Druck und Bindung: Livonia Print, Riga

ISBN 978-3-06-009277-2 (Schülerbuch)
ISBN 978-3-06-040284-7 (E-Book)

PEFC zertifiziert
Dieses Produkt stammt aus nachhaltig bewirtschafteten Wäldern und kontrollierten Quellen.
www.pefc.de